Grundlagen der
exakten Naturwissenschaften
Band 9

GRUNDLAGEN DER
EXAKTEN
NATURWISSENSCHAFTEN
Wissenschaftstheoretische,
logische und philosophische
Untersuchungen zur
Physik und den angrenzenden
Gebieten

Herausgegeben von
Peter Mittelstaedt,
Universität Köln

BAND 1:
Grundlagen der Quantentheorie
Herausgegeben von
P. Mittelstaedt und J. Pfarr

BAND 2:
I. Strohmeyer, Transzendentalphilosophische und
physikalische Raum-Zeit-Lehre

BAND 3:
P. Mittelstaedt, Der Zeitbegriff
in der Physik

BAND 4:
Protophysik und Relativitätstheorie
Herausgegeben von J. Pfarr

BAND 5:
Interpretations and
Foundations of Quantum
Theory
Edited by H. Neumann

BAND 6:
Recent Developments on
Quantum Logic
Edited by P. Mittelstaedt and
E.-W. Stachow

BAND 7:
Philosophie und Physik
der Raum-Zeit
Herausgegeben von J. Audretsch
und K. Mainzer

BAND 8:
R. Giuntini,
Quantum Logic and
Hidden Variables

BAND 9:
B. Falkenburg
Teilchenmetaphysik

Teilchenmetaphysik

Zur Realitätsauffassung in
Wissenschaftsphilosophie
und Mikrophysik

von
Dr. Dr. Brigitte Falkenburg
Universität Konstanz

Wissenschaftsverlag
Mannheim · Leipzig · Wien · Zürich

Die Deutsche Bibliothek – CIP-Einheitsaufnahme

Falkenburg, Brigitte:
Teilchenmetaphysik: zur Realitätsauffassung in
Wissenschaftsphilosophie und Mikrophysik /
von Brigitte Falkenburg. – Mannheim; Leipzig;
Wien; Zürich: BI-Wiss.-Verl., 1994
 (Grundlagen der exakten Naturwissenschaften; Bd. 9)
 ISBN 3-411-16781-5
NE: GT

Gedruckt auf säurefreiem Papier
mit neutralem pH-Wert (bibliotheksfest)

Zum Titelbild: Nach Descartes besteht der Äther aus zwei verschiedenen Arten von Himmelskügelchen, die mit wachsendem Abstand von der Sonne größer werden. Selbst das Licht erklärt Descartes durch Stoßprozesse von Teilchen. Die Abbildung veranschaulicht die Strahlenbrechung an einer Grenzfläche (z.B. Strahlengang von C nach B, D oder E). (Aus: René Descartes. Die Prinzipien der Philosophie. Dt. Ausg. Hamburg 1955, S. 137.)

Alle Rechte, auch die der Übersetzung in fremde Sprachen, vorbehalten. Kein Teil dieses Werkes darf ohne schriftliche Einwilligung des Verlages in irgendeiner Form (Fotokopie, Mikrofilm oder ein anderes Verfahren), auch nicht für Zwecke der Unterrichtsgestaltung, reproduziert oder unter Verwendung elektronischer Systeme verarbeitet, vervielfältigt oder verbreitet werden.
© Bibliographisches Institut & F.A. Brockhaus AG, Mannheim 1994
Druck: RK Offsetdruck GmbH, Speyer
Bindearbeit: Progressdruck GmbH, Speyer
Printed in Germany
ISBN 3-411-16781-5

„Die Metaphysik, in welche ich das Schicksal habe verliebt zu sein, leistet zweierlei Vorteile. Der erste ist, denen Aufgaben Genüge zu tun, die das forschende Gemüt aufwirft, wenn es den verborgenern Eigenschaften der Dinge durch Vernunft nachspähet. Aber hier täuscht der Ausgang nur gar zu oft die Hoffnung, und ist diesmal auch unsern begierigen Händen entgangen. ...

Der andere Vorteil ist der Natur des menschlichen Verstandes mehr angemessen und bestehet darin: einzusehen, ob die Aufgabe aus demjenigen, was man wissen kann, auch bestimmt sei und welches Verhältnis die Frage zu denen Erfahrungsbegriffe habe, darauf sich alle unsere Urteile jederzeit stützen müssen. Insofern ist die Metaphysik eine Wissenschaft von den *Grenzen der menschlichen Vernunft,* und da ein kleines Land jederzeit viel Grenze hat, überhaupt auch mehr daran liegt, seine Besitzungen wohl zu kennen und zu behaupten, als blindlings auf Eroberungen auszugehen, so ist dieser Nutze der erwähnten Wissenschaft der unbekannteste und zugleich der wichtigste, wie er denn auch nur ziemlich spät und nach langer Erfahrung erreichet wird."

Immanuel Kant

Inhaltsverzeichnis

Vorwort   **3**

1 Zum Inhalt der Realismus-Debatte   **9**
  1.1 Die Abgrenzung der Empirie gegen die Metaphysik ... 12
  1.2 Empiristisch orientierte Grenzziehungen 19
  1.3 Plädoyer für einen differenzierteren Realitätsbegriff ... 27
  1.4 Realismus-Debatte und Quantentheorie 34
  1.5 Die Metaphysik in der Physik 40
  1.6 ‚Ontologie' — eine Begriffsklärung 44

2 Die experimentelle Erweiterung der Wirklichkeit   **47**
  2.1 Sind die Entitäten der neueren Teilchenphysik Konstrukte? 48
  2.2 Experimentieren als Handlung 52
  2.3 Die experimentelle Erzeugung von Phänomenen 59
  2.4 Ein generalisierter Beobachtungsbegriff 66
  2.5 Die empiristische Skepsis gegen theoretische Entitäten . . 70
  2.6 Zum empirischen Gehalt von Theorien 77

3 Beobachtung und Messung in der Teilchenphysik   **92**
  3.1 Zwei Bedeutungen von ‚Teilchen' 93
  3.2 Bedingungen für den Nachweis von Teilchen, demonstriert am Elektron und am Photon 96
  3.3 Die Theoretisierung der Beobachtungsbasis: Ortsmessungen, Teilchenspuren, Streuereignisse, Resonanzen 105
  3.4 Die Spur des Positrons 119
  3.5 Teilchenidentifikation und Quantenelektrodynamik 126
  3.6 Gibt es Teilchen? 131

4 Die räumliche Deutung subatomarer Strukturen   **140**
  4.1 Rutherford-Streuung und Skaleninvarianz 143
  4.2 Strukturlosigkeit und Punktförmigkeit 149
  4.3 Formfaktoren I: Klassische Definition der Struktur von Streuzentren 152
  4.4 Formfaktoren II: Relativistische Verallgemeinerungen . . 158
  4.5 Die Analogie mit dem optischen Mikroskop 167
  4.6 Was sieht man mit dem Teilchenbeschleuniger? 172

5 Messung und die Einheit von Mikro- und Makrophysik 178
5.1 Eine heterogene Meßtheorie 180
5.2 Heterogenität, Redundanz und Kohärenz 186
5.3 Quantentheoretische Gesetze in einer klassischen Meßtheorie 189
5.4 Einheitsbedingungen der Messung 198
5.5 Iteratives Messen und semantische Konsistenz 204
5.6 Die konstruktive Funktion metatheoretischer Einheitsannahmen 208

6 Die Metamorphosen des Teilchenkonzepts 211
6.1 Klassische Teilchen 212
6.2 Der Bedeutungswandel im Teilchenkonzept 216
6.3 Theoriespezifische Bedeutungen von ‚Teilchen' 224
6.4 Ein theorieübergreifender Generalisierungsversuch 233
6.5 Schwierigkeiten mit der Nicht-Lokalität 241
6.6 Die Ursache von Teilchenspuren 253

7 Die Teile der Materie 265
7.1 Zur traditionellen Atomismus-Diskussion 266
7.2 Heisenbergs Kritik am Quark-Modell 271
7.3 Dynamisch gebundene Systeme 276
7.4 Grenzen der Separierbarkeit 284
7.5 Das mereologische Argument für die Existenz von Teilchen 290
7.6 Ein vorläufiges Fazit: Realismus-Debatte und Quantentheorie 293

A Anhang 305
A.1 Zur Definition des Wirkungsquerschnitts 305
A.2 Das Π-Theorem der Dimensionsanalyse 307
A.3 Dimensionsanalyse der Rutherford-Streuung 309
A.4 Mereologische Axiome 310

B Literaturverzeichnis 315

C Namensregister 323

Vorwort

Bis kurz vor der Jahrhundertwende hat die atomare Struktur der Materie zu den Erkenntnisgegenständen gezählt, die — in Kantischer Terminologie gesprochen — nur mit den Mitteln der reinen Vernunft erforscht werden können und somit dem Gegenstandsbereich der traditionellen Metaphysik angehören. Ironischerweise hat der ungeheure empirische Erfolg der modernen Atom-, Kern- und Teilchenphysik die außerphysikalische Diskussion um die innere Zusammensetzung materieller Dinge nicht dauerhaft aus dem Streitfeld der Metaphysik verbannen können. Offenbar ist es aus philosophischer Warte höchst unklar, was die Theorien und experimentellen Ergebnisse der heutigen Physik für ein erkenntnistheoretisch fundiertes Weltbild bedeuten. Die inner- und außerphysikalischen Gründe hierfür sollen in dieser Arbeit exemplarisch am Teilchenbegriff der Mikrophysik untersucht werden. Dabei geht es um eine *metaphysische* Frage, die sich auf die *experimentell untersuchten Gegenstände der Mikrophysik* bezieht. Gibt es die Teilchen der modernen Physik ‚wirklich', oder handelt es sich um fiktive Entitäten, deren Existenz nur durch den sorglosen begrifflichen Umgang mit abstrakten Theorien suggeriert wird? Oder beschäftigen sich hier die Philosophen überflüssigerweise mit einem Problem, das längst durch die Physik geklärt ist?

Die Frage *Gibt es mikroskopische Teilchen?* bekommt erst dann Sinn und kann erst dann sachgerecht beantwortet werden, wenn man den Teilchenbegriff der modernen Physik im einzelnen analysiert und diese Analyse in den Kontext der heute in der Wissenschaftsphilosophie geführten Debatte um den ‚Wissenschaftlichen Realismus' (*scientific realism*) stellt. Dies soll im folgenden versucht werden. Dafür erweist es sich als notwendig, diese Debatte, in der es um die Referenz und Bedeutung physikalischer Größen und um die Wahrheit physikalischer Gesetze geht und die seit geraumer Zeit in sich selbst kreist, erst einmal an denjenigen systematischen Ort innerhalb der Philosophie zu rücken, an den sie meiner Auffassung nach gehört: in den Zusammenhang der traditionellen metaphysischen Debatte um den Begriff der *Realität* (1. Kapitel). Anschließend werden charakteristische Positionen aus der wissenschaftstheoretischen Realismus-Diskussion besprochen, die sich in ein Spektrum von engeren oder großzügigeren Auffassungen über das Verhältnis von *Empirie und Realität* einordnen lassen und die auf sehr unterschiedliche Weise Stellung beziehen zu den Existenzannahmen der heutigen Teilchenphysik (2. Kapitel).

Da ein zentraler Einwand gegen diese Existenzannahmen auf der ‚Theoriegeladenheit' physikalischer Experimente beruht, wird in den folgenden Kapiteln eingehend untersucht, wie die experimentelle Basis des heutigen Teilchenbegriffs im einzelnen beschaffen ist, in welchem Sinn der experimentelle Nachweis von Elementarteilchen theorieabhängig ist und was all dies für die Resultate der Theorienbildungsprozesse in der Teilchenphysik bedeutet. Angefangen mit der Entdeckung des Elektrons bis hin zu den Problemen der Teilchenidentifikation in den dreißiger und vierziger Jahren wird herausgearbeitet, wie in der Teilchenphysik *unmittelbare Beobachtung* im strikt empiristischen Sinne und *theoriegeladene Meßverfahren* ineinandergreifen und wie sich die experimentelle Basis und die Quantentheorien der Teilchenphysik im Lauf der Zeit zunehmend verflochten haben (3. Kapitel). Anschließend wird *en detail* analysiert, was denn ‚dran' ist an der üblichen Sprechweise der physikalischen Populärliteratur, wonach man mit Elektronenmikroskopen oder Streuexperimenten an Teilchenbeschleunigern die *atomare und subatomare Struktur der Materie ‚sichtbar' machen* kann (4. Kapitel). Auf der Basis dieser Fallstudien zum Verhältnis von Beobachtung, Messung und Theorie in der experimentellen Teilchenphysik wird dann die *Meßtheorie der Teilchenphysik* ihrer theoretischen Struktur nach untersucht — einer Struktur, die himmelweit von derjenigen einer einheitlichen Theorie entfernt ist und die dennoch eine erstaunliche Kohärenz aufweist. Dabei wird auch das problematische *Verhältnis von klassischer Physik und Quantentheorie* ins Licht gerückt, das ein unterschwelliges Leitmotiv der Debatte um die Existenzannahmen der Teilchenphysik und auch der vorliegenden Arbeit ist (5. Kapitel).

Erst nach all diesen Vorbereitungen werden die Wandlungen diskutiert, die der Teilchenbegriff der Physik im Laufe dieses Jahrhunderts durch die Entwicklung der Quantenmechanik und der Quantenelektrodynamik als Prototyp einer renormierbaren Quantenfeldtheorie erfahren hat. ‚Der' Teilchenbegriff ist in der Physik betrüblicherweise *längst nicht mehr als einheitliches theoretisches Konzept* formulierbar, aus dem sich die ‚teilchenartigen' Phänomene der Mikrophysik bruchlos erklären ließen. Teilchen lassen sich nicht als lokale Ursachen der Teilchenspuren, die man in einer Blasenkammer fotografieren kann, betrachten, wie in der physikexternen Realismus-Debatte oft unterstellt wird: der *kausale Teilchenbegriff versagt* angesichts der quantentheoretischen Erklärung der Entstehung einer Teilchenspur (6. Kapitel). Auch der traditionelle *mereologische Teilchenbegriff*, nach dem Teilchen mikroskopische Materiebestandteile sind und der sich schon eher theorieübergreifend formulieren läßt, wird in den Anwendungsbereichen der heutigen Quantentheorien unscharf, da diese eine stufenweise Abschwächung aller verfügbaren Kriterien für die Separierbarkeit wohlunterschiedener Teile eines gegebenen Ganzen erzwingen (7. Kapitel).

Die theoretischen Konzepte der klassischen Physik, und insbesondere der klassische Teilchenbegriff, sind letztendlich in traditionellen metaphysischen Konzepten wie dem *Substanzbegriff* und dem *Kausalprinzip* verwurzelt. Wie das klassische Konzept eines physikalischen Objekts mit wohldefinierten und durchgängig bestimmten Eigenschaften im Phänomenbereich der heutigen Quantentheorien scheitert, und wie man dies außerhalb der Physik teils nicht wahrhaben will, teils aber für anti-realistische Argumentationen benutzt, liefert ein Lehrstück zu den Streitfragen der Realismus-Debatte — und zugleich eines zu den vorab zitierten Bemerkungen, mit denen *Kant* in den *Träumen eines Geistersehers* das fragwürdige Spekulieren über die verborgenen Eigenschaften der Dinge den Vorteilen einer Untersuchung der Struktur und der Grenzen unseres Erfahrungswissens gegenüberstellt.[1] Aus den experimentellen und theoretischen Grundlagen der Mikrophysik, und aus ihrer Verflechtung, kann man hervorragend lernen: wie die empirische Realität im Mikroskopischen *nicht* strukturiert ist; inwieweit den klassischen Konzepten, mit denen wir an die experimentelle Untersuchung des Mikroskopischen herangehen, der *empirische Gehalt fehlt*; welche *empirische Basis* die theoretischen Annahmen der heutigen Teilchenphysik dennoch besitzen; durch Entitäten welcher Art die experimentellen Phänomene, die diese empirische Basis ausmachen, *nicht verursacht* werden; und von welchen Annahmen über die empirische Realität im Mikroskopischen wir uns aufgrund all dieser quantentheoretisch beschriebenen Befunde lieber

---

[1] Kant (1766), S. A 115.

verabschieden sollten.

Soweit man im Schnittfeld der Realismus-Debatte und der diversen Teilchenkonzepte der Physik verläßliche Antworten auf traditionelle kosmologische Fragen erhalten kann, sind sie also *negativ*. Sie sind gestützt durch die *no-go-Theoreme*, die sich aus der experimentellen Verletzung der *Bellschen Ungleichung* herleiten[2]; und sie weisen die unkritische Ausweitung eines Teilchenkonzepts, das sich noch auf die traditionelle Substanz-Metaphysik gründet und nur für einen begrenzten Phänomenbereich adäquat ist, auf die *gesamte* phänomenale Realität in Schranken. Die Arbeit hat also in erster Line *Metaphysik-kritische Ergebnisse*. Wer sich von ihr erhofft, zu erfahren, was die Referenzobjekte der heutigen Quantentheorien der Elementarteilchen denn nun eigentlich sind, wird enttäuscht. Nach dem gegenwärtigen Forschungsstand zu den Grundlagenproblemen der Quantentheorie, der im Rahmen dieser Arbeit *nicht* thematisiert werden kann, ist eine unstrittige und eindeutige Antwort auf diese Frage derzeit allerdings auch nicht zu erhalten. Wenn es mir im folgenden gelingt zu zeigen, daß man den Existenzbehauptungen der Mikrophysik nicht einen so kurzen Prozeß machen kann, wie manche Wissenschaftskritiker meinen, sondern die Gründe der Physik selbst zur Sprache bringen muß — wobei die Teilchensprechweise der Physiker angesichts der Quantentheorie *keinesfalls* im Sinne eines naiven, dem traditionellen Substanzdenken verhafteten Realismus zu verstehen ist — dann bin ich schon zufrieden.

Allen, die zum Gelingen dieser Arbeit beigetragen haben, möchte ich hier ganz herzlich danken. Wilfried Kuhn und die Deutsche Forschungsgemeinschaft gaben mir die Möglichkeit, im Rahmen eines Forschungsprojekts in Gießen den Grundstein für die wissenschaftsphilosophische Auseinandersetzung mit dem Teilchenbegriff der Physik zu legen. Bei Erhard Scheibe durfte ich nach meinen Wanderjahren zwischen Physik und Philosophie noch einmal in die Lehre gehen. Er las geduldig Berge von Material zu wechselnden der hier bearbeiteten Themen und gab mir mit seiner Kritik immer wieder unersetzliche Anregungen. Meine Kollegen Ulrich Brandt, Bertram Kienzle, Harald Pilot, Hans-Peter Schütt und Manfred Stöckler machten hilfreiche Verbesserungsvorschläge zu den einzelnen Kapiteln; Manfred Stöckler hat die Arbeit von ihren ersten Anfängen bis zum Schluß der Erstfassung mit kritischen Kommentaren begleitet. Darüberhinaus danke ich Friedrich Fulda für anregende

---

[2] Vgl. Bell (1966); Aspect (1982); Giuntini (1990).

philosophische Gespräche, soweit der Alltag sie zuließ, und für alles; Johannes dafür, daß es ihn gibt; Felix für die Jahre, die er mit uns verbracht hat und in denen die Arbeit entstand. In wechselvollen Zeiten der Umorientierung, die nach der vorläufigen Fertigstellung kamen, haben mich außerdem Maria Scheibe, Barbara Stengel, Miloš Arsenijević und Michael Hallett mit etwas sehr Kostbarem begleitet: mit ihrer Freundschaft.

Schließlich möchte ich noch diejenigen nennen, die den weiteren Weg der Arbeit geebnet haben. Jürgen Mittelstraß unterstützte mich freundlich und effektiv darin, mich mit der Arbeit an der Philosophischen Fakultät in Konstanz zu habilitieren. Peter Mittelstaedt setzte sich für die rasche Veröffentlichung im Verlag Bibliographisches Institut ein. Durch ihn und seine Arbeitsgruppe in Köln bekam ich mittlerweile schon so viele neue Anregungen, daß ich die Überarbeitung abschließen mußte, um nicht ein anderes, stark an den Grundlagenproblemen der Quantentheorie orientiertes Buch zum Teilchenbegriff daraus machen zu wollen. Dank Mozart, Murray Perahia und dem English Chamber Orchestra ist sogar noch die TEXnisierung des Typoskripts ein Genuß gewesen. Kornelia Böttner half beim Korrekturlesen und bei der Erstellung des Namensregisters.

1 Zum Inhalt der Realismus-Debatte

Die meisten Physiker haben eine realistische Auffassung bezüglich der Existenz der von ihnen untersuchten physikalischen Objekte: sie nehmen an, daß es Kräfte, elektromagnetische Felder und mikroskopische Teilchen wie Elektronen, Protonen oder Neutronen innerhalb wie außerhalb ihrer Laboratorien gibt und daß sie wirkliche, wenn auch in der theoretischen Beschreibung idealisierte Ursachen experimenteller Phänomene und Bestandteile der Natur sind. So vertreten die Teilchenphysiker üblicherweise einen unhinterfragten Realismus bezüglich der Teilchen, deren Spuren sie in hochenergetischen Streuexperimenten sichtbar machen und analysieren, sowie bezüglich der elektromagnetischen Wirkungen in der Elektronik ihrer Experimentierapparaturen. Fraglich ist in der Teilchenphysik nicht mehr, *ob* es subatomare *Teilchen* gibt, sondern nur noch, *welche* Teilchen*typen* es gibt, und ob die theoretisch als fundamental angenommenen Elementarteilchen tatsächlich ohne innere dynamische Struktur sind oder als zusammengesetzte Systeme beschrieben werden müssen. Beispielsweise war von 1932 bis 1956 noch unklar, ob es sich bei Paulis Neutrino-Hypothese nur um eine *ad hoc*-Annahme zur Rettung der Energieerhaltung beim β-Zerfall handelt oder ob es tatsächlich Neutrinos gibt; und von 1964 bis etwa 1974 nahmen die meisten Physiker das Quark-Modell ontologisch nicht ernst, d.h. sie nahmen nicht an, daß es Bestandteile des Protons und Neutrons mit drittelzahligen Ladungen gibt. Heute sind die Teilchenphysiker längst von der Existenz der Neutrinos und Quarks überzeugt und beschäftigen sich mit der Frage, ob es Subquarks oder supersymmetrische Teilchen gibt.

Wissenschaftstheoretiker, die eine empiristische oder eine instrumentalistische Sicht von Theorien vertreten, zweifeln dagegen *prinzipiell* an der Existenz der in physikalischen Theorien postulierten, aber nicht sinnlich wahrnehmbaren ‚theoretischen' Entitäten — und insbesondere an der Existenz der Elementarteilchen. Abseits der rasanten Entwicklungen in der neueren Physik und neben der fortdauernden Auseinandersetzung um die Deutungen der Quantentheorie entspann sich innnerhalb der Wissenschaftsphilosophie eine Debatte, die sich um die Wirklichkeit von theoretisch postulierten Entitäten und um die Wahrheit von Naturgesetzen dreht. Darin wird die Existenz von Kräften, Feldern und mikroskopischen Teilchen durch Realisten so vehement verteidigt, wie sie durch Antirealisten bestritten wird.[1] Die Skepsis der antirealistisch eingestellten Philosophen richtet sich — von etwas angestaubten, nicht sehr rühmlichen Ausnahmen abgesehen[2] — nicht gegen die Resultate des Theorienbildungsprozesses in der Physik; dies hieße, den Physikern von einem dilettierenden Standpunkt aus ins Handwerk reden zu wollen. Schon eher richtet sie sich gegen die ‚naive' Weise, in der Physiker bei den alltagssprachlichen Vermittlungen ihrer Theorien an Nichtphysiker ihre Forschungsobjekte gern darstellen, als handele es sich dabei um Dinge, die so handfest sind wie Tische und Stühle, was vor allem im Hinblick auf die Bezugsobjekte einer Quantentheorie bei Nicht-Physikern gravierende Mißverständnisse erzeugen muß.

Der Realismus-Streit der neueren Wissenschaftsphilosophie hat indes keine neuen Themen, sondern er ist eine Neuauflage alter philosophischer Debatten. Unübersichtlich wird er dadurch, daß in ihm mehrere Fragestellungen ineinander verflochten sind, die teils in früherer Zeit unabhängig voneinander diskutiert wurden, teils durch die Entwicklungen in der Physik des 20. Jahrhunderts neu hinzugekommen sind und die durch philosophische Analysen der modernen Physik miteinander verknüpft wurden. Die drei wichtigsten davon sind in unserem Kontext:

(1) Die Debatte um *Realismus oder Instrumentalismus* bezüglich der Aussagekraft naturwissenschaftlicher Theorien, die heute vor allem durch *Thomas S.Kuhns Inkommensurabilitätsthese*[3] genährt wird. Diese Debatte ist schon sehr alt; sie geht (mindestens) bis ins 16. Jahrhundert zurück, als *Osiander* in seinem nicht-autorisierten Vorwort zu *Kopernikus' Werk De revolutionibus* das Ptolemäische Weltbild zu retten versuchte, indem er empfahl, die Kopernikanische Theorie nicht für bare Münze zu nehmen, sondern sie nur

---

[1] Vgl. Leplin (1984), van Fraassen (1980), Churchland (1985).
[2] Hier wäre etwa *Hugo Dingler* zu nennen, der gegen die Relativitätstheorie an der Klassischen Mechanik festhalten wollte; vgl. die kritischen Bemerkungen dazu in Tetens (1987), S.12 f.
[3] Kuhn(1962), (1977).

Erratum

Durch einen TeXnischen Fehler im Formelsatz wurden die Ausdrücke für die Lorentz-Kraft

$$F = q(E + v \times B)$$
$$F = qv \times B$$

an verschiedenen Stellen des Buchs unvollständig gedruckt. Wir bitten, dieses Versehen zu entschuldigen.

als ein nützliches Instrument für die theoretische Wiedergabe von Beobachtungen zu betrachten.[4] Umstritten ist hier, was unsere theoretische Natur*beschreibung* mit der *Natur* selbst zu tun hat — ob uns akzeptierte naturwissenschaftliche Theorien überhaupt zu irgendeiner bestimmten *Ontologie* bezüglich der materiellen Natur, d.h.: zu einer Kosmologie im traditionellen philosophischen Sinne, verpflichten oder nicht (1.5–1.6).

(2) Die vom logischen Empirismus initiierte Suche nach Kriterien für die *Abgrenzung zwischen Empirie und Metaphysik*. Sie wurzelt letztlich in der neuzeitlichen Kontroverse von empiristischen Erkenntnistheorien à la *Locke* oder *Hume*, die sich auf die Sinneswahrnehmung als primäre Begründungsinstanz für die Theorienbildung berufen, und rationalistischen Wirklichkeitskonzeptionen à la *Descartes* oder *Leibniz*, nach denen die Sinneserfahrung eher trügerisch ist. Diese Kontroverse dreht sich um Fragen der *Epistemologie* — nämlich darum, auf welche Weise sich am ehesten verläßliches Wissen von der Struktur der Wirklichkeit erwerben läßt. Für die *physikalische* Wirklichkeit kann sie allerdings angesichts der experimentellen Methode der neuzeitlichen Physik und angesichts dessen, was man heute über die Struktur physikalischer Theorien weiß, auf der Basis einer bloß empiristisch orientierten Realitätsauffassung nicht aufgelöst werden (1.1–1.3).

(3) Die Debatte um die *Interpretationen der Quantentheorie* — einer Theorie, deren Struktur mit der klassischen Auffassung einer vollständig durch Naturgesetze determinierten Realität kollidiert, und die darum Wasser auf empiristische oder instrumentalistische Mühlen zu sein scheint. Angesichts der typischen Quanteneffekte, bei denen nicht-lokale Korrelationen von Einzelereignissen auftreten, steht der aus der klassischen Physik vertraute *Realitätsbegriff*, der seine Wurzeln in der rationalistischen Metaphysik hat, zur Disposition (1.4). Die Debatte um die Quantentheorie verquickt sich darum zwangsläufig mit den traditionellen Kontroversen um Empirie und Metaphysik sowie um Realismus und Instrumentalismus.

---

[4]Teilweise abgedruckt in Sambursky (1975), S.237 f.

1.1 Die Abgrenzung der Empirie gegen die Metaphysik

Zu verflechten begannen sich die disparaten Fragestellungen, die in die heutige Realismus-Debatte eingehen, mit dem Abschluß und der Überwindung der klassischen Physik um die Jahrhundertwende. Die fundierten erkenntnistheoretischen Analysen der klassischen Physik, die von Physikern wie *Mach* und *Duhem* vorlagen, waren mit einer empiristischen oder instrumentalistischen Theorieauffassung verbunden. Nach *Mach* gibt es weder Kräfte noch Atome; in seinen Augen dient die Annahme dieser Entitäten nur der Vereinfachung der Naturbeschreibung durch die Physik. *Duhems* gleichfalls anti-realistische Deutung der Physik gründet sich auf detaillierte Untersuchungen zur Beziehung zwischen den experimentellen Phänomenen und den theoretischen Größen der klassischen Physik. In den Laboratorien von *Thomson* und *Rutherford* gelang jedoch, Machs Antiatomismus zum Trotz, der indirekte experimentelle Nachweis von Elektron und Atomkern und die direkte Beobachtung der Lichtblitze, die α-Strahlen verursachen. Auch das *Planck*sche Strahlungsgesetz und *Einsteins* Lichtquantenhypothese beruhen auf einer atomistischen Materietheorie. Während die frühen Experimente mit massiven geladenen Teilchen noch mit den Gesetzen der klassischen Punktmechanik ausgewertet wurden, leiteten die theoretischen Beschreibungen der Wechselwirkung von Materie und Strahlung bereits den Abschied von der klassischen Physik ein, der weder von Planck noch von Einstein gewollt war.

Carnap und *Reichenbach*, die zu den einflußreichsten Philosophen der ‚neuen' Physik wurden, wandten sich unter dem Eindruck der wissenschaftlichen Revolution, die sich mit dem Übergang von der klassischen Physik zur Relativitäts- und Quantentheorie vollzogen hatte, vom Neukantianismus ab[5] und einer empiristischen Realitätsauffassung zu. Der logische Empirismus des Wiener Kreises machte bald darauf die Suche nach *Kriterien zur Abgrenzung der Empirie gegen die Metaphysik* zum Leitmotiv der erkenntnistheoretischen Auseinandersetzung mit den Inhalten von Physik und Philosophie. Es folgten mehrere Jahrzehnte empiristisches Forschungsprogramm zur Rekonstruktion des empirischen

---

[5] Zum neukantianischen Hintergrund des logischen Empirismus vgl. etwa Friedman (1993a), (1993b).

Gehalts physikalischer Theorien. Die Realismus-Debatte der neueren Wissenschaftsphilosophie entstand letztlich daraus, daß die Suche nach solchen Abgrenzungskriterien negativ verlief. Die Debatte ist indes, wie nun gezeigt werden soll, nichts anderes als eine Fortführung von Streitgefechten der neuzeitlichen Metaphysik auf dem Boden der modernen Physik.

Die empiristisch orientierte Wissenschaftstheorie des 20.Jahrhunderts versteht unter *Metaphysik* soviel wie ein a priori begründetes System von Aussagen über die Welt: ‚metaphysisch' ist im empiristischen Kontext als ein Gegenbegriff zu ‚empirisch' zu lesen. Dieses Metaphysikverständnis deckt sich in etwa mit *Kants* Auffassung der Metaphysik als einer nichtmathematischen Erkenntnis aus reinen Begriffen; es hat — dem neukantianischen Hintergrund von *Carnap* und *Reichenbach* entsprechend[6] — seine Wurzeln in der traditionellen Philosophie, und insbesondere im Gegensatz von Empirismus und Rationalismus. Noch die heutigen Einwände gegen die Existenz theoretisch postulierter Entitäten und die Wahrheit von Naturgesetzen bleiben dieser Herkunft verpflichtet. Sie sind den logischen und erkenntnistheoretischen Einwänden verwandt, die im Laufe der neuzeitlichen Philosophie immer wieder gegen Entitäten, die der Sinneserfahrung entzogen sind, und gegen die Theorien, die sie postulieren, erhoben wurden. Dazu zählen der von *Gassendi* für die neuzeitliche Naturphilosophie wiederentdeckte antike Atomismus, die durch *Descartes* begründete mechanistische Korpuskularphilosophie, der von *Newton* angenommene und von *Clarke* gegen *Leibniz* verteidigte absolute Raum oder die von *Hume* bezweifelte Verknüpfung regelmäßiger Ereignisse durch Kausalgesetze genauso wie die vom Phänomenalismus bestrittene Realität der Außenwelt und die in der traditionellen Substanz-Metaphysik angenommenen noumenalen Träger der sinnlichen Eigenschaften materieller Dinge. Für *Kant* zielten die auf diese Gegenstände bezogenen Streitfragen, ob sie nun der Naturphilosophie zuzurechnen waren oder nicht, mit Ausnahme des Kausalprinzips auf metaphysische Begriffsbildungen, die keinerlei objektive Entsprechung haben bzw. keine Gültigkeit für empirische Erkenntnisgegenstände in Raum und Zeit besitzen.

Die heutigen physikalischen Theorien beinhalten Aussagen über Atome, über die Struktur des Raum-Zeit-Gefüge und andere Gegenstände, wie sie — im Rahmen strukturell völlig andersartiger Theo-

---

[6] A.a.O.

rien — schon die traditionelle Naturphilosophie und Kosmologie postuliert hatte. Sie beziehen sich also zumindest nominell z.T. noch auf dieselben Entitäten wie diese. Neu gegenüber dem Streitfeld der traditionellen Metaphysik ist allerdings der *experimentelle Zugang*, den die moderne Physik zu elektromagnetischen Feldern und Strahlungsquanten, zu materiellen Teilchen und den fundamentalen Kräften, die sie zusammenhalten, hat und den es für die Entitäten der Metaphysik nicht gab. Anhand der theoretischen Gesetze, denen die Entitäten einer physikalischen Theorie unterliegen, können präzise quantitative Vorhersagen über empirisch beobachtbare, wenngleich im Labor unter künstlichen Bedingungen erzeugte Phänomene gemacht werden. Die Gegenstände einer durch Messungen überprüfbaren Theorie sind damit aus der traditionellen metaphysischen ‚Grauzone' nicht-wahrnehmbarer Entitäten herausgenommen, deren Annahme weder zu beweisen noch zu widerlegen ist. In dieser ‚Grauzone' von Gegenständen unüberprüfbarer Annahmen befanden sich vor dem experimentellen Nachweis des Elektrons und des Atomkerns auch die Atome als kleinste Bestandteile der chemischen Elemente, und vor Einsteins Überlegungen zur Messung von Gleichzeitigkeit sowie zur Äquivalenz von träger und schwerer Masse, die zur Speziellen und Allgemeinen Relativitätstheorie führten, auch der absolute Raum und die absolute Zeit als voneinander und von materiellen Bezugssystemen unabhängige Entitäten.

Die empirische Basis der modernen Physik und ihrer Existenzannahmen ist aber nicht, wie vom Standpunkt des traditionellen Empirismus zu fordern wäre, durch unmittelbare Sinneserfahrung gegeben, sondern durch ‚theoriegeladene' Experimentiertätigkeit und Messung. Angesichts der Struktur der experimentellen Wissenschaft Physik, in der immer wieder neue Theorien über nicht-beobachtbare Entitäten aufgestellt, geprüft und akzeptiert oder verworfen werden, hat die traditionelle Unterscheidung von Empirie und Metaphysik ihre Unschuld verloren. Von den Gegenständen physikalischer Theorienbildung läßt sich der ‚metaphysische' Charakter, den die Entitäten der traditionellen Naturphilosophie hatten, höchstens dadurch vollständig abstreifen, daß zwei Bedingungen erfüllt sind:

1. Die Gegenstände der Physik dürfen *nicht* als empirisch oder experimentell *unhintergehbare, ‚letzte' Entitäten* (etwa im Sinne der noumenalen Gegenstände von Kants kosmologischen Antinomien) verstanden werden. Die Atome der Atomphysik gelten dement-

sprechend als wiederum teilbar, und die Elementarteilchen der Teilchenphysik als möglicherweise wiederum zusammengesetzt.

2. Sie müssen als *Erfahrungsgegenstände* gelten dürfen. Man muß darum *entweder* — wie es der logische Empirismus anstrebte — die Inhalte einer akzeptierten physikalischen Theorie als vollständig in Sinneserfahrung und Logik fundiert betrachten können; *oder* aber man muß bereit sein, das Wechselspiel von Theorienbildung und Experimentiertätigkeit in der Physik als einen verallgemeinerten Typus von Erfahrungserkenntnis zu betrachten, der mit der Sinneserfahrung im Prinzip gleichzustellen ist.

Die Erfüllung der *ersten* Bedingung bereitet keine ernsthaften Probleme. Wenn sich die Atome und Elementarteilchen sowie das Raum-Zeit-Gefüge der heutigen Physik überhaupt in die Dichotomie von Noumena und Phaenomena à la Kant eingruppieren lassen, so zählen sie zu den *Phaenomena*, nicht zu den Noumena im Sinne der ersten beiden Kantischen Antinomien, denn sie gelten nicht als unhintergehbar. Jede physikalische Theorie für fundamental gehaltener Entitäten ist nur eine *vorläufig* fundamentale Theorie.

Nicht so einfach verhält es sich mit der *zweiten* Bedingung. Das ursprüngliche Programm des logischen Empirismus, die Inhalte physikalischer Theorien ausgehend von Inhalten der Sinneserfahrung zu rekonstruieren, mußte immer weiter abgeschwächt werden und scheiterte schließlich an der Aufstellung eindeutiger Kriterien für die empirische Signifikanz theoretischer Begriffe.[7] Damit bleibt höchstens ein *erweiterter Erfahrungsbegriff* für die Abgrenzung von Aussagen mit empirischem Gehalt gegen metaphysische Behauptungen im traditionellen Sinne übrig. Jedes verallgemeinerte Konzept von Beobachtung oder Erfahrung impliziert jedoch wegen des fehlenden Kriteriums für eine Abgrenzung der empirischen Wissenschaft gegen die Metaphysik zwangsläufig selbst metaphysische Annahmen im Sinne der Metaphysik-Kritik des logischen Empirismus. Auf diese Weise wurde die Frage, ob und inwieweit eine Verallgemeinerung des Erfahrungsbegriffs überhaupt legitim ist, zu einem *Nachfolgeproblem* des traditionellen metaphysischen Streits um die Existenz von Atomen oder von Raum und Zeit als selbständigen Entitäten, der von der Physik eingeholt und entscheidbar gemacht schien.

---

[7]Vgl. Stegmüller (1970), Kap. V. *Carnaps* Kriterium für die empirische Signifikanz theoretischer Terme findet sich in Carnap (1956).

Kontingent gegen das Auftreten dieses Nachfolgeproblems, aber ein Hindernis für seine Lösung, ist, daß Nicht-Experten einen extrem erschwerten Zugang zu dem verallgemeinerten Erfahrungsbegriff haben, der in der Physik *pragmatisch benutzt* wird. Die einzigen Experten, die Physiker selbst, kümmern sich in der heutigen, im Großen und Ganzen ‚nachrevolutionären' Phase der Physik wenig um die durch ihre Arbeitsergebnisse aufgeworfenen philosophischen Probleme, und insbesondere nicht um die Frage, inwieweit ihre Theorien in einem generalisierten Sinne empirisch interpretierbar sind. Die meisten Physiker betrachten diese Frage als hinreichend beantwortet durch den Bestand von experimentellen Resultaten und theoretischen Vorhersagen für Meßergebnisse. Ein Nicht-Physiker kann sich jedoch kaum in die Lage versetzen, die Experimente der Atom- und Teilchenphysik in ihrer Verzahnung mit dem heute als abgesichert geltenden Wissen der theoretischen Physik zu verstehen und ihren Zusammenhang mit den gegenwärtig akzeptierten Quantentheorien zu durchschauen. Sowohl realistische als auch anti-realistische Argumentationen bezüglich der Existenz theoretischer Entitäten oder der Wahrheit von Naturgesetzen müssen am Kern der Sache vorbeigehen, wenn sie die komplexe Struktur der heutigen Physik nicht hinreichend berücksichtigen. Es gibt jedoch etliche wissenschaftstheoretische Ansätze, mittels deren sich diese Struktur erfassen läßt — allen voran die durch *Suppes* begründeten und später in verschiedene Richtungen weiterentwickelten Ansätze zur modelltheoretischen Rekonstruktion physikalischer Theorien, die auf der *Tarski*-Semantik beruhen und die formal verwandt sind mit dem *Ludwig*-Programm zur Axiomatisierung physikalischer Theorien.[8]

Der Hauptgrund für Zweifel daran, daß man ein strikt empiristisches Konzept von Erfahrung auf experimentell gewonnene Meßergebnisse und dadurch gestützte Existenzannahmen bezüglicher theoretischer Entitäten verallgemeinern darf, liegt in den *konstruktiven Aspekten* der experimentellen Methode und der Theorienbildung der Physik. Mit dem Übergang von der unmittelbaren Sinneserfahrung zu Messung und Experimentiertätigkeit wird ein Netz theoretischer Konstrukte über das empirisch Gegebene gelegt. Dies hat zur Folge, daß sich unser Zugang

---

[8] Vgl. etwa Suppes (1969). Der modelltheoretische Ansatz wurde von *van Fraassen* als ‚semantische' Sicht von Theorien bezeichnet und von *Sneed* und Nachfolgern in die ‚strukturalistische' Richtung weiterentwickelt; vgl. etwa van Fraassen (1987), Sneed (1971). Einen Überblick über die verschiedenen Entwicklungen gibt Balzer (1983). Vgl. diese Ansätze mit Ludwig (1990).

zur Empirie gegenüber der Alltagserfahrung zugleich *erweitert* und *entscheidend verändert*. Wenn man das Netz von Theorie, mittels dessen das empirisch Gegebene in der Physik auf neuartige Weise strukturiert und konstruktiv erweitert wird, ganz oder auch nur partiell als einen Repräsentanten von real in der Natur vorhandenen Strukturen auffaßt, so gelangt man zu einem neuen, ungleich stärker theoriegeladenen Konzept von empirischer Wirklichkeit, das diskussionsbedürftig ist, weil es neue Demarkationslinien zwischen den als gesichert geltenden und den ‚metaphysikverdächtigen' Teilen unserer empirisch immer nur partiell gestützten Theoriensysteme erfordert.

Eine nähere Auseinandersetzung mit der Realismus-Debatte zeigt denn auch, daß sie sich nicht um ein Scheinproblem im Sinne der Metaphysik-Kritik des logischen Empirismus dreht, wie manche Äußerungen der Kombattanten vermuten lassen.[9] Ganz im Gegenteil: in ihr wird in einem sehr spezifischen, auch nach theorieabhängigen Antworten verlangenden Sinn danach gefragt, welche Gesetzesaussagen und Teilstrukturen einer akzeptierten Theorie man für bare Münze nehmen darf und welche nicht. Realisten und Antirealisten haben dasselbe Anliegen: es geht ihnen darum zu klären, inwieweit physikalische Theorien für eine adäquate oder buchstäbliche Beschreibung von realen Dingen und Vorgängen in der Natur gehalten — oder, wie es im Jargon der Realismus-Debatte oft heißt, *realistisch gedeutet* — werden dürfen.

Dieser Gebrauch des Terminus ‚realistisch' weicht von demjenigen ab, der unter Physikern und anderen Naturwissenschaftlern üblich ist. Physiker sprechen niemals von der realistischen Deutung einer Theorie, sondern höchstens von der *realistischen Beschreibung eines Phänomens* und meinen damit soviel wie ein *gutes theoretisches Modell, das keine dem Phänomen unangemessenen (‚unrealistischen') Idealisierungen vornimmt*. Während der wissenschaftstheoretische Gebrauch von ‚realistisch' darauf zielt, *ob* eine Theorie Referenzobjekte hat oder nicht, zielt der naturwissenschaftliche darauf, *wie gut* die Referenzobjekte (deren Existenz fraglos unterstellt wird) durch eine Theorie beschrieben werden. Pragmatisch sind wohl *alle* Naturwissenschaftler Realisten im Sinne der Wissenschaftstheorie. Normalerweise, d.h. in nicht-revolutionären Entwicklungsphasen ihrer Disziplinen, streiten sie sich nur um die

---
[9]Vgl. etwa Fine (1982), S.97: "So, when the realist and the antirealist agree, say, that there are really electrons and that they really carry a unit negative charge and really do have a small mass (of about 9.1×10^{-28} grams), what the realist wants to add is the emphasis that it is really so. 'There really are electrons, really!'".

adäquate Beschreibung von Phänomenen durch Theorien, nicht aber um
die Deutung von Theorien in außertheoretischen Termini — und zwar *unabhängig* davon, welchen erkenntnistheoretischischen Standpunkt sie bei
näherem Befragen vertreten würden. Da die an der Realismus-Debatte
Beteiligten dies natürlich wissen, erklären sie die Naturwissenschaftler
manchmal zu Vertretern eines ‚*internen Realismus*',[10] d.h. sie interpretieren die Existenzaussagen der Naturwissenschaften relativ zur jeweils
vertretenen Theorie und sind der Auffassung, damit sei über das Verhältnis der jeweiligen Theorie zur Realität oder Wirklichkeit — im (metaphysischen) Sinne dessen, was es unabhängig von unseren Theorien gibt
— noch nicht viel gesagt.

Die Entscheidung für oder gegen die realistische Deutung von Naturgesetzen und theoretischen Strukturen hängt offenbar von philosophischen Vorentscheidungen darüber ab, was man unter ‚der Realität' versteht. Für einen strikten Empiristen zählt dazu nur das durch die Sinneswahrnehmung Gegebene sowie dasjenige, dessen Existenz durch formallogische Schlüsse daraus ableitbar ist. Dagegen verstehen die Gegner einer
strikt empiristischen Position darunter so etwas wie einen Inbegriff der
Referenzobjekte akzeptierter naturwissenschaftlicher Theorien. Die *Unstimmigkeiten bezüglich der jeweils vorausgesetzten Realitätsauffassung*
werden in der Realismus-Debatte der Wissenschaftstheorie jedoch nicht
direkt, sondern an spezifischen Diskussionsgegenständen ausgetragen —
unter anderem in systematisch sehr verschiedenen Fallstudien zur Physik, die von allen möglichen Seiten Licht auf die Fragen nach der Existenz
theoretischer Entitäten und der Wahrheit von Naturgesetzen werfen.
Daß dies so ist, hat indes seinen guten Sinn; denn *wenn* unsere Auffassung der Realität in diesem Jahrhundert durch etwas beeinflußt wurde, so
durch die spezifischen, aus einer Verzahnung von experimentellen Befunden und Theorienbildung resultierenden Aussagen der nicht-klassischen
Physik. Diese Verzahnung bringt die empiristische Realitätsauffassung
ins Wanken, auch wenn die durch die Quantentheorie gestellten Probleme mit der raumzeitlichen Beschreibung von Mikroobjekten durch
den Rückzug auf eine strikt empiristische Position vermieden scheinen.

Wenn man denjenigen Aspekt der materiellen Welt oder der Natur,
auf dessen Beschreibung physikalische Theorien zielen, als die *empirische oder phänomenale Realität* im weitesten Sinne bezeichnet, so kann

---

[10]Diesen Begriff hat *Putnam* unter Abhebung gegen den ‚*metaphysischen Realismus*' gebildet; vgl. etwa Putnam (1976).

man den Gegenstand der Realismus-Debatte kurz und bündig folgendermaßen charakterisieren: In der Realismus-Debatte geht es letztlich um die *Frage, was um alles in der Welt man angesichts der heutigen Naturwissenschaften unter ‚empirischer Realität' verstehen sollte.* Wie wenig darf und wie stark muß ein an der naturwissenschaftlichen Theorienbildung orientiertes Konzept der empirischen Realität ‚Theorie-infiltriert' sein? Wie weit bestimmen die Inhalte akzeptierter physikalischer Theorien unser Konzept der empirischen Realität, wie weit entscheidet umgekehrt letzteres über den empirischen Gehalt der ersteren? Es ist nun zu prüfen, was eine strikt empiristische Realitätsauffassung für die Bewältigung dieser Fragen verspricht.

1.2 Empiristisch orientierte Grenzziehungen

Ein strikter Empirismus führt zu einer sehr engen Auffassung von empirischer Realität, die aber eine große philosophische Tradition besitzt. Wie weit läßt er sich überhaupt durchhalten, wenn empirische Phänomene nicht nur konstatiert, sondern auch erklärt werden sollen? Auch und gerade strikte Empiristen neigten immer wieder dazu, ihr Konzept der empirischen Realität durch die Annahme theoretischer Entitäten zu begründen, die der Sinneserfahrung entzogen sind, aber zur Erklärung von deren Inhalten herangezogen wurden: bei *Locke* waren es die Atome, auf deren primäre Qualitäten die sekundären Qualitäten alles sinnlich Wahrnehmbaren zurückgeführt wurden; und bei *Mach* die einfachen Elemente der Empfindung, die so etwas wie die Atome unserer Wahrnehmungsinhalte sein sollten. Offenbar läßt sich eine strikt empiristische Position nicht mehr so leicht aufrechterhalten, sobald man das empirisch Gegebene nicht nur hinnehmen, sondern auch theoretisch erklären will und dazu theoretische Entitäten postuliert.

Carnaps Programm, den empirischen Gehalt physikalischer Theorien ausgehend von den Inhalten der Sinneserfahrung vollständig zu rekonstruieren, läßt sich unter anderem als ein Versuch lesen, *theoretische Erklärungen mit dem Empirismus vereinbar zu machen* — ein Versuch, der den Empirismus mit dem Label ‚logisch' versah und der prägend für die empiristisch orientierte Wissenschaftstheorie in der Nachfolge des logischen Empirismus war. Carnaps Programm ist in seinen späteren, aus guten Gründen abgeschwächten Varianten jedoch bereits auf eine Erweiterung der strikt empiristischen Realitätsauffassung angelegt. Die empirische Realität, soweit sie durch die Abgrenzung vom Gegenstandsbereich metaphysischer Aussagen — die nicht anhand objektiver Kriterien, sondern nur per subjektiver Dezision entscheidbar sind — definiert ist, umfaßt für den späten Carnap die Gesamtheit aller Referenzobjekte von theoretischen Termen, soweit diese empirisch signifikant sind und aus akzeptierten Theorien stammen.[11]

Das Carnapsche Rekonstruktionsprogramm *scheiterte* letztlich an der *Struktur der physikalischen Theorien* selbst, die *keine eindeutigen Kriterien für die empirische Signifikanz theoretischer Terme und Aussagen erlauben*[12] — und so vermuten lassen, daß die Grenze zwischen Empirie und Metaphysik mitten durch die empirischen Theorien selbst verläuft. Dort wird sie denn auch in entscheidender Korrektur des Carnapschen Programms heute gesucht: unter Berufung auf *Duhem* hob vor allem *Quine* hervor, daß physikalische Theorien grundsätzlich *empirisch unterbestimmt* — d.h. durch die experimentellen Daten, die sie stützen, nicht vollständig festgelegt — sind. Quine ist darüberhinaus sogar der Auffassung, daß darum die Theorien oder Aussagensysteme der empirischen Wissenschaft nur insgesamt, und nicht in isolierbaren Teilen, zur Disposition stehen.[13] Das Wissen um die empirische Unterbestimmtheit physikalischer Theorien gehört heute zum Allgemeingut der empiristisch orientierten Wissenschaftstheorie. Sie führte zum noch heute verfolgten, wenn auch nicht unumstrittenen Forschungsprogramm der empiristisch orientierten Wissenschaftstheorie, physikalische Theorien zu rekonstruieren, um ihren empirischen von ihrem nicht-empirischen Teil zu scheiden.

Als ein letzter, bereits *gegen* Carnap gerichteter Rettungsversuch für den Empirismus kann im Rahmen dieses Forschungsprogramms gefordert werden, daß nur dem empirischen, nicht aber dem nicht-empirischen Teil einer Theorie eine Entsprechung in der Wirklichkeit zugestanden werden darf. Mit dieser Forderung wird die Demarkationslinie zwischen Empirie und Metaphysik in der Tat mitten durch die Physik gelegt, d.h. es wird zugestanden, daß eine empirische Wissenschaft immer auch empirisch nicht testbare — mithin metaphysische — Elemente enthält. Der Kern

---

[11]Vgl. Carnap (1956).
[12]Siehe Stegmüller (1970), Kap. V.
[13]Vgl. *Two dogmas of empiricism*, in: Quine (1953), unter Berufung auf Duhem (1908). Die Schlußfolgerungen, die Quine aus der empirischen Unterbestimmtheit aller Theorien zieht, werden in Harding (1976) diskutiert.

aller empiristisch orientierten Einwände gegen eine globale realistische Deutung physikalischer Theorien liegt darin, zunächst zu bezweifeln, daß alle Terme und Aussagen einer physikalischen Theorie eine Entsprechung in der Wirklichkeit haben, und dann zu fordern, daß die realistische Deutung bestimmter Teile einer Theorie von Erfahrungswissen in einem näher zu spezifizierenden Sinn abhängig gemacht wird. Ist auch *dieser* Rettungsversuch für den Empirismus dazu verurteilt, an der Struktur und am spezifischen Wirklichkeitsbezug physikalischer Theorien zu scheitern, wenn man auf einem strikt empiristischen Konzept von Erfahrung beharrt, wie es heute vor allem *van Fraassen* versucht? Darüber herrscht noch *kein* Konsens in der empiristisch orientierten Wissenschaftstheorie. Argumente dafür, daß es sich in der Tat so verhält, lassen sich indes leicht finden.[14] Aber auch liberalere Auffassungen bezüglich des empirischen Teils einer Theorie bleiben dem empiristischen Realitätsbegriff verhaftet. Mittels der empiristisch orientierten Grenzziehung zwischen dem durch empirische Phänomene fundierten Teil einer Theorie, der eine reale Entsprechung in der Natur besitzt, und dem nur hypothetischen ‚Rest' der Theorie, dem keine realistische Deutung gegeben werden darf, läßt sich das Spektrum möglicher Positionen zum Realismus-Streit schon entfalten — soweit es bei diesem Streit nur um die Frage geht, *in welchem Sinne von ‚empirisch'* die empirische Realität als Maßstab für die realistische Deutung von Theorien zu betrachten ist.

An welcher Stelle man die Grenze zwischen dem durch Phänomene fundierten dem dadurch nicht fundierten Teil einer Theorie zieht, hängt jeweils davon ab, *an welchem Typ von Erfahrungswissen* man den Wirklichkeitsgehalt einer Theorie bemißt. Für strikte Empiristen, die sich am logischen Empirismus erster Stunde orientieren, müssen es die Inhalte der unmittelbaren Sinneserfahrung sein, also etwa der berühmte Zeigerausschlag eines Meßgeräts, der durch eine numerische Skala metrisiert und in einem Protokollsatz konstatiert werden kann.[15] Für Wissenschaftstheoretiker, die das empiristische Kriterium der Beobachtbarkeit verallgemeinern, sind es beobachtbare Objekte in einem engeren oder weiteren Sinn, die mit optischen Instrumenten vom Fernrohr bis zum Elektronenmikroskop sichtbar gemacht werden können, wenn sie nicht mit dem

---

[14]In 3.6 werden solche Argumente gegen van Fraassens Variante eines strikten Empirismus gegeben.

[15]Schon in Nagel (1931) wird allerdings analysiert, wie komplex die Beziehung zwischen dem Zeigerausschlag eines Meßgeräts und dem Wert einer physikalischen Größe ist.

bloßen Auge sichtbar sind. Für Physiker, die sich nicht über die Theoretizität von Meßgrößen beunruhigen und sich als gemäßigte Empiristen verstehen, sind es die gemessenen Werte für die Meßgrößen physikalischer Objekte, also die Werte metrisierter, dimensionsbehafteter Größen wie Ort, Impuls, Masse, Ladung, Feldstärke oder Temperatur, die in den experimentell überprüfbaren Teil einer Theorie eingehen. Für die meisten Physiker und die an der Praxis der Experimentalphysik orientierten Wissenschaftstheoretiker sind es über solche vertrauten Meßgrößen hinaus auch alle vielfältig ‚theoriegeladenen' experimentellen Resultate, die man erst durch eine aufwendige theoretische Analyse aus experimentell gewonnenem Beobachtungsmaterial erhält und in die im Prinzip alles jeweils als gesichert geltende theoretische Wissen eingehen darf.

Alle diese Positionen machen den Schnitt zwischen empirisch gestützten Daten und empirisch nicht abgesicherten Hypothesen an einer anderen Stelle — je nachdem, wie weit man den theoretischen Annahmen, die in die Gewinnung experimenteller Daten immer eingehen, über den Weg traut oder nicht. Die Extrempositionen, die aber keiner differenzierteren Analyse der Beziehung avancierter physikalischer Theorien auf experimentelle Phänomene standhalten, bestehen dabei darin, den von den Physikern selbst akzeptierten Theorien *insgesamt* eine Entsprechung in der Wirklichkeit zu- oder abzusprechen.

Mit solchen Überlegungen gelangt man zu einer groben Klassifikation der aktuellen wissenschaftstheoretischen Haltungen bezüglich der *Existenz theoretischer Entitäten* und der *Wahrheit von Naturgesetzen* in fünf Kategorien: (1) globaler Realismus, (2) kritischer, an der Komplexität der Beziehung zwischen Theorie und Experiment ausdifferenzierter Realismus, (3) gemäßigter, an Meßergebnisse geknüpfter Empirismus, (4) strikter Empirismus, (5) ein Konstruktivismus, der schon alle experimentell erzeugten Phänomene anti-realistisch deutet. Diese nicht in jedem Fall scharf gegeneinander abgrenzbaren Positionen, von denen eigentlich nur die Standpunkte (2) und (3) der Verzahnung von Theorie und Experiment in der Physik gerecht werden können, sollen nun etwas näher charakterisiert werden.

(1) *Globaler Realismus*: Diese ‚maximale' Form von Realismus nimmt an, daß alle Teile akzeptierter physikalischer Theorien eine Entsprechung in der Wirklichkeit haben. Danach gibt es alles, was Gegenstand anerkannter physikalischer Theorien ist — unter anderem alle möglichen Sorten von Elementarteilchen, aus denen die Materie und diverse Ty-

pen sichtbarer oder unsichtbarer Strahlungen bestehen, sowie quantenmechanische Führungswellen, welche die Korrelationen zwischen diesen Teilchen ‚dirigieren'. Darüberhinaus gibt es nach dieser Position so sonderbare Gebilde wie Propagatoren oder virtuelle Teilchen, die als theoretische Größen in den heutigen Quantenfeldtheorien der Teilchenphysik vorkommen, ohne eine direkte experimentelle Entsprechung zu besitzen. Einen derart globalen Realismus findet man oft bei wissenschaftsgläubigen Nicht-Physikern, oder bei Physikern, die an die populäre Darstellung der ihnen vertrauten Theorien unreflektierte naturphilosophische Assoziationen knüpfen.

(2) *Kritischer Realismus*: Der kritische Realismus geht davon aus, daß es alle direkt oder indirekt experimentell nachgewiesenen physikalischen Objekte gibt und daß ihre theoretische Beschreibung im allgemeinen zumindest approximativ wahr ist. Nach dieser Position gibt es mit großer Wahrscheinlichkeit alles, dem die akzeptierten physikalischen Theorien, soweit sie durch experimentelle Daten gestützt sind, eine Entsprechung in der Wirklichkeit zuschreiben. Um beispielsweise über die Existenz von virtuellen Teilchen zu entscheiden, muß man nach dieser Position sehr genau die innertheoretische Bedeutung dieser Größen sowie den Zusammenhang zwischen den heutigen Quantenfeldtheorien und den bislang gewonnenen experimentellen Ergebnissen der Teilchenphysik studieren. Der kritische Realismus wird in irgendeiner Spielart von den meisten Physikern und von vielen der Physik nahestehenden Philosophen vertreten. Ihn zeichnet zweierlei gegenüber jedem globalen Realismus aus: er folgt den skeptischen Einwänden empiristischer Philosophen darin, nicht alle Teile einer Theorie für bare Münze zu nehmen; und er ist im Prinzip offen für die Veränderungen im Theoriengefüge, die der Theorienbildungsprozeß der Physik immer wieder mit sich bringt. Es beruht auf zweierlei Annahmen — (i) bezüglich der Wahrheit von Naturgesetzen, und (ii) bezüglich der Existenz theoretischer Entitäten, die unter diesen Naturgesetzen stehen. Obwohl beide Typen von Annahmen strenggenommen nicht voneinander trennbar sind, gibt es wichtige Fälle, in denen man sie entkoppeln kann und anhand deren sich zwei Unterpositionen des kritischen Realismus unterscheiden lassen:

(i) Theoretische Physiker und der theoretischen Physik nahestehende Wissenschaftstheoretiker legen meist Wert auf die realistische Deutung der in einer Theorie enthaltenen *Naturgesetze*, die als wahr aufgefaßt werden können, ohne daß zugleich die Existenz *aller* im Rahmen der Theorie angenommenen Entitäten behauptet werden muß. Man kann beispielsweise die Gesetze der Newtonschen Mechanik als eine (näherungsweise) wahre theoretische Beschreibung der Bewegungen von Himmelskörpern ansehen, ohne mit Newton anzunehmen, daß es einen absoluten Raum gibt, der ein perfektes Bezugssystem für Trägheitsbewegungen realisiert; oder man kann die Feldgleichungen der klassischen Elektrodynamik für wahr halten, ohne den einzelnen Fourier-Komponenten elektromagnetischer Wellen Existenz zuzusprechen.

(ii) Diejenigen Wissenschaftstheoretiker, die sich auch mit der experimentellen Seite der Physik und mit phänomenologischen Stadien der Theorienbildung auseinandersetzen — etwa *N.Cartwright* oder *I.Hacking*[16] — favorisieren eher einen Realismus bezüglich der *Ursachen*, die eine physikalische Theorie den beobachtbaren oder experimentellen Phänomenen zuschreibt. Man kann die Existenz von Elektronen, die Spuren in einer Blasenkammer bewirken, behaupten, ohne die heutige Quantenelektrodynamik schon für eine wahre Beschreibung der Wechselwirkungen dieser Teilchen mit dem Detektor halten zu müssen. *D.Shapere*,[17] der eine an der Praxis der Physiker orientierte Verallgemeinerung des Beobachtungsbegriffs versucht, verknüpft einen solchen Ursachen-Realismus mit einem partiellen Gesetzes-Realismus; er deutet einerseits die Ursachen beobachtbarer Phänomene und andererseits das jeweils im Theorienbildungsprozeß als abgesichert geltende Hintergrundwissen realistisch.

(3) *Gemäßigter Empirismus*: Damit ist hier die von empiristisch orientierten Physikern vertretene Auffassung gemeint, daß neben den unmittelbar beobachtbaren Phänomenen auch alle experimentell ermittelten Werte für die (oft als *Observablen* bezeichneten) *Meßgrößen* einer Theorie eine Entsprechung in der Natur besitzen. Nach dieser Position dürfen wohl die Ergebnisse von Messungen, nicht unbedingt aber Aussagen über theoretische Entitäten vor oder nach Messungen realistisch gedeutet werden; der empirische Gehalt physikalischer Theorien wird in den experimentell überprüfbaren Vorhersagen für Meßgrößen gesehen. Die experimentell bestimmten numerischen Meßwerte für physikalische Größen wie Ort, Impuls, Masse, Ladung usw. werden dabei bis auf Meßfehler realistisch gedeutet, aber die realistische Deutung der Theorie selbst wird abgelehnt. Das beste Argument dafür sind

---

[16]Cartwright (1983), Hacking (1983).
[17]Shapere (1982).

die bekannten Schwierigkeiten, die durch eine realistische Deutung der Quantentheorie aufgeworfenen werden: die ‚Ontologisierung' quantenmechanischer Observablen durch ihre Zuordnung zu von Messungen unabhängigen Entitäten verpflichtet zur Annahme von Objekten, die nicht für alle Meßgrößen zugleich definierte Werte haben. — Diese Position ist Grundlage der durch *Suppes* und andere entwickelten, modelltheoretisch begründeten *Theorie der Messung*,[18] und sie ist auch mit dem *Ludwig*-Programm zur Axiomatisierung physikalischer Theorien verknüpft, das ebenfalls von modelltheoretischen Methoden Gebrauch macht.[19]

(4) *Strikter Empirismus*: Für den strikten Empiristen gibt es wie für den frühen Carnap nur dasjenige, was man sehen, hören, fühlen, riechen und schmecken kann. Der empirische Gehalt physikalischer Theorien liegt für ihn in Beobachtungsgrößen, die den Inhalten von Sinneswahrnehmungen korrespondieren. Da schon die meisten Meßgrößen physikalischer Theorien theoretische Terme sind, deren experimentelle Bestimmung von genau derjenigen Theorie abhängt, in der sie auftreten (so impliziert z.B. die Massenmessung das Kraftgesetz), dürfen die Meßgrößen physikalischer Theorien vom strikt empiristischen Standpunkt aus sowenig realistisch gedeutet werden wie die Entitäten, denen sie zugeschrieben werden. Nach strikt empiristischen Kriterien haben darum die meisten physikalischen Theorien keinen auf alle Anwendungen generalisierbaren empirischen Gehalt. Die Unterscheidung zwischen Beobachtungsgrößen und theoretischen Termen, die *Carnaps* Zwei-Stufen-Konzept physikalischer Theorien[20] zugrundelag, half letztlich nicht weiter und wird heute in der empiristisch orientierten Wissenschaftstheorie üblicherweise auf bestimmte Theorien relativiert. Bei *Sneed* und seinen Nachfolgern wird sie durch die Unterscheidung zwischen vor-theoretischen und *T*-theoretischen Größen ersetzt, die dazu dient, das Verhältnis zwischen einer physikalischen Theorie *T* und ihren Vortheorien zu untersuchen.[21] Einen heroischen Versuch, dieser Relativierung zum Trotz die empiristischen Prinzipien in ursprünglicher Striktheit zu bewahren, unternimmt *van Fraassen*,[22] dessen modelltheoretische Sicht des Zusammenhangs von experimentellen Daten und physikalischen Theorien den Ansätzen von Suppes, Sneed und Ludwig formal verwandt ist.

---

[18]Vgl. Suppes (1980); Krantz (1971).
[19]Ludwig (1990).
[20]Carnap (1956).
[21]Sneed (1971).
[22]van Fraassen (1980), (1987).

(5) *Konstruktivismus*: Damit ist hier die Auffassung gemeint, daß die experimentellen Phänomene der Physik nicht realistisch gedeutet werden dürfen, weil sie durch die intellektuellen und physischen Aktivitäten des Menschen erst erzeugt werden. Nach Meinung des Konstruktivisten korrespondiert neben allen theoretischen Termen und theoriegeladenen Meßgrößen der Physik auch das aus Experimenten resultierende Beobachtungsmaterial keinen realen Dingen oder Vorgängen in der Natur. Der Konstruktivist ist dem strikten Empiristen darin verwandt, daß er nur das unmittelbar Beobachtbare für real hält, also etwa den Sternenhimmel, Wiesen, Gräser und Blumen, oder auch die Fotoplatte, auf der sich die Spur eines Elementarteilchens befindet. Im Gegensatz zum Empiristen deutet er aber sämtliche experimentellen Phänomene der Physik — auch wenn es sich um den vom Empiristen protokollierten Zeigerausschlag eines Meßgeräts oder um eine mit bloßem Auge beobachtbare Teilchenspur auf der Fotoplatte handelt — antirealistisch in dem Sinne, daß sie nicht auf Wirkursachen in der Natur, sondern auf menschliche Handlungen und Entscheidungen zurückgehen und mithin keine Rückschlüsse auf die ‚unberührte' Natur erlauben. Der Konstruktivist vertritt die konträre Extremposition zu derjenigen des globalen Realisten: er spricht es physikalischen Theorien (angefangen mit der klassischen Mechanik) in Bausch und Bogen ab, daß sie Dinge und Vorgänge in der Natur repräsentieren. Eine solche Position nahm in diesem Jahrhundert vor allem *Dingler* ein, der sich in der Tradition des durch *Poincaré* und *Duhem* begründeten Konventionalimus sah. An Dingler knüpft noch *Tetens* in seinem Buch *Experimentelle Erfahrung* an, wenn er dort zu einer extrem instrumentalistischen Sicht physikalischer Theorien gelangt und die experimentellen Ergebnisse einer so hochtechnisierten Disziplin wie der Teilchenphysik als durch Experimentierapparaturen hergestellte Artefakte deutet.[23] Eine andere Variante des Konstruktivismus findet man bei soziologisch orientierten Wissenschaftshistorikern wie *Pickering*,[24] der den Theorienbildungprozeß der Teilchenphysik weitgehend nach physikexternen Gesichtspunkten analysiert. Beide aktuellen Varianten des Konstruktivismus haben einen wissenschaftskritischen Aspekt, der im 2. Kapitel kritisch beleuchtet wird.

Alle fünf Positionen, mit denen die Debatte um die realistische Deutung physikalischer Theorien schon weitgehend abgedeckt ist, erhält man

---

[23]Tetens (1987).
[24]Pickering (1984).

dadurch, daß die Grenze zwischen dem empirisch gesicherten und dem nicht-empirischen, metaphysikverdächtigen Teil unseres theoretischen Wissens in Abhängigkeit vom Verständnis des Terminus ‚empirisch' verschoben wird. Für die Extremposition des Konstruktivismus liegt sie vor allen theoretischen Begriffen, und für die des globalen Realismus zwischen akzeptierten und nicht-akzeptierten Theorien. Dagegen wird sie für Empiristen und kritische Realisten durch empirische Phänomene, Meßergebnisse oder aber theoriegeladene experimentelle Resultate markiert. An *welcher* Stelle die Grenzziehung am sinnvollsten ist, hängt unter anderem davon ab, welche Auffassung von Erfahrungswissen der Struktur physikalischer Theorien, und insbesondere der Verzahnung von Theorie und Experiment, am ehesten gerecht wird. Wie plausibel die Positionen einiger herausragender Vertreter des Spektrums sind, und welche Auffassung von ‚empirisch' durch die Physik selbst nahegelegt ist, soll im 2. Kapitel näher untersucht werden. Im folgenden wird noch besprochen, nach welchen *Kriterien* diese Grenzziehung erfolgen kann, und es wird gezeigt, daß man sie *nicht* aus einer rein empiristisch orientierten Realitätsauffassung gewinnt.

1.3 Plädoyer für einen differenzierteren Realitätsbegriff

Das oben aufgefächerte Spektrum an Positionen erhält man, indem man die empirische Realität, als Inbegriff alles empirisch Gegebenen, jeweils in Abhängigkeit vom Verständnis des Terminus ‚empirisch' anders auffaßt. Für die am Ende von 1.1 gestellte Frage, wie weit die Inhalte akzeptierter Theorien unser Konzept der empirischen Realität bestimmen, und wie weit umgekehrt letzteres über den empirischen Gehalt der ersteren entscheidet, hat man hiermit jedoch grundsätzlich nichts gewonnen: ihre Beantwortung erfordert ein Kriterium, das sowohl von der empiristischen Position als auch von den physikalischen Theorien, wie sie nun einmal sind, *unabhängig* ist und an dem erst *bemessen* werden kann, was man sinnvollerweise unter der empirischen Realität — und mithin unter dem Terminus *‚empirisch'* — verstehen sollte.

Ein solches Kriterium, anhand dessen über die Bedeutung des Terminus ‚empirisch' entschieden werden könnte, wird von der Realismus-Debatte, soweit sie bisher skizziert wurde, *nicht* bereitgestellt. Das gesamte Spektrum konkurrierender Bedeutungen ist in derselben empiristisch orientierten Realitätsauffassung verankert: sie unterscheiden sich nur in der Auffassung dessen, was als empirisch gilt, gleichen sich aber in der Sicht der Realität. Für den Empirismus ist die *Realität* der Inbegriff dessen, was durch Erfahrung auf die eine oder andere Weise *gegeben* ist. Die theoriegeladenen Daten der Physiker oder die Entitäten, auf deren Annahme man sich mit dem Fürwahrhalten einer Theorie verpflichtet, lassen sich als eine stark liberalisierte Version der strikt empiristischen Beobachtungsdaten betrachten. Umgekehrt ist die konstruktivistische Forderung nach einer Natur, die nicht unter den Laborbedingungen eines Experiments verformt wird, nichts anderes als eine extrem restriktive Variante dessen, was als gegeben gilt. Vom Standpunkt der Physik dagegen ist die Sinneswahrnehmung vielleicht der Prototyp, aber eben nicht die einzig denkbare Art von Erfahrung.

Die Realismus-Debatte dreht sich denn auch im Kreise, soweit in ihr nur um das rechte Verständnis von ‚empirisch' gerungen wird. Unabhängige Kriterien für oder gegen eine bestimmte Auffassung von ‚empirisch', die im Einklang mit der heutigen Physik sein kann, ohne schlicht daraus übernommen zu werden, findet man erst, wenn man auch die Bedeutung des Terminus ‚*Realität*' betrachtet. Die empiristische Auffassung der Realität im Sinne eines Inbegriffs alles Gegebenen ist einfach zu *bestimmungsarm*, um Gründe dafür zu liefern, ob und warum uns verschiedene Arten von Erfahrung, die sich in ihrem Theoretizitätsgrad stark unterscheiden, Wissen über ein-und-dieselbe Realität verschaffen. Die Gegenstände, um die sich die Realismus-Debatte dreht, bleiben unentscheidbar, solange man die Frage ausklammert, was sinnvollerweise unter ‚*Realität*' zu verstehen ist — oder was die *Merkmale* sind, anhand deren die Sinnesdaten der Empiristen *und* die experimentellen Daten der Physiker als Information über die Realität im Sinne einer von uns unabhängigen Außenwelt ausgezeichnet werden können. Die empiristische Realitätsauffassung gibt keine Auskunft darüber, was den Daten der Empiristen und den Daten der Physiker *gemeinsam* ist.

Unklar ist allerdings, wie man zu einem differenzierteren Realitätsbegriff gelangen kann, der dem traditionellen Empirismus *und* der Struktur der empirischen Wissenschaft gerecht werden kann. Die Realität, als

Inbegriff dessen, was es gibt, ist eine zentrale theoretische Entität der Philosophie, um die es vom Standpunkt der empiristischen Metaphysik-Kritik mindestens ebenso schlecht steht wie um die nicht-beobachtbaren Entitäten der Mikrophysik. Noch dazu gibt es unglücklicherweise nahezu so viele Realitätsauffassungen wie Philosophien. Die wissenschaftsphilosophische Realismus-Debatte von einem vorgegebenen Realitätsbegriff aus entscheiden zu wollen wäre kaum überzeugender als sich willkürlich zu einer bestimmten Auffassung des Empirischen zu bekennen.

Dennoch lohnt es sich, in der Philosophiegeschichte nach antiempiristischen Realitätsauffassungen zu suchen. Im Vergleich zu den Realitätsbegriffen der *rationalistischen* Tradition, die — man denke nur an *Descartes*, *Leibniz* und *Euler* — für die Entwicklung der klassischen Physik eine überragende Rolle spielten, war bisher nur in einem sehr verarmten Sinne von empirischer Realität die Rede. Dabei bleibt gerade das gesuchte Zusatzkriterium für die Beurteilung des ‚Wirklichkeitsgehalts' physikalischer Theorien auf der Strecke. Dies zeigt sich unter anderem daran, daß man in der Realismus-Debatte üblicherweise (und durch den englischen Sprachgebrauch nahegelegt) zwei Begriffe in einen Topf wirft, die in der nicht-empiristischen philosophischen Tradition streng unterschieden wurden: die Begriffe von *Realität* und *Wirklichkeit*. Schon ein kurzer Blick auf die Begriffsgeschichte beider Termini zeigt, daß ‚Realität' meist auf die Beschaffenheiten oder Qualitäten der Dinge bezogen, ‚Wirklichkeit' dagegen als ein modaler Begriff gebraucht wurde. *Leibniz* und auch *Kant*, der in seiner Begriffstheorie und Urteilslehre weitgehend der Leibniz-Wolffschen Schule verhaftet blieb, halten den *qualitativen* und den *modalen* Aspekt von Begriffen oder Urteilen mittels der Kategorien ‚Realität' und ‚Wirklichkeit' auseinander.[25] Gerade von *Kant* kann man lernen, daß es schon auf der Stufe der Alltagserfahrung nichts theoriefrei Gegebenes gibt. Nach seiner Erkenntnistheorie ist dasjenige, was ein Empirist unter der empirischen Realität versteht, immer schon durch theoretische Konstrukte unseres Erkenntnisapparats geprägt, zu denen auch die Unterscheidung der Kategorien ‚Realität' und ‚Wirklichkeit' gehört. Dabei ist die *Realität* für Kant und auch für Leibniz so etwas wie

---

[25]Vgl. die Systematik der Kategorien und Grundsätze in der *Kritik der reinen Vernunft*, Kant (1787). Mit der Unterscheidung der Qualitätskategorie ‚Realität' von der Modalitätskategorie ‚Wirklichkeit' bzw. ‚Dasein' steht Kant in der Tradition der *Leibnizschen* Logik und Epistemologie. Leibniz' Logik ist eine *Begriffs*logik, sie beruht auf einer Theorie des vollständigen oder individuellen Begriffs. Vgl. hierzu Poser (1981).

der *Inbegriff aller Qualitäten*, die durch denkbare Prädikate bezeichnet werden. Die *Wirklichkeit* dagegen wird von den Qualitäten ausgemacht, die *aktual im empirischen Dasein der Dinge* auftreten und die irgendwelchen kompossiblen, den Dingen zugleich zuschreibbaren Prädikaten entsprechen.[26]

Diese Unterscheidung zwischen ‚Realität' und ‚Wirklichkeit' läßt sich auch in Begriffen der heutigen theoretischen Philosophie erläutern. Die Kategorie der *Realität* bezeichnet eine Art logischen Raum von Eigenschaften — ein theoretisches Universum von Qualitäten oder Eigenschaften, die in Klassen systematisiert sind. Dieser Eigenschaftsraum ist ein abstraktes *universe of discourse* im Sinne der heutigen Mengentheorie und formalen (modelltheoretischen) Semantik. Seine Elemente sind Prädikate (also Universalien), die empirische oder physikalische oder sonstige Eigenschaften irgendeiner Gruppe von Eigenschaftsklassen bezeichnen. Das Universum der Sinneswahrnehmung besteht aus Klassen von Gestalten, Farben, Klängen, Gerüchen usw., die uns durch die Sinne gegeben sind. Das sehr viel abstraktere Universum der klassischen Physik besteht aus Skalen physikalischer Meßgrößen wie Länge, Zeit, Masse, Ladung und Temperatur. Ein solches theoretisches Universum hat, soweit es sich überhaupt formalisieren läßt, einen formalen (oder extensionalen) und einen inhaltlichen (oder intensionalen) Aspekt. Formal läßt es sich im Idealfall als ein *Eigenschaftsverband* betrachten, der eine *Boolesche Struktur* besitzt.[27] Seine Elemente (die als *Eigenschaften* nach der Terminologie der Sprachphilosophie *intensionale Entitäten* par excellence sind) repräsentieren inhaltlich die spezifischen Qualitäten von empirischen, physikalischen oder sonstigen Phänomenen und haben den Charakter von *Bedeutungen*.

Die Kategorie der *Wirklichkeit* dagegen bezeichnet nach Leibniz wie nach Kant die *kontingenten Eigenschaften*, die den empirischen Dingen in der wirklichen Welt, einer durch die Modalbestimmung ‚wirklich' ausgezeichneten möglichen Welt, zukommen. Die kontingenten Eigenschaften der Dinge sind einzelne Elemente aus dem *universe of discourse*, die bestimmten Raum-Zeit-Stellen in der Erscheinungswelt zugeordnet sind und die durch Beobachtung oder Messung aus einer Eigenschaftsklasse ausgewählt werden. Zur kontingenten Wirklichkeit gehört es, wenn der

---

[26]Zum Begriff der Kompossibilität und zu Leibniz' Konzeption der möglichen Welten vgl. Poser (1981), S.387 ff.

[27]In der *Quantentheorie* geht die Boolesche Verbandsstruktur allerdings für nichtkommutierende Observablen verloren.

Himmel blau ist, oder wenn das in *Millikans* Öltröpfchen-Versuch gemessene Verhältnis von Masse und Ladung im elektrostatischen Maßsystem ungefähr den Wert 1.761011 *Asec/kg* hat. Zu den kontingenten Zügen der empirischen Realität zählt alles, was empirisch oder experimentell aus den Eigenschaftsklassen eines theoretischen Universums so ausgewählt wird, daß diese Auswahl nicht schon theoretisch determiniert ist — etwa durch Beziehungen, die wie die Gesetze der Physik Eigenschaften miteinander verknüpfen. Formal betrachtet sind die kontingenten Eigenschaften der Dinge einzelne, ausgezeichnete Elemente aus dem entsprechenden Eigenschaftsverband, deren Auszeichnung man *nicht* aus der theoretischen Eigenschaftstruktur des *universe of discourse* herleiten kann. Sie erfolgt theorie*extern* und steht theorie*intern* nur unter Bedingungen der logischen *Konsistenz*. Inhaltlich betrachtet erfolgt die Auszeichnung dieser Elemente auf der Grundlage von Wissen über die Zuschreibbarkeit von Bedeutungen zu Wahrnehmungs-, und Erfahrungsinhalten — ein Wissen, das natürlich *sprachgebunden* ist und das in der Alltagserfahrung allgemein zugänglich ist, bei den Experimenten der Physik aber den Experten vorbehalten bleibt.

Dem formalen Aufbau nach sind die Welten der Alltagserfahrung und der Physik also nicht grundsätzlich verschieden, wenn auch die eine durch die natürliche Sprache und die andere durch die damit nur noch punktuell verknüpfte formale Sprache der mathematischen Physik präformiert ist. Beide Welten haben einen *qualitativen* Aspekt, nämlich die *Eigenschaftsstruktur* des jeweiligen *universe of discourse*, und einen *modalen* Aspekt, nämlich die *kontingente Auszeichnung der Eigenschaften*, die man einzelnen Raum-Zeit-Stellen zuschreibt. Während die empirische Realität aus empiristischer Sicht bloß ein Inbegriff alles Gegebenen ist, das in damit unverbundene Theorie- oder Begriffsschemata gefaßt werden könnte,[28] nimmt sie sich vor dem Hintergrund der rationalistischen Unterscheidung von Realität und Wirklichkeit viel komplexer aus. Sie ist diejenige als ‚wirklich' ausgezeichnete mögliche Welt, die man erhält, wenn man auf der Basis von Beobachtung und Messung allen Raum-Zeit-Stellen ausgezeichnete Elemente eines theoretischen Universums, das von Prädikaten ausgemacht wird, zuordnet. Was der Empirismus als Gegebenes betrachtet, sind die innerhalb dieser Welt kontingent bleibenden Größen; und das sind diejenigen Züge der Wirklichkeit, die darin noch nicht theoretisch festgelegt sind und die an einzelnen Raum-Zeit-Stellen

---

[28]Vgl. auch die Kritik an der empiristischen Realitätsauffassung in Davidson (1974).

durch Beobachtung oder Messung ermittelt werden können.

Soweit solche Daten weder theoretisch herleitbar sind noch wegen empirischer Unterbestimmtheit der Theorie willkürlich angenommen werden müssen,[29] stellen sie harte Fakten dar. Die aktuellen Eigenschaften, die kontingenterweise an den Phänomenen vorgefunden werden, sind etwas Gegebenes im empiristischen Sinne. Ihr Auftreten an einer bestimmten Raum-Zeit-Stelle kann durch keine noch so gute Theorie erzeugt werden. Jede noch so umfassende Theorie hat Lücken, die durch empirische oder experimentelle Daten gefüllt werden müssen.[30] Dies spricht für den Empirismus — und gegen jede überzogene Variante von Konstruktivismus, nach der die empirische Wirklichkeit sei's der Wissenschaft, sei's der Alltagserfahrung durchgängig als ein theoretisches Konstrukt gilt. Aber der strikte Empirismus liefert eine zu schwache Bestimmung der Struktur der empirischen Wirklichkeit. Er erlaubt es nicht, diejenigen kontingenten Züge der Erscheinungswelt zu den empirischen Phänomenen zu rechnen, die man nur auf der Basis einer physikalischen Theorie darstellen kann — etwa den Massenwert eines instabilen subatomaren Teilchens, den man aus einer Resonanz bestimmt, welche in einem hochenergetischen Streuexperiment der Teilchenphysik gemessen wird. Dementsprechend lassen sich auf seiner Basis viele Inhalte der empirischen Wissenschaft Physik nicht erfassen.

Der Witz einer derart ausdifferenzierten Realitätsauffassung liegt darin, daß nach ihr die empirische Realität ein doppeltes Gesicht hat. In qualitativer Hinsicht ist sie ein *theoretisches Konstrukt unseres Erkenntnisvermögens*, und dennoch ist sie zugleich in modaler Hinsicht eine *Instanz, die unseren theoretischen Konstrukten widersteht*. Man darf diese Instanz, an der die Theorien der Physik *scheitern* können, mit Fug und Recht *Natur* nennen und sie mit der empirischen Realität identifizieren: die empirische Realität *ist* nichts anderes als kontingente Wirklichkeit, mithilfe welcher Theorien auch immer wir sie uns erschließen.

Der *modale* Aspekt dieser Realitätsauffassung liefert dann das ge-

---

[29] Jede Theorie enthält auch Größen, deren Werte per Konvention festgelegt werden müssen.

[30] *Van Fraassen* weist am Beispiel von *Millikans e/m*-Messung darauf hin, daß Experimente die Aufgabe haben, Lücken in der Theorie so zu füllen, daß die Theorie empirisch adäquat bleibt: "the experiment shows that unless a certain number (or a number in a certain interval) is written in the blank, the theory will become empirically inadequate." van Fraassen (1987), S.119 f.

suchte *Zusatzkriterium*, anhand dessen entscheidbar wird, was zur empirischen Realität gezählt werden darf und was nicht. Die Natur als etwas, das der Theorienbildung der Physik Schranken setzt, ist etwas von unserem Erkenntnisapparat und vom jeweiligen ‚universe of discourse' Unabhängiges, das gerade als kontingent gilt, insofern es von der theoretisch vorgegebenen (und sprachgebundenen) Struktur der Erfahrung nicht erzeugt werden kann. Ein Verständnis von ‚empirischer Realität', das die Kontingenz des empirisch Gegebenen berücksichtigt, erlaubt es, die empirische Realität — oder die Natur — unter anderem als diejenige Instanz zu betrachten, die unsere theoretischen Erwartungen immer wieder auch enttäuschen kann und gerade dadurch zum Gegenstand objektiver Erkenntnis wird.

Dieses Realitätskriterium beruht auf der modalen Dichotomie von ‚notwendig' (= *theorieintern festgelegt*) und ‚kontingent' (= *theorieextern festzulegen*) — und nicht mehr auf der (dazu windschiefen) empiristischen Dichotomie von Beobachtungsgrößen und theoretischen Termen. Alle Größen, die relativ zu einer gegebenen Theorie theorieextern festgelegt werden müssen und können (oder irgendwann einmal mußten und konnten), sind relativ zu dieser Theorie kontingent und dürfen, sofern sie einmal durch Beobachtung und Messung eindeutig festgelegt *sind*, zur theoretischen Darstellung der empirischen Realität gezählt werden.

Man gelangt anhand dieses Kriteriums zu einer *modalen* Variante eines *gemäßigten Realismus*. Danach darf man die kontingenten Phänomene und Gesetze der Physik für Teile bzw. getreue Darstellungen von Teilen der empirischen Realität halten, und zwar unabhängig davon, wieviel an Theorie erforderlich ist, um sie zu gewinnen. Zumindest experimentelle Daten, phänomenologische Gesetze, die sie in ein Minimum an theoretischer Struktur einbetten, und die kontingenten Züge physikalischer Theorien darf man demnach realistisch interpretieren, weil sie Strukturen in der Wirklichkeit einfangen.[31] Es ist eine sichere Wette, auf sie zu setzen — selbst wenn man mit *Nancy Cartwright* annimmt, daß

---

[31] Nach den Unterscheidungen aus 1.2 entspricht dies in etwa der Position eines *gemäßigten Empirismus*. — *Carrier* gelangt in seinen historischen Fallstudien zum Theorienwandel in Physik und Chemie zu einem verwandten Schluß: Es ist haltbar — und es kommt auch darauf an — die *Strukturen* in der Natur, die durch die Begriffsbildungen und Gesetze der empirischen Wissenschaften eingefangen werden, realistisch zu deuten, während die realistische Deutung theoretischer *Entitäten* oft problematisch ist. In Carrier (1991), (1993) argumentiert er in diesem Sinne für einen *Realismus der natürlichen Arten*.

fundamentale Gesetze der Physik oft lügen.[32] Bei dieser Wette darf aber nicht vergessen werden, daß Theorien die Kontingenz der Phänomene *reduzieren*. Um den kontingenten Gehalt einer Theorie aufzuspüren, muß man den Theorienbildungsprozeß studieren anstelle der voll ausformulierten, reifen Theorie. Man muß die anfängliche Beobachtungsbasis einer Theorie und den Prozeß ihrer Theoretisierung studieren — nicht die ausgefeilten Meßmethoden, die erst dann zur Verfügung stehen, wenn eine Theorie schon akzeptiert und ausgearbeitet ist. Der Teufel liegt also auch hier im Detail. Darum soll im 3. Kapitel im einzelnen untersucht werden, welche Arten von kontingenten Phänomenen den Existenzannahmen der Teilchenphysik zugrundeliegen.

1.4 Realismus-Debatte und Quantentheorie

Auch zum Verständnis der Debatte um die Deutungen der *Quantentheorie* ist es hilfreich, die empiristische Auffassung der Realität als Inbegriff alles Gegebenen mit einem differenzierteren Realitätsverständnis zu konfrontieren. Die Quantentheorie ist mit einer *klassischen Beschreibung* der Struktur der Realität *unverträglich*. Aufgrund der Besonderheiten des quantenmechanischen Meßprozesses verträgt sie sich aber *auch* nicht mit einer großzügigeren Auffassung dessen, was als gegeben gilt, als der strikt empiristischen; denn die heute akzeptierten Formulierungen der Quantentheorie gestatten es nicht, die Ergebnisse aufeinanderfolgender Messungen von inkommensurablen Größen wie Ort und Impuls gesetzmäßig zu verknüpfen, um mikroskopische Einzelprozesse in Raum und Zeit lückenlos zu beschreiben. Ein *kritischer Realismus*, nach dem auch die dynamischen Ursachen und gesetzmäßigen Beziehungen von Einzelereignissen in Raum und Zeit als gegeben gelten, erscheint angesichts der Quantentheorie als *unhaltbar*. Mit einer *strikt empiristischen* Realitätsauffassung dagegen, die sich aller ontologischen Annahmen bezüglich der nicht-beobachtbaren Ursachen und der gesetzmäßigen Verknüpfung von beobachtbaren Einzelereignissen enthält, ist sie *verträglich*. Auf diesem Sachverhalt beruht die Attraktivität, die die Quantentheorie für die Verfechter eines strikten Empirismus wie *van Fraassen* hat.[33] Schon *Born* fragte sich in seiner berühmten Mitteilung zur Quantenmechanik der

---

[32]Cartwright (1983).
[33]Vgl. die Auseinandersetzung mit *van Fraassen* in 2.5 und 3.6.

Stoßvorgänge, in der er die probabilistische Deutung der Quantenmechanik vorläufig skizzierte, ob hier eine „prästabilierte Harmonie" vorliege, nach der die „Übereinstimmung von Theorie und Erfahrung in der Unfähigkeit, Bedingungen für den kausalen Ablauf anzugeben", unhintergehbar sei.[34]

Eine empiristisch orientierte Realitätsauffassung scheint also angesichts der Quantentheorie eine *strikt* empiristische Lesart des Gegebenen zu erzwingen. Vom strikt empiristischen Standpunkt aus wirkt die ganze Debatte um die Quantentheorie überflüssig, denn sie entzündet sich ja gerade daran, daß der quantentheoretische Meßprozeß die lückenlose raumzeitliche Beschreibung von nicht-beobachtbaren mikroskopischen Einzelprozessen im allgemeinen verbietet. Durch eine konsequent empiristische Sichtweise werden also die philosophischen Probleme der Quantentheorie, mit denen sich *Einstein* und *Bohr* jahrzehntelang auseinandergesetzt haben, einfach *eliminiert*.[35] Diese Probleme lassen sich offenbar auf der Basis der empiristischen Auffassung der Realität als Inbegriff alles Gegebenen nicht adäquat erfassen; sie geraten erst auf der Grundlage eines Realitätsbegriffs, der *stärker oder strukturreicher* ist als der empiristische, ins Blickfeld.

Die Realitätsauffassung, nach der die Quantentheorie im Gegensatz zur klassischen Punktmechanik oder Elektrodynamik anstößig ist, ist exakt zugeschnitten auf die Struktur der klassischen Physik und hat denselben rationalistischen Hintergrund wie sie. Diese *klassische Realitätsauffassung*, auf deren Basis insbesondere *Einstein* der Auffassung war, die quantentheoretische Beschreibung der Wirklichkeit könne nicht vollständig sein,[36] enthält viel weitergehende Annahmen über die Struktur der empirischen Realität als nur die Unterscheidung eines qualitativen und eines modalen Aspekts der Wirklichkeit, wie sie oben vorgeschlagen wurde. Insbesondere verknüpft sie ihre Annahmen über das *universe of discourse* der Physik und über die kontingenten Eigenschaften der darin angesiedelten Entitäten mit zwei theoretischen Voraussetzungen,

---

[34]Born (1926a), S.806.

[35]Van Fraassen, dem dies sehr wohl bewußt ist, begründet seinen eigenen Versuch einer ‚*modalen*' Interpetation der Quantentheorie als *mögliche, keineswegs aber zwingende* Lesart der Theorie; vgl. van Fraassen (1991), S.9: "But the interpretational demands of *What is really going on (according to this theory)?* or even the more modest *How could the world possibly be how this theory says it is?* will not disappear if science is help us construct and revise our world-pictures."

[36]Einstein (1935).

die ihre Wurzeln im Substanzdenken der rationalistischen Metaphysik à la *Descartes* (mit dessen Theorie der Natur sich *Newton* eingehend auseinandergesetzt hat) oder *Leibniz* haben. Sie sind in die Theorienbildungsprozesse der neuzeitlichen Physik genauso entscheidend eingegangen wie in die philosophische Diskussion um die nicht-klassische Physik des 20. Jahrhunderts.

Diese zwei theoretischen Voraussetzungen sind die Annahme eines beharrlichen Eigenschaftsträgers, einer unvergänglichen *Substanz* in Raum und Zeit, an der die kontingenten Eigenschaften der Einzeldinge in Raum und Zeit ‚haften' können und für deren physikalische Eigenschaften *Erhaltungssätze* gelten, und die Annahme der durchgängigen Bestimmtheit alles Naturgeschehens nach dem *Kausalprinzip*, das die durchgängige gesetzmäßige Verknüpfung aller kontingenten Eigenschaften von Einzeldingen und ihrer Veränderungen fordert. Beide Annahmen waren für den Begründer des neuzeitlichen Empirismus *Locke* noch fraglos, wurden aber in der von *Hume* über *Berkeley* und *Mach* zum logischen Empirismus des 20. Jahrhunderts führenden empiristischen Tradition kritisiert. Von *Kant* hingegen wurden sie zu Bedingungen a priori der Möglichkeit von Erfahrungserkenntnis umformuliert. Kant modelliert in seiner theoretischen Philosophie die empirische Realität oder Natur — die für ihn der Inbegriff von empirischen Phänomenen unter allgemeinen und besonderen Naturgesetzen ist — strukturell nach dem Vorbild der besten ihm bekannten physikalischen Theorie, der Newtonschen Mechanik.[37] In seinem philosophischen Modell der Natur spielen Substanzerhaltungssatz und Kausalitätsgesetz, die er insbesondere auf den Massebegriff und das Kraftgesetz der Mechanik bezieht, eine hervorragende Rolle.

Beide theoretischen Voraussetzungen gehen als Residuen des Substanzdenkens der rationalistischen Metaphysik entscheidend in die *klassische Punktmechanik* ein, und mit ihr in den *Teilchenbegriff* der Physik. Für die Entwicklung der klassischen Feldtheorie und für *Maxwells* Versuch, sie mechanistisch durch die Annahme eines Äthers zu deuten, sind sie nicht minder wirksam gewesen.[38] Die *Eigenschaftsträger* der Punktmechanik sind geladene Massenpunkte, die dem Trägheits-

---

[37] Falkenburg (1993a); Friedman (1992).

[38] In der klassischen Feldtheorie übernehmen die *Raum-Zeit-Punkte* die Rolle eines ‚substantiellen' Trägers der physikalischen Eigenschaften, die durch die *Werte von Feldgrößen* repräsentiert sind. Dazu kommt die Annahme, daß die Entwicklung eines Felds nach der Maxwellschen Elektrodynamik dem Kausalprinzip unterliegt; danach scheidet man z.B. avancierte zugunsten retardierter Potentiale als *unphysikalisch* aus.

und Kraftgesetz unterliegen und für deren physikalische Eigenschaften (Masse, Impuls usw.) Erhaltungssätze gelten. Ein kräftefreier geladener Massenpunkt weist nach dem Trägheitsgesetz *ein* Charakteristikum auf, das traditionellerweise einer Substanz zugesprochen wurde: Er wird als ein *ens per se* gedacht — als eine Entität, von der man idealisierend annimmt, daß sie für sich genommen existiert und in ihren Eigenschaften unabhängig von allen anderen Entitäten in der Welt ist.[39] Die gesetzmäßige Verknüpfung der kontingenten Eigenschaften klassischer Teilchen wird durch Trajektorien im Phasenraum ausgedrückt, die, wenn ihre Werte für Ort und Impuls zu einer Zeit als Anfangsbedingungen gegeben sind, für alle Zeiten vollständig und eindeutig determiniert sind.

Mit der Quantenmechanik in der durch *Schrödinger* und *Heisenberg* begründeten und durch *von Neumann* kodifizierten Form sind beide Annahmen nicht mehr vereinbar, wie vor allem *Cassirer* in seiner Schrift *Determinismus und Indeterminismus in der modernen Physik* herausgearbeitet hat.[40] Der tradierte Substanzbegriff und das tradierte Kausalprinzip lassen angesichts der Quantentheorie den qualitativen und den modalen Aspekt der empirischen Realität, die in 1.3 unterschieden wurden, in Widerstreit miteinander geraten. Der Substanzbegriff fordert die Zuschreibbarkeit der kontingenten Eigenschaften aus einer Eigenschaftsklasse zu einem permanenten Eigenschafts*träger* in Raum und Zeit, der durch irgendwelche dynamischen Erhaltungsgrößen charakterisiert ist. Das Kausalprinzip fordert die durchgängige gesetzmäßige Verknüpfung aller kontingenten Eigenschaften auch über Eigenschafts*veränderungen* hinweg. Die nur probabilistische Beschreibung der Ergebnisse von Messungen an Quantensystemen nötigt jedoch dazu, die Annahme *aufzugeben*, daß die kontingenten Werte aller observablen Größen von Mikroobjekten vollständig determiniert sind. Wenn es um die nicht-vertauschenden Observablen *Ort und Impuls* geht, kollidiert dies wiederum mit der im Substanzbegriff gemachten Voraussetzung eines permanent in

---

[39]Vgl. Falkenburg (1993b), (1993c).
[40]Cassirer (1937); vgl. dazu Falkenburg (1993c). — *Bohms* Ansätze, insbes. Bohm (1955), zu einer Theorie mit verborgenen Parametern lassen sich als Versuche lesen, das traditionelle Substanzdenken für den Bereich der Quantentheorie zu retten. Eine solche Theorie bezahlt dafür mit der Einführung nicht-lokaler Wechselwirkungen, die durch die Verletzung der Bellschen Ungleichung erzwungen wird, einen hohen Preis. Vgl. Bell (1965), S.200: "Moreover, the signal involved must propagate instantaneously, so that such a theory could not be Lorentz invariant." Wie hoch dieser Preis ist, zeigt sich im Anwendungsbereich der *relativistischen* Quantentheorie.

Raum und Zeit gegebenen Eigenschaftsträgers. Wie die unendliche Geschichte von realistischen, instrumentalistischen, holistischen, quantenlogischen und sonstigen Deutungsversuchen zur Quantentheorie zeigt, gibt es aus diesen Schwierigkeiten keinen simplen Ausweg. Den Grund hierfür hat man in einer Realitätsauffassung zu sehen, die uns von der Struktur der Alltagserfahrung her einleuchtet, die aber durch die Annahme, daß den *Phänomenen* der Quantenphysik Quanten*objekte* mit wohldefinierten Eigenschaften zugrundeliegen, in irgendeiner Hinsicht überbestimmt sein muß.

Die Quantentheorie ist also für eine nicht-empiristische Lesart der empirischen Realität anstößig, weil angesichts ihrer Struktur ein *qualitativer Realitätsbegriff*, der aus der rationalistischen Tradition herrührt und der noch *Kant* selbstverständlich schien, mit der *modalen Wirklichkeitsauffassung* in Konflikt gerät. Die qualitative und die modale Realitätsauffassung sind nur in Bezug auf die Gegenstände der Alltagserfahrung und der klassischen Physik miteinander stimmig. Das qualitative Verständnis von Realität geht von der Annahme einer *durchgängigen raumzeitlichen und dynamischen Bestimmtheit alles Realen* aus, während die modale Realitätsauffassung die *Kontingenz aller Erfahrungsinhalte*, soweit sie von der theoretischen Struktur der Erkenntnis unabhängig sind, ins Zentrum rückt. Wenn man weder bereit ist, die Kontingenz quantentheoretischer Meßergebnisse durch die Annahme einer Abhängigkeit vom Bewußtsein des Beobachters, der das Meßinstrument abliest, hinwegzuerklären, noch an nicht-lokal gekoppelte verborgene Parameter oder an eine Vielwelten-Interpretation der Quantenmechanik glaubt, so bleibt, wenn man die Quantentheorie für universell gültig hält, nur noch *ein* Ausweg: die Annahme einer durchgängigen raumzeitlichen und auch sonstigen Bestimmtheit alles raumzeitlich vereinzelten Realen *aufzugeben*. Vom Standpunkt einer rationalistisch geprägten Realitätsauffassung wird damit der *qualitative* Aspekt der empirischen Realität, nämlich das theoretische *universe of discourse* mit vollständiger Eigenschaftsstruktur, preisgegeben. Als ein primäres Charakteristikum der empirischen Realität bleibt dann nur noch ihre Kontingenz gegenüber unserem Erkenntnisvermögen übrig, d.h. das Vorhandensein von etwas in der Natur, das in unseren theoretischen Konstrukten nicht aufgeht und sie gelegentlich über den Haufen wirft. Dies jedoch ist ein Realitätsbegriff, der *noch* magerer als die empiristische Auffassung der Realität als Inbegriff alles Gegebenen ist.

Inwiefern der qualitative und der modale Aspekt der Realität angesichts der Quantentheorie in Widerstreit geraten, kann man aber auch *ohne* Rückgriff auf Substanzdenken und Kausalprinzip verdeutlichen. Die in 1.3 vorgeschlagene Realitätsauffassung ist *stärker* oder strukturreicher als die empiristische, aber *längst nicht so stark* wie die klassische. Wenn man im Gegenzug zum empiristischen Modell der Realität als dem Ingebriff alles Gegebenen nur den *qualitativen* und den *modalen* Aspekt der Realität unterscheidet, so macht man noch keine *spezifischen* Annahmen über die Struktur des *universe of discourse* der Physik. Dennoch zeigt bereits diese Unterscheidung, was mit der Quantenmechanik im Gegensatz zur klassischen Physik los ist:

Das Versagen der klassischen Physik bei der Beschreibung atomarer und subatomarer Phänomene erzwingt die Quantentheorie als eine Art minimales theoretisches Konstrukt, in das sich die experimentellen Phänomene konsistent einbetten lassen. Dieses Konstrukt ist *minimal*, insofern es — in der üblichen, auf *Born* und *von Neumann* zurückgehenden und unumstrittenen probabilistischen Minimaldeutung[41] — nur noch Gesamtheiten von Ereignissen durch Gesetzesaussagen beschreibt, anstatt die Einzelereignisse selbst in eine nicht-probabilistische Gesetzesstruktur einzubetten. Die Bewegungsgleichungen einer Quantendynamik, etwa die Schrödinger-Gleichung der nicht-relativistischen Quantenmechanik, sind nur noch auf Ensemble-Ebene deterministisch. Außerdem ist dieses Konstrukt durch *kontingente Phänomene* erzwungen und sollte somit, nach der am Ende von 1.3 vorgeschlagenen modalen Variante eines gemäßigten Realismus, *realistisch gedeutet* werden. In *modaler* Hinsicht ist demnach eine realistische Lesart der Quantentheorie zu fordern, die der Tatsache Rechnung trägt, daß für den atomaren und subatomaren Bereich (für den die Bellsche Ungleichung nachweislich verletzt ist) die Gesetze der klassischen Physik definitiv *falsch* sind, während die quantentheoretische Beschreibung der Wirklichkeit für *wahr* gehalten werden muß.

Wie diese realistische Deutung aussehen könnte, ist jedoch — wenn man nicht zu verborgenen Parametern oder noch spekulativeren Annahmen Zuflucht nehmen will — in *qualitativer* Hinsicht höchst unklar. Die Eigenschaftsstruktur einer Quantentheorie weist nur noch für die jeweils verbliebenen *vertauschenden* Operatoren im Hilbert-Raum die Struktur eines Booleschen Eigenschaftsverbands auf, während für nicht-

---

[41]Born (1926a), (1926b); von Neuman (1932), S.101 ff.

vertauschende Observablen wie Ort und Impuls das Distributivgesetz der klassischen Logik aufgegeben werden muß. Diese Eigenschaftsstruktur ist *unvollständig*; sie gestattet zu *keinem* Zeitpunkt die gesetzmäßige Verknüpfung *aller* kontingenten Eigenschaften, die man an atomaren oder subatomaren Systemen messen kann. Es ist nach der Quantentheorie unmöglich, die probabilistisch korrelierten Ergebnisse eines Ensembles von Einzelmessungen auch auf der Ebene der Einzelereignisse über die Erhaltungssätze für Masse, Ladung, Spin und andere Erhaltungsgrößen hinaus gesetzmäßig miteinander zu verknüpfen. Im atomaren und subatomaren Bereich ist also kein durchgängiges theoretisches Konstrukt der empirischen Realität mehr möglich. Die Kontingenz von Quantenphänomenen ist im Vergleich zur Kontingenz der Phänomene der klassischen Physik in weitaus geringerem Ausmaß theoretisch reduzierbar.

Der *modale* und der *qualitative* Aspekt der empirischen Realität lassen sich also im Fall quantentheoretischer Systeme nicht wie in der klassischen Physik dadurch zur Deckung bringen, daß die kontingenten Eigenschaften dieser Systeme vollständig in die Gesetzesstruktur eines theoretischen *universe of discourse* eingebettet werden können. Beim derzeitigen Stand der Diskussion um die Quantentheorie ist nicht absehbar, ob und wie dieser Widerstreit zwischen der qualitativen und der modalen Sichtweise der empirischen Realität im Kleinen irgendwann einmal aufgelöst werden kann — ob im Rahmen einer neuen Theorie, die an die Stelle der Quantentheorie tritt und sie in ihrem Anwendungsbereich einschränkt, oder ob im Rahmen einer Realitätsauffassung, die eine stärkere Struktur aufweist als die empiristische, aber eine schwächere als die klassische. Vermutlich wird die Lösung jedoch *nicht* durch den Rückzug auf eine strikt empiristische Lesart der von der Quantentheorie geleisteten Beschreibung der empirischen Realität gebracht.

1.5 Die Metaphysik in der Physik

Gerade an den philosophischen Problemen der Quantentheorie sieht man, daß die Realismus-Debatte eigentlich auf Fragen der traditionellen *Naturphilosophie* zielt. Ein philosophisches Projekt von der Art dessen, was *Kant* als *Metaphysik der Natur* bezeichnete, wurde durch die Weiterentwicklung der empirischen Naturwissenschaften im 19.Jahrhundert also

Die Metaphysik in der Physik 41

nicht in jeder Hinsicht abgelöst und überflüssig gemacht. Die empiristische Wissenschaftstheorie dieses Jahrhunderts, die so fruchtbare Einsichten in die Struktur physikalischer Theorien gewonnen hat, scheiterte gerade mit dem Versuch, dies zu erweisen. Die Zwangsläufigkeit, mit der das durch *Carnap* begründete empiristische Forschungsprogramm entgegen allen Carnapschen Intentionen die Realismus-Debatte neu entfachte, und die Heftigkeit, mit der sie nun geführt wird, zeigen allemal, wie wenig sich eine empirisch gestützte und mathematisch formalisierte Naturwissenschaft ihrer nicht-empirischen Elemente entledigen kann.

In physikalischen Theorien gibt es mindestens drei Typen solcher nicht-empirischen Elemente: (i) konventionell gewählte Werte für Größen, die sich wegen empirischer Unterbestimmtheit einer Theorie nicht experimentell fixieren lassen und die irgendwelche behebbaren Lücken in der theoretischen Beschreibung der Phänomene willkürlich stopfen; (ii) Annahmen über die Metrisierung empirischer Phänomene, bzw. Entscheidungen zwischen Metrisierungsalternativen; (iii) metatheoretische Prinzipien, die auf irgendwelchen im traditionellen Sinne naturphilosophischen Annahmen über die Gesetzesstruktur der empirischen Realität beruhen und die Klassen von Theorien festlegen. Zu den letzteren zählen die *Symmetrieannahmen* der Physik, aber auch die *Lokalitätsbedingung*, die der mit der Quantentheorie unverträglichen *Bellschen Ungleichung* zugrundeliegt. Solche metatheoretischen Prinzipien, die auf weitreichenden Annahmen über die Struktur der empirischen Realität beruhen und *Klassen von Theorien* festlegen, sehen sehr metaphysikträchtig aus; viele davon sind denn auch ein Erbe der rationalistischen Metaphysik. Sie haben aber die schöne Eigenschaft, daß sie sich *theorieübergreifend* durch Experimente überprüfen lassen, die zwischen ganzen *Klassen* von Theorien entscheiden, ohne daß man dabei schon auf die spezifische Formulierung irgendwelcher bestimmten Vertreter dieser Theorienklassen festgelegt wäre.[42] Insbesondere schließen die entscheidenden Experimente zur Verletzung der Bellschen Ungleichung alle Theorien mit ausschließlich lokal gekoppelten Größen aus.[43]

Ein weiteres nicht-empirisches Element der Theorienbildung in der Physik sind die metatheoretischen Annahmen bezüglich der *Einheit der Physik*, die bei der konventionellen Festlegung frei wählbarer Elemente

---

[42]Vgl. etwa Franklin (1986), S.35 ff., wo dies für die Experimente zur Paritätsverletzung gezeigt wird.
[43]Vgl. Scheibe (1986), (1991).

physikalischer Theorien und bei der Entscheidung für oder gegen bestimmte Theorienklassen eine genauso große Rolle spielen wie beim Übergang von einer physikalischen Theorie zur anderen. Sie liegen der *reduktionistischen Methologie* der Physik zugrunde, nach der man beim Theorienwandel immer versucht, die Gesetze einer bewährten alten Theorie zu retten, indem man sie approximativ in eine neue Theorie mit überlappendem Anwendungsbereich einbettet und zugleich ihr Versagen außerhalb des Anwendungsbereichs der alten Theorie erklärt. Solche Annahmen bezüglich der Einheit der Physik hängen eng zusammen mit der Annahme der *vollständigen Determiniertheit* aller empirischen Einzelphänomene durch Naturgesetze, die der klassischen Realitätsauffassung zugrundeliegt und die in Kollision mit der Struktur der Quantentheorie gerät. Die Beschreibung von kontingenten Phänomenen durch eine physikalische Theorie zielt auf die *Reduktion von Kontingenz*, die mit der Quantentheorie nur in viel geringerem Ausmaß gelingt als mit der Gesetze der klassischen Physik. Angesichts der Quantentheorie steht neben der *Vollständigkeit* zugleich auch die *Einheit* der Naturbeschreibung auf dem Spiel, denn gesetzmäßige Verknüpfungen zwischen Einzelfällen herstellen heißt erklären,[44] und erklären heißt vereinheitlichen.[45]

Die metatheoretischen Prinzipien in der Physik, egal ob es sich um Symmetrieannahmen, Lokalitätsbedingungen, theorieübergreifende Einheitsprinzipien oder Forderungen bezüglich der Vollständigkeit der Naturbeschreibung handelt, beruhen sämtlich auf einem vorgängigen Realitätsverständnis, das sich *nicht* in demjenigen des Empirismus erschöpft. Die Physik beschreibt die Natur nicht als einen bloßen Inbegriff alles Gegebenen, sondern als einen gesetzmäßig strukturierten Zusammenhang von kontingenten, empirisch oder experimentell gegebenen Phänomenen. Die Grundannahmen über die gesetzmäßige Struktur der Realität, die der Theorienbildung der klassischen Physik zugrundeliegen, entstammen der traditionellen Metaphysik: *Descartes* und *Leibniz* sind Vertreter par excellence des Rationalismus, während *Newton*, der eigentliche Begründer der klassischen Physik, einen neuplatonischen Hintergrund hatte.

Die traditionelle Metaphysik der Natur, die in der Metaphysik der *Leibniz-Wolff*schen Schule den Namen *Kosmologie* bekam, wurde durch die Entwicklung zunächst der klassischen Mechanik, dann der Elektro-

---

[44]Zu den gängigsten wissenschaftstheoretischen Ansätzen der Erklärung vgl. Lambert (1991).
[45]Vgl. Friedman (1988).

dynamik, Thermodynamik und Statistik, Atom-, Kern- und Elementarteilchenphysik sowie der physikalischen Chemie obsolet. Die moderne Physik beruht indes z.T. immer noch auf den (meta)theoretischen Voraussetzungen der traditionellen Kosmologie; sie ist nach wie vor der legitime Erbe dieser Disziplin. *Physikalische Theorien* lassen sich als *ausgefeilte theoretische Modelle* einer *metaphysischen Theorie der Natur mit viel schwächerer Struktur* betrachten. Eine solche metaphysische Theorie der Natur, deren Struktur man einmal mit formalen Methoden untersuchen müßte, beruht auf theoretischen Begriffen wie ‚Substanz' oder ‚Kausalität', die relativ zu den theoretischen Größen der Physik *vor*theoretisch sind und aus denen *meta*theoretische Prinzipien für die Theorienbildung gewonnen werden.

Um so schlimmer, wenn die klassische Realitätsauffassung, die ja im Vergleich zu den Theorien der klassischen Physik noch recht strukturarm ist, angesichts der Quantentheorie *versagt*. Vor dem Hintergrund der strukturellen Beziehung von klassischer Physik und traditioneller Metaphysik ist aus diesem Versagen aber *nicht* unbedingt zu lernen, daß man sich künftig aller Metaphysik zur Deutung physikalischer Theorien enthalten muß. Man könnte *auch* daraus zu lernen versuchen, daß mit der inneren Konsistenz und der empirischen Adäquatheit der viel strukturreicheren Theorien der Physik immer zugleich die ihnen zugrundeliegende Metaphysik — als relativ *strukturarme* Theorie über die empirische Realität — *mit* auf dem logischen und experimentellen Prüfstand steht. Die Begriffe von *Substanz und Kausalität*, die relativ zur Physik als vor-theoretisch zu betrachten sind, werden bei der Theorienbildung der Physik kritisiert. Sie werden durch adäquatere theoretische Konzepte, nämlich durch die eines *physikalischen Systems und seiner Zustandsentwicklung*, ersetzt, die man dann im Fall der Quantentheorie in *andere* metaphysische Termini als diejenigen von Substanz und Kausalität zurückübersetzen müßte, um aus der Physik wieder Naturphilosophie (im Sinne einer strukturarmen metaphysischen Theorie der Natur) zu gewinnen. Es gibt kein stärkeres Indiz dafür, daß die Natur im Kleinen eine *andere* als die in der klassischen Physik und der traditionellen Metaphysik angenommene Realitätsstruktur aufweist, als das Versagen der klassischen Realitätsauffassung im Phänomenbereich der Quantentheorie. *Was* die Quantentheorie über die Beschaffenheit der Natur im Kleinen als einer Instanz, an der diese Realitätsauffassung scheitert, lehren kann, ist indes immer noch nicht genau verstanden.

1.6 ‚Ontologie' — eine Begriffsklärung

In der Wissenschaftstheorie und auch in der Realismus-Debatte ist oft von der *Ontologie* einer Theorie die Rede, etwa wenn es darum geht, daß die Quantenmechanik für nicht vereinbar mit einer klassischen Ontologie gehalten wird.[46] Der Terminus ‚Ontologie' bezeichnet dabei im *weiteren* Sinne die theoretischen Entitäten, die in einer Theorie angenommen werden und die unter theoriespezifischen Gesetzen stehen, und im *engeren* Sinne die Entitäten einer akzeptierten und realistisch gedeuteten Theorie. So gehören im weiteren Sinne Massenpunkte und mechanische Korpuskeln zur Ontologie der klassischen Mechanik, im engeren Sinne jedoch nur makroskopische Körper wie Billardkugeln oder Planeten. Dieser Sprachgebrauch bezüglich des Terminus ‚Ontologie' ist am sprachanalytischen Ontologiebegriff orientiert, der auf *Quine* zurückgeht. Für Quine ist die Ontologie einer Theorie der Bereich derjenigen Gegenstände, von deren Existenz die Wahrheit der Theorie abhängt und auf deren Annahme man sich verpflichtet, indem man die Theorie akzeptiert.[47] Die Ontologie einer *physikalischen Theorie* ist dann kurzgefaßt die Menge derjenigen Gegenstände, deren Existenz man annimmt, wenn man die Theorie für wahr hält. Man könnte statt ‚Ontologie' auch ‚Semantik' im Sinne der formalen (modelltheoretischen) Semantik sagen, denn nach dem Ontologiebegriff à la *Quine* ist einer wahren Theorie ein Individuenbereich zugeordnet, in dem die Gesetze der Theorie erfüllt sind.

Wie verhält sich dieser Ontologiebegriff, nach dem ‚ontologisch ernst nehmen', ‚realistisch deuten' und ‚für wahr halten' in etwa dasselbe bedeutet, zu demjenigen der traditionellen Philosophie? Der wörtlichen Bedeutung wie dem klassischen philosophischen Verständnis nach, das auf *Christian Wolff* zurückgeht, ist die *Ontologie* die *Lehre vom Seienden im allgemeinen* und stellt einen selbständigen Teil der Metaphysik neben Theologie, Kosmologie (oder Naturphilosophie) und anderen, *speziellen* metaphysischen Disziplinen dar.[48] Bei *Kant* wird die Ontologie dann mit einem Teil der Transzendentalphilosophie identifiziert, nämlich

---

[46]Vgl. etwa Hooker (1973), S.175 f.: "Our question then is 'What is there in the quantum domain' or, in more philosophical jargon, 'What is the ontology of quantum physics'?"

[47]Vgl. etwa *On what there is*, in: Quine (1953).

[48]Siehe Stichwort ‚Ontologie' in: Ritter (1971).

mit dem System aller Begriffe und Grundsätze, die für die Erkenntnis von Gegenständen überhaupt notwendig sind. Sie wird damit als eine Begriffslehre aufgefaßt, die die Erkenntnis des Seienden überhaupt, sofern es als Gegenstand möglicher Sinneserfahrung gedacht wird, betrifft und die in den ersten Teil seines geplanten Systems der Metaphysik gehört.[49] Von der traditionellen Bedeutung, wonach die Ontologie eine Lehre vom Seienden überhaupt (Wolff) bzw. von dessen möglicher Erkenntnis (Kant) ist, weicht die à la *Quine* festgelegte Bedeutung hinsichtlich beider Worthälften des Terminus ‚Ontologie' stark ab:

1. Die erste Worthälfte bezieht sich nicht auf die Verfaßtheit des Seienden im allgemeinen, sondern auf die spezifischen Gegenstände und Gesetzesstrukturen beliebiger Theorien. Dabei wird im Prinzip nicht zwischen Zahlen, die einem Universum abstrakter mathematischer Entitäten angehören, und den raumzeitlichen Entitäten, die Gegenstand naturwissenschaftlicher Theoriebildung sind, unterschieden — so daß im Gegensatz zum traditionellen Ontologiebegriff auch mathematische Gebilde zum ‚Seienden' zählen.

2. Die zweite Worthälfte bedeutet jedenfalls nicht mehr ‚Lehre', sondern bezieht sich — sofern sie überhaupt etwas bedeutet — höchstens in einem Wortspiel auf den Existenzquantor der Prädikatenlogik, der zur Annahme von Gegenständen mit dieser spezifischen Verfaßtheit verpflichtet.[50] Dadurch wird die Ontologie nicht mehr mit einer Lehre oder Theorie vom Seienden, sondern schlichtweg mit dem Seienden selbst, dessen Existenz man annimmt, wenn man eine Theorie für wahr hält, identifiziert.

Wenn man nun die Verwendung der Quineschen Bedeutung von ‚Ontologie' in Wissenschaftstheorie und Realismus-Debatte betrachtet, so stellt man fest: Die Ontologie — oder der *Gegenstandsbereich* — einer für wahr gehaltenen physikalischen Theorie fällt von der traditionellen Einteilung der Metaphysik in Ontologie, Theologie, Kosmologie usw. her am ehesten in die *Kosmologie* oder Naturphilosophie, deren Gegenstände *spezielle* Entitäten der Metaphysik sind, nämlich Gegenstände in Raum und Zeit. Nach Quine umfaßt die Ontologie einer physikalischen Theorie

---
[49]Ebd. Vgl. das *Architektonik-Kapitel* in der *Kritik der reinen Vernunft*, Kant (1787), insbes. S.873.
[50]Vgl. *Existence and Quantification*, in: Quine (1969).

die Entitäten, zu deren Annahme die Akzeptanz dieser Theorie verpflichtet; sie ist der mögliche Gegenstandsbereich der Kosmologie einer möglichen Welt, deren Struktur durch diese Theorie vollständig beschrieben wäre. Die Ontologie einer realistisch gedeuteten Theorie umfaßt dann Entitäten und Gesetze, die zur wirklichen Welt zählen sollen. Die wirkliche Welt ist die in Raum und Zeit gegebene *empirische Realität*, die nach *Kant* unter *Naturgesetzen* steht. Demnach gehören zur Ontologie einer Theorie, wenn die Theorie wahr ist, spezifische Elemente der empirischen Realität und ihre gesetzmäßige Verknüpfung. Die Ontologie einer realistisch gedeuteten Theorie umfaßt also *spezifische Teilbereiche der Natur*, die man als *Modelle* der Theorie betrachten kann. Jeder solche Teilbereich der Natur ist — in guter Entsprechung zum *kantischen* Naturbegriff — ein Gesetzeszusammenhang empirischer und experimenteller Phänomene in Raum und Zeit.

2 Die experimentelle Erweiterung der Wirklichkeit

Die neuzeitliche Naturwissenschaft beruht auf einem Wechselspiel von Theorienbildung und Experimentiertätigkeit. Physikalische Theorien dienen im allgemeinen nicht (nur) der quantitativen Beschreibung unmittelbar beobachtbarer Phänomene, wenn man unter beobachtbaren Phänomenen schlicht die Inhalte der unmittelbaren Sinneserfahrung versteht. Sie *erweitern* vielmehr den Bereich dessen, was in der Natur — oder der empirischen Realität — durch Erfahrung zugänglich ist, um Entitäten, die in zwei entscheidenden Hinsichten *nicht* einfach empirisch gegeben sind:

(i) Auf der Grundlage von Theorien über die Bedingungen, unter denen sich spezifische Naturprozesse abspielen, werden in den Experimenten der Physik *beobachtbare Phänomene hergestellt*. Die Phänomene der Physik kommen entweder in einer natürlichen Umgebung nicht mit der Ungestörtheit und Regelmäßigkeit vor, wie sie für Messungen erforderlich ist, oder sie treten überhaupt erst unter Einsatz technischer Mittel im Labor auf — man denke an den widerstandsfreien Fall von Körpern in einer evakuierten Röhre, an die in einem Michelson-Interferometer nach geduldigem Justieren sichtbaren Beugungsringe oder an die Teilchenspuren, die bei den Streuexperimenten der Teilchenphysik in einer Blasenkammer mit dem bloßen Auge beobachtbar sind oder durch andersartige Teilchendetektoren registriert werden.

(ii) Nach dem Kausalprinzip, wonach jedes empirische Ereignis eine bestimmte Ursache hat, *schließt* man im Theorienbildungsprozeß der Physik von den experimentell erzeugten Phänomenen *auf theoretisch postulierte Entitäten* wie Kräfte, elektromagnetische Wellen oder Elementarteilchen, die nicht beobachtbar sind.

Diese Erweiterung der empirischen Wirklichkeit um *unter Laborbedingungen hergestellte Phänomene* und *ihre theoretisch erschlossenen Ursachen* zieht antirealistische Einwände von konstruktivistischer und strikt empiristischer Seite auf sich. Sie sollen in diesem Kapitel anhand von exemplarischen Positionen aus dem Spektrum der Realismus-Debatte besprochen werden. *Pickering* und *Tetens* wenden sich gegen die Auffassung, daß die unter Laborbedingungen experimentell erzeugten Phänomene der neueren Teilchenphysik bzw. der Physik überhaupt zur empirischen Realität zählen und unser Verständnis der Natur erweitern. Eine weniger restriktive, aber ebenfalls antirealistische Haltung liegt in *van Fraassens* Position des *konstruktiven Empirismus* vor. Dagegen treten *Hacking, Cartwright* und *Shapere* von unterschiedlichen empiristisch orientierten Positionen für die realistische Deutung der theoretischen Entitäten ein, die man nach dem Kausalprinzip zur Erklärung experimenteller Phänomene annimmt. — Diese Positionen sollen am Ende des Kapitels auf die Debatte um den empirischen Gehalt physikalischer Theorien bezogen werden.

2.1 Sind die Entitäten der neueren Teilchenphysik Konstrukte?

Die konstruktivistische Kritik, die heute an der Auffassung geäußert wird, man könne von experimentellen Phänomenen auf real in der Natur vorhandene Entitäten als ihre Ursachen zurückschließen, steht unter anderem in der Tradition der durch *Thomas S. Kuhn* initiierten Diskussion um die *Inkommensurabilität* physikalischer Theorien. Bei einer etwas einseitigen Lesart von *Kuhns* Analysen der Struktur wissenschaftlicher Revolutionen scheint der historische Theorienbildungsprozeß der Naturwissenschaften gegen eine realistische Deutung derjenigen Theorien, die sich letztendlich durchsetzten, zu sprechen. Wenn man den Forschungsprozeß, in dessen Verlauf sich eine bestimte Theorie gegen ihre Rivalen durchsetzt, ausschließlich unter wissenschaftsexternen Gesichtspunkten betrachtet — etwa unter dem soziologischen Aspekt einer Schulenbildung und -ausbreitung, die mit dem Verfolgen eines spezifischen Forschungsprogramms verknüpft ist —, nimmt sich die Durchsetzung einer Theorie wie eine Art kollektiver Gehirnwäsche aus: irgendwann scheinen die Mitglieder einer ‚scientific community' plötzlich an die

Existenz von Entitäten zu glauben, deren Realität zuvor heftigst bestritten wurde, und alles nur Erdenkliche für die experimentelle Bestätigung dieser Existenzannahme zu tun — einschließlich einer an Geschichtsklitterung grenzenden Uminterpretation alter experimenteller Daten nach Maßgabe neuer Theorien.

Der soziologisch orientierte Wissenschaftshistoriker *Pickering* hegt einen solchen Verdacht in bezug auf die Durchsetzung des *Quark-Modells* der Teilchenphysik.[1] Seine Darstellung der Geschichte der neueren Teilchenphysik trägt den Titel *Constructing Quarks*, der andeuten soll, daß es sich bei den Quarks, die in hochenergetischen Streuexperimenten als punktförmige Nukleon-Bestandteile nachgewiesen werden können, um Produkte eines theoretischen Konstruktionsprozesses und um nichts als das handelt. Pickering hat seine Arbeit, die äußerst instruktiv bezüglich historischer Details ist, mit einen ideologischem ‚Überbau' befrachtet, der suggerieren möchte, daß die heutige Teilchenphysik mit ihren Experimenten an kostspieligen Teilchenbeschleunigern nichts als ein Glasperlenspiel der Physiker darstellt, das für unser Wissen von der Natur irrelevant ist. Pickering hebt als Grund für seinen Antirealismus hervor, daß eine unvoreingenommene Darstellung der Geschichte einer physikalischen Disziplin aus methodischen Gründen zu einer antirealistischen Einstellung verpflichtet ist. Der Historiker darf die Existenzannahmen der Physiker nicht unbesehen übernehmen, er muß sie der kritischen Überprüfung unterziehen — um retrospektive Deutungen bezüglich der Existenz spezifischer Phänomene, die erst im Verlauf einer wissenschaftlichen Revolution als solche nachgewiesen werden, zu vermeiden.[2]

Pickerings antirealistische Haltung ist bei näherem Besehen allerdings mehr als nur ein methodischer Standpunkt, den der Historiker im Sinne eines notwendigen, skeptischen Korrektivs zum vielleicht oft zu naiven Realismus der Wissenschaftler einnehmen sollte. Pickering zieht aus seinen soziologisch-historischen Analysen des Theorienbildungsprozesses, in dem sich das Quark-Modell in den siebziger Jahren unter den Teilchenphysikern durchsetzte, den Schluß, daß die Quark-Hypothese schließlich nicht etwa wegen einer auf empirischem Beobachtungsmaterial beruhenden erdrückenden Beweislage akzeptiert wurde, sondern aus rein extern zu erklärenden Gründen, die in der Struktur der *scientific community* dieser Zeit lagen. Aus diesem Schluß, der keiner detaillierteren Ana-

---
[1] Pickering (1984).
[2] Ebd., S.7.

lyse des Verhältnisses zwischen den mit dem Quark-Modell verknüpften Theorieansätzen und den zur Datenanalyse des experimentell gewonnenen Beobachtungsmaterials verwendeten Meßtheorien standhält, zieht er zuletzt weitreichende Konklusionen:
"The quark-gauge theory picture of elementary particles should be seen as a culturally specific product. The theoretical entities of the new physics, and the natural phenomena which pointed to their existence, were the joint products of a historical process ... On the view advocated in this chapter, there is no obligation upon anyone framing a view of the world to take account of what twentieth-century science has to say. ... There is no reason for outsiders to show the present HEP (high energy physics) worldview any more respect." [3]

Wissenschaftliche Theorien und daraus erwachsene Weltanschauungen sind unbestritten kulturelle Erzeugnisse. Dieser Sachverhalt ist jedoch nicht — wie Pickering mit großer Selbverständlichkeit in wissenschaftskritischer Absicht unterstellt — hinreichend dafür, *jede* Variante von wissenschaftlichem Realismus zu widerlegen. Pickering stützt seine antirealistische Auffassung vor allem mit einer Behauptung, die das für die Teilchenphysik charakteristische Verhältnis zwischen Theorie und Experiment verzerrt: dort gibt es nicht — wie er etwa im Fall der Entdeckung der schwachen Wechselwirkungen ohne Ladungsaustausch, der sogenannten schwachen neutralen Ströme, behauptet — ein *symbiotisches Abhängigkeitsverhältnis* zwischen den experimentellen Daten, die eine Theorie bestätigen, und der ungetesteten Theorie, sondern ein äußerst kompliziertes, über phänomenologische Gesetze und Modelle vermitteltes *Wechselspiel von Theorie und Experiment*, in dem die Durchführung von Experimenten und die Entwicklung fundamentaler theoretischer Ansätze meist weitgehend *unabhängig* voneinander verlaufen.[4]

---

[3]Ebd., S.413. Pickering fährt fort: "In certain contexts, such as foundational studies in philosophy of science, it may be profitable to pay close attention to contemporary scientific beliefs. In other contexts, to listen too closely to scientists may be simply to stifle imagination." Auch wissenschaftstheoretische Studien, die sich — wie die vorliegende Arbeit — mit den Inhalten der heutigen Physik auseinandersetzen möchten, wären demnach ein rein soziologisch zu erklärendes Phänomen.

[4]Vgl. Pickerings Darstellung der Entdeckung der neutralen Ströme, Pickering (1984), S.193 ff., und die zu völlig entgegengengesetzten Ergebnissen gelangende Fallstudie in Galison (1987), S.135 ff. Galison betont immer wieder die Auto-

Sind die Entitäten der neueren Teilchenphysik Konstrukte?

Wo Pickering meint, eine Symbiose von Theorie und Experiment auszumachen, liegen direkte Berührungspunkte zwischen experimentellen Ergebnissen und den aus fundamentalen Theorieansätzen folgenden Existenzaussagen bezüglich einer Entität oder eines Prozesses von bestimmtem Typus vor. Solche Fälle, in denen ein fundamentaler Theorieansatz der Teilchenphysik eine direkte empirische Basis im experimentell gewonnenen Beobachtungsmaterial fand, sind im Theorienbildungsprozeß der Teilchenphysik allerdings bisher eher die Ausnahme als die Regel. Ein gutes Beispiel für eine solche Ausnahme ist die Entdeckung des Positrons, die als direkte empirische Bestätigung von vorher uninterpretierten Lösungen der Dirac-Gleichung gewertet werden konnte.[5] In solchen Fällen jedoch ist die Meßtheorie, die in die Datenanalyse von Experimenten der Teilchenphysik eingeht, strikt geschieden von den auf dem Prüfstand stehenden Aussagen des betreffenden Theorieansatzes; wo sie sich nicht hinreichend davon trennen läßt, wird der Theorienbildungsprozeß *behindert* — und nicht, wie es nach Pickerings These einer Symbiose zwischen Theorie und Experiment der Fall sein müßte, befördert. Gute Fallstudien hierzu liefert der Theorienbildungsprozeß, in dem sich die heutige Meßtheorie zur Analyse von Teilchenspuren herausbildete — teils vorangetrieben, teils aber auch verzögert durch die Auffindung unerwarteter Typen von Teilchenspuren im Beobachtungsmaterial aus der kosmischen Strahlung.[6]

Der von Pickering gezogene Schluß, daß sich die Physiker die zu einer neuen Theorie passenden Daten nach Bedarf erzeugen — und zu diesem Zweck sogar gelegentlich aus altem Beobachtungsmaterial neue Daten herausanalysieren —, ist schon aus diesem Grund unhaltbar. Pickering konnte in seiner Ausbildung zum theoretischen Teilchenphysiker, die

---

nomie der Experimente gegenüber der Theorienkonstruktion in der Geschichte der Teilchenphysik. In Falkenburg (1988), S.122 ff., wird der für die Teilchenphysik typische Zick-Zack-Kurs zwischen experimentnahen phänomenologischen Modellen und experimentfernen Theorieansätzen skizziert. — Eine Symbiose zwischen Theorie und Experiment, wie sie Pickering im Theorienbildungsprozeß der neueren Teilchenphysik am Werk sieht, liegt i.a. erst bei vollausgebildeten Theorien für die *T*-theoretischen Größen im *Sneed*schen Sinne vor — d.h. erst dann, wenn die zunächst unabhängigen Meßverfahren, mit denen Theorien *in statu nascendi* überprüft werden, zum intendierten Anwendungsbereich der akzeptierten Theorie geschlagen werden, was dann normalerweise zu einer quantitativen Verfeinerung der Meßverfahren führt (vgl. hierzu die Fallstudien im 3. Kapitel).
[5] Vgl. dazu 3.4.
[6] Vgl. 3.5.

nicht die Analyse technisch hochentwickelter Experimente umfaßt, kaum etwas mitbekommen von den geduldigen Anstrengungen der Experimentatoren, sicheres theoretisches Hintergrundwissen strikt von ungeprüften theoretischen Vermutungen zu trennen. Nur so ist zu entschuldigen, daß er die Geschichte der Reinterpretation eines Blasenkammer-Experiments der frühen sechziger Jahre im Lichte der *Salam-Weinberg-Theorie* — die 1973 durch die Entdeckung der *neutralen schwachen Ströme* bestätigt wurde — darstellt, ohne die Verwendung von *unabhängigen* Meßverfahren auch nur mit einem einzigen Wort zu erwähnen. Die um 1960 bzw. nach 1973 verwendeten Meßtheorien, auf denen die Unterscheidung von Daten und Untergrund beruhte, waren von der *Quantenelektrodynamik* abhängig, *nicht* aber von der Salam-Weinberg-Theorie, wobei die Meßverfahren im Lauf dieser 13 Jahre durch die bessere Berechnung quantenelektrodynamischer Strahlungskorrekturen erheblich verfeinert werden konnten.[7] Wenn man ausschließlich Erklärungsfaktoren heranzieht, die nichts mit der genauen Beziehung zwischen den Inhalten physikalischer Theorien und den experimentellen Daten zu tun haben, läßt sich eben keine hinreichend fundierte, sachlich gerechtfertigte Deutung der Theorienbildungsprozesse in der Physik gewinnen.

2.2 Experimentieren als Handlung

Hinter der *handlungstheoretischen* Analyse des physikalischen Experiments, die *Tetens* vornimmt,[8] steht ebenfalls eine wissenschaftskritische Haltung gegenüber der heutigen Physik. Auch Tetens läßt sich in *Experimentelle Erfahrung* auf die im Zusammenspiel von Theorie, Messung und Experiment liegenden Gründe, physikalische Gesetze für Aussagen über die Natur zu halten, nicht ein.[9] Nach Tetens spricht die Experimentiertätigkeit der Physiker, insofern sie unter handlungstheoretischen

---

[7]Pickering (1984), S.187 ff.
[8]Tetens (1987).
[9]Tetens vertritt allerdings mittlerweile eine viel differenziertere und sogar moderat realistische Lesart physikalischer Theorien. Vgl. Tetens (1993). Angesichts der noch nicht abgeklungenen konstruktivistischen Modewelle, die mit einem undifferenzierten globalen Antirealismus bezüglich physikalischer Theorien verknüpft ist, erscheint mir die Auseinandersetzung mit seiner Argumentation für eine konstruktivistische Deutung der experimentellen Erfahrung dennoch notwendig.

Aspekten zu betrachten ist, für eine rein instrumentalistische Deutung physikalischer Theorien. Sein Hauptargument dafür ist, daß alle experimentellen Phänomene der Physik unter künstlichen Bedingungen, die nicht in der ‚unberührten' Natur vorkommen, im Labor erzeugt werden und somit nicht auf ‚echten' Naturprozessen beruhen. Tetens hält das Experiment für ein höchstens von *Dingler* angemessen behandeltes Stiefkind der Wissenschaftsphilosophie; er sieht — so seine Kritik an *Duhems* Analysen der Beziehung von Theorie und Experiment — die *handlungstheoretischen* Aspekte der Experimentiertätigkeit übergangen.[10] Seiner Auffassung nach gilt für alle experimentellen Phänomene der klassischen wie der heutigen Physik, daß sie nicht in der Natur vorkommen, sondern Produkte des menschlichen Handelns vermittels technischer Apparaturen sind:

> „Die Physik gilt als experimentelle Naturwissenschaft. Aber wenn experimentelle Erfahrung ein über technisches Handeln an Apparaten gewonnenes Wissen ist, so bleibt der Naturbegriff davon nicht unberührt. ... Experimentelle Erfahrung ist also nicht Beobachtung des in der Natur schon an sich Vorhandenen, sondern ist die handelnd gemachte Erfahrung von der Veränderbarkeit des Natürlichen. Natur wird in der experimentellen Erfahrung vor allem als unüberschreitbare Grenze technischer Manipulation sichtbar."[11]

Dieser Grundhaltung entsprechend, setzt Tetens die Durchführung physikalischer Experimente mit technischem Handeln gleich und reduziert physikalische Theorien und Naturgesetze auf ihren *instrumentellen* Aspekt. Die Meßgrößen der Physik, die *T*-theoretisch im Sneedschen

---

[10]Vgl. Tetens (1987), S.1 f. Tetens kritisiert mit Recht, daß die empiristisch orientierte Wissenschaftstheorie des 20.Jahrhunderts nach Duhem (1908) sowie Campbell (1920) die systematische Auseinandersetzung mit Messung und Experiment vernachlässigt hat. Dieses Versäumnis wurde inzwischen wettgemacht: Auf der einen Seite steht die an Campbell, Carnap und die mathematische Modelltheorie anknüpfende *Theorie der Messung*, die mit dem Namen *P.Suppes* verbunden ist; auf der anderen Seite stehen neuere *Fallstudien* wie Franklin (1987) und Galison (1987) zum Ineinandergreifen von Theorie und Experiment, und die *umfassende* Studie Hacking (1983), die den ‚interventionistischen' Aspekt der Erzeugung experimenteller Phänomene unter Laborbedingungen von einem realistischen Standpunkt aus betrachtet (vgl. 2.3).

[11]Tetens (1987), S.12.

Sinne bezüglich einer klassischen Dynamik sind, definiert er als „experimentelle Invarianten" von „Versuchsklassen", d.h. als Verhältnisse raumzeitlicher Beobachtungsgrößen, die bei bestimmten Klassen physikalischer Experimente, die unter variierten Anfangsbedingungen durchgeführt werden, konstant bleiben.[12] Diese „Versuchsklassen" oder „Experimentierklassen" sind Typen von Experimenten, die dadurch charakterisiert sind, daß bestimmte Handlungen jeweils irgendwelche idealen, in der Natur gar nicht vorhandenen, Rahmenbedingungen realisieren (Herstellung der Experimentierapparatur) und unter diesen Rahmenbedingungen durch Einschalten der Apparatur irgendein Geschehen initiieren (Durchführung des Experiments). Die Naturgesetze, in denen die Meßgrößen vorkommen, charakterisiert Tetens als „prognostisch gehaltvolle Gleichungen",[13] die rein instrumentalistisch zu deuten sind, und sieht die „eigentliche Aufgabe einer experimentellen Theorie" darin, „Verlaufsgesetze für die verschiedenen Experimentierklassen aufzustellen". [14]

Dreh- und Angelpunkt dieser extrem instrumentalistischen Deutung der Physik ist das Konzept der „experimentalistischen Kausalität", das Tetens von *G.H. von Wright* übernimmt und das sich auf die Relation zwischen menschlichen Handlungen und ihren Ergebnissen und Folgen bezieht.[15] In Anknüpfung daran subsumiert Tetens bei seiner Analyse des physikalischen Experiments unter den Begriff der *Kausalität* ausschließlich die *mögliche Verursachung durch Handlungen*. Für Tetens ist ein physikalisches Experiment ein Wechselspiel von Handlungen, die wir bewirken, und Verläufen, die wir zwar nicht direkt bewirken, die aber einkalkulierte Folgen unserer Handlungen sind. Menschliche Handlungen haben den Aufbau und das Einschalten der Experimentierapparaturen zum Ergebnis, und die Verläufe sind diejenigen Handlungsfolgen, die anschließend bei eingeschalteter Apparatur ‚von alleine', d.h. ohne unser weiteres Zutun, geschehen. Nach dem Konzept der „experimentalistischen Kausalität" haben die Experimente der Physiker einen *teleologischen* Aspekt: die Handlungen *bezwecken* all das, was nach dem Einschalten von selbst in der Apparatur passiert.[16] Damit betrachtet

---

[12]Ebd., S.23 ff.
[13]Ebd., S.51.
[14]Ebd., S.25.
[15]Ebd., S.17 ff.
[16]Man muß das Konzept der experimentalistischen Kausalität im Zusammenhang mit der Bedeutung sehen, die Tetens *Dinglers* Auffassung des Experiments zuspricht;

Tetens die *physikalischen Prozesse, die in Experimentierapparaturen ablaufen,* als von vornherein *indendierte Handlungsfolgen,* die beim Aufbau eines Experiments mit einkalkuliert werden — ähnlich wie man beim Öffnen eines Fensters fest damit rechnet, daß Luft hereinströmen wird. Ob bei den physikalischen Prozessen, die in einer Experimentierapparatur durch das Einschalten in Gang gesetzt werden, noch in einem anderen, für die Physik vielleicht relevanteren Sinne von Kausalität zu reden ist, wird von Tetens nicht diskutiert. Tetens belegt den Begriff der Kausalität ausschließlich mit einem handlungstheoretischem Sinn, den er auch in die Methoden der Physik hineinprojiziert.

Eine gewisse Berechtigung hat die handlungstheoretische Lesart des Kausalbegriffs, insofern die Ursache-Wirkungs-Beziehung ein *anthropozentrisches Konzept* ist, das gesetzmäßig aufeinanderfolgende Ereignisse in der Natur nach dem Modell menschlicher Handlungen und ihrer Folgen verknüpft. Vom Standpunkt der Physik aus erscheint das Konzept der Kausalität jedoch gerade deshalb als *vor-theoretisch,* und das heißt: als ersetzungsbedürftig durch *theoretische* Gesetzesaussagen, die in einer physikalischen Theorie an seine Stelle treten.[17] Wenn Tetens die experimentelle Methode der Physik rein handlungstheoretisch analysiert, so beraubt er sich bewußt der Möglichkeit, die Ersetzung des vor-theoretischen Kausalbegriffs durch theoretische Konzepte der Physik als entscheidenden Erkenntnisgewinn zu sehen — als Schritt zur subjektunabhängigen Erkenntnis der Gesetzmäßigkeit von Naturprozessen. Die Relation von Ursache und Wirkung kann nach ihm nicht einmal mehr vor-theoretisch zur Beschreibung des Verhältnisses zwischen Entitäten, die zur Natur zählen, und den experimentellen Phänomenen, die von den Physikern darauf zurückgeführt werden, verwendet werden. Tetens verkürzt auf diese Weise die Physik auf technisches Verfügungswissen, dessen einziger Zweck die Naturbeherrschung ist und das nichts mehr mit Naturerkenntnis zu tun hat.[18] In seiner Sicht des Experiments haben physikalische Phänomene, die nicht vom Menschen erzeugt werden, und ihre natürlichen Ursachen keinen Platz. Die nicht durch Experimente in ein „Prokrustesbett" gezwungene Natur ist kein Gegenstand der Physik, während

---

vgl. ebd., S.11: „Eine wissenschaftstheoretische Analyse der Apparate ist keine naturalistische, sondern eine *teleologische* Untersuchung, nämlich auf die *Zwecke* bezogen, die bei der Herstellung der Apparate verfolgt werden."
[17]Vgl. hierzu die Bemerkung (1) am Ende von 2.5.
[18]Tetens (1987), S.12: „Experimentelle Erfahrung der Natur zielt auf ihre technische Beherrschung und Veränderbarkeit."

die experimentellen Phänomene, die Gegenstand physikalischer Theorien sind, nicht zur Natur zählen.[19] Tetens' handlungstheoretisch orientierte Analyse des Experiments führt zu der Einsicht, daß ein physikalisches Forschungsprogramm unter anderem darin besteht, alle experimentellen Möglichkeiten zur Realisierung der Gesetze der ihm zugrundeliegenden Theorie auszuschöpfen[20] — oder, könnte man auch sagen, die Phänomene experimentell so weit wie nur irgend möglich nach Maßgabe einer Theorie zu *modellieren*, d.h. sie unter solchen Bedingungen zu erzeugen, daß sie ein *möglichst perfektes Modell der betreffenden Theorie bilden*. Die instrumentalistische Theorieauffassung, die Tetens mit dieser Einsicht verknüpft, ist indes in drei Punkten zu kritisieren: (1) Vom Standpunkt der Physik aus gibt es gewichtige Gründe, die Tätigkeit des Experimentierens für *nicht theorierelevant* zu halten. (2) Da Tetens den Begriff der Handlungs*folge* nicht näher analysiert, fallen *unintendierte Resultate von Experimenten*, die sich durch keine Verbesserung des Versuchsaufbaus aus der Welt schaffen lassen, unter den Tisch — und mit ihnen die *Kontingenz* experimenteller Ergebnisse, die nach den Überlegungen im 1. Kapitel ein gewichtiges und von den Standpunkten im Realismus-Streit unabhängiges Realitätskriterium liefert. (3) Es ist *keine kohärente Position*, einerseits unter der Natur etwas unverrückbar Gegebenes zu verstehen, das der physikalischen Verfügung über die Natur Grenzen setzt, und andererseits den Verläufen in Experimentierapparaturen mit ihren kontingenten Resultaten den Charakter von Naturprozessen abzusprechen.

(1) Die Experimentiertätigkeit selbst ist nicht theorierelevant — aus zwei Gründen:

(i) Die Theorie, die dem Aufbau und der Durchführung eines Experiments zugrundeliegt, dient im allgemeinen auch der Auswertung der in einem Experiment erzeugten beobachtbaren Phänomene. Theorierelevant ist nicht das Ensemble von *Handlungen*, durch das man letztlich zu experimentellen Phänomenen gelangt, sondern die *Meßtheorie*, die

---

[19]Der Vergleich physikalischer Experimente mit dem Bett des Prokrustes wird in Eddington (1939), S.109, wunderschön durchgespielt.
[20]Jedes Forschungsprogramm kann, solange man daran festhalten will, natürlich durch Störungshypothesen weitgehend (aber nicht völlig!) immunisiert werden. Tetens bezeichnet die Einführung solcher Störungshypothesen im Anschluß an Dingler als ‚Exhaustion'; vgl. Tetens (1987), S.8 f.

der Experimentiertätigkeit und der Metrisierung des dabei erstellten Beobachtungsmaterials gleicherweise zugrundeliegt. Darum konzentrieren sich Autoren wie *Duhem* oder *Campbell*, und in ihrer Nachfolge die gesamte empiristisch orientierte Wissenschaftstheorie, in erster Linie auf das Problem der Messung und der Theoretizität von Meßgrößen, nicht aber auf die Handlungen des Experimentators.

(ii) Es gibt ein *Kontinuum der Erfahrung*, das sich zwar nicht unbedingt auf theoretisch postulierte Entitäten erstreckt (wie *Grover Maxwell* meinte[21]), das aber doch beobachtbare Phänomene in der ‚unberührten Natur' auf der einen Seite und experimentell erzeugte Phänomene aller Art auf der anderen Seite überdeckt. Selbst in der Teilchenphysik, der heute wohl am stärksten technisierten physikalischen Disziplin überhaupt, liegen die Dinge nicht so einfach, daß man das in der Natur ‚an sich' Vorhandene scharf von einem artifiziell erzeugten Phänomenbereich hochenergetischer Streuexperimente unterscheiden könnte. Der Phänomenbereich der Hochenergie-Experimente an Teilchenbeschleunigern überlappt sich mit demjenigen der natürlichen Radioaktivität, die Fotoplatten schwärzt und Strahlenschäden beim Menschen hervorruft, sowie auch mit demjenigen der kosmischen Strahlung. Im unanalysierten Datenmaterial von Blasenkammer-Experimenten an einem Teilchenbeschleuniger lassen sich unter anderem Teilchenspuren mit denselben phänomenologischen Charakteristika identifizieren wie auf den Fotografien der Spuren von radioaktiven Strahlen in der Nebelkammer aus der Frühzeit der Teilchenphysik, oder wie auf den später durch die kosmische Strahlung belichteten Fotoplatten. In einen Beschleuniger müssen erst einmal Teilchen zum Beschleunigen eingespeist werden, und die stammen unter anderem aus natürlichen Strahlungsquellen. Die aus einem Teilchenbeschleuniger und die aus der natürlichen Radioaktivität stammende Strahlung prinzipiell zu unterscheiden, wäre höchst willkürlich — und die Teilchenspuren, die ein Detektor im Speicherring eines ausgeschalteten Teilchenbeschleunigers noch aufzeichnet, *nicht* auf natürliche Ursachen wie die kosmische Strahlung zurückzuführen, erst recht.

(2) Es gibt intendierte und unintendierte Handlungsfolgen:

Tetens unterscheidet zwar zwischen den durch unsere Tätigkeit verursachten Wirkungen einer Handlung und deren danach eintretenden

---

[21]19) Vgl. Maxwell (1962); zu seinem Argument und zu van Fraassens Kritik daran siehe 2.5.

Folgen, aber er unterscheidet *nicht* scharf genug zwischen intendierten und unintendierten Handlungsfolgen. Um Handlungsfolgen, die in einem Experiment eintreten werden, einkalkulieren zu können, muß man erst einmal die Naturgesetze, nach denen die Experimentierapparatur funktioniert, und die Naturprozesse, die darin ablaufen, sehr gut kennen. Andernfalls widerfährt es dem Experimentator, daß sein Experiment mißlingt — sei es aus mangelnder theoretischer Kenntnis der Apparatur, sei es aufgrund einer inadäquaten Theorie der untersuchten Prozesse. Ein Experiment, das für die Theoriengenese eine Rolle spielt, hat im allgemeinen einen nicht von vornherein einkalkulierten Ausgang, d.h. ein gegenüber der verwendeten Meßtheorie *kontingentes* Ergebnis — jedenfalls wenn Physiker am Werk sind, die ihren Beruf nicht verfehlt haben. Wenn Tetens bei seiner Analyse der handlungstheoretischen Aspekte von Experimenten die *beabsichtigten* Handlungsfolgen, die auf bereits abgesichertem Hintergrundwissen beruhen, nicht strikt von den *unvorhergesehen* Handlungsfolgen unterscheidet, die, wenn sie uneliminierbar sind, theoretisches Neuland erschließen, so verwischt er den prinzipiellen Unterschied zwischen Experimenten, die für die Theorienbildung entscheidend sind, und der technischen Anwendung bereits etablierter Theorien.

(3) Tetens' Antirealismus ist nicht ganz kohärent:

Nach Tetens' instrumentalistischer Deutung physikalischer Theorien stellt die Physik technisches Verfügungswissen zur Manipulation von Naturvorgängen bereit, ohne daß sie uns bei der Frage weiterhilft, *was* es eigentlich ist, worüber wir dank ihrer Instrumente verfügen. Verträgt sich die von Tetens formulierte globale Wissenschaftskritik überhaupt mit einer antirealistischen Deutung physikalischer Theorien? Für Tetens wird

> „‚Natur' im Sinne des unverrückbar ‚Gegebenen' ... erst als unüberschreitbare Grenze, die jeder technischen Veränderung gesetzt ist, sichtbar".[22]

An *diesem* Kriterium bemessen, erscheint eine rein instrumentalistische Deutung physikalischer Theorien allerdings als *unhaltbar*. In jedem physikalischen Experiment, das einen unerwarteten Ausgang hat, und in

---

[22]Tetens (1987), S.11.

jeder neuen Theorie, die von den Physikern erst nach langen Ringen akzeptiert wird, weil sie in der Anfangsphase nicht nur innertheoretische Probleme aufwirft, sondern ein ganzes bisheriges Weltbild der Physik über den Haufen wirft, zeigt sich die Natur als eine unüberschreitbare Grenze, die unseren theoretischen Erwartungen durch alle nicht damit verträglichen experimentellen Ergebnisse gesetzt ist. Insbesondere in den *quantitativen Anomalien* im Sinne von *Th.S.Kuhn* wird eine eine Realität erfahren, die sich dem vorgegebenen theoretischen Paradigma *und* unseren Versuchen, es experimentell zu realisieren, *entgegenstellt*.[23] Der unerwartete Ausgang des Rutherfordschen Streuexperiments — der zu einem Atommodell zwang, das nicht mit der Maxwellschen Elektrodynamik verträglich war — und andere experimentelle Entdeckungen, die im Rahmen der klassischen Physik krasse Anomalien bedeuteten, führten zu einer tieferen Einsicht in die Struktur der Natur. Die theoretische Formulierung dieser zunächst völlig unverstandenen Einsicht war die *Quantentheorie*, die somit *entgegen* Tetens' instrumentalistischer Deutung des Wechselspiels von Theorie und Experiment eine *adäquatere theoretische Darstellung der Natur „im Sinne des unverrückbar ‚Gegebenen'"* liefert als die klassische Physik, mittels deren kein stabiles, aus Elektronen und Atomkern zusammengesetztes Atom beschrieben werden kann.

2.3 Die experimentelle Erzeugung von Phänomenen

Gemeinsam ist der konstruktivistischen Wissenschaftskritik von Tetens mit derjenigen von Pickering, daß die *Kontingenz* der experimentellen Ergebnisse in der Physik keine hinreichende Beachtung findet. Dabei

---

[23]In Kuhn (1977), S.283 ff., weist Kuhn darauf hin, wie schwer sich quantitative Anomalien im Gegensatz zu qualitativen Anomalien unterdrücken lassen. Die Behebung quantitativer Anomalien ist ein rationales Kriterium, an dem der Erfolg einer wissenschaftlichen Revolution quantitativ bemessen werden kann und das sich mit der (realistischen) Annahme, die neue Theorie besitze größeren Wahrheitsgehalt als die alte, gut verträgt. In der durch Kuhn (1967) ausgelösten wissenschaftstheoretischen Diskussion um die Inkommensurabilität physikalischer Theorien wurde dieses Kriterium zu wenig beachtet.

bleibt unberücksichtigt, wie sich die Theorienkonstruktion und die Experimentiertätigkeit des Menschen dazu verhält, daß *in Experimenten offenbar nur ganz bestimmte Phänomene erzeugt werden können, andere jedoch nicht.* Beide Ansätze führen die experimentellen Resultate der Physik auf die intellektuelle und physische Aktivität des Menschen zurück, bleiben aber die Erklärung dafür schuldig, *warum* denn die Natur — die nach dem berühmten *Kantischen* Vergleich der theoretischen Erkenntnis mit einem Gerichtshof von unserem Erkenntnisvermögen in den Zeugenstand verwiesen wird[24] — auf die Fragen, die ihr in physikalischen Experimenten gestellt werden, gesetzmäßig entweder mit ‚Ja' oder ‚Nein' antwortet; und warum sie sich dabei, wie es sich für eine unbestechliche Zeugin gehört, immer wieder erstaunlich resistent gegen unsere theoretischen Vorurteile zeigt.[25]

Von der empiristisch orientierten Wissenschaftstheorie ist indes zu lernen, daß eine konstruktivistische Sicht des Experiments *keineswegs zwangsläufig* zu einer antirealistischen Deutung aller experimentell erzeugten Phänomene führt. Natürlich sind die meisten experimentellen Phänomene der Physik nichts in der ‚unberührten' Natur Vorhandenes, sondern etwas durch die Apparaturen der Physiker Erzeugtes. *Ian Hacking* weist in seiner Analyse des Terminus ‚Phänomen' darauf hin, wie selten es in der Natur — von den Bewegungen der Himmelskörper abgesehen — hinreichend reguläre und darum metrisierbare Sinneserscheinungen gibt, die zum Gegenstand physikalischer Theorienbildung gemacht werden können.[26] Die Physik ist darum auf die experimentelle

---

[24]Vgl. die berühmte Stelle in der *Kritik der reinen Vernunft*, Kant (1787), S.XIII f.: „Als Galilei seine Kugeln die schiefe Fläche mit einer von ihm selbst gewählten Schwere herabrollen, oder Toricelli die Luft ein Gewicht, was er sich zum voraus dem einer ihm bekannten Wassersäule gleich gedacht hatte, tragen ließ, ... so ging allen Naturforschern ein Licht auf. Sie begriffen, daß die Vernunft nur das einsieht, was sie selbst nach ihrem Entwurfe hervorbringt, daß sie mit Prinzipien ihrer Urteile nach beständigen Gesetzen vorangehen und die Natur nötigen müsse, auf ihre Fragen zu antworten, nicht aber sich von ihr allein gleichsam am Leitbande gängeln lassen müsse".

[25]Die Kontingenz der numerischen Meßwerte, die das Ergebnis physikalischer Experimente sind und die entweder mit einer theoretischen Vorhersage übereinstimmen oder auch nicht, würde bei Kant unter die Modalitäts-Kategorie der Wirklichkeit fallen.

[26]Vgl. Hacking (1983), S.227 ff. Im Zentrum von Hackings Buch steht gerade dasjenige Wechselspiel von theoretischer Darstellung (*representing*) und aktivem experimentellem Verändern (*intervening*), das die neuzeitliche Naturwissenschaft charakterisiert, für ihre Janusköpfigkeit verantwortlich ist und von einseitiger Wissen-

Die experimentelle Erzeugung von Phänomenen 61

Erzeugung regelmäßiger Phänomene unter Laborbedingungen *angewiesen*, und diese Erzeugung erfolgt nach Maßgabe von Theorien. Wie *van Fraassen* hervorhebt, hat die Durchführung von Experimenten unter anderem die Aufgabe, alle durch eine Theorie nicht festgelegten Werte für theoretische Größen zu bestimmen. *Experimente füllen die Leerstellen in Theorien aus*, etwa zur Festlegung der kontingenten Randbedingungen, unter denen die intendierten Anwendungen allgemeiner Naturgesetze stehen, sowie bei der Messung von Naturkonstanten wie der Lichtgeschwindigkeit oder der Elektronenladung.[27] van Fraassen pointiert diesen nicht zu leugnenden konstruktivistischen Aspekt des Wechselspiels von Theorie und Experiment in seiner *Clausewitz-Doktrin des Experiments*, nach der die Durchführung von Experimenten eine Fortsetzung der Theorienkonstruktion mit anderen Mitteln darstellt:

"experimentation is the continuation of theory construction by other means. ... I should like to call this view the 'clausewitz doctrine of experimentation'. It makes the language of construction, rather than of discovery, appropriate for experimentation as much as for theorizing." [28]

Wenn diese Formulierung auch unüberhörbar die antirealistische Sicht physikalischer Theorien empfiehlt, so klingt in ihr doch an, daß man beim Experimentieren im Streit mit einer Instanz liegt, an der die theoretischen Konstruktionen, die man benutzt, erst einmal ihre empirische Adäquatheit erweisen müssen.

Während Hacking und van Fraassen die konstruktivistische Sicht des Experiments teilen und kein Problem darin sehen, die beobachtbaren Phänomene, die mittels einer Experimentierapparatur erzeugt werden, zur empirischen Realität und damit zur Natur zu rechnen, haben sie *entgegengesetzte Auffassungen* bezüglich der realistischen Deutung der *theoretischen Entitäten*, die man zur Kausalerklärung dieser Phänomene annimmt. Van Fraassen fordert als strikter Empirist, alle Schlüsse vom Beobachtbaren aufs Nicht-Beobachtbare tunlichst zu vermeiden. Da-

---

schaftskritik noch nicht einmal im Ansatz erfaßt wird.

[27] van Fraassen (1987), S.119 f.
[28] Ebd., S.120. Der konstruktivistische Aspekt von van Fraassens epistemologischer Position eines *konstruktiven Empirismus* wird auch in van Fraassen (1980), S.5, hervorgehoben: "I use the adjective 'constructive' to indicate my view that scientific activity is one of construction rather than discovery: construction of models that must be adequate to the phenomena, and not discovery of truth concerning the unobservable."

gegen vertritt *Hacking* einen Realismus bezüglich der Ursachen experimenteller Phänomene, den er — gerade konträr zu Tetens — mit seiner konstruktivistischen Sicht des Experiments *begründet*.

Nach Hackings Auffassung ist es auch für den größten Skeptiker innerhalb oder außerhalb der Physik spätestens dann angebracht, eine theoretische Entität, die zur Erklärung beobachtbarer Phänomene herangezogen wird, realistisch zu deuten, wenn sie erfolgreich als ein Werkzeug bei Experimenten, die einen ganz anderen Phänomenbereich untersuchen, benutzt werden kann. Hacking demonstriert dies anhand eines 1978 durchgeführten Experiments zur Messung der Paritätsverletzung, dessen Planung, Durchführung und erfolgreiche Auswertung die Existenz von Elektronen voraussetzt, weil eine Elektronenkanone wesentlicher Bestandteil der Experimentierapparatur ist.[29] Bei einem solchen Experiment wird das theoretische Wissen darüber, daß Elektronen auf ganz bestimmte Weise mit einem Target (d.h. einem als ‚Zielscheibe' für Teilchenstrahlen benutzten Materieblock) und mit anderen Teilen der Experimentierapparatur wechselwirken, als eine adäquate, approximativ richtige Beschreibung nicht-beobachtbarer Vorgänge vorausgesetzt.

Hacking erfaßt hier einen ganz wesentlichen Aspekt der Erweiterungen, die die Meßtheorien der Physiker im Lauf der Zeit immer wieder erfahren: wenn eine Theorie, die sich auf einen bestimmten Typus von Entitäten bezieht, als hinreichend bewährt gilt, wird sie nicht länger der experimentellen Prüfung ausgesetzt, sondern in den unhinterfragten Bestand an Meßtheorien aufgenommen und auch zur technischen Anwendung, etwa bei der experimentellen Erschließung neuer Phänomenbereiche, freigegeben. So war es mit elektromagnetischen Feldern und Wellen, und so ist es heute mit den Elementarteilchen. Ein Instrumentalist, für den nur die aus einer Theorie folgenden Prognosen über empirisch beobachtbare Wirkungen an Experimentierapparaturen zählen, kann einen Teilchenbeschleuniger vielleicht konzipieren und erfolgreich benutzen, aber er kann seine Wirkungsweise nicht erklären; dies kann nur ein Realist, der annimmt, daß es die darin beschleunigten Teilchenströme wirklich gibt.

Hackings Argumentation greift die handwerkerliche Intuition der Physiker auf, daß es Entitäten, mit denen man etwas machen kann, geben muß — wie auch immer sie im einzelnen beschaffen sein mögen, und durch welchen Typus einer mathematischen Struktur auch immer sie

---

[29] Hacking (1983), S.265 ff.

theoretisch beschrieben werden sollten. Den Entitäten, auf deren Existenz und Eigenschaften man bei Messungen und in den technischen Anwendungen der Physik erfolgreich baut, die Realität abzusprechen, hieße: anzunehmen, daß man mit einem nicht-vorhandenen Hammer Nägel in die Wand klopfen kann. Wie sehr dieses *Hammer-und-Nagel-Argument* sich an einem Realitätskriterium orientiert, das man bei den Physikern selbst findet, kann man einer Äußerung entnehmen, in der *Eddington* die Machbarkeit und technische Anwendbarkeit von Neutrinos als denjenigen Grund benennt, der ihn von der Existenz der Neutrinos zu überzeugen vermöchte. Die Neutrinos, deren Existenz Pauli 1932 zunächst *ad hoc* zur Wahrung des Energieerhaltungssatzes beim β-Zerfall angenommen hatte, konnten erst 1956 experimentell nachgewiesen werden. Heute haben sie längst in die Werkzeugkammer der Experimentalphysik Einzug gehalten. Seit den siebziger Jahren werden Streuexperimente mit Neutrinostrahlen zur Erforschung der inneren Struktur des Nukleons durchgeführt. Dies hätte sich Eddington nicht träumen lassen, als er den Neutrinos 1938 noch jeden ontologischen Kredit absprach:

> "I am not much impressed by the neutrino theory. In an ordinary way I might say that I do not believe in neutrinos. ... Dare I say that experimental physicists will not have sufficient ingenuity to make neutrinos? ... If they succeed in making neutrinos, perhaps even in developing industrial applications of them, I suppose I shall have to believe — though I may feel that they have not been playing quite fair." [30]

In Eddingtons Realitätskriterium wie auch in Hackings Argumentation greifen drei sehr verschiedene Prinzipien ineinander, wobei das Argument seine Überzeugungskraft gerade aus ihrem Ineinandergreifen gewinnt:

(i) das *Kausalitätsprinzip*, wonach ein beobachtbares Phänomen durch irgendeine Ursache erklärbar sein muß,

(ii) ein *Adäquatheitsprinzip*, nach dem wir ein der empirischen Wirklichkeit adäquates theoretisches Verständnis dieser Ursache besitzen müssen, um sie als ein Werkzeug für die Erzeugung und Untersuchung anderer Phänomene einsetzen zu können, und

---

[30] Eddington (1939), S.112.

(iii) ein *handlungstheoretisches* Prinzip, wonach die Zwecke und Motive einer Handlung — in diesem Fall die Absichten bei der Tätigkeit des Experimentators, der beim Bau eines Teilchenbeschleunigers mitmacht — nur dann Sinn machen, wenn sie auf etwas in der Wirklichkeit Vorhandenes gerichtet sind.

Wenn man theoretische Entitäten wie Elektronen oder Neutrinos für nicht minder theoretische Zwecke wie die Untersuchung der Paritätsverletzung durch schwache Wechselwirkungen oder die Erforschung der inneren Struktur des Atomkerns erfolgreich verwenden kann, so zeigt dies dreierlei: nach (i) muß es im Experimentierapparat etwas geben, das die daran beobachteten meßbaren Wirkungen wie Zeigerausschläge usw. *verursacht*; nach (ii) muß die Theorie, die wir vom Verursachungsmechanismus haben, dem beim Experiment ablaufenden Prozeß adäquat sein, damit wir solche Ursachen planmäßig auch *mittelbar* — d.h. zur Erzeugung der Ursachen *anderer* beobachtbarer Wirkungen — einsetzen können, und nach (iii) macht das Herstellen der experimentellen Bedingungen, unter denen die Ursachen beobachtbarer Wirkungen auftreten, für den Fall, daß man gar *nicht diese*, sondern andere, nur mittelbar beobachtbare Wirkungen erzeugen will, nur dann Sinn, wenn es die betreffenden Ursachen gibt. Bau und Inbetriebnahme eines Teilchenbeschleunigers machen nach (i)–(iii) somit nur dann Sinn, wenn es es die darin beschleunigten Teilchen — die Wirkungen in den Kontrollgeräten des Beschleunigers auslösen, für Streuexperimente zur Erforschung ihrer Wechselwirkungen mit anderen Teilchen eingesetzt werden und, wenn man von diesem Verwendungszweck absieht, für nichts gut sind — tatsächlich gibt. Nach (i)–(iii) versteht man den instrumentellen Charakter von Theorien gerade falsch, wenn man meint, aus ihrem prognostischen Potential folge nicht ihre Wahrheit. Bei den in technischen Anwendungen realisierten Spezialfällen einer Theorie ist das Gegenteil der Fall.[31]

Der *kausale* Aspekt, den die Annahme von theoretischen Entitäten in der Physik hat und um dessen Erörterung sich Instrumentalisten gern drücken, wird auch von *Nancy Cartwright* hervorgehoben. Cartwright versucht, die Ursachen experimentell beobachtbarer Phänomene in eine empiristische Sicht physikalischer Theorien einzubeziehen. Sie deutet diese Ursachen als in der Natur real vorhandene Vermögen ("capacities"),

---

[31] Die Arbeiten Carrier (1991), (1993) zeigen, daß auch *dieses* Argument noch zu kurz greift, wenn man sich dabei auf einen *bestimmten Typ von Entitäten* festlegt.

unter bestimmten Umständen bestimmte Wirkungen hervorzurufen.[32] Nach ihrer Variante eines kritischen Realismus — den sie selbst noch als eine empiristische Position auffaßt — müssen die theoretischen Entitäten der Physik anhand der ihnen zugeschriebenen kausalen Vermögen, beobachtbare oder meßbare Phänomene zu bewirken, expliziert werden. Elektromagnetische Wellen sind demnach als diejenigen Entitäten zu explizieren, die das Vermögen besitzen, Signale durch den materiefreien Raum zu übertragen, und Elementarteilchen als diejenigen Entitäten, die das Vermögen besitzen, Fotoplatten zu schwärzen und Spuren in Blasenkammern zu erzeugen. Eine solche Explikation nagelt die theoretischen Entitäten der Physik noch nicht darauf fest, einer *bestimmten* theoretischen Beschreibung zu genügen, denn sie ist in Bezug auf physikalische Theorien *vor-theoretisch*: eine durch ihr Vermögen, etwas zu bewirken, explizierte Entität wird als ein kontingentes Element der empirischen Realität angenommen, das ein hinsichtlich seiner Beschaffenheit noch unbestimmtes Relat der Kausalbeziehung darstellt, welche eine empirisch beobachtbare, kontingente Wirkung mit ihrer unbekannten Ursache verknüpft. Eine Explikation theoretischer Entitäten durch ihre kausalen Vermögen ist somit genausowenig an irgendwelche *spezifischen* theoretischen Voraussetzungen gebunden wie ein strikt empiristisches Konzept des Beobachtbaren; sie folgt nur eher *Mill* — auf dessen induktive Methode sich Cartwright explizit beruft[33] — als Hume.

Darüberhinaus berücksichtigt die kausale Explikation theoretischer Entitäten gerade denjenigen Aspekt der phänomenalen Realität, der bei Kant mit dem Terminus ‚*Wirklichkeit*' bezeichnet wird und der bei einem nur empiristischen Verständnis der Realität als dem Inbegriff alles empirisch Gegebenen zu kurz kommt. Nicht-beobachtbare Entitäten mit beobachtbaren Wirkungen gehören nicht zum empirisch Gegebenen. Sie gehören aber zur Wirklichkeit als dem Inbegriff alles Kontingenten — jedenfalls wenn man sie als Wirkursachen konzipiert, über deren genaue Beschaffenheit man nichts weiß, die also gegenüber den Theorien, die man über sie aufstellt, so *kontingent* sind wie die Wirkungen, die man ihnen zuschreibt.

---

[32]Cartwright (1989).
[33]Ebd., S.170 ff.

2.4 Ein generalisierter Beobachtungsbegriff

Dudley Shaperes Versuch, mittels eines *generalisierten Beobachtungsbegriffs* zu einer erweiterten Auffassung der empirischen Realität zu gelangen, hat ebenfalls einen kausalen Aspekt. Shapere denkt sich die Sinneswahrnehmung selbst als einen Vorgang, der dank des heutigen Wissens aus Physik und Physiologie kausal expliziert werden kann: Wie in einem Experiment der Physik irgendwelche physikalischen Entitäten beobachtbare Ereignisse in Meßgeräten auslösen, so werden unsere Sinne durch irgendwelche Reize aus der Außenwelt angesprochen, die dann die empirischen Inhalte unserer Sinneserfahrung bewirken. Shapere deutet also das Zustandekommen empirischer Erfahrungsinhalte mittels einer physikalistischen Theorie der Sinneswahrnehmung, oder auf der Grundlage einer *naturalistischen Erkenntnistheorie*. Sein Ausgangspunkt für die Formulierung eines generalisierten Beobachtungsbegriffs ist dann die Frage: Welche Beziehung besteht eigentlich zwischen der empiristischen Auffassung, Beobachtung sei an Sinneswahrnehmung geknüpft, und dem in der Physik üblichen Sprachgebrauch, wonach theoriegeladene experimentelle Resultate oft als Beobachtungen bezeichnet werden? Shapere analysiert eingehend die Verwendungsweise, die der Terminus ‚Beobachtung' in der Astrophysik hat, und das Verhältnis dieser Verwendungsweise zu unserem *common sense*-Begriff der Beobachtung, und gelangt dadurch zu folgender Explikation des Terminus ‚*direkte Beobachtung (Beobachtbarkeit) von x*':

> „x ist direkt beobachtet (beobachtbar), wenn
>
> (1) Information durch einen geeigneten Rezeptor empfangen wird (werden kann); und
>
> (2) diese Information von der Entität x — der Informationsquelle — direkt auf den Rezeptor übertragen wird (werden kann), d.h. ohne Störung bzw. Wechselwirkung mit anderen Entitäten." [34]

Diese Explikation stützt sich auf die astrophysikalischen Experimente zur Bestimmung des Neutrinoflusses, der von der Sonne zur Erde gelangt. Im Sonneninneren werden nach heutiger Kenntnis der in der Sonne ablaufenden physikalischen Prozesse hochenergetische Neutrinos erzeugt,

---

[34] Shapere (1982), S.492.

die mit einer bestimmten, genau berechenbaren Wahrscheinlichkeit zur Erde gelangen können, dort mit wiederum bekannter Wahrscheinlichkeit inverse β-Zerfälle auslösen können, die eine Detektion der Solarneutrinos erlauben und deren Messung Rückschlüsse auf die im Innern der Sonne ablaufenden Prozesse erlaubt. Die Bestimmung des Solarneutrinoflusses dient der experimentellen Überprüfung theoretischer Annahmen über das Sonneninnere. Nach Shaperes obiger Explikation dienen die Solarneutrinos zur direkten Beobachtung des Sonneninneren. Sie erfüllen die Bedingung (2), insofern die Neutrinos — im Gegensatz zu Photonen — praktisch ohne Wechselwirkung Information vom Sonneninneren, der Informationsquelle, zu einem unter der Erde befindlichen Detektor, einem Perchloräthylen-Tank, gelangen. Der mittels dieses Detektors bestimmte Solarneutrinofluß ist dann Information, die von einem geeigneten Rezeptor empfangen wird, gemäß Bedingung (1). Durch Solarneutrinos kann mithin das Sonneninnere direkt beobachtet werden, während die innerhalb der Sonne emittierten Photonen auf dem Weg zur Erde vielfältigen Wechselwirkungsprozessen unterliegen, also keine Beobachtung des Sonneninneren gestatten.

Shaperes Explikation der direkten Beobachtung nimmt gegenüber der empiristischen Auffassung von Beobachtung — bzw. gegenüber deren Reinterpretation im Rahmen einer naturalistischen Erkenntnistheorie — folgende *Generalisierungen* vor: Neben eine verallgemeinerte Bestimmung dessen, was als Beobachtungsgerät bzw. Rezeptor von Informationsübertragung dienen darf, nämlich Beobachtungsinstrumente aller Art vom menschlichen Auge bis hin zu den Detektoren der Teilchenphysik, tritt dabei die Verallgemeinerung des die Information übermittelnden Mediums. Außer Licht, also elektromagnetischen Wellen bzw. Photonen, kommen nach der heutigen Physik auch Typen von Teilchen in Frage, die über andere als elektromagnetische Prozesse wechselwirken, etwa die Neutrinos der Solarneutrino-Experimente, die ausschließlich an Prozessen der schwachen Wechselwirkung teilhaben, oder auch — von Shapere nicht genannt — Elektronen, die im Elektronenmikroskop Strukturen sichtbar machen. Ein solcher generalisierter Beobachtungsbegriff trägt unbeschadet seiner realistischen Voraussetzungen noch dem empiristischen Anliegen Rechnung, Theorien an der Erfahrung zu messen; und er berücksichtigt, daß es, um zu wissenschaftlichen Theorien zu gelangen, unerläßlich ist, sich von der Sinneserfahrung als dem einzigen Ursprung empirischen Wissenserwerbs zu entfernen.[35] Shapere hebt hervor, daß sich physikalische Theorien nicht primär auf die Sinneserfahrung stützen, sondern auf experimentelle Beobachtungen, die von der Sinneserfahrung abgekoppelt werden können und gerade *darum* als objektivierbar gelten. Umgekehrt ermöglicht es dann eine physikalische Theorie der Beobachtung, den Prozeß der Sinneserfahrung selbst zu objektivieren und seine kontingenten Beschränkungen innerhalb eines ganzen Spektrums von Prozessen der Informationsübertragung zu erkennen. Der hohe Stellenwert, den man der *Beobachtung im strikt empiristischen Sinne* als unserem einzigen Mittel zur objektiven Erschließung der empirischen Realität immer zuerkannte, erscheint damit *relativiert*.

Der Preis für die Objektivierbarkeit des Wissens von der Außenwelt durch die Physik ist die Theoriegeladenheit der experimentellen Beobachtungen. Die *Generalisierung des Beobachtungsbegriffs*, die Shapere vornimmt, ist *selbst theorieabhängig*. Sie setzt einen ganzen Korpus physikalischer Annahmen über Sinneswahrnehmung und deren Einbettung in andere physikalische Prozesse der Informationsübertragung voraus.[36] Die Beschreibung einer Beobachtungssituation beinhaltet — wie Shapere anhand der Solarneutrino-Experimente ausführlich erläutert — drei (nicht immer scharf trennbare) theoretische Elemente: "the theory of the source, the theory of the transmission and the theory of the receptor".[37] Die Theoriegeladenheit der Beobachtung führt aber nicht zur Willkür in der theoretischen Beschreibung physikalischer Phänomene, weil die theoretischen Annahmen, auf die sich eine Beobachtung stützt, zum *Hintergrundwissen* zählen, das bei Experimenten nicht mehr auf dem Prüfstand steht, sondern in Meßtheorien eingeht, und das nicht mit unüberprüften theoretischen Spekulationen verwechselt werden darf. Shapere hebt hervor, daß sich die *Theoriegeladenheit* experimenteller Beobachtungen in der Physik auf zweierlei Arten theoretischer Annahmen erstreckt, die es streng zu unterscheiden gilt:

1. Hintergrundwissen ("background information"), welches zum gesicherten, bei der Formulierung neuer Theorien vorausgesetzten Korpus physikalischen Wissens zählt, und

---

[35]Vgl. ebd., S.508, sowie Hacking (1983), S.185.
[36]Vgl. Shapere (1982), 505: "The body of science involves assertions about the existence of entities and processes which are not accessible to the human senses — assertions which involve the claim that those senses are receptive only to a limited range or type of events which form part of an ordered series of types or events."
[37]Ebd., S.492.

2. "what is uncertain", d.h. diejenigen Aussagen oder Teilstücke ungesicherter Theorien, deren experimentelle Prüfung noch aussteht.

Nur wenn beide Arten theoretischer Annahmen verwechselt werden, können experimentelle Beobachtungen theoriegeladen in einem fatalen Sinn erscheinen.[38]

Shaperes generalisierter Beobachtungsbegriff ermöglicht es, experimentelle Resultate, die hochgradig theoriegeladen sind, dennoch als direkte Beobachtungen zu explizieren, wobei immer dann von ‚direkter Beobachtung' zu sprechen ist, wenn außer dem Hintergrundwissen über den Prozeß der Informationsübertragung keine theoretischen Schlüsse benötigt werden und wenn nach diesem Hintergrundwissen die Entitäten, welche die Information übermitteln, etwa die Solarneutrinos, zwischen Quelle und Rezeptor keinen Wechselwirkungen unterliegen, die die von ihnen übertragene Information verfälschen. *"direct observation"* wird hierbei von Shapere gegen *"inference based on observation"* (beobachtungsgestützte theoretische Schlußfolgerung) abgehoben.[39] Diese Unterscheidung grenzt aus dem Bereich des direkt Beobachtbaren all diejenigen physikalischen Objekte aus, für die es nur indirekte experimentelle Evidenzen gibt — etwa instabile Elementarteilchen, die nur über ihre Zerfallsprodukte nachgewiesen werden können. Teilchen, die so schnell zerfallen, daß sie selbst keine Ereignisse in Detektoren auslösen und nur über Sekundärprozesse nachgewiesen werden können, liefern den typischen Fall einer "inference based on observation" und gelten nach Shaperes Kriterien als nicht direkt beobachtbar. In solchen Fällen sprechen auch die Physiker im allgemeinen von einem *indirekten experimentellen Nachweis* und benutzen den Terminus ‚Beobachtung' höchstens in *elliptischer* Redeweise, als *Abkürzung für empirisch gestützte theoretische Argumentationsketten*. Diese elliptische Redeweise ist indes ein Indiz für die immer neuen Ausweitungen, die der Beobachtungsbegriffs nach dem Sprachgebrauch der Physiker im Lauf der Zeit erfährt. Die Schnittstelle zwischen demjenigen, was Physiker für direkt beobachtbar halten und was nicht, ist wegen der Integration immer neuer theoretischer Annahmen in den Korpus des für unproblematisch gehaltenen Hintergrundwis-

---

[38]Vgl. a.a.O., S.514. Die Physik ist nach Shaperes Unterscheidung ein architektonisches Theoriengefüge, in dem jedes neue Stockwerk auf dem Fundament bisherigen Wissens errichtet wird — auch wenn eine Theorie in ihrer endgültigen Gestalt schließlich T-theoretische Größen enthält, müßte man Shapere ergänzen (vgl. hierzu 3.6).

[39]Ebd., S.512.

sens *verschieblich*: die durch Erfahrungswissen gestützte experimentelle Basis physikalischer Theorien ist nicht ein für allemal festgeschrieben.[40]

2.5 Die empiristische Skepsis gegen theoretische Entitäten

Ein strikter Empirist wie *van Fraassen* würde sich natürlich an der naturalistischen Erkenntnistheorie stoßen, die Shaperes Beobachtungsbegriff zugrundeliegt und die eine realistische Deutung der theoretischen Entität ‚Informationsquelle' sowie des ganzen theoretischen Hintergrundwissens bezüglich der Informationsübertragung beinhaltet. Van Fraassens Antirealismus bezüglich der Existenz theoretischer Entitäten stützt sich unter anderem auf einen kritischen Einwand gegen *Grover Maxwells* klassisch gewordenes Argument, die Existenz von Elektronen und anderen Mikroobjekten folge aus dem Kontinuum, das zwischen der direkten Beobachtung und dem indirekten experimentellen Nachweis physikalischer Objekte liegt.[41] Van Fraassen gibt dem Realisten Maxwell zwar darin recht, daß der Übergang von der Sinneswahrnehmung zum experimentellen Nachweis physikalischer Phänomene mittels komplizierter technischer Apparaturen allmählich ist, wie das Spektrum existierender Beobachtungsinstrumente von der Brille bis zum Elektronenmikroskop oder gar Teilchenbeschleuniger zeigt. Er greift jedoch Maxwells Behauptung an, aus dem Kontinuum der Beobachtung — das von der Aufnahme einer fernen Galaxis durch ein Teleskop über die unmittelbare Wahrnehmung makroskopischer Phänomene bis zum sehr indirekten experimentellen Nachweis der Adäquatheit von theoretischen Annahmen der Mikrophysik reicht — folge bereits, daß all diesen Beobachtungen, wie indirekt auch immer sie sein mögen, raumzeitliche Entitäten aller Größenordnungen von der Galaxis bis zum Elementarteilchen korrespondieren. Van Fraassen kritisiert den Terminus ‚theoretische Entität' mit dem folgenden Argument:

---

[40]Vgl. Shapere (1982), S.492: "My discussion will show, among other things, that specification of what counts as directly observed (observable), and therefore of what counts as an observation, is a function of the current state of physical knowledge, and can change with changes in that knowledge."

[41]Maxwell (1962), S.7 ff.

"Terms or concepts are theoretical (introduced or adapted for the purposes of theory construction); entities are observable or unobservable. This may seem a little point, but it separates the discussion into two issues. Can we divide our language into a theoretical and a non-theoretical part? On the other hand, can we classify objects and events into observable and unobservable ones?"[42]

Daß es kein Kontinuum raumzeitlicher Entitäten aller Größenordnung geben kann, muß für van Fraassen, der sich in vielen Arbeiten mit der Struktur der Quantentheorie beschäftigt hat, bereits aus der quantentheoretischen Beschreibung mikroskopischer Objekte folgen. Die nicht-Boolesche Struktur der Aussagen über nicht-kommutierende Größen einer Quantentheorie verbietet es, Elektronen und anderen Mikroobjekten zugleich scharfe Werte für Meßgrößen wie Ort und Impuls zuzusprechen. Jeder Versuch, diese Entitäten als Einzelobjekte in Raum und Zeit mit konstanten Eigenschaften zu betrachten, stößt auf ernsthafte Schwierigkeiten.[43] Auch im Großen, d.h. im Bereich der Kosmologie, wird unsere Alltagsauffassung, die Objekten eine bestimmte raumzeitliche Struktur zuspricht, problematisch. Van Fraassen schlägt dementsprechend in seiner Kritik an Maxwell vor, den Terminus ‚Entität' oder ‚Objekt' ausschließlich für Beobachtbares im strikt empiristischen Sinn zu reservieren.[44] Die Paradebeispiele, die van Fraassen immer wieder gegen eine realistische Deutung theoretischer Entitäten anführt, sind denn auch das Elementarteilchen, das man als Ursache einer Teilchenspur annimmt, und der absolute Raum, den Newton für ein real existierendes Bezugssystem von Trägheitsbewegungen hielt.[45]

---

[42]van Fraassen (1980), S.14 ff. Der Begriff ‚theoretische Entität' ist demnach eine lax formulierte Abkürzung für ‚nicht-beobachtbare, aber hypothetisch angenommene Entität'.

[43]Solche Schwierigkeiten treten auch bei Theorien mit verborgenen Parametern auf — jedenfalls dann, wenn Einzelobjekte durch *lokale* Eigenschaften charakterisiert sein sollen.

[44]Ebd., S.16 f.; van Fraassens Argumentation gegen Maxwell ist strikt empiristisch. Die von mir vermutete Verbindung mit dem genannten Motiv für ein strikt empiristisches Konzept des Beobachtbaren findet dort keinen direkten Beleg. Eine indirekte Verknüpfung zwischen van Fraassens empiristischen Prämissen und seiner Sicht der Quantentheoie ergibt sich aus seiner Auffassung der Kausalität als einer (deterministischen) Beziehung zwischen (beobachtbaren) Ereignissen; vgl. weiter unten.

[45]Ebd., S.17: van Fraassen kontrastiert den Kondensationsstreifen eines Flugzeugs mit der Ionisationsspur, die in einer Nebelkammer beobachtet wird, ohne daß das von

Da van Fraassen nichts gegen die Theoriegeladenheit von Beobachtungen hat, verstößt nur *ein* Aspekt eines generalisierten Beobachtungsbegriffs à la Shapere gegen seine strikt empiristische Auffassung des Beobachtbaren: der *Schluß von der Information*, die z.B. in einer auch nach van Fraassens Auffassung beobachtbaren Teilchenspur liegt, *auf die Informationsquelle* — auf das Elementarteilchen, das Shapere für die von einer Blasenkammer oder einem anderen geeigneten Teilchendetektor aufgezeichnete Information verantwortlich machen würde. Dieser Schluß von der in einem experimentellen Phänomen enthaltenen Information auf die Informationsquelle, den Shapere stillschweigend macht, aber nicht explizit bespricht, hat offensichtlich *kausalen Charakter*. Shapere nimmt an, daß der Aufzeichnung von Information irgendeines Typus durch einen Rezeptor eine Informationsquelle x zugrundeliegt, die anhand dieser Information beobachtet wird. Dieser *kausale Aspekt eines Konzepts von Beobachtung*, das gegenüber dem empiristischen Beobachtungsbegriff ausgeweitet ist, taucht weder in Maxwells Plädoyer *für* noch in van Fraassens Argumentation *gegen* die Existenz theoretischer Entitäten auf. Er rückt Shaperes generalisierten Beobachtungsbegriff in die Nähe eines explizit durch das Kausalprinzip begründeten Entitäten-Realismus à la Hacking und Cartwright.

Inwieweit trifft van Fraassens Kritik an der realistischen Deutung theoretischer Entitäten diesen Schluß von der Information, die experimentelle Phänomene beinhalten, auf die Informationsquelle als ihrer Ursache? Bei näherem Betrachten bleibt eine Erweiterung des empiristischen Realitätsbegriffs à la Cartwright, Hacking oder Shapere, die sich auf das Kausalprinzip stützt, von van Fraassens Einwänden gegen theoretische Entitäten völlig unberührt. Van Fraassen betrachtet das Kausalprinzip als nur für den Bereich des Beobachtbaren im strikt empiristischen Sinne gültig: er begreift die Kausalität als eine Relation zwischen *Ereignissen*, wobei er unter Ereignissen seinen empiristischen Prinzipien gemäß ausschließlich b*eobachtbare* Ereignisse verstehen kann.[46]

---

den Physikern als Ursache der Spur angenommene Teilchen jemals selbst beobachtbar ist, und schließt folgendermaßen: "So while the particle is detected by means of the cloud chamber, and the detection is based on observation, it is clearly not a case of the particle's being observed." Ebd., S.17. Das Beispiel des absoluten Raums diskutiert van Fraassen im Zusammenhang mit seiner Auffassung der empirischen Substruktur einer Theorie; ebd. S. 44 ff.

[46] Vgl. van Fraassens Diskussion des Zusammenhangs zwischen Kausalität und Erklärung; ebd., S.112 ff. Auf S.113 heißt es: "The idea of causality in modern

Die empiristische Skepsis gegen theoretische Entitäten 73

Zugleich vertritt er eine *deterministische* Deutung der Kausalbeziehung, wonach kausale Prozesse eine durch eine kontinuierliche Trajektorie verbundene Sequenz von Ereignissen darstellen.[47] Wenn man *diese* Voraussetzungen über die Relate und die Beschaffenheit kausaler Beziehungen und Prozesse nicht teilt, sprechen van Fraassens Argumente für die Nicht-Beobachtbarkeit theoretischer Entitäten *nicht* dagegen, mit *Cartwright* oder *Hacking* nicht-beobachtbare Relate einer Kausalbeziehung, die eine Brücke vom Beobachtbaren ins Nicht-Beobachtbare schlägt, anzunehmen und dann mit *Shapere* dementsprechend den Beobachtungsbegriff erweitern.

Dennoch ist van Fraassens Skepsis gegen den Schluß auf verborgene Ursachen in einer Hinsicht ernst zu nehmen. *Entgegen* van Fraassens empiristischen Prinzipien setzen die nicht-klassischen Theorien der Physik gerade dann, wenn man sie *realistisch* deutet, einem zu naiven Realismus Grenzen, der sich an den der Alltagserfahrung zugrundeliegenden Annahmen über die Struktur der Realität orientiert. Diese Grenzen sind noch am ehesten ein Argument dafür, *mit* van Fraassen an einem empiristischen Konzept des Beobachtbaren festzuhalten. Gerade van Fraassens Paradebeispiele gegen die realistische Deutung theoretischer Entitäten zeigen, daß der kausale Schluß vom Beobachtbaren aufs Nicht-Beobachtbare zumindest *dann* äußerst problematisch ist, wenn man ihn mit einem stillschweigenden *Analogieschluß* auf die Beschaffenheit des Nicht-Beobachtbaren verknüpft. Analogieschlüsse von der raumzeitlichen Struktur empirisch zugänglicher Phänomene auf diejenige der Atome oder der Welt im Ganzen zu ziehen, war der *Naturphilosophie des 17. und 18. Jahrhunderts* gemäß. Aus der Quantentheorie und der relativistischen Kosmologie des 20. Jahrhunderts ist aber zu lernen, daß

---

philosophy is that of a relation among events. Hence it cannot be identified even with efficient causation, its nearest Aristotelian relative. ... The exact phrasing is not important; that the *relata* are events (including processes and momentary or prolonged states of affairs) is very important." Vgl. dazu seine Kritik an der Auffassung, daß *Reichenbachs* Prinzip der gemeinsamen Ursache zwangsläufig zu Existenzbehauptungen bezüglich nicht-beobachtbarer Ereignisse und Prozesse führt; ebd., S.25 ff.

[47]Vgl. seine Kritik an Salmons Theorie der Erklärung [Salmon (1978)]; siehe van Fraassen (1980), S.122: "There are various difficulties with this view. The first is that to be a causal process, the sequence of events must correspond to a continuous spatio-temporal trajectory. In quantum mechanics, this requirement is not met." Die heutige Physik legt es jedoch eher nahe, unter kausalen Prozessen *irreversible* Vorgänge zu verstehen, die — wie die quantentheoretische Meßprozeß zeigt — eher *keine* deterministische Beschreibung haben; vgl. 2.5.

sowohl die Ursache der Teilchenspur in einer Blasenkammer als auch die
Ursache der Trägheitsbewegung des Wassers, das an der Wand von *Newtons* berühmtem rotierenden Eimer hochsteigt, völlig anders beschaffen
ist, als wir es von ‚anständigen' Ursachen nach der theoretischen Struktur
unserer Alltagserfahrung erwarten.

Die Ursache einer Teilchenspur ist keine klassische Partikel mit
einer lückenlosen Trajektorie, sondern eine Sequenz quantentheoretischer Streuprozesse, deren Ergebnisse nur probabilistisch miteinander
verknüpft sind. Die Ursache der Trägheitsbewegung ist nicht, wie
Newton annahm, ein immenser immaterieller ‚Behälter' der Welt; die
Trägheitsbewegung läßt sich besser durch das Machsche Prinzip oder
durch die Raum-Zeit-Struktur im Großen erklären. Die Wirkungsme-
chanismen in der Natur lassen sich nach dem heutigen Wissen der
Physik in den seltensten Fällen auf simpel strukturierte Einzelursa-
chen zurückführen. Der *kausale Schluß vom Beobachtbaren aufs Nicht-
Beobachtbare* ist deshalb *nur dann unbedenklich*, wenn er die spezifische
Verfaßtheit der Elemente der Realität, die als Ursachen beobachtbarer
Phänomene angenommen werden, noch *offenläßt*, wie es bei Cartwright
und Hacking der Fall ist; welche Art von Entitäten die Relate kausaler Beziehungen zwischen beobachtbaren Phänomenen und ihren Ursachen sind, darf nicht schon mit dem vor-theoretischen Verständnis von
Kausalität festgelegt sein. Dagegen ist eine Erweiterung des Beobachtungsbegriffs à la *Shapere* trügerisch, wenn man sie nicht irgendwelchen
Zusatzbedingungen bezüglich der Struktur des Beobachtungsprozesses un-
terwirft. Sie überträgt sonst die Struktur unserer Alltagserfahrung, deren Gegenstände einer *klassischen* Welt angehören, unbesehen auf den
Bereich des Nichtbeobachtbaren und suggeriert etwa, Elementarteilchen
seien permanente Einzelobjekte mit konstanten raumzeitlichen und dynamischen Eigenschaften, über die uns eine Blasenkammer denselben
Typus an Information verschafft wie ein Fernrohr über die Sterne. Die
Diskussion des kausalen Aspekts theoretischer Entitäten und der sich
darauf berufenden Vorschläge, in einem generalisierten Sinne von der
Beobachtbarkeit theoretischer Entitäten durch experimentelle Mittel zu
sprechen, soll darum mit drei Bemerkungen abgeschlossen werden:

(1) Kausalität ist ein *vor-theoretisches* Konzept, das in der Beschreibung der physikalischen Prozesse, die zur Erklärung beobachtbarer
Phänomene angenommen werden, durch Naturgesetze nicht mehr vor-

kommt, wie vor allem *Russell* und *Campbell* hervorhoben.[48] Wenn die kausalen Annahmen aus dem vor-theoretischen Stadium der Erklärung eines Prozesses, der beobachtbare Wirkungen hervorruft, in einem späteren Stadium der Theorienbildung durch eine detaillierte theoretische Beschreibung des Zustandekommens dieser Wirkungen ersetzt sind, läßt sich diese oft nicht mehr auf den vor-theoretischen Terminus ‚Ursache' beziehen, und man kann mit dem Gebrauch dieses Terminus zur Deutung der betreffenden Theorie in vor-theoretischen Begriffen unter Umständen böse Überraschungen erleben. Als *theoretische Explikation* einer vor-theoretisch angenommenen Kausalbeziehung darf nach heutigem Wissen *nicht* die *deterministische Beschreibung reversibler Vorgänge* durch die Trajektorien der klassischen Mechanik, sondern nur die im allgemeinen vermutlich *nicht-deterministische Beschreibung irreversibler Vorgänge* gelten.[49] In der heutigen Physik haben kausale Annahmen unter anderem die Funktion, die durch die fehlende Theorie des Meßprozesses entstehende Lücke zwischen der Beschreibung quantentheoretischer Objekte und den darauf zurückgeführten makroskopischen Wirkungen zu schließen. Die vor-theoretisch angenommene Kausalbeziehung überbrückt hier ein gravierendes Reduktionsdefizit in der Beziehung von Quantentheorie und klassischer Physik. Wenn man nach dem Kausalprinzip auf die Existenz theoretischer Entitäten schließt, etwa weil man (in der Physik) noch keine lückenlose Theorie eines Phänomenbereichs besitzt, oder weil man (in der Wissenschaftsphilosophie) die anti-realistischen Skeptiker überzeugen möchte, so muß man sich — dies ist aus der Quantentheorie zu lernen — davor hüten, von den sehr spezifischen Annahmen der Alltagserfahrung über den Objektcharakter oder die raumzeitliche Struktur der Ursache eines empirischen Phänomens Gebrauch zu machen. Die kausale Explikation theoretischer Entitäten, die *Cartwright* oder *Hacking* geben, sind jedoch in dieser Hinsicht hinreichend offen.

---

[48]Russell (1912-13); Campbell (1920), S.56 ff.; vgl. dazu Scheibe (1970), S.263 ff.

[49]Die durch *Laplace* begründete synonyme Verwendung von ‚Kausalgesetz' und ‚deterministisches Gesetz', die — unter anderem im Anschluß an den Sprachgebrauch, den *Max Born* in seiner ‚klassischen' Arbeit zur probabilistischen Deutung der Quantenmechanik verwendete [vgl. Born (1926b)] — in der Diskussion um das Verhältnis von klassischer Mechanik und Quantenmechanik üblich wurde, ist mit unseren vor-theoretischen Annahmen über die temporale und asymmetrische Ursache-Wirkungs-Beziehung nicht gut vereinbar. Zur Begriffsgeschichte dieser Problematik vgl. den Artikel *Kausalgesetz* von E. Scheibe in: Ritter (1971).

(2) Eine Erweiterung des Beobachtungsbegriffs, die vom Kausalprinzip Gebrauch macht und im Einklang mit den Theorien der heutigen Physik bleiben will, sollte über die von *Shapere* angeführten Bedingungen (vgl. 2.4) hinaus eine *Analogie* für die theoretischen Beschreibungen der betreffenden Beobachtungsvorgänge fordern. So ließe sich beispielsweise fordern, daß es sich bei der Informationsübertragung um einen *der optischen Abbildung analogen Abbildungsvorgang* handeln muß. Erlegt man wie Shapere der Theorie der Informationsübertragung keinerlei Restriktionen auf, so kann es passieren, daß die Analogie, die eine naturalistische Erkenntnistheorie zwischen einem Beobachtungsprozeß im üblichen (empiristischen) Sinne und dem theoriegeladenen experimentellen Nachweis einer nicht-beobachtbaren Entität herstellt, stark hinkt. Insbesondere erweist sich Shaperes verallgemeinerter Beobachtungsbegriff nur soweit als brauchbar, wie die darin versteckten klassischen Annahmen über das räumliche Lokalisiertsein der Informationsquelle tragen. Es gibt zum Beispiel gute theoretische Gründe, das Abtasten molekularer Strukturen durch ein Elektronenmikroskop genau dann für einen Beobachtungsvorgang zu halten, wenn man der Ansicht ist, daß man auch durch ein Mikroskop die Dinge getreu abgebildet sieht; beide Beobachtungsvorgänge werden durch formal übereinstimmende Theorien beschrieben, wie in 4.5 dargestellt wird. Es gibt aber — um auch gleich ein *Gegenbeispiel* anzuführen — *keine* guten Gründe, den theoretischen Schluß von einer in einem Streuexperiment der Teilchenphysik beobachteten Resonanz auf ein instabiles Teilchen als eine Beobachtung im generalisierten Sinne zu deuten. Dieser Schluß beruht auf einer Theorie des Zerfalls instabiler quantenmechanischer Zustände, die eine physikalische Interpretation für ein Ensemble quantenmechanischer Streuprozesse liefert und keinerlei Analogie mit dem Vorgang der Beobachtung eines als Einzelobjekt konzipierten materiellen Dings aufweist.

(3) Eine *umfassende*, für beliebige Theorien gültige Generalisierung des Beobachtungsbegriffs kann sich also nicht an Shaperes Explikation dessen orientieren, was ‚direkte Beobachtung' für einen Astrophysiker heißt. Sie kann nur dahin gehen, keine scharfe Grenze zwischen dem Beobachtbaren im strikt empiristischen Sinne und den experimentellen Phänomenen zu ziehen, die aus dem puren Beobachtungsmaterial irgendeines Experiments unter Verwendung von *Meßtheorien* herauspräpariert werden, und unter einer Beobachtung im allgemeinsten Sinne soviel wie eine nicht-quantitative Vorstufe der Messung zu verstehen; hierunter

lassen sich auch die durch ein Elektronenmikroskop abgebildeten Molekülstrukturen subsumieren. Ein in dieser Richtung generalisierter Beobachtungsbegriff greift auf die gute alte Carnapsche Unterscheidung von komparativen und quantitativen Größen zurück. Dabei kommt er meines Erachtens der Praxis der Physik gerade am nächsten. Vom meßtheoretischen Standpunkt aus wird der Unterschied von Beobachtung und Messung nämlich durch den strukturellen Unterschied zwischen *Komparation* (die nur auf einer Ordnungsrelation beruht) und *quantitativer Bestimmung* (die eine Metrik voraussetzt) markiert. Danach zählt zur *Beobachtung* noch die *komparative Abschätzung von Werten für Meßgrößen* — wie sie etwa in der Teilchenphysik vorgenommen wird, wenn die Teilchenspuren auf einer Fotoplatte nach Spurlänge und -krümmung klassifiziert sowie anhand einer groben Abschätzung für die dynamischen Meßgrößen bestimmten Teilchentypen zugeordnet werden. In diesem Sinne einer auf Komparation beruhenden Abschätzung von Werten für Meßgrößen ‚sah' Anderson 1932 in der Nebelkammer die Spur eines positiven Elektrons, als er die anomalen Teilchenspuren falscher Spurkrümmung auf ihre mutmaßlichen Werte für Ladung und Masse hin sichtete.[50] Im selben Sinne einer Komparation von Meßgrößen liegt in der heutigen Teilchenphysik eine Beobachtung vor, wenn im funktionalen Verlauf der Ereignisrate eines Streuexperiments ein extremes Maximum (ein sogenannter *peak*) als Resonanz identifiziert wird. Mit diesem Vorschlag, Beobachtungen im weitesten Sinne nur mittels der Unterscheidung von Komparation und Metrisierung gegen Messungen abzugrenzen, sind wir bei den *Meßtheorien* der Physik, und damit bei der generellen Frage nach dem empirischen Gehalt physikalischer Theorien.

2.6 Zum empirischen Gehalt von Theorien

In der empiristisch orientierten Wissenschaftstheorie wird die Antwort auf die Frage, inwieweit man Theorien realistisch deuten darf, an deren *empirischen Gehalt* geknüpft, d.h. an denjenigen Teil der Theorie, der eine *empirische Basis* in Phänomenen hat, die ihm *korrespondieren*. Um den empirischen Gehalt einer Theorie auszumachen, muß man einerseits festlegen, inwieweit ihre empirische Basis von Meßtheorien abhängen

---

[50]Vgl. dazu 3.4.

darf, und andererseits die Theorie so formulieren, daß an ihr sichtbar wird, welcher Teil davon ihrer empirischen Basis korrespondiert. Physiker sehen darin im allgemeinen kein Problem: sie identifizieren den empirischen Gehalt von Theorien meist mit den theoretischen Vorhersagen für Meßergebnisse, und die Meßergebnisse selbst — zu denen sie auch experimentelle Resultate im weitesten Sinne zählen — mit der empirischen Basis der Theorien. In der Wissenschaftstheorie wird dagegen oft eine *engere Auffassung* der empirischen Basis von Theorien vertreten, wonach diese nur empirische Phänomene umfaßt. *Empirische Phänomene* sind nach den guten alten Carnapschen Unterscheidungen *Beobachtetes im strikt empiristischen Sinne*, wie etwa der berühmte Zeigerausschlag eines Meßinstruments, oder das Spurengewirr auf einer Blasenkammer-Fotografie. Zu den empirischen Phänomenen, auf die sich physikalische Theorien beziehen, zählt alles Beobachtbare, das entweder unmittelbar in der Natur gegeben ist (wie die Position und Helligkeit eines mit dem bloßen Auge sichtbaren Sterns) oder durch Experimente erzeugt wird (wie die in einem Michelson-Interferometer sichtbaren bunten Streifen oder Ringe). Die empirischen Phänomene, die man bei der Durchführung *physikalischer Experimente* erhält, werden heute im allgemeinen auf irgendwelchen technischen Datenträgern fixiert, etwa auf Fotoplatten oder auf den während eines Experiments durch einen Computer beschriebenen Magnetbändern. Die aus der Aufzeichnung empirischer Phänomene resultierenden Datenträger samt Inhalt werden oft als *Beobachtungsmaterial* bezeichnet. Das bei einem Experiment erstellte Beobachtungsmaterial ist dessen auch für Nicht-Physiker wahrnehmbares Ergebnis, das von den Physikern immer als analysebedürftig betrachtet wird — wie etwa die Blasenkammer-Fotografie, die vor einer genauen theoretischen Analyse nichts als ein Gewirr von Teilchenspuren zeigt.

Experimentelle Phänomene bestehen im Unterschied zu demjenigen, was an experimentell erzeugten Phänomenen mit bloßem Auge beobachtbar ist, in *Strukturen, die unter Benutzung einer Meßtheorie aus dem Beobachtungsmaterial eines Experiments herauspräpariert werden.* Beispielsweise sucht man aus dem Spurengewirr auf der Blasenkammer-Fotografie Spuren bestimmter Länge, Krümmung und Dichte der Meßpunkte heraus, wobei eine Meßtheorie benutzt wird, die einen bestimmten Zusammenhang solcher charakteristischen Merkmale von Teilchenspuren mit den Meßwerten für die Masse und Ladung geladener Teilchen formuliert. Die experimentellen Phänomene machen eine nach teils komparativen, teils quantitativen Selektionskriterien gewonnene *Teilklasse* der im Beobachtungsmaterial enthaltenen empirischen Phänomene aus, wobei die Selektionskriterien auf der verwendeten Meßtheorie beruhen. Die *experimentellen Daten* schließlich, die als *numerisches Resultat* eines quantitativen Experiments angegeben werden und in denen Physiker meist die empirische Basis ihrer Theorien sehen, sind die *Zahlen*, die den experimentellen Phänomenen anhand der verwendeten Meßtheorie als *numerische Werte für Meßgrößen* zugeordnet werden. Der Schritt von den aus dem Beobachtungsmaterial herauspräparierten experimentellen Phänomenen zum numerischen Wert für eine Meßgröße *metrisiert* die experimentellen Phänomene. Er beinhaltet aber keine prinzipiell neue Stufe der Theoriegeladenheit, sondern nur eine Verfeinerung der schon zur Selektion des Beobachtungsmaterials verwendeten Meßtheorie. So werden bei der quantitativen Analyse einer Blasenkammer-Fotografie den selektierten Teilchenspuren numerische Werte für Ladung, Masse und Impuls zugeordnet, wofür eine verfeinerte Version der vorher schon der Spurenselektion dienenden Meßtheorie benutzt wird. Wegen der Verflechtung von Beobachtung und Messung, von komparativer und quantitativer Analyse der Phänomene läßt sich nicht immer eine scharfe Grenze zwischen empirischen und experimentellen Phänomenen ziehen; der Unterschied zwischen Beobachtung und Messung ist oft nur graduell. Physiker fassen darum die empirischen und die experimentellen Phänomene der Physik gern unter dem Oberbegriff ‚*physikalische Phänomene*' zusammen.

Die empiristisch orientierte Wissenschaftstheorie gibt sich i.a. nicht mit der in der Physik üblichen großzügigen Auffassung der empirischen Basis einer Theorie zufrieden, sondern versucht die prinzipiellen Unterschiede zwischen Beobachtung und Messung mit formalen Mitteln zu präzisieren. Als Instrumentarium für die Rekonstruktion von Theorien verwendet man heute meist *modelltheoretische Ansätze*.[51] Im Rahmen des empiristischen Forschungsprogramms wurden sehr verschiedene Auffassungen des empirischen Gehalts einer Theorie entwickelt, die aber mehr oder minder alle ihre Schwierigkeiten mit der Vielgestaltigkeit der Verknüpfung von theoretischen Aussagen und experimentellen Beobachtungen in der Physik haben: mal findet sich die vom Empiristen erträumte Bilderbuch-Korrespondenz zwischen theoretischen Termen und Beobachtungsgrößen, mal ist die Verknüpfung einer Theorie mit

---

[51] Siehe Suppes (1969), und etliche Beiträge in Balzer (1983).

den sie stützenden Daten nur ganz indirekt vorhanden, und mal erscheint sie zirkulär. So ist zu erwarten, daß ein *einziger* Ansatz zur Rekonstruktion des empirischen Gehalts von Theorien der heutigen Physik gar nicht gerecht werden kann. Im Hinblick auf die Frage nach dem empirischen Gehalt der Teilchenphysik sind vier empiristische Theorieauffassungen besonders wichtig: (1) *Suppes'* Theorie der Messung, (2) *van Fraassens* Verständnis der empirischen Adäquatheit einer Theorie, (3) *Sneeds* Konzept der T-Theoretizität von Meßgrößen, und (4) *Cartwrights* Sicht der Bedeutung phänomenologischer Gesetze.

(1) Aus *Suppes'* Theorie der Messung[52] ist zu lernen, daß physikalische Theorien eine komparative Beobachtungsbasis haben, dadurch aber hinsichtlich der in Messungen eingehenden Metrik unterbestimmt bleiben. Diese Theorie der Messung läßt sich von der Grundidee her als eine direkte Übersetzung von *Carnaps Zwei-Stufen-Konzept* physikalischer Theorien in den *modelltheoretischen Formalismus* lesen. Sie geht wie das Zwei-Stufen-Konzept von der Annahme aus, daß die fundamentalen Meßgrößen der Physik — Länge, Zeitspanne, Masse und Temperatur — auf einer vor-theoretischen Ordnung empirischer Phänomene beruhen, die nach Carnap in einer Beobachtungssprache L_O beschreibbar ist. Bei Suppes wird diese Beschreibung, die mittels komparativer Begriffe erfolgt, durch die Axiomatisierung einer relationalen Struktur $S =< A, >, \cdot >$ präzisiert, wobei A die durch eine Teilordnung $>$ und eine Verknüpfung $\cdot$ strukturierte Menge empirischer Phänome ist. Die Terme der theoretischen Sprache L_T, in der eine physikalische Theorie formuliert ist, korrespondieren nach Carnap zum Teil den Prädikaten aus L_O. Nach Suppes' Theorie der Messung wird dies durch ein *Repräsentationstheorem* sichergestellt, welches gewährleistet, daß die relationale Struktur S der empirischen Phänomene durch eine reellwertige Funktion mit den formalen Eigenschaften einer Meßgröße, die bis auf die Wahl der Skala eindeutig bestimmt ist, beschrieben werden kann.

Die *Ausarbeitung* von Suppes' Theorie der Messung zeigt, daß die Meßgrößen der Physik durch ihre komparative Beobachtungsbasis nicht eindeutig festgelegt sind. Die Axiome, die eine bestimmte relationale Struktur fixieren, bleiben selbst für die fundamentalen physikalischen Größen Länge, Zeit, Masse und Temperatur empirisch unterbestimmt; komparative Begriffe allein liefern nur eine *Topologie*, aber keine *Metrik*, und damit nicht genügend theoretische Struktur, um die Phänomene

---

[52]Siehe Krantz (1971), Suppes (1980); im Vergleich mit Carnap (1956).

quantitativ zu erfassen. Darüberhinaus macht die komparative Beobachtungsbasis nur einen kleinen Teil der gesamten Skala einer Größe aus. Dennoch kann man sich mit Carnap und Suppes auf den Standpunkt stellen, daß es unproblematisch ist, die fundamentalen Meßgrößen Länge, Zeitspanne, schwere Masse (bzw. Gewicht) und Temperatur als eine realistische Repräsentation von Eigenschaften in der empirischen Realität zu betrachten, soweit die *Wahl einer Metrik* für diese Größen als *vor-theoretisch bezüglich der physikalischen Theorienbildung* betrachtet werden darf.[53] Anders verhält es sich mit der Messung nichtfundamentaler Größen wie Geschwindigkeit, Kraft, Energie, elektrischer Ladung oder magnetischer Feldstärke, die zwar ebenfalls eine Entsprechung in graduellen Unterschieden empirischer Phänomene haben, die aber *nicht* unabhängig von der physikalischen Theorienbildung quantitativ erfaßbar sind, weil vor der Aufstellung physikalischer Gesetze gar nicht ausgemacht werden kann, *welche* relationale Struktur ihnen zugrundeliegt. Bei diesen Meßgrößen ist die Wahl einer Metrik immer schon mit der *Annahme von Naturgesetzen,* die durch *alternative Axiomatisierungen der entsprechenden relationalen Struktur* zu berücksichtigen sind, verknüpft. So gibt es schon für die *Geschwindigkeit* zwei Möglichkeiten, eine relationale Struktur der Messung zu fixieren, wobei entweder eine nicht-relativistische oder eine relativistische Kinematik vorausgesetzt wird. Die resultierende Meßgröße ist nur im ersten Fall additiv.[54]

(2) *Van Fraassen* versucht, das modelltheoretische Instrumentarium, das im Prinzip neutral gegen die Positionen der Realismus-Debatte ist, für die Auseinandersetzung mit einer realistischen Deutung physikalischer Theorien fruchtbar zu machen.[55] Seiner Auffassung nach bietet dieses Instrumentarium bessere Möglichkeiten als Carnaps Zwei-Stufen-Konzept, den empirischen vom nicht-empirischen Teil einer Theorie zu scheiden.[56] Er schlägt vor, den empirischen Gehalt von Theorien in deren *empirischer Substruktur* zu sehen, d.h. in derjenigen Menge von Teilstrukturen der Modelle dieser Theorie, die als Kandidaten für die *direkte Darstellung beobachtbarer Phänomene* in Frage kommen. In An-

---

[53] Die Wahl einer Metrik — oder die Auswahl von Maßstäben, denen man bestimmte metrische Eigenschaften zuschreibt — beruht immer auf Einfachheitsannahmen, die ein konventionelles Element enthält, aber nicht willkürlich sind; vgl. dazu die Ausführungen in Carnap (1966), S.96 ff.
[54] Krantz (1971), S.91 ff.
[55] van Fraassen (1980).
[56] Ebd., S.54 f.

lehnung an *Suppes* könnte man eine solche minimale theoretische Strukturierung der Phänomene als ein *Datenmodell* bezeichnen,[57] wobei vor dem Hintergrund von Suppes' Theorie der Messung anzumerken ist, daß theoretische Größen, deren Messung schon Naturgesetze voraussetzt, für einen strikten Empiristen wie van Fraassen vermutlich *nicht* in diese Datenmodelle eingehen. Sind alle Datenmodelle irgendwelchen Elementen der empirischen Substruktur einer Theorie isomorph, lassen sich also alle direkt aus den experimentellen Ergebnissen gewonnenen Datenmodelle in die Theorie einbetten, so ist diese Theorie *empirisch adäquat*; Theorien, deren empirische Substruktur übereinstimmt, sind *empirisch äquivalent*. Der empirischen Unterbestimmtheit von Theorien entsprechend umfaßt jede gute Theorie wesentlich mehr Struktur als nur die theoretische Darstellung der beobachtbaren Phänomene in empirischen Strukturen, genau wie die Realität sich nach van Fraassens Auffassung nicht in ihrem empirisch zugänglichen Teil erschöpft. Ob diesem empirisch nicht überprüfbaren ‚Mehr' an Struktur etwas in der Realität korrespondiert, ist nicht entscheidbar; dies ist in van Fraassens Augen aber nicht weiter schlimm, denn für die empirische Adäquatheit einer Theorie, oder für die adäquate Beschreibung der darunter fallenden Phänomene, ist seiner Auffassung nach nur die empirische Substruktur der Theorie entscheidend[58]

Man könnte van Fraassen als einen *Metaphysiker im Kantischen Sinne* betrachten, dem es darum geht, die Metaphysik von der empirischen Erkenntnis zu scheiden, wobei er den Bereich des Metaphysischen nicht für nichtexistent erklärt, sondern nur als nicht empirisch erkennbar aus dem Gebiet der objektiven Erkenntnis ausgrenzt. Zur *Metaphysik* zählt van Fraassen denjenigen Teil einer Theorie, der die Realisten zu *empirisch nicht gestützten Annahmen bezüglich der Wahrheit von Naturgesetzen und der Existenz theoretischer Entitäten* verführt. Dieser metaphysikverdächtige Überschuß einer Theorie über ihren empirischen Gehalt ist in seinen Augen zwar notwendig, um gute Physik zu machen, nicht aber, um den empirischen Erfolg und die theoretischen Ziele des Unternehmens Wissenschaft zu erklären. Das Ziel der Wissenschaft sieht er in der *empirischen Adäquatheit* von Theorien, die er als *Wahrheit bezüglich der beobachtbaren Phänomene* versteht.[59] Da über

---

[57] Vgl. Suppes (1961) mit van Fraassen (1980), S.64.
[58] van Fraassen (1980), S.64.
[59] van Fraassen (1987), S.107.

den Wahrheitswert des nicht-empirischen Teils von Theorien nicht entschieden werden kann, fordert van Fraassen, auf die realistische Deutung oder das Für-wahr-halten der über die empirische Substruktur hinausgehenden Teile einer Theorie zu verzichten. Seiner Auffassung nach gibt man mit diesem Verzicht nicht viel auf, weil man bei der Anwendung von Theorien zwischen ihrer empirischen Adäquatheit und ihrer Wahrheit ohnehin nicht unterscheiden kann. Diese *Skepsis bezüglich der realistischen Deutung des empirisch nicht gestützten Teils von Theorien* ist einleuchtend und findet auch darin ihre Bestätigung, daß Wissenschaftshistoriker wie *Th.S.Kuhn* darauf hinweisen, *wie wenig sich strukturell sehr verschiedene Theorien oft in ihrem empirischen Gehalt unterscheiden.*[60] Dabei bleibt indes zweierlei fraglich: (i) ob es sinnvoll ist, den empirischen Gehalt einer Theorie so *strikt* empiristisch zu verstehen wie van Fraassen, und (ii) ob das modelltheoretische Instrumentarium unter van Fraassens empiristischen Prämissen wirklich *bessere* Mittel an die Hand gibt, den empirischen vom nicht-empirischen Teil einer Theorie zu scheiden, als es die zu äquivalenten Axiomatisierungen von Theorien führende Prädikatenlogik tut.

(3) *J.D.Sneed* rekonstruierte den Zusammenhang zwischen Theorien und ihren Meßgrößen mittels einer Ausgestaltung modelltheoretischer Ansätze à la Suppes, die dank *Stegmüllers* Werk bei uns sehr viel bekannter wurden als die verwandten Ansätze von van Fraassen oder der Suppes-Schule, aus der Sneed hervorging.[61] Sneeds Theorienrekonstruktion liefert ein gegenüber dem strikten Empirismus liberalisiertes *und* an der inneren Struktur von Theorien orientiertes Kriterium für den empirischen Gehalt von Theorien. Für Sneed sind physikalische Größen, deren gesetzmäßiger Zusammenhang mit anderen Größen nicht unabhängig von dem dadurch ausgedrückten Naturgesetz empirisch überprüfbar ist, in besonderer Weise theoriegeladen: eine Theorie, die auf solchen Größen beruht, ist zwangsläufig ihre eigene Meßtheorie. Das Kriterium für diese besondere Weise der Theoriegeladenheit liefert die Definition:[62]

---

[60]Siehe Kuhn (1961), S. 276.
[61]Sneed (1971); Stegmüller (1973), Kap. VIII.
[62]Vgl. Stegmüller (1973), Kap. VIII, die Definitionen D1 und D2 aus Abschnitt 3.a; in der Studienausgabe Teil D auf S.50 f. Der Sneed-Stegmüllersche Ansatz, auf dessen Einzelheiten hier nicht eingegangen werden kann, wurde durch *Balzer, Moulines* und andere verfeinert.

(D) Meßgrößen sind *theoretisch bezüglich der Theorie T* — oder *T-theoretisch* — genau dann, wenn ihre Messung unabhängig von T nicht möglich ist.

Größen, die *nicht T-theoretisch* sind, heißen dann *nicht-theoretisch bezüglich T*. Das so definierte Prädikat ‚nicht-theoretisch' wird nicht wie das im Zusammenhang mit *Carnaps* Zwei-Stufen-Konzept oder *Suppes'* Theorie der Messung benutzte Prädikat ‚vor-theoretisch' auf die komparative Beobachtungsbasis physikalischer Größen bezogen, sondern es hat eine *Theorie-relative Bedeutung*. Als Paradebeispiele für T-theoretische Größen dienen Sneed und seinen Nachfolgern die dynamischen Größen der klassischen Mechanik (Masse und Kraft), während alle raumzeitlichen Größen als nicht-theoretisch betrachtet werden; diese gelten jedoch als T-theoretisch bezüglich der vierdimensionalen euklidischen Geometrie. An die Stelle des Zwei-Stufen-Konzepts von Beobachtungstermen und theoretischen Termen tritt damit eine *Hierarchie von Theorien* T_n, in der die bezüglich T_{i-1} theoretischen Größen die nicht-theoretischen Größen einer mittels T_{i-1} formulierten Theorie T_i — die eine *spezifischere* Struktur aufweist — darstellen. Welche Größen einer Theorie T-theoretisch sind und welche nicht, hat die modelltheoretische Rekonstruktion der Theorie und ihrer Meßverfahren zu erweisen. Das Charakteristikum der T-theoretischen Größen einer Dynamik ist, daß sie (wie man schon aus den Mechaniken von *Hertz* oder *Mach* lernen kann) *eliminierbar* sind, soweit sie nur funktionale Zusammenhänge zwischen nicht-theoretischen Größen ausdrücken.[63] Der empirische Gehalt einer Theorie läßt sich also durch deren nicht-theoretische Größen formulieren, in der *empirischen Behauptung der Theorie*.

Nach anti-realistischer Lesart drückt die Formulierung von Naturgesetzen mittels T-theoretischer Größen denselben empirischen Gehalt in einem Mehr an Struktur aus, das vor allem der Vereinfachung der Theorie dient und die Prognose nicht-theoretischer Größen ermöglicht — dessen Bedeutung also, wie schon *Mach* meinte, nur in der *ökonomischen Organisation der Phänomene* liegt. Dazu kommt, daß die funktionalen Zusammenhänge zwischen T-theoretischen Größen, die ein Realist unbefangen als Naturgesetze bezeichnet, nach (D) nicht unabhängig von T überprüfbar sind, weil es für T-theoretische Größen per definitio-

---

[63]Ebd., S. 71 ff., wo Stegmüller Sneeds Verständnis der *Ramsey*-Eliminierbarkeit theoretischer Terme darlegt.

nem keine von T unabhängigen Meßverfahren gibt.[64] Man sollte sich jedoch davor hüten, die T-Theoretizität von Meßgrößen — die nun in der Tat eine *Symbiose von Theorie und Experiment* heraufbeschwört, wie sie *Pickering* für den Theorienbildungsprozeß der neueren Teilchenphysik unterstellt — als Wasser auf die Mühlen der Antirealisten zu betrachten.[65] Wenn man ausschließlich die Struktur ‚fertiger' (oder *semantisch abgeschlossener*[66]) Theorien analysiert, entsteht ein verzerrter Eindruck von der empirischen Basis und vom empirischen Gehalt physikalischer Theorien, denn die Erklärungsleistung physikalischer Theorien ist wesentlich mit der *Reduktion von Kontingenz* verknüpft. Die Beobachtungsbasis, die *Carnap* und *Suppes* den fundamentalen Meßgrößen der Physik zusprechen, fällt als etwas, das *nur* für die Theoriengenese eine Rolle gespielt hat, aus der Sneed-Stegmüllerschen Rekonstruktion vollausgebildeter Theorien heraus. *Im Kontext der Realismus-Debatte* darf man ihr Vorhandensein aber *nicht vergessen*, auch wenn die ursprüngliche Beobachtungsbasis einer Theorie im Verlauf der Theorienentwicklung zum Teil *mittels T-theoretischer Größen reinterpretiert* — oder *theoretisiert* — wird. Die T-Theoretizität der Meßgrößen, in denen Naturgesetze formuliert sind, steht immer erst *am Ende* der Theorienbildungsprozesse in der Physik. Vom Standpunkt der Physik aus erstreckt sie sich zudem letztlich auf *alle* Meßgrößen einer universellen Theorie, denn die *Wahl einer Dynamik* hat (wie schon die Spezielle Relativitätstheorie — für die *Suppes'* Theorie der Messung eine zweite, nicht-additive Axiomatisierung

---

[64]„Zirkel der Messung"; vgl. die Kontroverse Balzer (1987) — Gadenne (1967). Gadenne erkennt zwar richtig, daß der Sneed-Stegmüllersche Zirkel einen wichtigen Spezialfall der in der Duhem-Quine-These behaupteten empirischen Unterbestimmtheit von Theorien darstellt, übersieht aber, daß die Vorhersagen für T-theoretische Größen sich niemals unabhängig vom Korpus der Theorie testen lassen und immer durch Zusatzhypothesen zu retten sind. Ein Meßergebnis für eine T-theoretische Größe M, das zu Unstimmigkeiten mit T führt, kann immer nur gegen die Spezifikationsbedingungen des verwendeten Meßgesetzes aus T, nicht aber gegen T selbst gewendet werden, wenn es überhaupt etwas besagen soll. — Sneed (1983) setzt sich mit den Folgen der strukturalistischen Theorienauffassung für die *realistische Deutung* von Theorien auseinander: "The structuralist theoretical–non-theoretical distinction between the elements of the models for a theory entails an ontological distinction between properties or individuals that the theory is about which realism rejects." Sneed (1983), S.355. Sneed weist dann darauf hin, daß die realistische Auffassung der Bedeutung T-theoretischer Größen die realistische Deutung von Naturgesetzen impliziert; ebd., S.358.
[65]Vgl. 2.1 und 2.6.
[66]Vgl. dazu 5.5.

für die Größe ‚Geschwindigkeit' angibt — und erst recht die Allgemeine Relativitätstheorie lehrt) immer einen *Rückkopplungseffekt* auf die Meßtheorie der geometrischen oder kinematischen Größen, die der Dynamik ihre Beobachtungsbasis liefern.

(4) Anders als van Fraassen und Sneed hält es *Nancy Cartwright* nicht für unverzichtbar, den empirischen Gehalt physikalischer Theorien mit formalen Mitteln rekonstruieren zu wollen; sie sieht ihn wie die Physiker selbst in allen aus Beobachtung, Messung oder Experiment resultierenden kontingenten Phänomenen der Physik. Dabei hegt sie — ähnlich wie auch *Hacking* — tiefes Mißtrauen gegen die Unterstellung, alles Kontingente könne in einem einheitlichen Theoriengebäude durch Naturgesetze miteinander verknüpft werden.[67] Cartwright hält die *Experimentalphysik*, die nach Hacking die *eigentliche Wissenschaft der Phänomene* ist,[68] für vertrauenswürdiger als die mathematische Physik, wenn es um die Frage geht, was der Physik zufolge zur empirischen Realität zählt. Cartwright sieht den empirischen Gehalt einer Theorie nicht in irgendeiner Substruktur dieser Theorie, sondern in der mit der Theorie verknüpften *Phänomenologie*, d.h. in den phänomenologischen Annahmen, Gesetzen und Modellen, die teils auf vertrauten Meßtheorien und teils auf *ad-hoc*-Annahmen zur Beschreibung der experimentellen Resultate beruhen und die vor allem in der Mikrophysik nötig sind, um eine in beiden Richtungen begehbare Brücke zwischen fundamentalen Theorien und experimentellen Größen zu schlagen. Nach ihr sind nicht nur *Theorien empirisch unterbestimmt*, sondern auch umgekehrt die *Phänomene durch allgemeine Naturgesetze und deren Spezifikationsbedingungen in keiner Hinsicht vollständig festgelegt*: die Phänomene lassen sich aus den Grundgesetzen der Physik sowenig herleiten wie diese aus jenen. Sie wendet darum gegen *van Fraassens* Explikation der empirischen Adäquat-

---

[67] Cartwright (1983); vgl. dazu Hacking (1983), S. vii, sowie S.219.

[68] Die Wissenschaft der Phänomene ist die Phänomenologie, und damit — bezogen auf die systematische Untersuchung von Naturerscheinungen — die Experimentalphysik. Vgl. Hacking (1983), S.221, wo darauf hingewiesen wird, daß der Begriff ‚Phänomenologie' in der zweiten Hälfte des 18. Jahrhunderts durch *Lambert* geprägt wurde und die Wissenschaft der Phänomene bezeichnete — was nach Hackings Auffassung schon damals hieß: die experimentelle Physik, deren Aufgabe in der Erzeugung derjenigen regelmäßigen, unter wohldefinierten Bedingungen zustandekommenden Erscheinungen besteht, die man noch heute experimentelle Phänomene nennt. Bei *Lambert* heißt ‚Phänomenlogie' jedoch soviel wie: ‚Lehre vom Schein'. Die Phänomene können auch täuschen!

heit einer Theorie ein, *empirisch adäquat* seien nicht allgemeine Theorien, sondern nur die *phänomenologischen Beschreibungen* der Physik.[69] Während van Fraassen bezüglich der Einbettbarkeit der Datenmodelle empirischer Phänomene in fundamentale Theorien zuversichtlich ist und nicht die Möglichkeit wahrer Theorien, sondern nur die Möglichkeit unserer Kenntnis von ihrer Wahrheit prinzipiell ausschließt, hält Cartwright die Grundgesetze physikalischer Theorien schlicht und einfach für falsch, weil sie über die Phänomene täuschen. Dabei zählt sie wie *Hacking* im Gegensatz zu van Fraassen die Ursachen experimenteller Phänomene zur empirischen Realität, mag auch die theoretische Beschreibung dieser Ursachen mittels fundamentaler Gesetze falsch oder inadäquat sein.

Im einzelnen umfaßt dasjenige, was die Physiker unter Phänomenologie (*phenomenology*) verstehen, zwei hinsichtlich ihrer Funktion im Theorienbildungsprozeß sehr verschiedene Typen theoretischen Wissens: (i) *Meßtheorien*, die in anderen Phänomenbereichen der Physik Anwendung finden und dort als gesichert gelten — hierzu zählen die klassischen Meßgesetze, mittels deren man in der Teilchenphysik Spuren in der Blasenkammer analysiert; und (ii) *phänomenologische Gesetze und Modelle*, die sich auf ganz spezifische experimentelle Phänomene beziehen und nur für einen beschränkten Anwendungsbereich Gültigkeit besitzen — hierzu zählte etwa zum Zeitpunkt seiner Aufstellung das Plancksche Strahlungsgesetz, das später in die Quantenelektrodynamik eingebettet werden konnte, oder das Bohrsche Atommodell, das später durch die Quantenmechanik des Wasserstoffatoms ersetzt wurde. Meßtheorien haben phänomenologischen Charakter, solange eine Theorie noch nicht das Stadium der T-Theoretizität im Sneedschen Sinne erreicht hat, d.h. solange ihre Meßgesetze noch nicht in die Theorie integriert sind. Phänomenologische Gesetze und Modelle werden dagegen aufgestellt, wenn aus einer Theorie keine empirisch adäquate Beschreibung ihrer intendierten Anwendungen hergeleitet werden kann — sei es, weil dabei quantitative Anomalien im Sinne von *Th.S.Kuhn* auftreten, oder sei es, weil das mathematische Rüstzeug für die Spezifikation einer Theorie noch fehlt. Beide Typen von Phänomenologie kann man mit *J.Audretsch* als *provisorische Physik* bezeichnen.[70] Auch wenn N.Cartwright dem zweiten Typ grundsätzliche systematische Bedeutung für die Erklärungslei-

---

[69] Cartwright (1983), S.89 ff.
[70] Audretsch (1989).

stung physikalischer Theorien zuschreibt,[71] kennzeichnen beide Typen nur vorläufige Stadien der Theorienbildung, in denen die Anbindung einer Theorie an ihre teils als Meßmodelle, teils als empirische Anwendungen zu betrachtenden Spezialfälle (noch?) nicht gelingt.

Wenn man diese sehr unterschiedlichen empiristischen Positionen Revue passieren läßt und ihre *Kernaussagen* als *echte Ergebnisse des empiristischen Forschungsprogramms der neueren Wissenschaftstheorie* unter einen Hut zu bringen versucht, so bleiben im wesentlichen zwei Optionen dafür, inwieweit man einer Theorie eine Entsprechung in der empirischen Realität zuspricht:

(i) Entweder man vertritt mit *van Fraassen* heroisch einen *strikten Empirismus*, wie unplausibel dies auch angesichts der komplexen Struktur der heutigen Physik sein mag,[72] und sieht die *empirische Basis* der Physik im puren *Beobachtungsmaterial* von Experimenten, den *empirischen Gehalt* physikalischer Theorien aber in *Datenmodellen*, die möglichst wenig an theoretischer Struktur zur theoretischen Repräsentation der in Raum und Zeit beobachteten Einzelereignisse hinzufindet. Dann bleibt einem die realistische Deutung T-theoretischer Meßgrößen erspart, aber man kann nur herzlich wenig Theorien einen empirischen Gehalt zuschreiben, weil insbesondere für die gesamte Mikrophysik die Einbettung der Datenmodelle beobachtbarer (Einzel-) Phänomene in eine fundamentale (Quanten-) Theorie noch aussteht; und man ist auf Datenmodelle verpflichtet, deren Struktur sich auf diskrete Topologien beschränkt, da schon die Wahl einer euklidischen Metrik oder die Verknüpfung von Einzelereignissen durch ein kontinuierliches Datenmodell in den Phänomenbereichen der Kosmologie bzw.

---

[71]Vgl. Cartwright (1983), S.102 ff. Cartwright sieht die Tatsache, daß sich empirisch adäquate Gesetze oft nicht unter allgemeine Naturgesetze subsumieren lassen, aus denen sie mithilfe von Randbedingungen abgeleitet werden könnten, mit der in der Wissenschaftstheorie üblichen, an Hempels deduktiv-nomologischem Modell orientierten Auffassung von Erklärung in Konflikt.

[72]Zum ‚heroischen' Aspekt von van Fraassens epistemologischer Position vgl. auch eine Rezension des Buchs *The Scientific Image*. Darin heißt es: "We think it heroic, clever and implausible to draw the observable-unobservable distinction in this way: heroic because implausible; clever because anywhere else is on an impossibly slippery slope; and implausible because it ignores the epistemic weight of the network of theoretical principles and experimental procedures which bear upon observability." Hanson (1982), S.291.

der Teilchenphysik strenggenommen die Annahme einer falschen
Theorie impliziert.

(ii) Oder man zählt auch die mittels einer Meßtheorie bestimmten
Werte für Meßgrößen zur *empirischen Basis* der Physik, und die
dabei verwendeten *Meßgesetze* zusammen mit den daraus gewonnenen *phänomenologschen Gesetzen und Modellen* — die man nach
Suppes' Analysen der theoretischen Verarbeitung experimenteller
Daten in mehreren Schritten aus weitgehend theoriefreien Datenmodellen gewinnt[73] — zum *empirischen Gehalt* physikalischer
Theorien. Dann bleibt einem die Annahme, daß *T*-theoretische
Größen und die Meßgesetze, in denen sie auftreten, irgendeine
Entsprechung in der empirischen Realität haben, *nicht* erspart und
man muß nach *Gründen* suchen, die diese Annahme rechtfertigen.

Solche Gründe finden sich ausgerechnet bei *Th.S.Kuhn*, dessen historische Analysen so oft für eine antirealistische Deutung der Theorienbildungsprozesse in der Physik vereinnahmt werden. In seiner viel zu
wenig beachteten Arbeit über die *Funktion des Messens in der Physik*[74]
hebt er alle Gründe hervor, die Handhabe geben, den empirischen Gehalt und die empirische Basis physikalischer Theorien nicht so eng zu
verstehen wie die strikten Empiristen, sondern so liberal wie die Physiker. Für den Kuhn dieser Arbeit aus dem Jahre 1961 — wie auch immer
er sich zum wenig späteren, viel berühmteren Kuhn der *Struktur wissenschaftlicher Revolutionen* verhält[75] — liegt dasjenige an Theorien, woran
ihre empirische Adäquatheit und ihre Vorzüge oder Nachteile gegenüber
Theorierivalen zu bemessen sind, in ihrem *quantitativen Gehalt*: in den
quantitativen Vorhersagen für die numerischen Werte von Meßgrößen,
die nur innerhalb bestimmter, durch den Stand der Theorienentwicklung und der experimentellen Möglichkeiten vorgegebener *Fehlergrenzen*
von den Meßwerten abweichen dürfen, damit eine Theorie als empirisch
bestätigt gilt. Wenn die Meßmodelle und die spezifischen Anwendun-

---

[73]Vgl. Suppes (1961), wo die hierarchische Struktur des über experimentellen Daten errichteten theoretischen ‚Überbaus' an einem Fallbeispiel aus der empirischen
Lerntheorie geschildert wird.
[74]Kuhn (1961).
[75]Kuhn (1961) steht m.E. nicht im Widerspruch mit Kuhn (1962). Mir ist aber
keine Arbeit bekannt, wo Kuhn selbst die in Kuhn (1961) genannten, sehr handfesten Kriterien für eine rationale Beurteilung der Wissenschaftentwicklung bei der
‚Irrationalitätsdiskussion', die um Kuhn (1962) entbrannte, in die Waagschale wirft.

gen einer Theorie hinreichend ausgearbeitet sind, kann es zu denjenigen quantitativen Diskrepanzen zwischen Meßergebnissen und theoretischen Vorhersagen für nicht-theoretische Größen kommen, die Kuhn als *quantitative Anomalien* bezeichnet und deren Häufung er als ein *rationales Kriterium dafür, daß ein Theorienwandel fällig ist*, herausstreicht.[76] Beispiele wie die Nicht-Übereinstimmung zwischen der Perihelbewegung des Merkur und der störungstheoretischen Vorhersage aus Newtons Gravitationsgesetz demonstrieren allerdings, wie weit Theorien schon ausgearbeitet sein müssen, bevor quantitative Diskrepanzen außerhalb der Fehlergrenzen von Theorie und Beobachtung zutagetreten können. Sind sie jedoch einmal aufgetaucht, und lassen sie sich nicht mehr eliminieren, so werden sie, wie Kuhn hervorhebt, zum ständigen Ärgernis, weil sie auf die mangelnde Fähigkeit der Theorie hindeuten, die empirischen Phänomene in sich zu integrieren. Sie sind ein hartnäckiges Indiz dafür, daß eine Theorie die empirischen Phänomene nicht auf adäquate Weise strukturiert — daß sie also, wie es *van Fraassen* ausdrücken würde, wegen mangelnder empirischer Adäquatheit nicht wahr sein kann.

Daß Theorien i.a. erst dann verworfen werden, wenn eine gute theoretische Alternative in Sicht ist, die *mehr* Phänomene in sich zu integrieren verspricht, steht für Kuhn auf einem anderen Blatt als die an Meßergebnisse geknüpften Kriterien dafür, zwischen Theorierivalen zu entscheiden. Von einer neuen Theorie wird auf lange Sicht *immer* verlangt, den empirischen Gehalt der alten Theorie, der in den spezifischen Gesetzen der Physik liegt, quantitativ zu reproduzieren[77] und deren quantitative Anomalien zu erklären. Die zur Beschreibung der experimentellen Phänomene benötigten Spezialfälle verschiedener Theorien stimmen meist näherungsweise überein, denn auch strukturell sehr unterschiedliche Theorien müssen um der empirischen Adäquatheit willen so konstruiert sein, daß sie sich in in ihren quantitativen Vorhersagen nur wenig unterscheiden.[78]

---

[76]Kuhn (1961), S.277 ff.; insbes. S.283.

[77]Siehe ebd., S. 287: „Mir ist kein Fall in der Entwicklung der Wissenschaft bekannt, in dem der Übergang von einer älteren zu einer neueren Theorie einen Verlust an quantitativer Genauigkeit gebracht hätte. ... Was auch immer der Preis in Form von Neubestimmungen der Wissenschaft, ihrer Methoden und Ziele - die Wissenschaftler sind niemals bereit gewesen, den numerischen Erfolg ihrer Theorien zu opfern. Vermutlich gibt es noch andere Kriterien, doch man möchte vermuten, daß im Konfliktfall die Messung stets Sieger bleiben würde."

[78]Kuhn (1961), S.276.

Auch wenn man den fundamentalen Naturgesetzen der Physik wegen ihrer sehr indirekten Anbindung an die Phänomene mißtraut, sollte man darum ihren spezifischen Anwendungen, die in die Meßtheorien der Physik eingehen, eine Entsprechung in der empirischen Realität zugestehen. Die numerischen Resultate dieser Anwendungen — und die quantitativen Anomalien, die sich mit ihnen einstellen können — sind *kontingent* gegenüber der Theorienbildung der Physik und genügen somit dem in 1.3 entwickelten *modalen* Realitätskriterium.

3 Beobachtung und Messung in der Teilchenphysik

Die Teilchen der Mikrophysik sind theoretische Entitäten par excellence, deren realistische Deutung in der Wissenschaftstheorie umstritten ist. Inwieweit das Teilchenkonzept der Physik eine Entsprechung in der empirischen Realität besitzt, ist wegen der Theoriegeladenheit seiner empirischen Basis und wegen der dadurch bedingten sehr indirekten Verknüpfung mit den empirisch beobachtbaren Phänomenen alles andere als evident. Es lohnt sich darum, einmal systematisch herauszuarbeiten, wie Beobachtung, Messung und Theorie in der experimentellen Teilchenphysik miteinander verflochten sind und welche empirischen Phänomene sowie theoretischen Annahmen entscheidend für die Existenzbehauptungen bezüglich der Elementarteilchen sind. Die empirische Basis des heutigen Teilchenkonzepts hat wie die jeder physikalischen Theorie zwei Komponenten: (1) eine vor-theoretisch gegebene, qualitativ-komparative *Beobachtungsbasis*, die auf den beobachteten Phänomenen und deren Vergleich beruht und lokale Ereignisse in den als Teilchendetektoren benutzten Meßgeräten umfaßt; und (2) eine theoriegeladene Komponente, die auf metrisierten Phänomenen beruht und numerische *Meßwerte für dynamische Größen* beinhaltet, durch die man die Teilchen charakterisiert und deren experimentelle Bestimmung auf der meßtheoretischen Voraussetzung von Naturgesetzen beruht. Die empiristische Skepsis von Antirealisten wie *van Fraassen* richtet sich nicht nur gegen die Annahme von Teilchen als den nicht-beobachtbaren Ursachen beobachtbarer Wirkungen, sondern greift auch an dieser auf Meßtheorien beruhenden Komponente an.

Auf der Grundlage zweier geläufiger vor-physikalischer Bedeutungen des Teilchenbegriffs soll im folgenden an einigen entscheidenden historischen Stationen der Teilchenphysik exemplarisch gezeigt werden, wie beide Komponenten *ineinandergreifen* müssen, damit sich die Physiker von der Existenz eines Teilchentyps restlos überzeugen lassen, und wie sich die Beobachtungsbasis und die Meßtheorien der Teilchenphysik mehr und mehr *verschränkten*. Angefangen mit der Entdeckung des Elektrons im Jahre 1897, auf die sich der Beginn der experimentellen Teilchenphysik datieren läßt, über das Verwirrspiel um Teilchenidentifikation und Quantenelektrodynamik in den dreißiger Jahren bis hin zur theoretischen Deutung der seit 1952 in hochenergetischen Streuexperimenten an Teilchenbeschleunigern gefundenen Resonanzen soll verdeutlicht werden: was die empirischen und was die meßtheoretischen Bedingungen für den experimentellen Nachweis von Teilchen sind, worin die Beobachtungsbasis der Teilchenphysik ursprünglich bestand und in welchen Hinsichten sie immer theoriegeladener wurde, und auf welcher empirischen Basis die ursprünglich rein klassische, heute durch quantentheoretische Elemente ergänzte Meßtheorie zur Analyse von Teilchenspuren ausgebaut wurde.

3.1 Zwei Bedeutungen von ‚Teilchen'

Der Teilchenbegriff der heutigen Physik hat zwei vor-physikalische — oder vor-theoretische — Bedeutungen,[1] von denen die erste seit der Antike tradiert und die zweite durch die experimentellen Phänomene der Atom- und Teilchenphysik seit der Jahrhundertwende neu hinzugekommen ist:

(i) Teilchen sind die mikroskopischen *Bestandteile makroskopischer Phänomene*. — Diese *mereologische Explikation* des Teilchenbegriffs über eine Teile-Ganzes-Relation, die man zwischen beobachtbaren Phänomenen und ihren nicht-beobachtbaren Bestandteilen annimmt, geht auf den antiken Atomismus zurück und wurde in den neuzeitlichen Korpuskeltheorien der Materie (Descartes) wie auch des Lichts (Newton) aufgegriffen. Der mereologisch explizierte Teilchenbegriff (Mereologie = Logik der Teile-Ganzes-Beziehung) hatte bis zur experimentellen Entdeckung des Elektrons, der α-Teilchen und des Atomkerns keine empirische Basis.

---

[1] Diese Bedeutungen sind *vor-theoretisch relativ zur physikalischen Theoriebildung*, aber in ganz anderem Sinne, als die empiristisch orientierte Wissenschaftstheorie das Prädikat ‚vor-theoretisch' gebraucht: sie beruhen nicht auf der *Erfahrungsbasis*, sondern auf den *metaphysischen Voraussetzungen* der physikalischen Begriffsbildung.

(ii) Teilchen sind die mikroskopischen *Ursachen lokaler Wirkungen in einer makroskopischen Umgebung*, etwa der Ereignisse, die ein Teilchendetektor registriert. — Diese *kausale Explikation* des Teilchenbegriffs durch die Annahme einer (dynamischen) Beziehung zwischen beobachtbaren Phänomenen und ihren nicht-beobachtbaren Ursachen hat ihre empirische Basis in den empirischen und experimentellen Phänomenen der Atom-, Kern- und Teilchenphysik. Über die kausale Explikation erhält der ursprünglich nur mereologisch verstandene Teilchenbegriff erst seine experimentelle Bedeutung: Teilchen aus der natürlichen Radioaktivität, aus der kosmischen Strahlung oder aus Kernreaktoren und Teilchenbeschleunigern bringen Geigerzähler zum Ticken, lösen in Proportionalzählern und Driftkammern meßbare Ionisationsströme aus, hinterlassen mit dem bloßen Auge beobachtbare Spuren auf speziell beschaffenen Fotoplatten oder in Nebel- und Blasenkammern und bewirken Lichtblitze in Plexiglas und anderem Szintillationsmaterial. Die mit solchen Detektoren aufgezeichneten einmaligen Ereignisse bzw. aus einer Vielzahl einzelner Meßpunkte bestehenden Spuren sind für die Physiker der ‚Fußabdruck', der bezeugt, daß etwas — das die Physiker alltagssprachlich als ein Teilchen bezeichnen — entweder einmal oder mehrmals nacheinander eine lokale Wechselwirkung mit dem Detektormaterial hatte.

Diese zwei vor-theoretischen Bedeutungen des Teilchenbegriffs lassen unschwer ihre Herkunft aus der traditionellen Metaphysik erkennen: Die erste beruht auf dem *Substanzbegriff*, nach ihr sind Teilchen Materiebestandteile und damit nichts anderes als materielle Substanzen im Kleinen. Die zweite beruht auf dem *Kausalprinzip*, das traditionellerweise deterministisch gedacht wird. Eine *Teilchentheorie* verknüpft beide Bedeutungen miteinander, denn die Referenzobjekte, auf die sie zielt — die als Teilchen bezeichneten theoretischen Entitäten — sind die mit den mikroskopischen Bestandteilen makroskopischer Phänomene identifizierten Ursachen der lokalen Wirkungen in Teilchendetektoren. Die vor-theoretische Beobachtungsbasis aller Existenzannahmen bezüglich dieser Referenzobjekte sind beobachtbare lokale Ereignisse in Teilchendetektoren, so daß sich die einem Teilchen zugeschriebene *empirische* Signatur an die *kausale* Bedeutung des Teilchenbegriffs knüpft. Theoretisch werden die Referenzobjekte einer Teilchentheorie dann durch meßbare Werte für *dynamische Größen* wie Masse, Ladung oder Energie charakterisiert, für die man bereits über eine Meßtheorie verfügt und die man den Bestandteilen der Materie — sowie bei einem den Unterschied von Materie und Strahlung übergreifenden Atomismus auch dem Licht — als experimentelle Merkmale zuschreibt. Die Zuschreibung von *experimentell* bestimmbaren dynamischen Meßgrößen zu Teilchen knüpft sich somit an die *mereologische* Bedeutung des Teilchenbegriffs: man überträgt die von makroskopischen Phänomenen her vertraute Zuschreibung von Meßgrößen wie Masse, Ladung und Energie zu physikalischen Objekten auf die mikroskopischen Bestandteile der Materie oder auch des Lichts und nimmt an, daß sich die Werte dieser Größen für makroskopische Dinge nach irgendwelchen Summenregeln additiv aus denjenigen für die mikroskopischen Teilchen zusammensetzen.

Kurz vor der Jahrhundertwende, als die atomaren Materiebestandteile endlich in die Reichweite der experimentellen Forschung rückten, lag nichts näher, als die mikroskopischen Materiebestandteile und die damit identifizierten Ursachen lokaler Wirkungen in Meßgeräten *klassisch* zu beschreiben. Für diejenigen empirischen und experimentellen Phänomene, aufgrund deren die (inzwischen quantentheoretisch beschriebenen) Referenzobjekte der Mikrophysik auch heute noch als Teilchen bezeichnet, ist die klassische Punktmechanik empirisch adäquat. Der experimentelle Zugang zu Atomen und ihren Bestandteilen ist darum durch die *Mechanik eines Massenpunkts als Teilchen-typische Meßtheorie* präformiert: die klassischen Meßgesetze für die dynamischen Größen Masse und Ladung werden auch in der Mikrophysik benutzt, und man ist noch angesichts der Quantentheorie geneigt, die mit den Ursachen lokaler Wirkungen identifizierten Teilchen vor-theoretisch selbst als lokale Entitäten zu betrachten. Im Rahmen einer Teilchentheorie betrachtet man das auf ein Teilchen zurückgeführte lokale Ereignis im Detektor als eine mit der Messung dieser dynamischen Größen verknüpfte *Ortsmessung*. Die Ortsmessung eines Teilchens kann theorieübergreifend als die Lokalisation einer Portion von dynamischen Meßgrößen wie Ladung, Masse oder Energie durch einen Detektor charakterisiert werden, wobei sich nach den jeweils gemessenen Werten dieser Größen verschiedene Teilchen*typen* unterscheiden lassen, von denen das Elektron, die Nukleonen (d.h. die Bestandteile des Atomkerns) Proton und Neutron, das Photon als elektromagnetisches Strahlungsquant und das am β-Zerfall von Atomkernen beteiligte, mutmaßlich masselose Neutrino am bekanntesten sind.

Auch die instabilen quantenmechanischen Zustände, die als Ursachen von Resonanzen angenommen werden, oder die Quarks, die sich durch Streuexperimente als punktförmige Streuzentren innerhalb der Nukleonen Proton und Neutron lokalisieren lassen, zählen zu den Referenzobjekten der Teilchenphysik. Die Frage, inwiefern solche Elementarteilchen, die *nicht* durch Teilchendetektoren anhand lokaler Wirkungen einzeln nachweisbar sind, den Namen ‚Teilchen' noch zu Recht tragen, wird im 6. Kapitel aufgegriffen.

3.2 Bedingungen für den Nachweis von Teilchen, demonstriert am Elektron und am Photon

Solange man nur irgendwelche *lokalen Wirkungen* unbekannter Ursache in einem Teilchendetektor beobachtet, ohne die Ursache dieser Wirkungen mittels der Teilchen-typischen Meßtheorie eines Massenpunkts durch definierte Werte für dynamische Größen charakterisiert zu haben, oder solange man nur die Meßgesetze der *klassischen Punktmechanik* erfolgreich zur Metrisierung beobachtbarer Phänomene benutzt, ohne ihnen eine lokale Ursache zuschreiben zu können, gilt eine Teilchenhypothese in der Experimentalphysik noch nicht als hinreichend empirisch bestätigt. Für den experimentellen Nachweis eines Teilchens war, selbst als die Formulierung der Quantentheorie den Teilchenbegriff ins Wanken gebracht hatte, in der Geschichte der Teilchenphysik immer *beides* notwendig: (1) die empirische Beobachtung einer raumzeitlich lokalisierten Wirkung oder Folge von Wirkungen, und (2) die erfolgreiche Anwendbarkeit eines für Teilchen typischen Meßgesetzes, das einen Spezialfall der Mechanik eines Massenpunktes darstellt, auf dieses beobachtete Phänomen. An zwei Fallstudien — an der Entdeckungsgeschichte des *Elektrons*, mit der die experimentelle Teilchenphysik beginnt, und an der des *Photons*, die zur Ausweitung des nun an die klassische Punktmechanik geknüpften experimentellen Teilchenkonzepts auf Strahlungsphänomene führte — soll nun gezeigt werden, daß sich die Experimentalphysiker nicht zufriedengeben, ehe nicht das betreffende Teilchen als einzeln lokalisierbares Quantum der ihm zugeschriebenen Meßgrößen nachgewiesen ist, auch wenn die erfolgreiche Anwendbarkeit einer Teilchen-typischen

Meßtheorie in beiden Fällen die primäre Überzeugungskraft bezüglich der Teilchenhypothese hatte.

Die Entdeckung des Elektrons

Die Entdeckung des Elektrons beruht auf der Messung seiner Ladung und Masse; sie wird üblicherweise *J.J.Thomson* zugeschrieben und auf das Jahr 1897 datiert, als der Streit um die Wellen- oder Teilchennatur der *Kathodenstrahlen* noch voll in Gang war. Kathodenstrahlen entstehen, wenn zwischen zwei Elektroden, die sich in einer evakuierten Röhre befinden, eine extrem hohe Spannung angelegt wird, die einen elektrischen Strom aus der Kathode herauslöst. Die Kathodenstrahlen, die man ähnlich wie Röntgenstrahlen nicht sehen, sondern nur an ihren Wirkungen (z.B. auf dem Bildschirm eines Fernsehers oder Computers) beobachten kann, werden in einem Lehrbuch der Experimentalphysik aus dem Jahr 1900 phänomenologisch wie folgt beschrieben:

„Senkrecht von der Kathode B gehen eigentümliche Wirkungen aus, welche sich geradlinig fortpflanzen und deshalb Kathodenstrahlen genannt werden. Diese Strahlen sind unsichtbar, bringen aber Glas, Rubin, Flußspat, Korallen und sehr viele andere Stoffe, auf die sie treffen, zu intensivem Leuchten. Hinter einem Metallblech oder einer Glimmerplatte etc. bleibt dieses Leuchten aus; es bildet sich also das Hindernis als Schatten ab. Leichte Flügelrädchen etc. werden von den auftretenden Kathodenstrahlen in Bewegung versetzt." [2]

Kathodenstrahlen sind hier als die geradlinige Fortpflanzung einer Wirkung charakterisiert, deren Lokalität oder Nicht-Lokalität aus den Beobachtungen nicht hervorgeht. Thomson bestimmte 1897 für die Kathodenstrahlen das Verhältnis e/m von Ladung und Masse, indem er erst die Ablenkung der Kathodenstrahlen in einem Magnetfeld und dann die Kompensation dieser Ablenkung durch ein elektrisches Feld maß. Den Wert für e/m ermittelte er anhand beider Ablenkungen aus der klassischen *Lorentz-Kraft* $F = qE + v \times B$, die in einem elektrischen Feld E und einem Magnetfeld B auf ein geladenes Teilchen mit der Ladung q und der Geschwindigkeit v wirkt. Lorentz, der wie Thomson ein Vertreter des atomistischen ‚Paradigmas' war, hatte den Ausdruck für diese Kraft erst zwei Jahre zuvor in die theoretische Physik ein-

---
[2] Jochmann (1900), S.417.

geführt.³ Thomson deutete sein von Null verschiedenes Meßergebnis für e/m als ein empirisches Indiz für die Teilchennatur der Kathodenstrahlen, denn mit der alternativen Wellenhypothese war die experimentell nachgewiesene Ladung nicht verträglich: elektromagnetische Wellen sind nach der Maxwellschen Elektrodynamik Wirkungen bewegter Ladungen, die selbst keine Ladung tragen.

Thomsons Meßtheorie bestand nur im Ausdruck für die Lorentz-Kraft. Der Gebrauch, den Thomson bei der e/m-Messung von diesem Naturgesetz machte, verknüpfte das *Korpuskelkonzept* der klassischen Physik mit einer *atomistischen Theorie der Elektrizität*: für Thomson waren die Elektronen mechanische Körper im Kleinen, die einerseits eine charakteristische träge Masse m besitzen, andererseits Träger der elektrischen Elementarladung e sind und darum der Lorentz-Kraft $\boldsymbol{F} = q\boldsymbol{E} + \boldsymbol{v} \times \boldsymbol{B}$ gehorchen. Wie später *Millikan* in seinem Rückblick auf die Entdeckungsgeschichte des Elektrons hervorhob, war das Konzept der elektrischen Elementarladung ursprünglich völlig unabhängig vom klassischen Korpuskelkonzept; der Terminus ‚Elektron' war 1891 von *J.G.Stoney* als Name für die aus elektrolytischen Prozessen bestimmte „natürliche Einheit der Elektrizität" eingeführt worden, ohne diese Einheit an eine damit verknüpfte träge Masse zu binden.⁴ Erst in Thomsons Konzept des Elektrons wurde die Elektronenladung e mit einer trägen Masse m assoziiert. Thomson schrieb dem Elektron vier Eigenschaften oder Attribute zu, die es als geladenes Teilchen charakterisieren:

(i) eine *träge Masse m*,

(ii) die elektrische *Ladung e*,

(iii) *Punktförmigkeit* oder *Lokalitt bezüglich der Wirkung äußerer Kräfte*, und

(iv) eine *Raum-Zeit-Bahn*, die dem klassischen Kraftgesetz unterliegt.

Nach (i), (iii) und (iv) ist das Elektron ein *Massenpunkt* im Sinne der klassischen Punktmechanik, d.h. eine träge Masse, die in einem Raumpunkt lokalisiert ist und sich auf einer klassischen Trajektorie bewegt. Nach (ii) besitzt dieser Massenpunkt eine *elektrostatische Ladung*, deren Größe mit der Elementarladung e — dem ursprünglichen ‚Elektron'

---

³Thomson (1897); vgl. Pais (1986), S.85. Lorentz (1895); vgl. Pais (1986), S.76.
⁴Millikan (1917), S.25 f. Siehe auch Pais (1986), S.73 f.

aus elektrolytischen Prozessen — identisch ist. Diese Ladung spezifiziert das Kraftgesetz, das eine Raum-Zeit-Bahn (iv) determiniert, zum Ausdruck für die klassische Lorentz-Kraft. (i) und (ii) sind die *dynamischen*, (iii) und (iv) die *raumzeitlichen* Charakteristika des Elektrons, die über die klassische Dynamik miteinander verbunden sind. Gegenstand der Messung ist keines dieser vier Charakteristika für sich genommen, sondern das Verhältnis e/m, das nach dem Ausdruck für die Lorentz-Kraft aus den räumlichen Ablenkungen der Kathodenstrahlen bestimmt wird. Insbesondere wird weder das Lokalisiertsein der Masse noch die mit dem Massenpunkt assoziierte Ladung gemessen. Wer 1897 noch nicht an die Existenz massiver Elementarladungen glaubte, mußte durch Thomsons Meßergebnis auch nicht davon überzeugt werden, denn die Messung überprüft keineswegs die Hypothese, daß Kathodenstrahlen aus isolierbaren massiven geladenen Teilchen bestehen, sondern nur die aus dieser Hypothese folgende Anwendbarkeit des Ausdrucks für die Lorentz-Kraft auf die Kathodenstrahlen. Die erfolgreiche Anwendung dieses Ausdrucks war zwar ein starkes, aber kein von allen Physikern als hinreichend betrachtetes Indiz für die Existenz des Elektrons.

Thomsons Messung ist ein gutes Beispiel dafür, wie einem empirisch beobachteten experimentellen Phänomen durch eine *Meßtheorie* eine bestimmte dynamische Struktur aufgeprägt wird, um eine bislang nur qualitative theoretische Erklärung dieses Phänomens, die Teilchenhypothese bezüglich der Natur der Kathodenstrahlen, zu metrisieren und sie — wenn sie sich schon nicht durch direkte Beobachtung beweisen ließ — durch einen *nur* mittels dieser Hypothese interpretierbaren Meßwert zu untermauern. Die e/m-Messung erfolgte unter der Prämisse, daß die Kathodenstrahlen aus geladenen massiven Teilchen der Ladung e und der Masse m bestehen; sie lieferte eine Naturkonstante, deren theoretische Deutung die Teilchenhypothese voraussetzt, insofern die Anwendung der Lorentz-Kraft eine Existenzannahme bezüglich eines einzelnen massiven Ladungsträgers impliziert. Diese Existenzannahme selbst blieb jedoch anhand von Thomsons Messung unüberprüft. Um die Bedeutung des gemessenen e/m-Werts auch *unabhängig* von dieser meßtheoretischen Prämisse zu überprüfen, wurden darum noch Messungen benötigt, anhand deren die korpuskulare Natur und die Größe der Ladungen unabhängig von der mit der Lorentz-Kraft schon gemachten Existenzannahme verifiziert werden konnte, indem *einzelne Ladungen* anstelle eines Teilchenstroms lokalisiert und gemessen wurden. Durch solche Messungen mußte die Meßtheorie, die Thomsons e/m-Messung zugrundelag, mit einer *Ortsmessung einzelner Teilchen* verbunden werden. Der erste Schritt auf dem Weg dorthin wurde noch im selben Jahr in Thomsons Labor von *Townsend* vollzogen, dem es gelang, anhand des 1895 von Wilson entwickelten Prinzips der *Nebelkammer* einzelne Ladungsträger unscharf zu lokalisieren und ihre Ladung unabhängig von der Masse zu bestimmen.[5] Wenn gesättigter Wasserdampf, in dem sich elektrolytisch erzeugtes geladenes Gas befand, durch Expansion übersättigt wurde, konnte beobachtet werden, daß sich darin Kondensationströpfchen bildeten. Diese Beobachtung setzte eine schon recht komplexe Theorie der Lokalisation geladener Teilchen in einer Nebelkammer voraus. Sie beruhte auf der Hypothese, daß es sich bei den Elektronen um geladene Korpuskeln handelt, die durch elektrolytische Prozesse aus den molekularen oder atomaren Bestandteilen der Materie freigesetzt werden, wodurch diese ionisiert werden, d.h. positive Ladung erhalten. Dazu kam experimentelles Wissen über gesättigten Wasserdampf, der durch Expansion in den Zustand der Übersättigung gebracht werden kann, und die quantitative Kenntnis der Bedingungen, unter denen übersättigter Dampf an neutralen Kondensationskernen sowie an negativ oder positiv geladenen Ionen Wassertröpfchen bildet. Entscheidend ist jedoch, daß nur die Konstruktion der Nebelkammer, in der das beobachtete Phänomen erst zustandekommen kann, nicht aber dessen Zustandekommen und dessen quantitative Analyse auf der Theorie der Nebelkammer beruht — Ortsmessungen durchzuführen und auszuwerten ist bei weitem nicht so theoriegeladen wie der Bau der Experimentierapparaturen, die sie ermöglichen.

Townsend ermittelte die Ladung der einzelnen Kondensationströpfchen in der Nebelkammer aus der elektrostatisch gemessenen Gesamtladung des Wasserdampfs und der indirekt gemessenen Anzahl von Tröpfchen pro Volumen, wobei er die Tröpfchenanzahl aus dem Gewicht der gesamten Wolke und dem indirekt gemessenen mittleren Gewicht der einzelnen Tröpfchen berechnete.[6] Im Unterschied zu Thomsons e/m-Messung wird hier das Kraftgesetz der klassischen Mechanik in den

---

[5] Zur Erfindung der Nebelkammer durch *C.T.R.Wilson* siehe Millikan (1917), S.46, und Pais (1986), S.86.

[6] Townsend (1897); vgl. Millikan (1917), S.43 ff., der Townsends Experimente ausführlich bespricht. In Pais (1986) wird die experimentelle Arbeit von Townsend jedoch nicht erwähnt.

zur Messung verwendeten Spezifikationen nicht auf unsichtbare Teilchen, sondern auf die makroskopische beobachtbaren Bestandteile der Tröpfchenwolke bezogen. Ab 1898 führte auch Thomson Messungen durch, die auf diesem Prinzip beruhten.[7] Nicht die e/m-Bestimmung für Kathodenstrahlen, sondern erst eine solche Ladungsmessung an Kondensationströpfchen ordnet Entitäten, die einzeln in einem Detektor lokalisiert werden, einen bestimmten, für diese Entität charakteristischen Wert für die Meßgröße Ladung zu; ungetestet blieb dabei allerdings noch die Prämisse, daß in den einzelnen Ladungsträgern nicht unterschiedliche, sondern gleiche kleinste Einheiten der Gesamtladung lokalisiert sind. All diese Messungen ließen noch Zweifel daran zu, ob jedem einzelnen Kondensationströpfchen eine Elementarladung (oder wenigstens ein ganzzahliges Vielfaches davon) zukommt. Diese Zweifel wurden erst ab 1909 weitgehend durch die Öltröpfchenversuche von *Millikan* ausgeräumt. Millikan bestimmte in langwierigen und störanfälligen Messungen die Kraft, die ein elektrisches Feld auf ein einzelnes geladenes Öltröpfchen ausübt.[8] Bei der Veröffentlichung seines Werts für die elektrische Elementarladung betonte er 1911, daß seine 1909 erstmals präsentierte Meßmethode die erste Methode zur Messung der Ladung einzelner Ladungsträger war.[9] Millikan selbst sah den Hauptvorteil seiner Meßme-

---

[7]Thomson (1899); vgl. Millikan (1817), S.47 ff., der hervorhebt, daß Thomsons Meßmethode noch indirekter war als diejenige von Townsend: "Instead of measuring the weight of this cloud directly, as Townsend had done, Thomson computed it by a theoretical consideration ... The careful examination of Thomsons experiment shows that it contains all the theoretical uncertainties involved in Townsend's work, while it adds considerably to the experimental uncertainties." Vgl. hiermit jedoch Pais (1986), S.86, der Thomson die erste direkte Messung von e zuschreibt (und auf Millikans spätere Öltröpfchen-Experimente gar nicht eingeht): "Thomson's measurement of e is one of the earliest applications of this cloud chamber technique. He determined the number of charged particles by droplet counting, and their overall charge by electrometric methods, arriving at $e^{-6.8} \times 10^{-10} esu$, a very respectable result in view of the novelty of the method. And that is why Thomson is the discoverer of the electron." Die Wahrheitsfindung in der Geschichtsschreibung durch Physiker scheint ein schwieriges Unterfangen zu sein.

[8]Millikan (1911); vgl. Shamos (1959), S.238 ff.

[9]Vgl. Millikan (1911), S.249, unter Bezugnahme auf eine vorangegangene Veröffentlichung: "In a preceding paper a method of measuring the elementary electric charge was presented which differed essentially from methods which had been used by earlier observers only in that all of the measurements from which the charge was deduced were made upon one individual charged carrier. This modification eliminated the chief sources of uncertainty which inhered in preceding determination by similar methods such as those made by Sir Joseph Thomson, H.A.Wilson, Ehren-

thode gar nicht mehr im experimentellen Nachweis einzeln lokalisierter Ladungen, sondern in der Präzisionsmessung für e, die diese Methode ermöglichte: die Existenz der Elektronen und der atomistische Aufbau der Materie galten ihm zu diesem Zeitpunkt längst aufgrund einer Fülle experimenteller Indizien aus den verschiedensten anderen Phänomenbereichen der Physik als gesichert.

Der experimentelle Nachweis des Photons

Für den Nachweis des Photons durch den *Compton-Effekt* hatte der *Energie-Impuls-Erhaltungssatz* der *relativistischen Kinematik* einen ähnlichen Stellenwert wie die Lorentz-Kraft für Thomsons e/m-Messung. Von Einsteins Formulierung der Lichtquanten-Hypothese[10] bis zum experimentellen Nachweis des Photons durch *Bothe* und *Geiger*[11] vergingen achtzehn Jahre. Die Lichtquanten-Hypothese von 1905 hatte rein spekulativen Charakter; es handelte sich um eine theoretische Annahme, die an die durch die Interferenzexperimente von *Young* und *Fresnel* widerlegte *Newtonsche Emissionstheorie* des Lichts erinnerte[12] und die nicht experimentell überprüfbar war, weil sie nicht mit einem die Raum-Zeit-Bahn von Teilchen beschreibenden Meßgesetz verknüpft war. Sie wurde darum bis in die zwanziger Jahre hinein von kaum einem Physiker außer Einstein realistisch gedeutet.[13] In Einsteins Arbeit von 1905 besaß sie vor allem einen heuristischen Wert, der in ihrer einheitsstiftenden Leistung lag: sie erklärte den Photoeffekt und andere experimentelle Phänomene, die

---

haft and Broglie, all of whom had deduced the elementary charge from the average behaviour in electrical and gravitational fields of swarms of charged particles."

[10]Einstein (1905).

[11]Bothe (1925).

[12]Vgl. Einstein (1905), S.133: „Nach der hier ins Auge zu fassenden Annahme ist bei Ausbreitung eines von einem Pukte ausgehenden Lichtstrahls die Energie nicht kontinuierlich auf größer und größer werdende Räume verteilt, sondern es besteht dieselbe aus einer endlichen Zahl von in Raumpunkten lokalisierten Lichtquanten, welche sich bewegen, ohne sich zu teilen und nur als Ganze absorbiert und erzeugt werden können." Vgl. dies. mit dem Wortlaut in den *Queries* am Ende Buch III in Newtons *Opticks*: "Are not the Rays of Light very small Bodies emitted from shining Substances?" Newton (1730), S.370 (*Query 29*). Und: "Are not gross Bodies and Light convertible into one another, and may not Bodies receive much of their Activity from the Particles of Light which enter their Composition?" Ebd., S.374 (*Query 30*).

[13]Der Durchbruch für die Lichtquanten-Hypothese kam erst mit dem Compton-Effekt, also ein Jahr nach der Verleihung des Nobel-Preises an Einstein für die (damals noch als phänomenologisches Gesetz betrachtete) Erklärung des Photoeffekts; vgl. Wheaton (1983), S.279 ff.

bei der Wechselwirkung von Licht mit Materie auftreten, auf einheitliche Weise. Daß Licht einen Photostrom bewirken kann, ist schon seit dem Ende des letzten Jahrhunderts bekannt; die Abhängigkeit des Photostroms von der Frequenz und Intensität des eingestrahlten Lichts war aber im Rahmen der klassischen Physik nicht erklärbar. Nach der Lichtquanten-Hypothese entsteht der Photostrom, indem das Licht in Form von Quanten der Energie $h\nu$ absorbiert wird, wobei Elektronen mit einer kinetischen Energie $h\nu - K$ freiwerden, wenn K die zum Herauslösen eines Elektrons benötigte Energie ist. Diese theoretische Erklärung des Photoeffekts wurde 1914 von Millikan experimentell überprüft und mit großer Genauigkeit quantitativ bestätigt.[14] Da die Lichtquanten-Hypothese nicht mit sonstigen Meßgesetzen verknüpft war und zudem im Konflikt mit der Wellentheorie des Lichts stand, wurden Millikans Ergebnisse jedoch nicht als eine experimentelle Bestätigung für sie angesehen. Der Lichtquanten-Hypothese fehlte *beides*, was zum Nachweis eines Teilchens gehört — sie war weder durch ein für Teilchen typisches Naturgesetz metrisiert, noch besaß sie eine mit einem solchen Meßgesetz verknüpfte Beobachtungsbasis. Einsteins Beschreibung des Photoeffekts durch die Formel $E = h\nu - K$ wurde darum vom Teilchenmodell des Lichts, das ihren heuristischen Hintergrund bildete, abgelöst und in den folgenden Jahren als ein theoretisch unverstandenes, empirisch gut bestätigtes phänomenologisches Gesetz betrachtet.

1916 baute Einstein seine Lichtquanten-Hypothese von 1905 zu einer ersten, statistisch begründeten Theorie der Absorption und Emission von Licht aus.[15] Diese Theorie legte den Grundstein für die Durchsetzung der Lichtquanten-Hypothese, indem sie deren empirischen Gehalt in zwei entscheidenden Hinsichten erweiterte: Zum einen verknüpfte sie die Lichtquanten-Hypothese mit den Quantisierungsbedingungen des *Bohrschen Atommodells*, denn aus ihr ließ sich die Frequenz der Strahlungsübergänge im Wasserstoffatom ableiten.[16] Damit erstreckte sich die einheitsstiftende Erklärungsleistung der Lichtquanten-Hypothese auf einmal auf dasjenige Terrain experimenteller Phänomene, in dem das Versagen der klassischen Physik offenkundig geworden war. Zum anderen schrieb Einstein dem Lichtquant in der Arbeit von 1916 außer der

---
[14] Vgl. Wheaton, S.238 ff.; Trigg (1984), S.69 ff.
[15] Einstein (1917).
[16] Ebd., S.124, Glg. (9).

Energie $E = h\nu$ einen Impuls $\boldsymbol{p} = \hbar\boldsymbol{k}$ zu, wobei $\boldsymbol{k}$ der Wellenvektor ist, der eine elektromagnetische Welle mit der Wellenzahl $k = 2\pi\nu/c$ charakterisiert, so daß es unter die Energie-Impuls-Beziehung $E^2 = \boldsymbol{p}^2 c^2$ der relativistischen Kinematik subsumierbar wurde. Dadurch wurde die Lichtquanten-Hypothese mit einer Meßtheorie verknüpft, die ein *relativistisches Teilchen der Ruhemasse Null* beschreibt, das sich mit Lichtgeschwindigkeit bewegt, dem nach dem relativistischen Äquivalenzprinzip für Masse und Energie die *träge Masse* $m = h\nu/c^2$ zukommt und dessen Wechselwirkungen mit anderen Teilchen dem relativistischen Energie-Impuls-Erhaltungssatz unterliegen. Danach verleiht ein einzelnes solches Teilchen einem einzelnen anderen Teilchen einen *Rückstoß*, der dem bei der Wechselwirkung übertragenen Impuls entspricht und durch den das Teilchen an Energie verliert, wobei sich dieser Energieverlust nach der Lichtquanten-Hypothese nicht auf die Intensität, sondern auf die *Frequenz* der elektromagnetischen Strahlung auswirkt. Der Durchbruch für die Lichtquanten-Hypothese kam 1922, als *Compton* die relativistische Kinematik auf die Streuung von γ-Strahlung an Elektronen anwandte, und seine theoretische Vorhersage mit den bereits vorhandenen experimentellen Daten in überraschender quantitativer Übereinstimmung fand.[17]

Mit der Anbindung der Lichtquanten-Hypothese an die relativistische Kinematik war ein ähnlicher Schritt getan, wie ihn 1897 Thomson mit der Anwendung des theoretischen Ausdrucks für die Lorentz-Kraft auf die Elektronen-Hypothese vollzogen hatte. Das Lichtquant war jetzt Referenzobjekt einer für klassische relativistische Teilchen typischen Meßtheorie, welche die raumzeitliche Propagation von Licht mit einem Erhaltungssatz verknüpft, der auch für die Energiebilanz der Wechselwirkung von Licht mit raumzeitlich lokalisierten materiellen Teilchen gilt. Die ursprünglich rein heuristische Annahme darüber, wie die Emission und Absorption von Licht zustandekommt, wurde so zu einer testbaren Behauptung über den mit der Wellenlänge verknüpften Impuls und die mit der Strahlungsfrequenz verknüpfte Energie des Strahlungsfelds vor und nach seiner Wechselwirkung mit einem Materieteilchen. Die empirische Adäquatheit dieses Meßgesetzes konnte im Gegensatz zur ‚nackten' Lichtquanten-Hypothese von 1905, die keine testbaren Aussagen über das Strahlungsfeld vor und nach seiner Wechselwirkung mit Materie

---

[17]Compton (1923) und Debye (1923); vgl. Wheaton (1983), S.283 ff., sowie Mehra (1982), S.512 ff.

traf, durch die Streuung von elektromagnetischer Strahlung an massiven Teilchen wie dem Elektron direkt überprüft werden.
Ähnlich wie bei der Entdeckung des Elektrons war die Anwendbarkeit einer für ein Teilchen typischen Meßtheorie entscheidend für die Durchsetzung der atomistischen Hypothese, wurde aber noch nicht als hinreichende empirische Absicherung dafür betrachtet — zumal, anders als bei Thomsons e/m-Messung, die klassische Elektrodynamik auf dem Spiel stand und die WKB-Theorie zu ihrer Rettung ersonnen wurde, die eine Verletzung des Energie-Impuls-Erhaltungssatz beim Einzelprozeß vorhersagte. Die Lokalisation einzelner Photonen der Energie $h\nu$ ließ dann im Gegensatz zur Messung einzelner elektrischer Elementarladungen durch Millikan nicht mehr lange auf sich warten: Im Experiment von *Bothe* und *Geiger* wurde 1925 nachgewiesen, daß die relativistische Energie-Impuls-Erhaltung bei der Streuung von Licht an Elektronen nicht nur im Zeitmittel, sondern auch für den einzelnen Streuvorgang gilt. Bothe und Geiger überprüften die Energie-Impuls-Erhaltung im Einzelfall, indem sie mit einem Koinzidenzzähler zeigten, daß beim Compton-Effekt tatsächlich jedes einzelne Photon mit einem Rückstoß-Elektron korreliert ist.[18]

3.3 Die Theoretisierung der Beobachtungsbasis: Ortsmessungen, Teilchenspuren, Streuereignisse, Resonanzen

Die eigentlich erst mit Millikans Öltröpfchenversuchen abgeschlossene Entdeckungsgeschichte des Elektrons zeigt exemplarisch, daß der experimentelle Nachweis von Teilchen auf *zwei Typen theoretischer Annahmen* beruht, die sich auf die *Lokalisierbarkeit* und die *Dynamik* klassischer Massenpunkte beziehen:
(i) auf einer *Theorie der Ortsmessung*, die Annahmen über die Lokalisierbarkeit eines Teilchens durch ein geeignetes Meßgerät beinhaltet, und die eine Theorie darüber ist, wie man die lokalen Wirkungen eines Teilchens empirisch beobachtbar macht;

---
[18]Bothe (1925).

(ii) auf einer *Meßtheorie, die Bestandteil einer Dynamik ist* und die die Messung der ein Teilchen charakterisierenden dynamischen Größen wie Masse und Ladung ermöglicht.

Wie wir heute wissen, sind beide Theorien im Prinzip nicht zu trennen, denn die Lokalisation eines Teilchens *ist* nach der Quantentheorie nichts anderes als das Registrieren einer bestimmten Portion von Masse, Energie oder Ladung durch einen Detektor. Die empirische Basis der Teilchenphysik, d.h. die beobachtbaren lokalen Wirkungen in Teilchendetektoren, wurde *theoretisiert*, indem der Prozeß der Lokalisation von Teilchen in den Anwendungsbereich der Quantentheorie einbezogen und als Wechselwirkung eines Quantenobjekts, das *kein* klassisches Teilchen ist, mit den Atomen eines Teilchendetektors aufgefaßt wurde. Hand in Hand damit vollzog sich auch in *der* Hinsicht eine Theoretisierung der Beobachtungsbasis, daß die empirischen Phänomene der Teilchenphysik, die als empirische Indizien für Teilchen gelten, zunehmend theoriegeladen sein durften — und zwar teils bezüglich der experimentellen Methoden zu ihrer Erzeugung, teils bezüglich ihrer theoretischen Strukturierung auf der Grundlage bewährter Meßtheorien, teils bezüglich ihrer Zuordnung zu einem theoretischen Teilchenkonzept. Eine trennscharfe Unterscheidung von Beobachtungsbasis und Meßtheorien ist darum nur für die allerersten Anfänge der Teilchenphysik möglich. Mit der Verbreiterung der empirischen Basis wurde dasjenige, was man unter Beobachtung verstand, immer theoriegeladener, insofern der Erstellung der als vor-theoretisch betrachteten Beobachtungsbasis immer ausgefeiltere Meßtheorien zugrundelagen.

Als empirische Indizien für Elementarteilchen gelten heute in der Teilchenphysik *einzelne Ortsmessungen, Teilchenspuren, Streuereignisse* und *Resonanzen*. Dabei gewinnt man in den hochenergetischen Streuexperimenten, deren Resultate elektronisch aufgezeichnet und per Computer analysiert werden, *Teilchenspuren* durch die Verknüpfung raumzeitlich benachbarter Ortsmessungen, *Streuereignisse* durch die Verknüpfung koinzidierender Teilchenspuren und *Resonanzen* aus einem statistischen Ensemble von Streuereignissen. Im folgenden soll gezeigt werden, in welchen systematischen Schritten sich diese Theoretisierung der Beobachtungsbasis vollzog, welche Aspekte sie im einzelnen hat und mit welchem Recht man hier weiterhin von einer Beobachtungsbasis des Teilchenbegriffs spricht. Die Meßtheorie zur Teilchenidentifikation anhand dynamischer Größen wird in 3.4 unter die Lupe genommen.

Ortsmessungen

Ortsmessungen sind in der Teilchenphysik — wie in fast allen anderen Gebieten der Physik auch — *fundamentaler* als die Messung dynamischer Größen wie Masse und Ladung, insofern sie meist unmittelbar auf der Beobachtung empirischer Phänomene beruhen. Schon Thomsons e/m-Messung beruhte trivialerweise auf Ortsmessungen, nämlich auf der Messung räumlicher Auslenkungen der Kathodenstrahlen im Magnetfeld und im elektrischen Feld. Daß der gemessene e/m-Wert tatsächlich einzelnen massiven Ladungen zugeordnet werden darf, wurde später durch Millikans Ortsmessungen an einzelnen Ladungsträgern hinreichend abgesichert. Die Lokalisation von Teilchen durch einen Detektor ist aber auch *ohne* jede ausgefeilte Theorie der Teilchen und ihrer Wechselwirkung mit dem Detektor möglich. Der erste experimentelle Nachweis der Teilchennatur von α-Strahlen gab der Teilchenhypothese wenige Jahre nach Thomsons e/m-Messung eine *vor-theoretische Beobachtungsbasis im strikt empiristischen Sinn*, die wenige Jahre später durch *Perrins* Experimente zur Brown'schen Bewegung entscheidend verbreitert und metrisiert wurde.[19]

Die α-Teilchen, mit denen *Rutherford* und seine Mitarbeiter ab 1906 ihre berühmten Streuexperimente durchführten, waren die ersten Teilchen, deren Lokalisation unabhängig von jeder Theorie über ihre Dynamik und ihre Wechselwirkung mit einem Meßgerät gelang. Wie *Crookes* und andere bereits 1903 entdeckt hatten, beginnt ein mit Zinksulfid beschichteter Schirm in völliger Dunkelheit zu phosphoreszieren, wenn er α-Strahlen ausgesetzt wird. Schon bei der Beobachtung durch eine Lupe läßt sich dieses Leuchten in eine Vielzahl einzelner Lichtblitze auflösen. *Rutherford, Chadwick und Ellis* kommentierten dieses Phänomen in ihrem Standardwerk über Radioaktivität von 1930 folgendermaßen:

> "On viewing the surface of the screen with a magnifying glass, the light from the screen is seen not to be distributed uniformly but to consist of a number of scintillating points of light scattered over the surface and of short duration. Crookes devised a simple apparatus called a 'spinthariscope' to show the scintillations. A small point coated with a trace of radium is placed several millimetres away from a zinc sulphide screen which is fixed at

---

[19] Aufgrund von Perrins Experimenten, die in Trigg (1984), S.33 ff., genau dargestellt werden, setzte sich die Atomhypothese selbst bei Energetikern wie *Ostwald* durch; vgl. MacKinnon (1982), S.126 f.

one end of a short tube and viewed through a lens at the other end. In a dark room the surface of the screen is seen as a dark background dotted with brilliant points of light which come and go with great rapidity. This beautiful experiment brings vividly before the observer the idea that the radium is shooting out a stream of projectiles each of which causes a flash light on striking the screen." [20]

Diese Beschreibung der Beobachtung, wie sich α-Strahlung an einem Szintillationsschirm in eine wie durch winzige Projektile bewirkte Menge von Lichtblitzen auflöst, gleicht weniger der üblichen Lehrbuchdarstellung physikalischer Experimente als der von *Duhem* gegebenen Schilderung dessen, was ein Laie wahrnimmt, wenn er einem Experimentalphysiker über die Schulter schaut.[21] Der Schritt von der empirischen Beobachtung zur Messung, den Duhem als eine ‚symbolische' Deutung der Phänomene durch theoretische Größen darstellt,[22] ist hier noch gar nicht vollzogen. In die Beschreibung der Beobachtung und ihres Zustandekommens geht weder eine Theorie der vom Radium ausgesandten α-Strahlung noch eine Theorie von deren Wechselwirkung mit dem Zinksulfid ein; es handelt sich um die qualitative Darstellung eines empirischen Phänomens und nicht um dessen Metrisierung auf der Grundlage einer bereits vorausgesetzten theoretischen Erklärung. Der Nachweis der Teilchennatur der α-Strahlen beruht nur auf dem kausalen Schluß von den beobachteten Lichtblitzen auf die lokale Natur der vom Radium entsandten Strahlung, deren Wechselwirkung mit dem Szintillationsschirm zu den einzelnen Lichtblitzen führt. Die dynamischen Größen der α-Teilchen wurden erst ab 1903 in anderen Experimenten bestimmt, die auf dem Prinzip von Thomsons e/m-Messung beruhten und in denen Rutherford erstmals das Verhältnis E/M von Ladung und Masse für die α-Strahlen bestimmte.[23] Rutherford und seine Mitarbeiter benutzten die wenig theoriegeladene Szintillationsmethode ab 1906 zur Messung des Streuwinkels einzelner α-Teilchen, worauf später auch die experimentelle Überprüfung des Rutherfordschen Streuquerschnitts beruhte.[24]

Die meisten Methoden zur Ortsmessung sind in der Teilchenphysik

---

[20] Rutherford (1930), S.54 f.
[21] Vgl. die vielzitierte Schilderung dessen, was ein Laie wahrnimmt, wenn er bei der Messung des elektrischen Widerstands einer Spule zusieht, in: Duhem (1908), S.189.
[22] Ebd., S.191 ff.
[23] Rutherford (1930), S.41 ff.
[24] Geiger (1913); vgl. auch Trigg (1984), S.50 ff.

viel theoriegeladener als die Lokalisation von α-Teilchen auf einem Szintillationsschirm. Alle beruhen darauf, die makroskopischen Auswirkungen der Wechselwirkung eines Teilchens mit Materie nach dem jeweiligen Kenntnisstand der Physik entweder direkt sichtbar zu machen oder sie durch die Verstärkung von elektrischen Impulsen zu messen. Dem Wissen über atomare Vorgänge entsprechend war die zum experimentellen Nachweis von Teilchen benutzte Theorie der Ortsmessung um die Jahrhundertwende rudimentär und von den mit der klassischen Dynamik zur Verfügung stehenden Meßgesetzen unabhängig, während sie heute komplex und ausgefeilt sowie mit vielen dynamischen Gesetzen verzahnt ist, die ein kompliziertes Gefüge klassischer und quantentheoretischer Annahmen bilden. Im Vergleich zur *Szintillationsmethode* war die Lokalisation geladener Teilchen in der *Nebelkammer* bereits ziemlich theoriegeladen; sie beruhte auf einer im Rahmen der klassischen Physik konzipierten, aber eher qualitativen als quantitativen Theorie der Ionisation. Viele später entwickelte Teilchendetektoren vom Geiger-Zähler über die Blasenkammer bis zur Driftkammer beruhen auf ungleich detaillierteren theoretischen Annahmen über die Ionisationsprozesse, die beim Durchgang geladener Teilchen durch Materie ausgelöst werden.

Die Theorie der Wechselwirkung geladener Teilchen mit Materie hinkte der Ortsmessung durch Teilchendetektoren, die auf dem Prinzip der Ionisation beruhen, jedoch jahrzehntelang erheblich hinterher. Es dauerte sehr lange, bis überhaupt eine brauchbare quantentheoretische Beschreibung von Ionisationsprozessen zur Verfügung stand (vgl. 3.4). Hieran wird deutlich, wie wenig die theoretischen Annahmen, die man zum Aufbau von Meßgeräten und Experimentierapparaten benötigt, während der Entstehungsphase einer Theorie von den bereits bekannten Spezialfällen dieser Theorie abhängen. Dies ist der *eine* Grund dafür, daß auch theoriegeladene Ortsmessungen zur Beobachtungsbasis der Teilchenphysik gezählt werden dürfen. Der *andere* liegt darin, daß die kontingenten Meßpunkte, die man als die lokalen Wirkungen von Teilchen interpretiert, trotz aller Theoriegeladenheit der Ortsmessung im Prinzip beobachtbar im empiristischen Sinne sind — sei es nun auf einer Fotoplatte oder auf dem Computer-Bildschirm.

Teilchenspuren

In dem Maße, wie sich die Theorie der Ortsmessung von Teilchen verfeinerte, erweiterte sich die Beobachtungsbasis der Teilchenphysik. 1912 konnten erstmals *Teilchenspuren* aus der α- und β-Strahlung in der Wilsonschen Nebelkammer beobachtet und fotografiert werden. Die auf diesen Fotografien sichtbaren Teilchenspuren zeichnen sich — wenn sich die einzelnen Meßpunkte überhaupt auflösen lassen — durch sehr enge räumliche Nachbarschaft der einzelnen Kondensationströpfchen aus. Bei den α-Teilchen sieht man auf den Nebelkammer-Fotografien nur die Spur und keine Kondensationströpfchen, während sich die einzelnen Meßpunkte der Spur bei der β-Strahlung gut unterscheiden lassen. Im Standardwerk von *Rutherford, Chadwick und Ellis* zur Radioaktivität, das 1930 erschien, werden die Spuren von α- und β-Teilchen phänomenologisch so beschrieben:

"Owing to the density of the ionisation, the path of the α-particle shows as a continuous line of water drops. A swift β-particle, on the other hand, gives so much smaller ionisation that the individual ions formed along its track kann be counted." [25]

Die ersten Teilchenspuren stammten von *radioaktiven Strahlungsquellen* im Labor; dazu kamen die Teilchenspuren aus der *kosmischen Strahlung*, deren fotografische Aufzeichnung der Teilchenphysik seit den dreißiger Jahren ein immenses Beobachtungsmaterial verschaffte. Mit den seit den vierziger Jahren zur Verfügung stehenden Kernspur-Emulsionen können die Spuren geladener Teilchen registriert und direkt fotografisch entwickelt werden, wobei eine sehr hohe räumliche Auflösung der einzelnen Meßpunkte ($1\mu m$) erzielt wird.[23] Mit den *Blasenkammern*, die in den fünfziger Jahren für die beginnende Ära von Streuexperimenten an *Teilchenbeschleunigern* entwickelt wurden und die nach einem ähnlichen Prinzip arbeiten wie die Nebelkammer, kann eine Vielzahl von Teilchenspuren gleichzeitig aufgenommen und fotografiert werden. Bei den Teilchendetektoren, die man heute in hochenergetischen Streuexperimenten verwendet, sind die Teilchenspuren nicht mehr mit dem bloßen Auge beobachtbar, sondern werden elektronisch ausgelesen und per Computer gespeichert, ausgewertet und erst am Ende langwieriger Rekonstruktionsprozesse auf einem Bildschirm sichtbar gemacht; schon die Erstellung der Beobachtungsbasis beruht hier auf dem gesamten theoretischen Hintergrundwissen, das man heute über die Wechselwirkungen geladener Teilchen mit Materie hat.

---

[25] Rutherford (1930), S.57.
[26] Rossi (1952), S.127 ff.

Die Teilchenspuren, die sich in Nebel- und Blasenkammern, mittels Kernspur-Emulsionen und auf Computer-Bildschirmen beobachten lassen, verbreiterten das empirische Fundament der Teilchenphysik gegenüber der Beobachtung von Kondensationströpchen in der Nebelkammer oder von einzelnen Lichtblitzen auf dem Szintillationsschirm ganz entscheidend. Selbst ein Nicht-Physiker erkennt eine Spur auf einer Blasenkammer-Fotografie oder auf dem Computer-Bildschirm als die Wirkung einer Serie miteinander verknüpfter Ereignisse, die sich von einer regellosen Ansammlung einzelner Meßpunkte drastisch unterscheidet. Teilchenspuren sind das stärkste empirische Indiz für die Existenz ‚einzelner' Mikroobjekte, die sich unter geeigneten experimentellen Bedingungen wie klassische Teilchen verhalten und die in den durch die Meßgenauigkeit festgelegten Grenzen raumzeitlich individuierte Wirkungen hervorrufen, welche mittels einer klassischen Meßtheorie zumindest im ersten Anlauf mit hinreichender Präzision erfaßt werden können. In einer Teilchenspur sind *benachbarte Ortsmessungen*, die nach dem theoretischen Hintergrundwissen der Physik auf Ionisationsprozessen beruhen, offenkundig zu einer *Raum-Zeit-Bahn mit makroskopischer Meßunschärfe* verknüpft, die einer klassischen Trajektorie gleicht. Teilchenspuren werden darum naheliegenderweise solange im Rahmen eines klassischen Teilchenmodells beschrieben, wie sich dieses als empirisch adäquat erweist.

Nach den vor-theoretischen kausalen Annahmen, die in der Physik immer einen heuristischen Hintergrund der Theorienbildung darstellen, wird die makroskopische Raum-Zeit-Bahn in der Nebel- oder Blasenkammer auf wiederholte Wechselwirkungen ein-und-derselben mikroskopischen Entität mit einem Detektor zurückgeführt. Der kausale Schluß von der Teilchenspur auf das Teilchen als deren Ursache wird dadurch untermauert, daß die zur Analyse von Teilchenspuren benutzten klassischen Meßgesetze — wie etwa der Ausdruck für die klassische Lorentz-Kraft — empirisch adäquat sind. Dennoch kann man gerade an den Teilchenspuren lernen, wie trügerisch die empirische Adäquatheit von Meßgesetzen im Hinblick auf die Frage nach der Wahrheit der bei der Messung zugrundegelegten fundamentalen Naturgesetze sein kann, denn aus der *quantentheoretischen* Beschreibung der Wechselwirkungen geladener Teilchen mit Materie ist zu lernen, daß es die von der klassischen Punktmechanik behauptete, strikt deterministische Verknüpfung der einzelnen Meßpunkte einer Teilchenspur gar nicht gibt.

Theoretisierung der Beobachtungsbasis bedeutet in der Teilchenphysik also nicht nur, daß die empirische Basis des Teilchenbegriffs mittels vertrauter Meßgesetze immens verbreitert werden kann, sondern auch, daß gerade *diejenigen* empirischen Indizien, die für die Existenz von mikroskopischen Teilchen sprechen, durch die quantentheoretische Beschreibung des Zustandekommens von Teilchenspuren wieder infragegestellt werden müssen. Die Theoretisierung der Beobachtungsbasis ist doppelgesichtig: sie besteht nicht nur in der Erweiterung der empirischen Basis der Teilchenphysik um kontingente Phänomene, die erst durch die theoretische Analyse von Beobachtungsmaterial zugänglich werden, sondern auch in der *Aufdeckung der stillschweigenden theoretischen Voraussetzungen,* die man schon mit der *vor-theoretischen Deutung des Beobachtungsmaterials* macht. Sie hat nicht nur den Aspekt, daß Teilchenspuren heute fast nur noch per Computer-Rekonstruktion sichtbar werden, sondern *auch* den Aspekt, daß die Verknüpfung der diskreten Meßpunkte auf dem Computer-Bildschirm durch eine kontinuierliche Raum-Zeit-Bahn heute als hochgradig theoriegeladen betrachtet wird. Die lückenlose Raum-Zeit-Bahn, die im klassischen Meßmodell einer Teilchenspur enthalten ist und die — wie man an *van Fraassens* Kriterien für die empirische Substruktur einer Theorie sieht[27] — selbst ein strikter Empirist gerne als ein empirisches Datenmodell betrachten würde, hat durch die Quantentheorie ihre Unschuld verloren; die Spur ist ein *quasi-klassisches Phänomen.* Nach der Quantentheorie darf man die quasi-klassische Spur nur in einem gegenüber der klassischen Physik *abgeschwächten* Sinn zur Beobachtungsbasis des Teilchenbegriffs zählen — nämlich im Sinne einer konstanten dynamischen Wirkung, die über eine gewisse Zeit hinweg wiederholt an benachbarten Stellen einer ma-

---

[27] Vgl. van Fraassen (1980). Die entscheidenden Textstellen, aus denen hervorgeht, daß empirische Datenmodelle in den raumzeitlichen Größen der klassischen Mechanik formuliert sein müssen, finden sich auf S.59 f.: "Hence let us designate as basic observables all quantities which are functions of time and position alone. These include velocity and acceleration, relative distances and angles of separation — all the quantities used, for example, in reporting the data astronomy provides for celestial mechanics." Und S.64: "To present a theory, is to specify a family of its structures, its *models*; and secondly, to specify certain parts of those models (the *empirical substructures*) as candidates for the direct representation of observable phenomena. The structures which can be described in experimental and measurement reports we can call appearances: the theory is empirically adequate if it has some model such that all *appearances* are isomorphic to empirical substructures of that model." Dabei entspricht "appearance" etwa dem, was *Suppes* unter einem Datenmodell versteht.

kroskopischen Umgebung beobachtbar ist (vgl. hierzu 6.6). Dennoch spricht man natürlich von der Beobachtung dieser Wirkung, und damit auch von derjenigen der Teilchenspur.

Streuereignisse

Nur *geladene Teilchen* können aufgrund der Ionisationsprozesse, die sie bei der Wechselwirkung mit den Atomen eines Teilchendetektors auslösen, anhand von Teilchenspuren und anderen makroskopischen Phänomenen direkt nachgewiesen werden. Dagegen ist der experimentelle Nachweis *neutraler Teilchen* — also z.B. des Photons, Neutrons, Neutrinos oder des neutralen Pions — nur indirekt möglich, er beruht auf Annahmen über die Wechselwirkungen geladener und neutraler Teilchen, auf die man nach Erhaltungssätzen aus den Spuren geladener Teilchen zurückschließt.

Wie das Experiment von *Bothe* und *Geiger*[28] zum Nachweis des Photons zeigt, sind experimentell nachgewiesene *Koinzidenzen* lokaler Wirkungen in Teilchendetektoren die empirische Signatur der Streuprozesse, bei denen geladene Teilchen emittiert oder absorbiert werden und die man durch die von *Born* begründete Quantentheorie der Streuung[29] beschreibt. Das auffälligste empirische Indiz für die Wechselwirkungen von Teilchen sind Teilchenspuren, die ganz verschiedene Krümmung, Richtung und Länge aufweisen, aber an ein-und-derselben Stelle zusammentreffen. Auf den Fotografien, die man aus Blasenkammer-Aufnahmen oder mittels Kernspur-Emulsionen erhält, ist die Verknüpfung mehrerer Teilchenspuren zu diesen *Streuereignissen* oft genausogut zu erkennen wie die einzelnen Teilchenspuren. Bei der theoretischen Analyse der durch einen Detektor registrierten Teilchenspuren werden diejenigen Spuren, die zur selben Zeit an derselben Stelle beginnen oder enden, zu einem Streuereignis zusammengefaßt. Mit ‚zur selben Zeit an derselben Stelle' ist dabei ein endliches Raum-Zeit-Gebiet gemeint, das durch die räumliche und zeitliche Meßunschärfe des Detektors festgelegt ist.

Die Untersuchung von Teilchenreaktionen anhand der sorgfältigen Analyse der Streuereignisse, zu denen sich Teilchenspuren zusammenfassen lassen, ist noch heute das Hauptgeschäft bei der Datenanalyse in der experimentellen Teilchenphysik. Schon die Zusammenfassung von Teilchenspuren zu Streuereignissen beruht auf erheblich weitergehenden

---

[28] Bothe (1926).
[29] Born (1926a), (1926b).

theoretischen Annahmen als die bloße Beobachtung eines Gewirrs von Teilchenspuren auf einer Blasenkammer-Aufnahme. Oft wird schon bei der Zuordnung von Teilchenspuren zu Streuereignissen von Annahmen über die dynamischen Meßgrößen, die den einzelnen Teilchenspuren zugeordnet sind, Gebrauch gemacht — insbesondere von Annahmen über die *Masse* eines Teilchens, etwa wenn eine durchgehende Teilchenspur, die einen Knick aufweist, auf einen Streuprozeß zurückgeführt wird, bei dem sich die Teilchenmasse geändert hat.[30] Die Einteilung eines Gewirrs von Teilchenspuren in Streuereignisse setzt darum immer schon das gesamte jeweils verfügbare Hintergrundwissen zur Analyse von Teilchenspuren voraus, das der Messung der Ladung und Masse geladener Teilchen zugrundeliegt. Dennoch zählen die Streuereignisse zur Beobachtungsbasis der Teilchenphysik, weil man keinerlei Kriterien dafür hat, eine scharfe Grenze zwischen den unmittelbar beobachtbaren und den nur aufgrund theoretischer Analyse zugänglichen Streuereignissen im experimentell gegebenen Beobachtungsmaterial zu ziehen.

Die theoretische Analyse der Streuereignisse beruht vor allem auf den *Erhaltungssätzen*, nach denen auf die Meßgrößen aller an der Reaktion beteiligten Teilchen geschlossen wird und die teils auf der relativistischen Kinematik (Energie-Impuls-Erhaltung), teils auf der Quantenmechanik (Erhaltungssätze für Spin, Parität und andere quantisierte Größen) beruhen. Der Energie-Impuls-Satz hat unter diesen Erhaltungssätzen eine gewisse Sonderstellung, insofern er — im Gegensatz etwa zur Annahme der Paritätserhaltung — immer wieder bestätigt wurde; auf ihm beruhte neben dem experimentellen Nachweis des Photons auch die Vorhersage des *Neutrinos* und die Entdeckung des *Neutrons*. 1932 konnte *Chadwick* das Neutron als ein massives ungeladenes Teilchen identifizieren, indem er nachwies, daß die Strahlung, die bei der Reaktion von α-Teilchen mit Beryllium entstand, den Atomen von Wasserstoff oder Stickstoff eine so große Rückstoßgeschwindigkeit verlieh, daß sie nicht von Photonen, sondern nur von massiven Teilchen mit einer Masse von der Größenordnung der Protonmasse herrühren konnte.[31] 1930 formulierte *Pauli* zur Wahrung der Energieerhaltung die Hypothese, daß das kontinuierliche Energiespektrum der beim β-Zerfall ausgesandten Elektronen durch ein nicht-beobachtbares ungeladenes Teilchen verursacht wird.[32] ‚Spurlose'

---

[30]Wie sich die Meßtheorie zur Teilchenidentifikation nach Masse und Ladung herausgebildet hat, wird in 3.4 und und 3.5 besprochen.
[31]Shamos (1959), S.266 ff.
[32]Pais (1986), S.309 ff.

Die Theoretisierung der Beobachtungsbasis

Teilchen wie das Neutrino, die keine beobachtbaren Spuren erzeugen, sind auf der Grundlage von Erhaltungssätzen zunächst nur durch diejenige Menge von Energie und anderen Meßgrößen konzipiert, die bei der Bilanz aller Erhaltungsgrößen der Teilchen, die den Spuren eines Streuereignisses zugeordnet sind, fehlen und von denen man annimmt, daß sie von Teilchen fortgetragen werden. Erst durch den experimentellen Nachweis von Teilchenreaktionen, die nur durch das betreffende Teilchen ausgelöst werden können, bekommt die Annahme eines solchen neutralen Teilchens eine Beobachtungsbasis. Das Neutrino konnte erst 1956 unabhängig vom Energieerhaltungssatz und in einzelnen Streuprozessen nachgewiesen werden, anhand des Neutrino-induzierten inversen β-Zerfalls.[33]

Der Energieerhaltungssatz hat bei diesen Beispielen den Charakter eines *Meßgesetzes*, mittels dessen man die beobachtbaren Phänomene metrisiert, um daraus auf die Existenz von (elektrisch neutralen) Teilchen eines *bestimmten dynamischen Typs* zu schließen. Auch die Erhaltungssätze für quantisierte Größen wie Spin und Parität, Isospin und Strangeness stellen die empirische Basis für spezifische Teilchenhypothesen bereit. Sie tragen ähnlich wie der Energieerhaltungssatz zur theoretischen Strukturierung, und damit zur Verfeinerung, der Beobachtungsbasis in der Teilchenphysik bei, denn sie ermöglichen die Klassifikation des empirischen Beobachtungsmaterials nach Klassen von Teilchenspuren und Streuereignissen, die einem bestimmten dynamischen Typus von Teilchen bzw. Teilchenreaktionen zugerechnet werden. Die Klassifikation des Beobachtungsmaterials durch empirisch bewährte Erhaltungssätze führt zu einer neuen Stufe von Theoretisierung der Beobachtungsbasis: diese wird dadurch in Teilchenspuren und Streuereignisse ‚sortiert', die durch unterschiedliche Werte für dynamische Erhaltungsgrößen charakterisiert sind.

Resonanzen

Bei der Datenanalyse der hochenergetischen Streuexperimente, die seit den fünfziger Jahren an Teilchenbeschleunigern durchgeführt werden, werden die Streuereignisse eines bestimmten dynamischen Typus immer zu *statistischen Ensembles* zusammengefaßt, die den probabilistischen Aussagen einer *Quantentheorie* über die relative Häufigkeit bestimmter

---

[33]Ebd., S.569 f.

Teilchenreaktionen zugeordnet sind. Aus solchen statistischen Ensembles von Streuereignissen kann man (im Prinzip durch bloßes Zählen der einlaufenden und gestreuten Teilchen, deren Teilchenspuren beobachtet und analysiert werden können) den *Wirkungsquerschnitt* der betreffenden Teilchenreaktion bestimmen. Der Wirkungsquerschnitt ist diejenige Meßgröße, in der sich die heutigen Quantenfeldtheorien der Elementarteilchen mit ihrer durch Teilchenspuren und Streuereignisse gegebenen empirischen Basis berühren und die ein Maß für die relative Häufigkeit verschiedener Typen von Teilchenreaktionen (und damit auch für die relative Stärke der Wechselwirkungen von Elementarteilchen, d.h. für die heute als fundamental geltenden physikalischen Kräfte) angibt.[34]

Von einer *Resonanz* spricht man dann, wenn der energieabhängige, über alle gemessenen Endzustände aufsummierte Wirkungsquerschnitt einer Teilchenreaktion, die nur durch die Ausgangsteilchen vor der Streuung charakterisiert ist, bei einem bestimmten Energiewert im Verhältnis zum Wirkungsquerschnitt fern von diesem Wert plötzlich um mehrere Größenordnungen anwächst oder, im Jargon der Physiker ausgedrückt, einen *peak* aufweist. Dieser steile Anstieg und Abfall des funktionalen Verlaufs eines gemessenen Wirkungsquerschnitts beruht auf einer signifikanten Häufung von Teilchenreaktionen im Bereich einer bestimmten Schwerpunktsenergie der Ausgangsteilchen der Streuung und gleicht dem typischen, durch die klassische Mechanik oder Elektrodynamik beschriebenen Resonanzverhalten einer erzwungenen Schwingung; daher der Name ‚Resonanz'. Eine Resonanz wird zunächst rein *komparativ* am funktionalen Verlauf eines gemessenen Wirkungsquerschnitts festgestellt; insofern ist es gerechtfertigt, von der *Beobachtung* von Resonanzen zu sprechen — jedenfalls wenn man, der Carnapschen Unterscheidung von komparativen Beobachtungsgrößen und quantitativen Meßgrößen gemäß, unter einer Beobachtung die auf Vergleich beruhende Feststellung eines kontingenten Phänomens versteht.

Die experimentelle Untersuchung von Resonanzen und die Meßtheorie, auf der sie beruht, erlangte in der Ära der Teilchenbeschleuniger eine ähnliche Bedeutung, wie sie in den dreißiger und vierziger Jahren die genaue Analyse von Teilchenspuren aus der kosmischen Strahlung und die dafür benutzte Meßtheorie hatte. Die erste Teilchenresonanz wurde 1952, nach der Inbetriebnahme des ersten Großbeschleunigers, entdeckt und einem kurzlebigen Teilchen mit Spin und Parität des Nukleons, aber viel

---

[34] Vgl. Anhang A.1.

größerer Masse als der Protonmasse zugeordnet. Der seitdem immens angewachsene ‚Teilchenzoo' beruht auf einer Vielzahl weiterer Resonanzen, die instabilen schweren Teilchen (Hadronen) zugeordnet wurden, und nicht auf ‚einzeln' anhand ihrer Spuren nachgewiesenen Teilchen. Die Klassifikation dieser Resonanzen nach Erhaltungssätzen für Isospin, Strangeness und weitere, zunächst *ad hoc* ersonnene quantisierte Erhaltungsgrößen stand in engem Zusammenhang mit den frühen Konstruktionsversuchen zu einer Quantenfeldtheorie der starken Wechselwirkung und führte schließlich zum Quark-Modell von 1964.[35] Die Hadron-Spektroskopie, in der die Zerfälle dieser Hadron-Resonanzen mit analogen experimentellen Mitteln wie in der Atomspektroskopie die Zerfälle der angeregten Zustände inneratomarer Elektronen untersucht werden, machte in den letzten Jahrzehnten einen wichtigen Teil der experimentellen Basis der Teilchenphysik aus und verhalf dem Quark-Modell 1974, als die extrem schmale, einer sehr langen Lebensdauer zuzuordnende J/Ψ-Resonanz entdeckt wurde, schließlich zum Durchbruch.[36]

Auch wenn Resonanzen in dem nach Streuereignissen und entsprechenden Teilchenreaktionen klassifizierten Beobachtungsmaterial der Teilchenphysik als *kontingente Phänomene* auftreten, sind sie von den hier angeführten empirischen Indizien für die Existenz bestimmter Teilchentypen weitaus *am stärksten theoriegeladen*. Das quantentheoretische Modell, auf dem die theoretische Deutung und die Meßtheorie zur quantitativen Analyse von Resonanzen beruht, beinhaltet Annahmen der quantenmechanischen Streutheorie, der relativistische Kinematik und der nur im Rahmen einer Quantenfeldtheorie begründbaren Theorie der Anregung und des Zerfalls gebundener quantenmechanischer Systeme in Zustände höherer und niedrigerer Energie. Quantitativ werden Resonanzen durch zwei Meßgrößen charakterisiert, die man approximativ aus einer graphischen Darstellung des Wirkungsquerschnitts in Abhängigkeit von der Schwerpunktsenergie der aneinander gestreuten Teilchen ablesen kann, deren präzise Bestimmung aber auf der quanten(feld)theoretisch herzuleitenden *Breit-Wigner-Resonanzkurve* beruht:[37] die Energie E_0 ih-

---

[35] Vgl. Pickering (1984), S.46 ff. und S.85 ff.
[36] Ebd., S.253 ff. Vgl. aber die Kritik an Pickerings konstruktivistischer Deutung dieses Theorienbildungsprozesses in 2.1; sowie die Darstellung durch einen Experimentalphysiker: Riordan (1987).
[37] Lohrmann (1981), S.110 ff. Welcher immense quantentheoretische Apparat hinter dieser knappen, für Experimentalphysiker ‚aufbereiteten' Darstellung der Meßtheorie von Resonanzen steckt, zeigt ein Blick ins 8. Kapitel von Goldberger (1975).

res Maximums und die Breite ΔE, die dem in halber Höhe des Maximums von der Resonanz ‚überdeckten' Energiebereich entspricht. Je ausgeprägter eine Resonanz ist, d.h. je kleiner ihre Breite ΔE und je größer die relative Häufigkeit von Reaktionen bei der Energie E_0 im Verhältnis zur Reaktionshäufigkeit bei viel kleineren oder größeren Energien ist, desto schärfer hebt sie sich aus einem *Untergrund* von Streuereignissen mit einer viel geringeren Häufigkeit heraus, und desto genauer lassen sich die Maximumenergie E_0 und die Breite ΔE der Resonanz in dem quantentheoretischen Modell bestimmen, innerhalb dessen Resonanzen als angeregte Zustände von Teilchen mit der Masse $m = E_0/c^2$ und der Lebensdauer $\tau = h/\Delta E$ gedeutet werden.

Nach diesem quantentheoretischen Modell ist eine Resonanz gerade *kein* empirisches Indiz für ein ‚einzelnes', raumzeitlich vereinzeltes Teilchen, sondern für eine im Rahmen des klassischen Teilchenkonzepts nicht erklärbare raumzeitliche *Korrelation von Einzelereignissen in Quantensystemen.* Wenn man das Auftreten einer Resonanz als empirisches Indiz für die Existenz eines bestimmten Teilchentyps interpretiert, so meint man offenbar etwas ganz anderes mit dem Terminus ‚Teilchen', als *Thomson* bei der theoretischen Deutung seiner e/m-Messung darunter verstand. Die hier vollzogene Wandlung des Teilchenbegriffs, die im 6. Kapitel eingehend untersucht wird, indiziert, daß die Beobachtung einer Resonanz *nicht* dasselbe ist wie die Beobachtung der lokalen Wirkung eines Teilchens. Resonanzen als empirische Indizien für Teilchen zu deuten, setzt bereits die Verflechtung der quantentheoretischen Beschreibung von Teilchen mit den Meßtheorien voraus, mittels deren man die aus Ortsmessungen, Teilchenspuren und Streuereignissen gewonnene Beobachtungsbasis der Teilchenphysik quantitativ analysiert. Mit dieser Verflechtung, die erst am Ende des Theorienbildungsprozesses steht, der zur *Quantenelektrodynamik* führte, hat die Theoretisierung der Beobachtungsbasis in der Teilchenphysik eine Stufe erreicht, auf der nun die *quantentheoretische Beschreibung der Elementarteilchen anstelle eines vor-theoretischen Teilchenkonzepts* die Kriterien für die Entscheidung darüber liefert, was zur Beobachtungsbasis spezifischer Teilchenhypothesen gezählt werden darf und was nicht.

3.4 Die Spur des Positrons

Die dynamischen Größen, deren Werte ein Teilchen — sei es nun klassisch oder quantentheoretisch beschrieben — charakterisieren und durch deren Messung es dem dynamischen Typus nach identifiziert wird, sind nach der klassischen Physik wie auch nach der Quantenmechanik seine *Masse* und *Ladung*. Die Meßtheorie zur Bestimmung von Masse und Ladung war ursprünglich rein klassisch und wurde in den dreißiger und vierziger Jahren teils auf der Grundlage empirischen Wissens und teils auf der Grundlage quantentheoretischer Annahmen verfeinert. Eine Verfeinerung der quantitativen Analyseverfahren wurde zur theoretischen Deutung des aus der kosmischen Strahlung gewonnenen Beobachtungsmaterials dringend benötigt, denn dieses enthielt immer wieder neuartige Teilchenspuren, die weder ins bisherige meßtheoretische Schema noch zu den Existenzannahmen bezüglich der bislang bekannten Teilchentypen ‚paßten'. Wie sich die (im wesentlichen noch heute benutzte) Meßtheorie zur Analyse von Teilchenspuren in den dreißiger und vierziger Jahren herausbildete, ist ein Lehrstück über die anfängliche *strikte Trennung* von den in der Experimentalphysik benutzten Meßtheorien und den Ansätzen zu einer fundamentalen Theorie des experimentell erforschten Phänomenbereichs; über die *Schwierigkeiten* damit, daß beide Theorien denselben intendierten Anwendungsbereich besitzen; über die *Auflösung* dieser Schwierigkeiten durch eine Kombination unabhängiger Meßmethoden mit den bereits empirisch bewährten Spezialfällen der neuen Theorie; und über die *Verflechtung* der neuen Theorie, sobald sie konsolidiert ist, mit ihrer Meßtheorie.

Auf die Ladung und Masse des einer Teilchenspur zugrundeliegenden Teilchens wird seit der ersten Beobachtung von Spuren in der Nebelkammer bis heute aus den raumzeitlichen Charakteristika der Spur zurückgeschlossen. Die wichtigsten davon — etwa die Dichte der einzelnen Meßpunkte, Spurkrümmung und Länge der Spur, oder auch der mittels geeigneter Meßgeräte bestimmte Zeitpunkt einzelner Ortsmessungen — werden unter Rückgriff auf das jeweilige Hintergrundwissen der Teilchenphysik analysiert, soweit es als theoretisch abgesichert und empirisch adäquat gilt. Die *klassische Meßtheorie*, auf der schon Thomsons e/m-Messung für die Kathodenstrahlen beruhte und die der theoretische Ausgangspunkt der experimentellen Teilchenphysik war, bildet noch heute die systematische Basis dieses Hintergrundwissens. Sie beruht auf Spezialfällen der nicht-relativistischen sowie der relativistischen Punktmechanik; ihr wichtigstes Meßgesetz ist der Ausdruck für die *Lorentz-Kraft*, der Ladung und Masse eines klassischen Teilchens mit dessen Impuls verknüpft und der die Impulsänderung unter dem Einfluß eines äußeren elektrischen oder magnetischen Felds beschreibt. Der *Impuls*, der damit aus einer gekrümmten Teilchenspur bestimmt werden kann, ist vom Standpunkt der Quantentheorie aus eine *quasi-klassische* Meßgröße. Für einen aus wiederholten Ortsmessungen bestimmten Impulswert ist in der Quantentheorie strenggenommen kein Platz, und dennoch ist die Zuschreibung des klassisch gemessenen Impulswerts zur quantentheoretisch erklärten Teilchenspur empirisch adäquat.[38] Aus der *Spurkrümmung* im Magnetfeld ist bei bekannter ‚Flugrichtung' eines Teilchens — d.h. bei bekannter zeitlicher Abfolge der benachbarten Ortsmessungen — unter Voraussetzung der klassischen Lorentz-Kraft sofort auch die Ladung des Teilchens dem Vorzeichen nach ersichtlich. Die *Masse* eines Teilchens läßt sich nach der klassischen Meßtheorie eines Teilchens aus Impuls und Geschwindigkeit bestimmen, wobei der Impuls mittels der Lorentz-Kraft und die Geschwindigkeit aus wiederholten Orts- und Zeitmessungen durch die Ermittlung von Weg und Flugzeit gemessen wird (nach diesem Prinzip arbeitet zum Beispiel der in der Frühzeit der Teilchenphysik von Aston erfundene Massenspektrograph).

Zu dieser Meßtheorie eines klassischen Teilchens, die auf Spezialfällen des klassischen Kraftgesetzes beruht, kommt komparatives Wissen über Teilchenspuren bekannter Herkunft hinzu, das direkt auf den beobachtbaren Spurcharakteristika beruht und das ebenfalls auf der Grundlage eines klassischen Teilchenmodells in die Spurenanalyse eingeht. So wird z.B. aus der *Dichte* der einzelnen Meßpunkte einer Teilchenspur auf die Häufigkeit der Wechselwirkungen des Teilchens mit dem Detektor geschlossen, die ein Maß für den vom Teilchen bewirkten *Ionisationsgrad* ist, und daraus kann die Masse eines unidentifizierten Teilchens im Vergleich zur Masse bekannter Teilchen bestimmt werden. Für α-Teilchen oder Protonen ist der Ionisationsgrad erheblich größer als für Elektronen, wie schon seit 1912 aus den ersten Aufnahmen von Teilchenspuren bekannt war. Die *Länge* einer Teilchenspur wiederum steht in Beziehung zur *Energie*, die das Teilchen auf seinem Weg durch den Detektor verliert, bevor es gestoppt oder absorbiert wird. Soweit all dieses halb empirische, halb unter klassischen Voraussetzungen gewonnene Wissen anhand der

---

[38]Vgl. hierzu 5.3.

beobachtbaren Charakteristika von Teilchenspuren quantitativ erfaßbar ist, wird es in phänomenologische Gesetze gefaßt. Bereits in der Frühzeit der Teilchenphysik wurde auf der Grundlage von Streuexperimenten mit den damals bekannten Teilchen aus radioaktiven Strahlungsquellen ein halbempirisches Gesetz formuliert, die sogenannte *Energie-Reichweite-Beziehung*, welche die kinetische Energie eines massiven geladenen Teilchens mit seiner Reichweite in verschiedenen Materialien verknüpft.[39]

Die klassische Meßtheorie zur Analyse von Teilchenspuren stand lange unverbunden neben dem Wissen, daß die Entstehung von Teilchenspuren auf quantentheoretisch zu beschreibenden Ionisationsprozessen beruht. Lange hatte man überhaupt keine brauchbare quantentheoretische Beschreibung von Ionisationsprozessen zur Verfügung. Bis in die dreißiger Jahre hinein, als die Erforschung der kosmischen Strahlung mit der Nebelkammer begann, gab es nur *Bohrs* klassische Theorie der Ionisation von 1913 und einige quantentheoretische Modifikationen daran, und die in die Ortsmessung geladener Teilchen eingehenden theoretischen Annahmen beruhten auf einer Mischung von quantitativem experimentellem Wissen und eher qualitativen theoretischen Hypothesen über die Ionisation.[40] Die Grenzen der klassischen Meßtheorie zur Analyse von Teilchenspuren wurden jedoch in den Jahren nach der Entstehung der Quantenmechanik allmählich sichtbar. Bohrs Ionisationstheorie von 1913 war mit dem anhand der klassischen Meßtheorie gewonnenen Wissen über Teilchenspuren — insbesondere mit der halbempirischen Energie-Reichweite-Beziehung — nicht in quantitativer Übereinstimmung. Um 1930 war von dieser klassischen Theorie des Energieverlusts geladener Teilchen in Materie bekannt, daß sie wohl im Mittel die richtigen Resultate ergab, aber quantentheoretischer Korrekturen bedurfte und für einzelne Teilchenspuren keine Aussagekraft besaß.[41] Dennoch blieben die experimentellen Methoden zum Nachweis massiver geladener Teilchen lange Zeit von den theoretischen Umwälzungen der Physik völlig unberührt, die 1905 mit *Einsteins Lichtquantenhypothese* begannen, 1913 von *Rutherfords* Entdeckung des Atomkerns zum *Bohrschen Atommodell* führten und in die Entwicklung der Quantenmechanik und der Quantenelektrodynamik mündeten.

Der quantentheoretische Apparat zur Beschreibung der Wechselwir-

---

[39] Rutherford (1930), S.294.
[40] Bohr (1913a) und (1915); Rutherford (1930), S.434 ff. Vgl. dazu Galison (1987), S.97 ff.
[41] Rutherford (1930), S.439.

kungen geladener Teilchen mit Materie existierte zwar im Prinzip, als *Bethe* 1930 auf der Grundlage von *Borns* Quantenmechanik der Streuung seine Theorie des Durchgangs eines Teilchenstrahls durch Materie entwickelte, wobei er die Wechselwirkungen massiver geladener Teilchen mit Materie in der Bornschen Näherung beschrieb.[42] Bethes Theorie war jedoch wie Borns quantenmechanische Streutheorie nicht-relativistisch und konnte darum nicht auf die Spuren der schnellen, hochenergetischen Teilchen aus der kosmischen Strahlung angewandt werden. Die Wechselwirkungen hochenergetischer geladener Teilchen mit Materie können erst im Rahmen der 1927 durch *Dirac* begründeten relativistischen Quantenmechanik — dem quantenmechanischen Vorläufer der ebenfalls 1927 und ebenfalls durch Dirac begründeten Quantenfeldtheorie der elektromagnetischen Wechselwirkung, der Quantenelektrodynamik — beschrieben werden. Eine befriedigende Berechnung der Ionisationsprozesse, die bei der Wechselwirkung hochenergetischer geladenen Teilchen mit einem Detektor ablaufen, war erst ab 1933 näherungsweise möglich, mittels der aus der relativistischen Dirac-Gleichung und Bethes Quantentheorie der Wechselwirkung von geladenen Teilchen mit Materie hergeleiteten *Bethe-Bloch-Formel*.[43] Das Vertrauen in solche Rechnungen stand und fiel allerdings mit dem Vertrauen in die *Dirac-Gleichung*, die um 1930 den einzigen Ansatz zu einer relativistischen Theorie der Wechselwirkung geladener Teilchen mit Materie lieferte.

Die Dirac-Gleichung besaß jedoch vor der Entdeckung des Positrons bei den Physikern nicht viel Kredit, da ihre Lösungen zu negativen Energiewerten keine empirische Interpretation besaßen. In dieser Situation verlief die Arbeit der Experimentalphysiker und der theoretischen Physiker vollständig getrennt voneinander: Die Quantenelektrodynamik wurde ausgehend von der relativistischen Dirac-Gleichung und dem Konzept der Feldquantisierung unabhängig von allen experimentellen Daten als ein zunächst rein spekulativer Kandidat für die gesuchte relativistische Quantentheorie weiterentwickelt, während die experimentellen Teilchenphysiker — als ‚gute' Experimentalphysiker, die bei ihren Experimenten immer nur von theoretisch abgesicherten und empirisch gut bestätigten Annahmen Gebrauch machen — auf eine quantentheoretisch begründete, quantitative Analyse der Spuren aus der kosmischen Strahlung verzichteten. Solange die quantenelektrodynamische Beschreibung

---

[42]Born (1926b); Bethe (1930).
[43]Bethe (1932); Bloch (1933).

Die Spur des Positrons

der Wechselwirkungen geladener Teilchen mit Materie weder empirisch abgesichert noch theoretisch sehr weit gediehen war, wurden die Teilchenspuren aus der kosmischen Strahlung ausgehend von der klassischen Meßtheorie eines geladenen Teilchens unter möglichst sparsamem Gebrauch theoretischer Annahmen und mehr qualitativ und komparativ als quantitativ ausgewertet. Dies kann gerade anhand der Entdeckung des *Positrons* gezeigt werden, die dann die empirische Basis der Quantenelektrodynamik entscheidend verbreiterte.

Das Positron war das erste in der kosmischen Strahlung gefundene ‚neue' Teilchen, das anhand seiner Spurcharakteristika dem Typus nach, d.h. hinsichtlich Ladung und Masse, identifiziert wurde. Am Caltech (California Institute of Technology) arbeitete *C.D.Anderson* seit 1931 mit einer Wilsonschen Nebelkammer, um die kosmische Strahlung zu untersuchen.[44] Damit die spurerzeugenden Teilchen dem Ladungsvorzeichen nach identifiziert werden konnten, befand sich die Nebelkammer in einem starken Magnetfeld. Auf seinen Fotografien fand Anderson etliche Spuren, die auf positive Teilchen hinwiesen und die er zunächst für Spuren des damals einzig bekannten positiven Teilchens — des Protons — hielt. Es gab jedoch vor allem ein Indiz, das gegen Protonen sprach: der geringe Ionisationsgrad der Spuren sah eher nach einer Masse von der Größenordnung der Elektronenmasse als nach der fast zweitausendmal größeren Protonmasse aus. Unter der Annahme, daß es sich um Elektronen aus der kosmischen Strahlung handelte, war jedoch die angenommene Flugrichtung nicht mit der Spurkrümmung im Magnetfeld konsistent. Um die Flugrichtung der Teilchen, von denen die Spuren herrührten, eindeutig zu bestimmen, setzte Anderson schließlich eine 6 *mm* dicke Bleiplatte in die Mitte der Nebelkammer, bei deren Durchqueren die Teilchen abgebremst wurden, was sich in einer Vergrößerung ihrer Spurkrümmung bemerkbar machte. Im August 1932 entdeckte Anderson auf einer Aufnahme eine zur Teilchenidentifikation besonders geeignete Spur, die folgende phänomenologische Charakteristika aufwies:[45]

(1) zwei Teilspuren in den beiden Hälften der Nebelkammer trafen an der Bleiplatte zusammen;

(2) sie unterschieden sich deutlich in der Größe, nicht aber im Vorzeichen der Spurkrümmung;

---

[44]Pais (1986), S.351 f.
[45]Vgl. Anderson (1932), (1933).

(3) beide Teilspuren waren länger als 5 cm;

(4) für ein einzelnes, negativ geladenes Teilchen definierte die Spurkrümmung im Magnetfeld die Flugrichtung genau entgegengesetzt zur Richtung der Abbremsung an der Bleiplatte.

Anderson diskutierte in seiner theoretischen Analyse der Spur alle Freiheitsgrade, die für die theoretische Deutung der Spur bestanden:[46] die Masse, die Größe der Ladung, das Ladungsvorzeichen und die Anzahl von Teilchen, die der Spur zugrundelagen. Die Ladungsgröße konnte, wie Anderson aus dem Ionisationsgrad der Spur schloß, nicht um einen Faktor zwei von derjenigen des Elektrons abweichen. Die Größenordnung der Masse wurde indirekt anhand der Spurlänge, der Spurkrümmmung und der bekannten Werte für die Massen des Elektrons und des Protons abgeschätzt; dabei wurden zwei theoretische Annahmen benutzt: (i) die klassische Lorentz-Kraft $F = v \times B$, nach der einem einfach geladenen Teilchen von der Masse des Protons bei der vorliegenden Spurkrümmung eine Energie von 300 MeV zugesprochen werden mußte, und (ii) eine Extrapolation der halbempirischen Energie-Reichweite-Beziehung für Protonen zu kleinen Energien, wonach ein Proton mit einer Energie von 300 MeV nur eine Reichweite von etwa 5 mm haben konnte.[47] Wegen (3) mußte die Masse darum von erheblich kleinerer Größenordnung sein als die des Protons. Wegen (4) hätte die Annahme, daß es sich um ein Elektron handelte, jedoch eine drastische Verletzung des Energieerhaltungssatzes impliziert: ein die gesamte Spur verursachendes Elektron wäre nach der Krümmung beider Teilspuren durch die 6 mm dicke Bleiplatte nicht abgebremst, sondern um 40 MeV beschleunigt worden, wie Anderson hervorhob. Um zwei voneinander unabhängige, an der Bleiplatte zufällig zusammentreffende Elektronenspuren konnte es sich aber wegen der extrem geringen Wahrscheinlichkeit für ein solches Zusammentreffen auch nicht handeln. Damit blieben nur zwei Möglichkeiten: die Spur ging entweder auf ein einzelnes, an der Bleiplatte abgebremstes, positiv geladenes Teilchen mit einer dem Elektron vergleichbaren

---

[46]Eine ausführliche Diskussion der Positron-Entdeckung unter wissenschaftstheoretischen Gesichtspunkten findet sich auch in Brown (1987), S.186 ff. Brown deutet Andersons Identifikation der Positron-Spur im Sinne einer naturalistischen Epistemologie, die — ähnlich wie das in 2.4 diskutierte Konzept der direkten Beobachtung von Shapere (1982) — zuläßt, daß auch theoretisches Hintergrundwissen in Beobachtungen eingeht.
[47]Rutherford (1930), S.294.

Masse und Ladung zurück, oder aber auf ein in der Bleiplatte durch ein-und-dieselbe Reaktion entstandenes Paar von Teilchen entgegengesetzter Ladung und gleicher Masse, von denen eines ein Elektron war. Aus beiden Möglichkeiten folgte die Existenz eines positiven Elektrons, des Positrons.

Andersons Identifikation der ‚untypischen' Spur eines positiv geladenen Teilchens geringer Masse zeigt, wie behutsam und zurückhaltend Experimentalphysiker mit theoretischen Annahmen umgehen, solange diese *noch nicht* zum gesicherten Hintergrundwissen zählen. Anderson machte bei der theoretischen Deutung der Positron-Spur nur von empirisch bewährten klassischen Meßgesetzen und phänomenologischen Aussagen Gebrauch, um die Positron-Spur mit den empirisch gut bekannten Spurcharakteristika von Protonen und Elektronen zu vergleichen. Er verzichtete aber auf eine genaue Bestimmung der Positronmasse, die eine damals noch nicht verfügbare verläßliche Theorie des Energieverlusts geladener Teilchen in Materie erfordert hätte. Man ersieht aus Andersons Vorgehen, daß Experimentalphysiker lieber auf quantitative Genauigkeit verzichten, als eine Meßtheorie zu benutzen, die ihnen nicht hinreichend fundiert erscheint.

Darüberhinaus ist aus Andersons Vorgehen zu lernen, daß die Analyse des experimentell gewonnenen Beobachtungsmaterials in der Teilchenphysik gerade bei den entscheidenden experimentellen Entdeckungen oft ganz *unabhängig* vom Theorienbildungsprozeß verläuft. Die Durchführung und Auswertung von Experimenten ist weitgehend autonom gegenüber der gleichzeitigen Entwicklung und Ausgestaltung neuer theoretischer Ansätze, wie auch *P.Galison* mit seinen Fallstudien zur Geschichte der Teilchenphysik belegt.[48] Anderson *kannte* zwar, wie viele andere Teilchenphysiker auch, die 1927 aufgestellte Dirac-Gleichung, aus der — wenn man ihre gesamte Lösungsmenge realistisch deutete — die Existenz von Teilchenzuständen negativer Energie folgte. Die Analyse der seit 1931 im Beobachtungsmaterial vorhandenen Positron-Spuren wurde durch diese Kenntnis aber in keiner Weise beeinflußt. Die Experimentalphysiker waren um 1930 fern davon, nach Teilchen mit der Elektronenmasse und positiver Ladung zu suchen, um der Dirac-Gleichung eine vollständige empirische Basis zu verschaffen. Im Ge-

---

[48]Vgl. Galison (1987), der insbesondere mit seiner Fallstudie zur Entdeckung der neutralen Ströme die in Pickering (1984) vertretene konstruktivistische Sicht der neueren Teilchenphysik demontiert.

genteil versuchten Anderson — wie auch Millikan, in dessen Gruppe er arbeitete —, die atypischen Spuren solange wie nur irgend möglich als Proton-Spuren zu deuten — ähnlich wie Dirac selbst versucht hatte, die Lösungen der Dirac-Gleichung zu Werten negativer Energie den Protonen zuzuordnen.[49]

3.5 Teilchenidentifikation und Quantenelektrodynamik

Physiker sind konservativ: sie versuchen, sich so weit wie nur irgend möglich auf ihr bewährtes Hintergrundwissen zu stützen, ohne daran zu rütteln. Zum verläßlichen Hintergrundwissen zählte um 1930 jedoch eher die unwiderlegte Annahme, daß es nur zwei geladene massive Elementarteilchen, das Elektron und das Proton, gibt, als die in den zwanziger Jahren entwickelten quantentheoretischen Ansätze und Methoden, die das ganze Gebäude der bisherigen Physik ins Wanken gebracht hatten. Die Physiker griffen in den dreißiger Jahren für die Erklärung der experimentellen Phänomene immer erst dann zur Annahme ‚neuer' Teilchen, wenn sich diese Annahme nicht mehr vermeiden ließ, ohne so fundamentale Prinzipien wie den Energieerhaltungssatz zu gefährden, der durch die Relativitätstheorie mit demjenigen für den Impuls verknüpft worden war und die Entwicklung der Quantenmechanik unbehelligt überstanden hatte. Vor der Entdeckung des Positrons durch Anderson nahm niemand, Dirac eingeschlossen, die Lösungsmenge der Dirac-Gleichung uneingeschränkt ernst.[50] Die Identifikation des Positrons mit den zum Lösungsraum der Dirac-Gleichung gehörigen Teilchenzuständen negativer Energie erfolgte erst nachträglich und weder durch Anderson noch durch Dirac, sondern durch *Blackett und Occhialini*, die 1933 Andersons Entdeckung des Positrons durch eigene experimentelle Untersuchungen bestätigten und ihr durch die Dirac-Gleichung eine theoretische Deutung gaben.[51] Diese Deutung identifizierte diejenigen Lösungen der

---

[49]Vgl. hierzu Pais (1986), S.346 ff.
[50]Eine ausführliche historische Darstellung zur physikalischen Deutung der Dirac-Gleichung findet sich bei Stöckler (1984), S.94 ff.
[51]Vgl. Pais (1986), S.362 f.

Dirac-Gleichung, die Eigenzustände zu negativen Werten der Energie sind, mit einer theoretischen Beschreibung von freien Teilchen mit positiver Ladung und Elektronenmasse, und faßte diese als die idealisierte Beschreibung eines Positrons auf, das bei seinen vielfachen Streuprozessen in Materie eine Ionisationsspur in der Nebelkammer hinterlassen hatte.

Die Entdeckung des Positrons erfolgte somit *unabhängig* von der Dirac-Gleichung und verschaffte deren vorher nicht empirisch interpretierten Lösungen negativer Energie eine *unerwartete* empirische Basis. Noch 1933 konnte Anderson zeigen, daß die Positronen der kosmischen Strahlung aus Paarerzeugungs-Prozessen erzeugt wurden, bei denen ein Elektron und ein Positron gemeinsam entstanden, was auf der Grundlage der Dirac-Gleichung ebenfalls eine natürliche Interpretation fand.[52] Dies bestärkte einerseits die theoretischen Physiker darin, die Quantenelektrodynamik ausgehend von Dirac-Gleichung, Maxwell-Gleichungen und Feldquantisierung weiterzuentwickeln und sie auf die Wechselwirkungen hochenergetischer geladener Teilchen mit Materie anzuwenden, und ermutigte andererseits die Experimentalphysiker allmählich, die Ergebnisse der Theoretiker nun auch für die Analyse des Beobachtungsmaterials aus der kosmischen Strahlung zu verwenden. Die von der experimentellen Teilchenphysik zunächst völlig unabhängige der Weiterentwicklung der Quantenfeldtheorie durch die Theoretiker und die von den ersten, noch quantenmechanischen Rechnungen zur Quantenelektrodynamik anfangs in keiner Weise beeinflußte Analyse des Beobachtungsmaterials aus der kosmischen Strahlung durch die Experimentalphysiker begannen sich nun zu verflechten.

Wesentliche Schritte zur theoretischen Beschreibung der Wechselwirkungen relativistischer geladener Teilchen mit Materie waren lange vor der theoretischen und experimentellen Konsolidierung der Quantenelektrodynamik getan. 1931 gelang es *Møller*, die Streuung zweier Elektronen ausgehend von der Dirac-Gleichung in der Born-Näherung der Quantenmechanik auf relativistisch invariante Weise zu beschreiben.[53] 1932 benutzte *Bethe* Møllers Streuformel, um eine relativistische Formel für den Energieverlust abzuleiten, den Elektronen durch das Auslösen von Ionisationsprozessen in Materie erleiden; diese Formel konnte aber

---

[52]Vgl. Anderson (1983).
[53]Møller (1931).

nur für das Wasserstoffatom exakt ausgewertet werden.[54] 1933 ergänzte *Bloch* die Formel von Bethe für komplexere Atome im Rahmen eines theoretischen Modells, das die Elektronen eines Atoms als ein Fermi-Gas beschreibt. Damit war die schon erwähnte *Bethe-Bloch-Formel* zur Beschreibung des Bremsvermögens von Atomen für hochenergetische geladene Teilchen abgeleitet.[55] 1934 kamen die Formeln für die *Bremsstrahlung*, den umgekehrten Prozeß zur Compton-Streuung, und die 1933 von Blackett und Occhialini bei der Analyse von Teilchenspuren aus der kosmischen entdeckte *Paarerzeugung*, bei der ein Elektron-Positron-Paar entsteht, hinzu.[56] Mit der Bethe-Bloch-Formel und den Formeln für Bremsstrahlung und Paarerzeugung konnte der Energieverlust geladener Teilchen in Materie vollständig berechnet werden. Bis Mitte der dreißiger Jahre erweiterte sich auf diese Weise das quantenelektrodynamische Wissen immens, auf das künftig bei der Analyse von Teilchenspuren zurückgegriffen werden konnte.

Die Quantenelektrodynamik war jedoch auch nach der Entdeckung des Positrons noch weit von ihrer Konsolidierung entfernt. Wegen der verbliebenen innertheoretischen Probleme der parallel zur relativistischen Quantenmechanik entwickelten Quantenfeldtheorie, aber auch wegen eines experimentellen Verwirrspiels um die Analyse der Spuren von erst 1936 identifizierten Mesonen aus der kosmischen Strahlung wurde auch nach der Bestätigung der Dirac-Gleichung durch das Positron weiter an der Gültigkeit der Quantenelektrodynamik gezweifelt. Insbesondere nahm man bis zur Identifikation der *Mesonen* an, daß die quantenelektrodynamische Berechnung des Energieverlusts geladener Teilchen in Materie bei hohen Teilchenenergien, wo Bremsstrahlungs- und Paarerzeugungs-Prozesse dominant werden, versagt.[57] Die aus der Dirac-Gleichung in Bornscher Näherung berechneten Gesetze, die den Energieverlust durch Ionisation, Bremsstrahlung und Paarerzeugung beschreiben, wurden erst ab Ende der dreißiger Jahre als gesichertes Hintergrundwissen akzeptiert — und zwar in dem Maße, wie die Quantenelektrodynamik weitere experimentelle Bestätigungen erfuhr.

---

[54]Bethe (1932).
[55]Bloch (1933).
[56]Bethe (1934); Pais (1986), S.375 f.; vgl. auch den Überblick in Rossi (1952), S.151, und die historische Darstellung in Galison (1987), 103 ff.
[57]Die Identifikation der Herkunft und des Teilchengehalts von Teilchenschauern aus der kosmischen Strahlung bereitete große Probleme; vgl. ebd., S.110 ff., sowie Cassidy (1981).

Die nächste Bestätigung kam mit der experimentellen Identifikation des ‚Mesotrons', das *Anderson* aus Teilchenspuren der kosmischen Strahlung erst 1936 als ein geladenes Teilchen nachwies, dessen Masse zwischen der des Elektrons und der des Protons liegen mußte. Das mangelnde Vertrauen in die quantenelektrodynamische Berechnung des Energieverlusts durch Strahlungsprozesse bei hohen Teilchenenergien verzögerte die Identifikation dieses heute unter dem Namen *Myon* bekannten Teilchens um zwei Jahre, während umgekehrt die noch unidentifizierten Mesonspuren im experimentellen Beobachtungsmaterial aus der kosmischen Strahlung, das Anderson 1933 mit unzureichend selektiven Experimentiermethoden gewonnen hatte, für Spuren von Elektronen gehalten wurden, was den Verdacht, daß die Quantenelektrodynamik bei höheren Teilchenenergien versagt, noch bestärkte.[58] Schließlich konnte Anderson *einerseits* durch eine empirische Verfeinerung seiner Meßmethoden — nämlich durch den Einbau eines 1 *cm* dicken Platin-Absorbers in die Nebelkammer, der Elektronen stoppte und Myonen durchließ — das ‚Mesotron' oder Myon als ein in der Masse vom Elektron klarerweise unterschiedenes Teilchen nachweisen und *andererseits* durch die Benutzung der (besser bewährten) quantenelektrodynamischen Vorhersagen für den Energieverlust durch Ionisationsvorgänge zeigen, daß das Teilchen — falls die Quantenelektrodynamik für kleine bis mittlere Teilchenenergien stimmt — leichter als das Proton sein mußte.[59] Damit fand das Verwirrspiel ein Ende, und das Vertrauen der Physiker in die quantenelektrodynamischen Rechnungen stieg. Die verschlungene Geschichte der Quantenelektrodynamik und ihrer empirischen Erfolge in den dreißiger

---

[58]Ebd., S.2 und 12 ff.; Anderson (1983), S.143 ff. Galison (1987), S.137, hebt hervor, daß Anderson dieselbe Nebelkammer wie bei der Positron-Entdeckung mit einer weiterentwickelten Experimentiertechnik benutzte.

[59]Pais (1986), S.432; Cassidy (1981), S.14. Auf die Einzelheiten des theoretischen Kontextes und auf die verschiedenen Experimente, die in zwei getrennten Schulen der Teilchenphysik schrittweise zur Identifikation des Myons führten, kann hier nicht eingegangen werden; vgl. dazu Galison (1987), Kapitel 3; insbes. S.126 ff. Galison hebt hervor, daß sich der genaue Zeitpunkt der Myon-Entdeckung nicht festlegen läßt, weil die Entdeckungsgeschichte (wie die des Neutrinos) ein kollektiver Lernprozeß der Teilchenphysiker war, in dem sorgfältig mehr und mehr Erklärungsalternativen ausgeschieden wurden: "The move towards acceptance of the muon was not the relevation of a moment. But by tracing an extended chain of experimental reasoning like this one, we have seen a dynamical process that, while sometimes compressed in time, has occurred over and over in particle physics. With the discovery of the neutrino, for instance, one sees such a gradual elimination of alternatives." Ebd., S.133.

Jahren (deren umwegreiche Pfade hier nicht genauer skizziert werden können) zeigt, daß diese Theorie nach der Entdeckung des Positrons zwar erheblich an Akzeptanzgrad gewann, aber der empirische Gehalt der Theorie erst noch vorsichtig erkundet wurde, bevor irgendein daraus abgeleitetes Gesetz Eingang in die Meßtheorie zur Auswertung von Teilchenspuren fand.

Als die Quantenelektrodynamik schließlich *akzeptiert* war, erlaubten die daraus gewonnen Vorhersagen für den mittleren Energieverlust eines geladenen Teilchens in Materie eine *quantitative Verfeinerung* dieser Meßtheorie. Aus den quantenelektrodynamischen Formeln für Ionisation, Bremsstrahlung und Paarerzeugung kann ein theoretischer Ausdruck für die *Energie-Reichweite-Beziehung* abgeleitet werden, der direkt mit der entsprechenden experimentell gewonnenen, halbempirischen Beziehung verglichen werden kann. Die Identifikation geladener Teilchen durch die Messung ihrer Masse ist anhand der theoretischen Energie-Reichweite-Beziehung und der von der Lorentz-Kraft beschriebenen Spurkrümmung in einem Magnetfeld mit recht hoher Präzision möglich. Gegenüber den groben Abschätzungen der Positron- und der Myon-Masse, die Anderson noch möglichst theorieunabhängig vornahm, gewann die Massenmessung auf der Grundlage dieser quantenelektrodynamisch begründeten Beziehung, in der sich die ursprünglich rein klassische Meßtheorie mit der Quantenelektrodynamik verflicht, eine immense Trennschärfe.

Aber auch die von der Quantenelektrodynamik völlig unabhängigen, halbempirischen Methoden zur Massenmessung, die noch heute auf einem quasi-klassischen Teilchenmodell beruhen, wurden seit den vierziger Jahren immer weiter verfeinert. Mittels der großen räumlichen Auflösung der neuen Kernspuremulsionen konnte die Masse eines Teilchens unabhängig von seiner Reichweite mit großer Genauigkeit abgeschätzt werden, anhand der Dichte der Meßpunkte.[60] 1947 gelang auf diese Weise die Unterscheidung des 1936 entdeckten Myons vom später entdeckten geladenen Pion, das bereits 1935 in *Yukawas* Theorie der starken Wechselwirkung vorhergesagt und von 1936 bis 1947 mit dem Myon verwechselt worden war.[61] Das Myon und das Pion besitzen eine Masse von 106 MeV/c^2 bzw. 140 MeV/c^2; eine so kleine Massendifferenz experimentell aufzulösen, hätte sich Anderson 1932 noch nicht träumen las-

---

[60]Rossi (1952), S.138 ff.
[61]Ebd., S.162 f., sowie Lattes (1983).

sen. Weitere Verbesserungen der rein phänomenologischen Analyse von Teilchenspuren wurden durch die 1954 von Glaser erfundene Blasenkammer möglich, mittels deren eine Vielzahl von Teilchenspuren gleichzeitig registriert und auf Fotografien unmittelbar beobachtet werden konnten. Auch die halbempirische Energie-Reichweite-Beziehung konnte mittels der Blasenkammer und durch die Streuexperimente an Teilchenbeschleunigern für viele Teilchentypen und in einem großen Energiebereich mit hoher Präzision ermittelt werden. Trotz der *Verflechtung* der quantenelektrodynamischen Vorhersagen für den Energieverlust geladener Teilchen in Materie mit der ursprünglichen klassischen Meßtheorie stehen der Teilchenphysik somit noch präzise Verfahren zur Teilchenidentifikation, die von der Quantenelektrodynamik *unabhängig* sind, zur Verfügung — jedenfalls soweit die Teilchenidentifikation auf *einzelne* Teilchenspuren und Streuereignisse als Beobachtungsbasis zurückgreifen kann.

Erst bei der theoretischen Deutung von *Resonanzen* durch ein quantentheoretisches Modell der korrelierten Zerfälle instabiler Teilchen erreicht die Verflechtung der Quantenelektrodynamik mit ihren Meßmethoden ein Stadium, wo es *keine* von der Quantentheorie *unabhängigen* Möglichkeiten zur Teilchenidentifikation mehr gibt. Dieses neue Stadium der Theoriegeladenheit von Meßverfahren, das nichts anderes als das Stadium einer *T-Theoretizität im Sneedschen Sinne* ist, wurde jedoch erst nach der experimentellen und theoretischen Konsolidierung der Quantenelektrodynamik erreicht. Darüberhinaus blieb die Teilchenidentifikation anhand von Resonanzen mit der Spurenanalyse der einzelnen Streuereignisse, die zu einer Resonanz beitragen, vielfältig vernetzt.

3.6 Gibt es Teilchen?

Wenn man die in der experimentellen Teilchenphysik verfügbare Fülle empirischer Indizien für Elektronen, α-Teilchen, Photonen, Positronen, Myonen und all die anderen experimentell nachgewiesenen Teilchentypen bedenkt, erscheint die Frage, ob es mikroskopische Teilchen gibt, müßig: Natürlich gibt es Teilchen im Sinne der Ursachen lokaler Wirkungen in Teilchendetektoren, so daß prinzipiell nur zu klären bleibt, welche Teilchen*typen* es gibt und wie ihre Wechselwirkungen zu beschreiben sind. Daß die Dinge nicht so einfach liegen, zeigt erst die quantentheoretische Beschreibung der Elementarteilchen, die seit der Entdeckung des Elektrons einige Metamorphosen des Teilchenkonzepts erzwang. Die Frage, inweweit das kausal und mereologisch explizierte vor-theoretische Teilchenkonzept eine Entsprechung in der empirischen Realität hat, kann also — allen *grundsätzlichen* Einwänden gegen die realistische Deutung von theoretischen Entitäten und Naturgesetzen zum Trotz — erst auf der Grundlage des *quantentheoretischen* Wissens über Atome und Elementarteilchen schlüssig beantwortet werden.

Die grundsätzlichen Argumente gegen eine konstruktivistische oder strikt empiristische Realitätsauffassung lassen sich jedoch unter Hinweis auf die empirische Basis der Teilchenphysik bekräftigen und ergänzen. Um dies zu zeigen, sollen die zentralen anti-realistischen Einwände gegen den Rückschluß von den empirischen Indizien für Teilchen auf die Existenz der entsprechenden Teilchentypen noch einmal aufgegriffen werden: (1) die empirischen Indizien der Teilchenphysik sind *technische Konstrukte*, die nicht in der ‚freien Natur' gegeben sind, sondern mittels hochtechnisierter Apparaturen im physikalischen Labor erzeugt werden müssen (*Tetens*); (2) es übersteigt die *Trennlinie zwischen Empirie und Metaphysik*, (i) von beobachtbaren Wirkungen auf die Existenz von deren nicht-beobachtbaren mikroskopischen Ursachen zurückzuschließen, und (ii) einer Theorie über die unmittelbar empirisch gestützten raumzeitlichen Datenmodelle der beobachtbaren Phänomene hinaus eine Entsprechung in der empirischen Realität zuzuschreiben (*van Fraassen*); (3) die experimentellen Daten der Teilchenphysik sind so theoriegeladen, daß eine *Symbiose von Theorie und Experiment* besteht, bei der es keine von den zu testenden Teilchentheorien unabhängigen Meßverfahren mehr gibt (*Pickering*, á la *Sneed* interpretiert).

(1) Die konstruktivistische Wissenschaftskritik setzt an der falschen Stelle an:

Obwohl die beobachtbaren lokalen Wirkungen von Teilchen nicht unmittelbar empirisch gegeben, sondern mit technischen Mitteln erzeugt sind, handelt es sich dabei um *kontingente Phänomene*, die im Beobachtungsmaterial eines Experiments vorhanden sein können oder auch nicht — seien es nun Teilchenspuren und Streuereignisse, die man aus der kosmischen Strahlung erhält und die ganz bestimmte phänomenologische Charakteristika aufweisen, oder sei es das Auftreten einer Resonanz bei irgendeinem Energiewert im Wirkungsquerschnitt eines Streuexperiments an einem Teilchenbeschleuniger.

Darüberhinaus *überlappt* sich selbst der Phänomenbereich, den man in der Teilchenphysik experimentell erforscht, mit kontingenten Phänomenen, die durch die Alltagserfahrung zugänglich sind: man denke an die beobachtbaren Spuren auf einer durch die kosmische Strahlung belichteten Fotoplatte, die den Spuren auf dem Computer-Bildschirm des elektronisch ausgelesenen Teilchendetektors beim Streuexperiment am Teilchenbeschleuniger gleichen. Eine Wissenschaftskritik, wie sie *Tetens* intendiert, die sich dagegen richtet, die mit der Komplexität ungestörter Naturvorgänge unvergleichlichen, idealen Bedingungen physikalischer Experimente für die *ganze* empirische Wirklichkeit zu halten,[62] sollte anderswo ansetzen als sie es tut: nicht an der *realistischen* Annahme, es gebe etwas in der Natur, das innerhalb wie außerhalb eines physikalischen Labors ‚teilchenartige' lokale Wirkungen in geeigneten makroskopischen Umgebungen hervorrufen kann — sondern lieber an der einem *klassischen* Weltbild verhafteten und durch die Quantentheorie korrigierten Annahme, dieses ‚etwas' sei eine idealiter vom Rest der Welt isolierbare Korpuskel mit den Eigenschaften einer Substanz im Kleinen.

(2) Die Trennlinie zwischen Empirie und Metaphysik liegt nicht dort, wo die Sinneserfahrung endet:

(i) Auch die empiristische Kritik am Schluß von beobachtbaren Wirkungen auf deren nicht-beobachtbare Ursachen, die *van Fraassen* gerade am Schluß von der beobachtbaren Teilchenspur auf das nicht-beobachtbare Teilchen exemplifiziert,[63] wird der Kontingenz nicht gerecht, welche die Einzelereignisse und Spuren in Teilchendetektoren, die auf Streuereignisse zurückgeführten Koinzidenz mehrerer Teilchenspuren oder die als ein Resonanzphänomen betrachtete Häufung von Streuereignissen bei

---

[62]Hinweise darauf, daß die Intention von Tetens' Wissenschaftskritik in diese Richtung geht, finden sich in Tetens' Ausführungen zum Verhältnis von Naturbegriff und experimentellem Handeln, vgl. Tetens (1980), S.9 ff., und in einer Anmerkung zu den ‚künstlichen' Bedingungen, unter denen Experimente in einem physikalischen Labor stattfinden, vgl. ebd., Anm. 31 auf S.139: „Wir sprechen hier im wesentlichen über die klassische und relativistische ‚Labor'physik. Inwiefern in jüngerer Zeit im Zusammenhang mit der Synergetik und der Beschäftigung mit sogenannten dissipativen Strukturen die Physik sich der Behandlung von Phänomenen zuwendet, für die bestimmte vereinfachende Laborbedingungen (Abgeschlossenheit, thermodynamisches Gleichgewicht) gerade nicht erfüllt sind, können wir hier nicht erörtern.'" Hier wird die Physik komplexer Phänomene ausdrücklich von der Wissenschaftskritik ausgenommen.

[63]van Fraassen (1980), S.16 f.

einem bestimmten Energiewert aufweisen. Solchen kontingenten Phänomenen im Beobachtungsmaterial der Teilchenphysik eine reale Ursache absprechen, heißt soviel wie: annehmen, daß die Natur unter den experimentellen Bedingungen der Teilchenphysik *gesetzmäßige empirische Strukturen* hervorbringt, ohne daß diese *durch reale Prozesse in der Natur bewirkt* sind.

Der Schluß von der beobachtbaren lokalen Wirkung auf ihre nichtbeobachtbare Ursache ist unproblematisch, soweit er nur die Annahme impliziert, es gebe etwas in der Natur, das unter geeigneten Bedingungen lokale Wirkungen hervorbringt. Problematisch wird er erst dann, wenn er mit spezifischen, an der Alltagserfahrung und der klassischen Physik geprägten theoretischen Annahmen bezüglich der Relate und der formalen Struktur kausaler Beziehungen verknüpft wird — etwa wenn man stillschweigend unterstellt, die Ursache einer lokalen Wirkung sei selbst lokal und der Vorgang, der diese Wirkung hervorbringt, sei vollständig determiniert.[64] ‚Schlechte' Metaphysik liegt nicht darin, die Grenzen des (kontingenten) Horizonts unserer Sinneserfahrung mithilfe des in der Physik gewonnenen theoretischen Wissens zu überschreiten, sondern darin, die Grundannahmen des innerhalb dieses begrenzten Horizonts erworbenen empirischen Wissens auf die der bloßen Sinneserfahrung entzogenen Phänomenenbereiche zu übertragen.

(ii) Die *innertheoretische Grenze* zwischen empirischen und nichtempirischen Theorieteilen, die van Fraassen mit seinem modelltheoretischen Konzept der empirischen Substruktur einer Theorie zu markieren versucht, wirkt ebenfalls wenig überzeugend, wenn man sie mit den empirischen Indizien für Teilchen konfrontiert. Aus der Entdeckung des *Positrons*, die den Lösungen der Dirac-Gleichung zu positiven Energiewerten einen unerwarteten empirischen Gehalt verschaffte, läßt sich schon einmal lernen, daß der empirische Gehalt einer Theorie durch deren formale Struktur gar nicht ein für allemal festgelegt ist. Durch die Identifikation des Positrons vergrößerte sich der empirische Gehalt der Dirac-Gleichung. In den Augen der Physiker liegt die Metaphysik nicht (nur) im untestbaren Überschuß einer Theorie über die Phänomene, sondern (vor allem) in deren unerfüllten empirischen Prognosen.

Darüberhinaus ließe sich die empirische Substruktur einer Theorie des Mikroskopischen höchstens dann ausschließlich an beobachtbare Phäno-

---

[64]Vgl. dazu die Ausführungen in 2.5.

Gibt es Teilchen? 135

mene in van Fraassens Sinn knüpfen, wenn alle Probleme des quantenmechanischen Meßprozesses gelöst wären und alle quasi-klassischen Datenmodelle zur Beschreibung der makroskopischen Indizien für Teilchen in eine Quantentheorie eingebettet werden könnten. Kontinuierliche Datenmodelle für Teilchenspuren gehören nicht zum empirischen Gehalt der Quantentheorie, die den Mechanismus der Entstehung von Teilchenspuren probabilistisch beschreibt. Nicht die in der Blasenkammer beobachtbare quasi-klassische Raum-Zeit-Bahn, sondern erst die damit verknüpften und anhand einer klassischen Meßtheorie daraus bestimmbaren dynamischen Meßgrößen Masse und Ladung zählen zur empirischen Substruktur der heutigen Elementarteilchentheorien. Nach van Fraassens restriktiven Kriterien, die nur raumzeitliche Strukturen als empirische Datenmodelle zulassen,[65] hat eine Quantentheorie der Elementarteilchen *gar keinen empirischen Gehalt*, weil sie auf der Ebene der Einzelereignisse keine vollständige *raumzeitliche* Beschreibung *einzelner Teilchen* liefert, sondern nur quantitative Aussagen über die Werte von Ladung, Masse, Energie und anderer *dynamischer* Größen, die Teilchen*typen* charakterisieren. Dagegen beruht das klassische Datenmodell der Teilchenspur auf der Annahme einer determinierten Raum-Zeit-Bahn, die mit der Struktur der Quantentheorie unvereinbar ist.

Aus van Fraassens Kritik an der realistischen Deutung des Teilchens, welches eine Spur in der Blasenkammer verursacht, ist also gerade *nicht* zu lernen, wo die empirische Substruktur einer Theorie aufhört und wo ihr nicht-empirischer Teil beginnt. Ganz im Gegenteil: es ist daraus zu lernen, daß man sogar der *empirischen Substruktur der klassischen Punktmechanik* — die unter anderem Teilchenspuren in Blasenkammern beschreibt — *nicht immer trauen darf.*

(3) Die Symbiose von Theorie und Messung steht am Ende, nicht am Anfang der Theorienbildung:

Dennoch *hat* die Teilchenphysik eine vor-theoretische Beobachtungsbasis im strikt empiristischen Sinn, wie insbesondere an der praktisch theoriefreien Szintillationsmethode zum Nachweis von α-Teilchen und bei den aus dem Beobachtungsmaterial der Teilchenphysik ins Auge springenden Teilchenspuren deutlich wird. Die empirische Basis des heutigen Teilchenkonzepts wurde erst im Verlauf des Theorienbildungsprozesses

---

[65]Siehe Anm. 26 zu 3.3.

theoretisiert, wobei diese *Theoretisierung der Beobachtungsbasis* sehr verschiedene Aspekte hatte:

(i) die zunehmende *Theoriegeladenheit der Ortsmessung*, die aber die Kontingenz der Ereignisse in den Meßgeräten nicht berührt;

(ii) die *Verbreiterung der empirischen Basis* des kausal explizierten vor-theoretischen Teilchenbegriffs um kontingente Phänomene wie Teilchenspuren und Streuereignisse, die *mittels bewährter klassischer Meßgesetze* (Lorentz-Kraft, Erhaltungssätze) als empirische Indizien für Teilchen und ihre Wechselwirkungen gedeutet wurden;

(iii) die *quantentheoretische Kritik* der klassischen Datenmodelle von Teilchenspuren (sowie Streuereignissen);

(iv) die theoretische Verfeinerung der Beobachtungsbasis durch die *Klassifikation* der Teilchenspuren und Streuereignisse im Beobachtungsmaterial nach Erhaltungssätzen für die dynamischen Größen, deren Werte die verschiedenen Teilchentypen charakterisieren; und

(v) die *Verflechtung* der ursprünglich nur klassischen Meßtheorien mit der Quantenelektrodynamik, die unter anderem der quantentheoretischen Deutung von Resonanzen als empirischen Indizien für Teilchen zugrundeliegt.

Erst mit (v) erreichte der Theorienbildungsprozeß der Teilchenphysik das Stadium einer Symbiose von Quantentheorie und Messung á la *Pickering* oder einer T-Theoretizität im *Sneed*schen Sinne bezüglich einer relativistischen Quantenfeldtheorie bzw. deren provisorischen Vorläufern: bestimmte Meßgrößen — nämlich die aus Maximum und Breite einer Resonanz bestimmte Masse und Lebensdauer eines instabilen Teilchens — können nicht mehr unabhängig von der quantentheoretischen Beschreibung des Zerfalls angeregter Zustände von Teilchen gemessen werden. Die T-Theoretizität steht jedoch offenkundig am Ende, nicht am Anfang des Theorienbildungsprozesses, der zur Entwicklung und Konsolidierung der Quantenelektrodynamik führte. Dem Test dieser Theorie liegt sie gerade *nicht* zugrunde. Im Gegenteil beweist die Geschichte der Teilchenidentifikation in den dreißiger und vierziger Jahren, wie hartnäckig sich die Experimentalphysiker um die Entwicklung von Meßverfahren bemühten, die von der Quantenelektrodynamik, soweit sie sich noch nicht empirisch bewährt hatte, unabhängig blieben.

Gibt es Teilchen? 137

Für den Theorienbildungsprozeß, der zur Durchsetzung des *Quark-Modells* führte, gilt entgegen *Pickerings* konstruktivistisch gefärbter Darstellung[66] dasselbe. Vom quantenfeldtheoretischen Forschungsprogramm der fünfziger und sechziger Jahre, das sich fern von allen Experimenten auf die mathematischen Probleme renormierbarer Quantenfeldtheorien konzentrierte und Theorien der schwachen und starken Wechselwirkung nach dem Muster der Quantenelektrodynamik entwickelte, blieb die in diesem Kapitel skizzierte Meßtheorie zur Analyse von Teilchenspuren und Streuereignissen vollständig unberührt. Umgekehrt lieferte diese Meßtheorie jedoch den Versuchen, Quantenfeldtheorien nach dem Muster der Quantenelektrodynamik zu konstruieren, die später zu den heutigen Quantenfeldtheorien der elektroschwachen und starken Wechselwirkung führten, die empirische Basis. Insbesondere war die Entdeckung der neutralen schwachen Ströme nicht, wie Pickering meinte, einer willkürlichen Änderung der Kriterien für die Separation von Daten und Untergrund im Lichte der *Salam-Weinberg-Theorie* zu verdanken, sondern einer von dieser Theorie ganz unabhängigen Verfeinerung der verwendeten Meßtheorie.[67]

Wenn jemals eine Symbiose von Theorie und Messung am Anfang eines Theorienbildungsprozesses stand, so bestand sie zwischen den Theorien der klassischen Physik und den Anfängen der experimentellen Atom- und Teilchenphysik. Diese Symbiose, wenn es denn eine war, hat jedoch *nicht* verhindert, daß die klassischen Theorien von den Physikern nach einem mühsamen, unfreiwilligen Lernprozeß durch die Quantentheorie ersetzt wurden und heute in ihrer Anwendung auf den mikroskopischen Phänomenbereich als ein-für-allemal falsifiziert gelten.[68] Von den konstruktivistischen und empiristischen Einwänden dagegen, einzelne Ortsmessungen, Teilchenspuren, Streuereignisse und Resonanzen als empirische Indizien für Elementarteilchen zu deuten, bleibt demnach herzlich wenig übrig. Die als Indizien für Teilchen gedeuteten Phänomene, die sich kontingenterweise im Beobachtungsmaterial der experimentellen Teilchenphysik finden, machen die *empirische Basis* des heutigen Teilchenkonzepts aus — zusammen mit den mittels bewährter Meßtheorien aus Teilchenspuren, Streuereignissen und Resonanzen bestimmten Wer-

---

[66] Pickering (1984).
[67] Siehe Galison (1987), Kapitel 4.
[68] Die *Bohm*sche Theorie, die ein Anhänger verborgener Parameter gegen diese Behauptung anführen würde, erkauft ihre quasi-klassische Struktur um den Preis nicht-lokaler Kopplungen, die es in der klassischen Punktmechanik oder Feldtheorie nicht gibt und die eine Lorentz-invariante Formulierung solcher Theorien ausschließen.

ten für Masse, Ladung und andere dynamische Größen, durch die man die Teilchen theoretisch charakterisiert. Weniger klar ist, welchen *empirischen Gehalt* das vor-theoretische Teilchenkonzept besitzt, dessen kausale und mereologische Explikation auf das klassische Konzept eines idealiter vom ‚Rest der Welt' isolierbaren, raumzeitlich vereinzelten, massiven Bestandteils makroskopischer Dinge zugeschnitten ist. Die ausschließlich mittels quantentheoretischer Meßgesetze analysierten *Resonanzen* gehören jedenfalls *nicht* zum empirischen bzw. experimentellen Gehalt eines *klassischen Teilchenkonzepts*, sondern zu dem einer *Quantentheorie*, von der unklar ist, inwieweit sie *überhaupt* zu einer theoretischen Präzisierung des vor-theoretischen Teilchenkonzepts taugt.

Abschließend noch einige grundsätzliche Bemerkungen zur begrifflichen Unterscheidung von ‚*empirischer Basis*' und ‚*empirischem Gehalt*' physikalischer Theorien. Dieser Unterscheidung liegt die empiristische Annahme zugrunde, es ließe sich eine *simple Korrespondenz zwischen möglichst theoriefreien Elementen der empirischen Realität und identifizierbaren Teilen einer Theorie* herstellen. Schon die Ausdifferenzierungen in der Theorieauffassung, zu denen sich die meisten Vertreter des empiristischen Forschungsprogramms wegen der Schwierigkeiten des Carnapschen Zwei-Stufen-Konzepts genötigt sahen (vgl. 2.6), zeigen, wie problematisch diese Annahme ist. Die empirische *Basis* von Theorien ist nur zum geringsten Teil theoriefrei gegeben; sie ist mit den Meßgesetzen, die zum empirischen *Gehalt* der Theorie zählen, *verflochten*. An den Fallstudien zu Beobachtung und Messung in der Teilchenphysik hat sich deutlich gezeigt, wie sehr man in der Physik bestrebt ist, die empirische Basis physikalischer Theorien mithilfe abgesicherter Meßgesetze systematisch um theoriegeladene (aber dennoch kontingente!) experimentelle Resultate zu erweitern. Diese Verflechtung von empirischer Basis und empirischem Gehalt scheint es nahezulegen, die übliche *Korrespondenz*vorstellung der Entsprechung zwischen Theorie und Realität zugunsten einer *Kohärenz*auffassung der Wahrheit physikalischer Theorien fallenzulassen.[69]

Die an der empiristischen Korrespondenzauffassung des Verhältnisses von Theorie und kontingenter Wirklichkeit orientierte Unterscheidung zwischen der empirischen Basis und dem empirischen Gehalt ei-

---

[69]Es gibt in der Tat theoretische Begriffe in der Physik, für die eine korrespondenztheoretische Deutung nicht mehr aufrechtzuerhalten ist; vgl. die Diskussion der Definition eines *relativistischen Formfaktors* in 4.4.

ner Theorie *dennoch* beizubehalten, so gut es eben geht, macht vor allem im Hinblick auf die *Theorienbildungsprozesse* der Physik Sinn. Die *empirische Basis* einer erst noch zu konstruierenden Theorie sind die experimentell gewonnenen, durch bewährte Meßtheorien metrisierten *Einzelphänomene* — im Fall der Teilchenphysik also Einzelereignisse in Teilchendetektoren, Teilchenspuren und Streuereignisse. Der *empirische Gehalt* der zu konstruierenden Theorie dagegen ist das Minimum an theoretischer Struktur, das man zur gesetzmäßigen Verknüpfung der kontingenten Einzelphänomene benötigt und das sich im Idealfall in eine umfassende Theorie einbetten läßt. Im Fall der Teilchenphysik ist dies eine *Quantentheorie*, deren Spezialfälle um der Konsistenz zwischen Theorie und Meßverfahren willen in approximativen Näherungsbeziehungen zu den quasi-klassischen Meßgesetzen zur Analyse von Teilchenspuren und Streuereignissen stehen müssen.[70]

Ist eine Theorie dagegen erst einmal so weit ausgearbeitet, daß sie einen direkt darin eingebetteten empirischen Gehalt *hat*, zu dem dann unter anderem auch die Meßgesetze zählen können, anhand deren ein Teil ihrer empirischen Basis gewonnen wurde, dann ist diese — vom Beobachtungsmaterial im strikt empiristischen Sinne einmal abgesehen — von den Grundannahmen der Theorie plötzlich nicht mehr unabhängig. So sind in der Teilchenphysik ja nicht nur die Meßgesetze, die der Analyse von Resonanzen zugrundeliegen, sondern auch die Gesetze zur Beschreibung der Ionisationsprozesse, die in einer ohne quantentheoretische Kenntnisse gebauten Nebelkammer stattfinden, Spezialfälle einer Quanten(feld)theorie. Das ‚Mehr' an theoretischer Struktur, das eine Theorie über ihren empirischen Gehalt hinaus immer hat und gegen dessen realistische Deutung nicht nur gute Empiristen mißtrauisch sein sollten, ist an der Struktur einer vollausgebildeten Theorie wegen dieser Theoretisierung der empirischen Basis oft furchtbar schwer zu auszumachen. Und *wenn* es denn auszumachen ist, dann zeigt es sich vielleicht unvermuteterweise in der Anwendung empirisch erprobter Gesetze der Theorie auf einen neuen Phänomenbereich. Genau dies geschah bei den vertrauten Meßgesetzen der klassischen Punktmechanik, mittels deren man einer Teilchenspur noch heute quasi-klassische Meßgrößen zuschreibt, als handele es sich bei der Verursachung dieser Spur um die Bewegung eines klassischen, raumzeitlich vollständig determinierten Massenpunkts.

---

[70]Vgl. hierzu Kap. 5.3.

4 Die räumliche Deutung subatomarer Strukturen

Die Theoretisierung der Beobachtungsbasis der Teilchenphysik durch Gesetze der klassischen Punktmechanik führte zu einer neuen theorieübergreifenden Bedeutung des Teilchenbegriffs: Teilchen sind *diskrete Streuzentren*, die bei Streuexperimenten mit radioaktiver Strahlung innerhalb eines makroskopischen Atomverbands lokalisierbar sind und deren räumliche Struktur aus dem *Wirkungsquerschnitt* des Streuexperiments erschlossen werden kann.[1] Diese Bedeutung von ‚Teilchen' beruht auf einer quasi-klassischen Meßtheorie, der *Rutherfords* klassische Beschreibung der Coulomb-Streuung am Atomkern sowie deren quantentheoretische Verallgemeinerungen zugrundeliegen. Die Meßtheorie zur Analyse der Struktur von subatomaren Streuzentren ist zentral für die Deutung der Streuexperimente, die heute mit hochenergetischen Teilchenstrahlen an Teilchenbeschleunigern durchgeführt werden und deren Vorläufer die Experimente in Rutherfords Labor waren, welche zur Entdeckung des Atomkerns führten. Sie verschaffte schließlich auch dem 1964 aufgestellten *Quark-Modell* der Teilchenphysik 1968 eine unerwartete empirische Basis. — Die *klassische Rutherford-Streuung* hat in doppelter Hinsicht paradigmatische Bedeutung für die experimentelle Untersuchung der inneren Struktur der Materie auf der Basis dieser Meßtheorie:

(i) Die *Streuexperimente*, die kurz nach der Jahrhundertwende *mit geladenen Teilchen aus radioaktiven Strahlungsquellen* in Rutherfords Labor durchgeführt wurden, erwiesen sich als *richtungsweisende experimentelle Methode* zur Erforschung der inneratomaren Struktur.

---

[1]Zur Definition des Wirkunggsquerschnitts vgl. Anhang A.1.

(ii) Die *klassischen Annahmen über ein punktförmiges geladenes Streuzentrum*, unter denen Rutherford seine Streuformel herleitete, erwiesen sich als *erstaunlich resistent gegen den Übergang von der klassischen Physik zur Quantenmechanik*, denn sie lassen sich in die quantenmechanische Streutheorie einbetten und liefern mit dieser zusammen ein leistungsfähiges theoretisches Instrumentarium, das es ermöglicht, die Streuung geladener Teilchenstrahlen an Atomen quantitativ zu beschreiben und die Struktur subatomarer Streuzentren in den Termini vertrauter physikalischer Größen zu deuten.

Wenn man die innere Struktur eines materiellen Streuobjekts nach dem Modell der Rutherford-Streuung räumlich deutet und, je nach den Ergebnissen eines Streuexperiments, als ‚ausgedehnt' oder ‚punktförmig' bezeichnet, so überträgt man die makroskopische Größe ‚Ausdehnung' bzw. ‚Länge' auf einen empirisch unzugänglichen Größenbereich im Mikroskopischen. Damit *erweitert* man die *Skala* der Größe ‚Länge' auf einen experimentell untersuchten Phänomenbereich, den man theoretisch erschließen will. Solange keine physikalische Dynamik zur Verfügung steht, um ihn theoretisch zu beschreiben, kann man nur versuchen, mit *heuristischen* Methoden Aufschluß über die räumliche Struktur der Materie in diesem Größenbereich zu gewinnen. Dies versucht man teils anhand von vertrauten Modellen und teils anhand von theorieübergreifenden Größenbetrachtungen, denen das exakte Verfahren der *Dimensionsanalyse* zugrundeliegt.[2]

Ein solches Vorgehen, das Brücken zwischen ‚inkommensurablen' Theorien wie der klassischen Punktmechanik und der Quantentheorie schlagen kann, ist für viele Theorienbildungsprozesse in der neueren Physik typisch. Es soll hier paradigmatisch an der Meßtheorie untersucht werden, die auf der Rutherford-Streuung beruht und die der Identifikation von Teilchen mit mikroskopischen Streuzentren zugrundeliegt. Dabei ist hauptsächlich darauf zu achten, inwieweit diese Meßtheorie — und die theoretische Struktur des dadurch erschlossenen Phänomenbereichs — *modellabhängig* ist und inwieweit sie *durch Generalisierungen von der Modellabhängigkeit befreit* werden kann. Unter *‚Modell'* ist hierbei eine spezifische Beschreibung eines physikalischen Systems innerhalb einer bestimmten Theorie zu verstehen; in diesem Sinne sprechen die Physiker von Modellabhängigkeit, während *theorieübergreifende* Beschreibungen als modell*unabhängig* bezeichnet werden. — Auf die Realismus-Debatte

---

[2]Vgl. dazu Anhang A.2.

bezogen und in der Terminologie des 1.Kapitels ausgedrückt: Es soll untersucht werden, inwieweit die Meßtheorie, auf deren Basis die räumliche Struktur der Materie mit Streuexperimenten erforscht wird, eine *quasi-klassische Konstruktion der inneratomaren Realität* liefert; inwieweit dieses theoretische Konstrukt der Atomstruktur *von seinen klassischen Voraussetzungen unabhängig gemacht werden kann*; und inwieweit es durch Experimente gestützt wird, die eine von ihm unabhängige *kontingente Wirklichkeit* zutage bringen.

Größenbetrachtungen, die sich am Modell der Rutherford-Streuung orientieren und Rückschlüsse von Streuexperimenten auf die räumliche Struktur des Atominnern stützen, spielen in der neueren Teilchenphysik gerade dort eine große Rolle, wo man die Dynamik von subatomaren Streuprozessen noch nicht genau kennt. Sie stehen in engem systematischem Zusammenhang mit den theoretischen Konzepten der *Skaleninvarianz* und der *Formfaktoren*, die richtungsweisend für die Entwicklung der neueren Teilchenphysik waren, insofern sie es ermöglichten, die Ergebnisse hochenergetischer Streuexperimente unabhängig von den heutigen Quantenfeldtheorien zu deuten. Sie verschafften den mit diesen Theorien verknüpften Annahmen über die inneratomare Dynamik eine unabhängige experimentelle Basis.[3]

Im klassischen (Teilchen-) Modell der Rutherford-Streuung ist die Beschreibung des Streuvorgangs, wenn man sie durch geeignete Größen normiert, nicht mehr von einer Größe mit der Dimension ‚Länge' abhängig. Diese Längenunabhängigkeit, die sogenannte *Skaleninvarianz*, liefert im klassischen Modell eine notwendige und hinreichende Bedingung für die *Punktförmigkeit* der am Streuvorgang beteiligten Teilchen. Wenn man diese Bedingung auf ein quantentheoretisches Modell der Streuung überträgt, läßt sich daraus eine quasi-klassische Meßtheorie gewinnen, in deren Rahmen die räumliche Struktur quantentheoretisch beschriebener Streuobjekte durch experimentell bestimmbare *Formfaktoren* beschrieben wird. Diese Meßtheorie konstruiert die Struktur der mikroskopischen Realität in klassischen Begriffen und ermöglicht es so, klassische und quantentheoretische Phänomene in einem wichtigen Spezialfall ein-

---

[3]Mit ‚heutigen Quantenfeldtheorien' sind hier die Salam-Weinberg-Theorie der elektroschwachen Wechselwirkung und die Quantenchromodynamik, die Theorie der starken Wechselwirkung, gemeint. Die Quantenelektrodynamik, die spätestens ab Ende der vierziger Jahre als theoretisch sowie empirisch hinreichend konsolidiert galt, wurde zur Auswertung der an Teilchenbeschleunigern durchgeführten hochenergetischen Streuexperimente von Anfang an benutzt.

heitlich zu deuten. Dabei kann man trotz der *konstruktiven Komponente* dieser Deutung zeigen, daß die durch Streuexperimente an Teilchenbeschleunigern erforschte und durch Formfaktoren beschriebene inneratomare Struktur der Materie das *Refugium eines unproblematischen Realismus* ist — jedenfalls soweit die spezifischen Effekte einer *relativistischen* Quantentheorie vernachlässigbar sind.

4.1 Rutherford-Streuung und Skaleninvarianz

Die klassische *Rutherford-Streuung* wurde durch die Streuung schneller α-Teilchen, die aus einer radioaktiven Quelle stammten, an Streuobjekten aus Gold und anderen Materialien in den Jahren 1909–11 von *Marsden* und *Geiger* über einen großen Streuwinkelbereich gemessen und von Rutherford durch die 1913 veröffentlichte *Rutherfordsche Streuformel* beschrieben.[4] Die Winkelverteilung der Rutherford-Streuung mit ihrer charakteristischen $\sin^{-4}\frac{\theta}{2}$-Abhängigkeit, die Rutherford aus einem klassischen Teilchenmodell herleitete,[5] hat zwei Merkmale. Das erste davon führte zur experimentellen Entdeckung des Atomkerns durch Marsden, Geiger und Rutherford, während das zweite sechzig Jahre später für die Deutung der in Streuexperimenten an Teilchenbeschleunigern untersuchten inneren Struktur der Kernbausteine Proton und Neutron eine wichtige theoretische Analogie zur Verfügung stellte. Das erste Charakteristikum ist berühmt: es handelt sich um die unerwartete *Rückwärtsstreuung*, die 1909 von *Marsden* bei der routinemäßigen Streuung von α-Teilchen aus einer Radium-Quelle an einer dünnen Goldfolie beobachtet wurde und die Rutherford zu zwei Jahren Rechenarbeit veranlaßte, mit dem Ergebnis der schon angeführten Streuformel; der Ausdruck $\sin^{-4}\frac{\theta}{2}$ hat auch für den Wert $\theta = 180°$ einen endlichen Wert. Das zweite Charakteristikum ist weniger bekannt. Es handelt sich um eine formale Eigenschaft des durch Rutherford berechneten und später durch Marsden und Geiger experimentell überprüften differentiellen Wirkungsquerschnitts, die man

---
[4]Vgl. etwa die Darstellung in Trigg (1984), S.50 ff.
[5]Er konzipierte den Atomkern als punktförmige Zentralladung, die ein Coulomb-Potential erzeugt, und fügte einen Zusatzterm für die Abschirmung durch die Elektronenhülle hinzu. Für das reine Coulomb-Potential findet sich die Rechnung in jedem Lehrbuch der Kernphysik; vgl. etwa Mayer-Kuckuck (1974), S.14 ff.

heute als *Skaleninvarianz* bezeichnet. Diese formale Eigenschaft läßt sich auf die Beschreibung der hochenergetischen Streuprozesse, die man in der heutigen Teilchenphysik untersucht, verallgemeinern und erlaubt Rückschlüsse von einem experimentell bestimmten Wirkungsquerschnitt auf die räumliche Struktur der an der Streuung beteiligten Teilchen.

Unter *Skaleninvarianz* versteht man in diesem Zusammenhang, daß ein Wirkungsquerschnitt, der durch die Multiplikation mit geeigneten physikalischen Größen *dimensionslos* gemacht wird, weder von der Energie der gestreuten Probeteilchen noch von irgendeiner Größe der Dimension ‚Länge' abhängt, mittels deren die räumliche Struktur des Streuzentrums charakterisiert werden könnte. Die Skaleninvarianz eines dimensionslos gemachten Wirkungsquerschnitts ist eine *Symmetrie*, von deren Vorhandensein man auf die Beschaffenheit der Streuobjekte schließt. Sie beinhaltet, daß eine meßbare Größe, die einen Streuprozeß charakterisiert, von den veränderlichen dynamischen Größen der gestreuten Teilchen unabhängig ist. Die *Skalen*invarianz eines dimensionslos gemachten Wirkungsquerschnitts darf keinesfalls verwechselt werden mit der üblichen Invarianz einer Theorie oder eines Modells gegen Änderungen des verwendeten physikalischen Maßsystems, die man als *Dimensions*invarianz bezeichnet.[6] Skaleninvarianz ist die Invarianz der speziellen Größe ‚Wirkungsquerschnitt', die einen bestimmten Streuvorgang in der Teilchenphysik charakterisiert und von der Dimension einer Fläche ist, unter einer Änderung der Energie der gestreuten Teilchen *ohne* Wechsel des Maßsystems. Bei der Durchführung eines Streuexperiments ist diese Änderung mit einer Variation des experimentellen Versuchsaufbaus verknüpft. Die Unveränderlichkeit der gemessenen und durch Multiplikation mit anderen Meßgrößen des Experiments dimensionslos gemachten Größe ‚Wirkungsquerschnitt' bei einer solchen Variation des Experiments ist nicht selbstverständlich; sie ist gegenüber der Beschreibung von Streuexperimenten durch theoretische Modelle *kontingent*.[7]

Die Skaleninvarianz eines dimensionslos gemachten Wirkungsquerschnitts wurde 1968 erstmals bei einem hochenergetischen Streuexperiment am SLAC (*Stanford Linear Accelerator*) gefunden, als Elektronen

---

[6]Die *Dimensionsinvarianz* ist ein sehr allgemeines metatheoretisches Prinzip der Theorienbildung, auf dem das Verfahren der *Dimensionsanalyse* — und mit ihm die heuristischen Dimensionsbetrachtungen der Physik — beruhen; vgl. Anhang A.2.

[7]Das Konzept der Skaleninvarianz hat mit der Dimensionsinvarianz einer Theorie nur insofern etwas zu tun, als seine theoretische Bedeutung auf einer *Dimensionsanalyse* des Streuproblems beruht. Vgl. weiter unten und Anhang A.3..

hoher Energie unelastisch an Protonen gestreut wurden. *Bjorken* und *Feynman* deuteten diese experimentell nachgewiesene Skaleninvarianz in Analogie zur Rutherford-Streuung als ein empirisches Indiz für die Existenz von punktförmigen Bestandteilen des Protons, die man später — nach der Durchführung anderer Streuexperimente von ähnlichem Typus, und nach der Anhäufung einer Fülle weiterer experimenteller Indizien — mit den drittelzahlig geladenen *Quarks* identifizierte.[8] Nach dem theoretischen Modell von Bjorken und Feynman muß man von der experimentell gefundenen *Skaleninvarianz* des dimensionslos gemachten Wirkungsquerschnitts einer Teilchenreaktion auf die *Strukturlosigkeit* der subatomaren Streuobjekte schließen; und man darf diese Strukturlosigkeit, die ja zunächst nicht mehr als die Unabhängigkeit einer für den Streuprozeß charakteristischen meßbaren Größe von anderen, experimentspezifischen, physikalischen Größen ausdrückt, in einer *raumzeitlichen Interpretation der Struktur des Streuzentrums* mit *Punktförmigkeit* gleichsetzen.

In den Originalarbeiten zur theoretischen Deutung der entscheidenden Experimente wie auch in den meisten Lehrbüchern der heutigen Teilchenphysik wird dieser Schluß von einer Symmetrieeigenschaft einer experimentell bestimmten Größe auf die Strukturlosigkeit oder Punktförmigkeit von Teilchen nicht durch eine genaue Darlegung seiner Prämissen und der daraus gezogenen Konklusionen vorgeführt, sondern nur mittels heuristischer Betrachtungen plausibel gemacht.[9] Die formale und interpretatorische Verknüpfung eines skaleninvarianten Ausdrucks, der sich aus dem Wirkungsquerschnitt eines Streuexperiments bilden läßt, mit Aussagen über die Struktur der aneinander gestreuten Teilchen beruht auf einem ganzen Bündel von Annahmen und Argumenten, deren Kern

---

[8] Zu den Einzelheiten dieser spannenden Entdeckungs- und Identifikationsgeschichte vgl. Riordan (1987), S.136 ff. Der Bericht über die experimentellen Ergebnisse ist: Panofsky (1968); die Originalarbeiten zur theoretischen Deutung sind: Bjorken (1969a), (1969b) und (1970) sowie Feynman (1969).

[9] Vgl. Nachtmann (1986), wo es auf S.74 zur hier analysierten Argumentationsweise lapidar heißt: „Der dimensionslos gemachte Wirkungsquerschnitt" der relativistisch berechneten Rutherford-Streuung (*Mott-Streuung*, vgl. 4.4) „hängt im Hochenergie-Limes überhaupt nicht mehr vom Impuls des einlaufenden Elektrons ab, er zeigt *Skalenverhalten*. Solche Beobachtungen waren bei der Erforschung der Nukleonstruktur durch tief inelastische Elektron-Nukleon-Streuung von großem Nutzen. Sie haben zum heutigen Bild des Nukleons als Bindungszustand punktförmiger Quarks und Gluonen wesentlich beigetragen. Man drehte dabei die Schlußfolgerung um und folgerte aus beobachtetem Skalenverhalten von Streuquerschnitten, daß die Streuzentren punktförmig sein müssen."

Dimensionsbetrachtungen sind und die nun für den paradigmatischen Fall der Rutherford-Streuung entwirrt werden sollen.

Die *klassische Rutherford-Streuung* ist die Streuung eines ausdehnungslosen geladenen Probeteilchens mit der kinetischen Energie $E = \frac{1}{2}mv^2$ an einem starren Coulomb-Potential $V = C/r$, welches den Atomkern beschreibt, an dem die Probeteilchen gestreut werden. In diesem klassischen Modell, mit dem Rutherford die Streuung der α-Teilchen an Goldatomen beschrieb, erhält man als differentiellen Wirkungsquerschnitt die folgende Winkelverteilung:

$$\frac{d\sigma}{d\Omega} = \frac{C^2}{16E^2 \sin^4 \frac{\theta}{2}} \qquad (1)$$

Der Wirkungsquerschnitt $d\sigma/d\Omega$ hat die Dimension einer *Fläche* und ist ein Maß für die relative Anzahl von Teilchen, die bei der Streuung in die Richtung θ bzw. den dazugehörigen Raumwinkel Ω gestreut werden.[10] Charakteristisch ist, daß dieser Ausdruck auch für große Streuwinkel ($\theta > 90°$) nirgends verschwindet, also die bei der Streuung von α-Teilchen an Goldfolie beobachtete *Rückwärtsstreuung* theoretisch beschreibt. Die Konstante C berechnet sich aus den Ladungszahlen Z und Z' von Probeteilchen und Atomkern, den universellen Konstanten $\hbar$ und c sowie der Kopplungskonstanten $\alpha = \frac{1}{137}$ der elektromagnetischen Wechselwirkung, die man aus der elektrischen Elementarladung e nach der Beziehung $\alpha = e^2/\hbar c$ erhält. Es gilt: $C = ZZ'\alpha\hbar c$, so daß man den Rutherfordschen Streuquerschnitt auch in der folgenden Form schreiben kann:

$$\frac{d\sigma}{d\Omega} = \left(\frac{\hbar c}{E}\right)^2 \cdot \frac{(ZZ'\alpha)^2}{16 \sin^4 \frac{\theta}{2}} \qquad (2)$$

Der Ausdruck $(\hbar c/E)^2$ hat wie der Wirkungsquerschnitt insgesamt die Dimension einer Fläche, so daß durch Multiplikation von $d\sigma/d\Omega$ mit $(\hbar c/E)^2$ eine dimensionslose Größe entsteht:

$$\frac{d\sigma}{d\Omega} \cdot \left(\frac{\hbar c}{E}\right)^2 = \frac{(ZZ'\alpha)^2}{16 \sin^4 \frac{\theta}{2}} \qquad (3)$$

---

[10] Vgl. Anhang A.1.

Dieser durch Multiplikation mit $(\hbar c/E)^2$ dimensionslos gemachte Wirkungsquerschnitt hängt von überhaupt keiner dimensionierten Größe mehr ab, nur noch von den Ladungszahlen Z und Z' und dem Streuwinkel θ. Die Unabhängigkeit des Ausdrucks (3) von jeder Größe, die eine räumliche Ausdehnung der am Streuvorgang beteiligten Teilchen charakterisieren könnte, ist die *Skaleninvarianz*. Der Begriff ‚Skaleninvarianz' hat sich für diese Unabhängigkeit eingebürgert, weil der Ausdruck (3) invariant unter einer Veränderung der Energie ist, bei der man ein Streuexperiment durchführt. Die Teilchenphysiker drücken dies — in einer etwas verwirrenden Verwischung des prinzipiellen Unterschieds zwischen *Skalen*invarianz und *Dimensions*invarianz, oder zwischen ‚realen' Veränderungen des *physikalischen Systems*, die sich durch veränderte Zeigerstellungen in der Skala von Meßgeräten abzeichnen, und bloßen Änderungen des *Maßsystems* — gern so aus, daß ein skaleninvarianter Wirkungsquerschnitt invariant unter Änderungen der Skala der Streuenergie ist. Die Skaleninvarianz von (3) ist eine spezifische Symmetrieeigenschaft spezieller Naturgesetze. Sie kommt manchen, aber längst nicht allen Beschreibungen von Streuvorgängen zu und darf keinesfalls mit der Dimensionsinvarianz verwechselt werden, die (vermutlich) jedem fundamentalen Naturgesetz zukommt[11] und die besagt, daß eine physikalische Theorie unter beliebigen Transformationen der Einheit von Meßgrößen, d.h. unter einem beliebigen Wechsel zwischen verschiedenen Maßsystemen, invariant ist.

Was diese spezifische Symmetrieeigenschaft des Rutherfordschen Streuquerschnitts bedeutet und welche Schlüsse man daraus über die Beschaffenheit der an der Streuung beteiligten Teilchen ziehen kann, läßt sich anhand einer *Dimensionsanalyse* des Streuvorgangs exakt begründen.[12] Um die Dimensionsanalyse modellunabhängig im Hinblick auf den Unterschied von klassischer Punktmechanik und Quantentheorie durchzuführen, muß man auf die Charakterisierung des einzelnen Streuvorgangs durch einen klassischen Stoßparameter b, der einer wohldefinierten Raum-Zeit-Bahn der gestreuten Teilchen zugeordnet ist, verzichten. Dann lassen sich die Ergebnisse der Dimensionsanalyse eines *klassischen* Streuvorgangs auch auf Anwendungsfälle der *quantenmechanischen* Streutheorie übertragen.

Für die Streuung am Coulomb-Potential, das von einer Punkt-

---
[11]Vgl. hierzu Krantz (1971), S.504 ff.
[12]Vgl. Anhang A.2 und A.3.

ladung erzeugt wird, bzw. an einem nicht-punktförmigen Streuzentrum, das durch eine *ausgedehnte Ladungsverteilung* beschrieben wird, führt die Dimensionsanalyse zu unterschiedlichen Ergebnissen. Beim Coulomb-Potential hängt der dimensionslos gemachte Wirkungsquerschnitt $(d\sigma/d\Omega) \cdot (\hbar c/E)^2$ nur vom Streuwinkel θ ab. Bei einem nichtpunktförmigen Streuzentrum dagegen, das durch eine ‚innere' Länge R — seine Ausdehnung — charakterisiert wird, hängt der dimensionslos gemachte Wirkungsquerschnitt nicht nur von der Variablen θ ab, sondern darüberhinaus von einer dimensionslosen Größe, die mit der kinetischen Energie E der Probeteilchen und der Länge R variiert.[13] Er weist also trotz Dimensionslosigkeit eine versteckte Längen- und Energieabhängigkeit auf und ist dementsprechend *nicht skaleninvariant* in bezug auf Änderungen des Energiewerts, bei dem das Streuexperiment durchgeführt wird. Dasselbe Ergebnis erhält man, falls nicht das Streuzentrum, sondern die geladenen Probeteilchen, mit denen das Streuexperiment durchgeführt wird, nicht-punktförmig und durch eine Länge R charakterisiert sind.

Wenn ein gemessener und nach (3) dimensionslos gemachter Wirkungsquerschnitt von der Energie der Probeteilchen abhängig ist — also eine mangelnde Skaleninvarianz aufweist, die man in der Teilchenphysik als *Skalenverletzung* bezeichnet — so ist es darum nach den Ergebnissen der Dimensionsanalyse unter idealen Bedingungen erlaubt, darauf zu schließen, daß zumindest *eine* der am Streuvorgang beteiligten Teilchenarten durch irgendeine Größe von der Dimension einer Länge charakterisiert sein muß. Umgekehrt folgt aus einer Skaleninvarianz bezüglich der kinetischen Energie E der Probeteilchen im Idealfall, daß die theoretische Beschreibung der am Streuvorgang beteiligten Teilchen *keine* Größe von der Dimension einer Länge enthält. Wenn man diese Längenunabhängigkeit der Beschreibung der am Streuvorgang beteiligten Teilchen als *Strukturlosigkeit* bezeichnet, so ist hiermit gezeigt, daß die *Skaleninvarianz* des nach Gleichung (3) dimensionslos gemachten Wirkungsquerschnitts bezüglich der Energie E der gestreuten Probeteilchen mit der *Strukturlosigkeit der Probeteilchen und des Streuzentrums* äquivalent ist. Die Skaleninvarianz des dimensionslos gemachten Wirkungsquerschnitts ist demnach im klassischen Modell des Streuvorgangs eine *notwendige und hinreichende Bedingung* für die Strukturlosigkeit der aneinander gestreuten Teilchen.

---

[13]Siehe Anhang A.3.

Die Äquivalenz von Skaleninvarianz des Wirkungsquerschnitts und Strukturlosigkeit der an der Streuung beteiligten Teilchen gilt natürlich nur in einem Modell, in dem keine sonstigen Faktoren berücksichtigt sind, die beim Streuvorgang mitspielen und auf *andere* Weise Skalenverletzungen bewirken oder kompensieren könnten. Wie so viele Schlüsse in der Physik von experimentellen Daten auf theoretische Modelle und Deutungen kommt also auch die hier vorgeführte Argumentation, nach der man von der funktionalen Gestalt eines gemessenen Wirkungsquerschnitts auf die räumliche Struktur eines Streuzentrums schließt, nicht ohne idealisierende *ceteris paribus*-Annahmen aus.

4.2 Strukturlosigkeit und Punktförmigkeit

Die Dimensionsanalyse der Rutherford-Streuung ist *theorieübergreifend*. Ihre Ergebnisse gelten nicht nur für die klassische Rutherford-Streuung, sondern für *alle* theoretischen Modelle eines Streuvorgangs, die durch die ihr zugrundegelegten — und keine weiteren — physikalischen Größen charakterisierbar sind. Die Skaleninvarianz des dimensionslos gemachten Wirkungsquerschnitts ist in einer ganzen *Klasse von Modellen* mit der Strukturlosigkeit der am Streuvorgang beteiligten Teilchen äquivalent. Die Äquivalenz von Skaleninvarianz und Strukturlosigkeit gilt für *jedes* Modell eines Streuvorgangs, der durch solche physikalischen Größen, wie sie in die Dimensionsanalyse der Streuung an einer Punktladung oder an einer ausgedehnten Ladungsverteilung eingehen, vollständig und empirisch adäquat charakterisierbar ist.

Wie ist diese Klasse von Modellen beschaffen? Sie umfaßt alle Modelle von *Zwei-Teilchen-Streuprozessen*, deren Dynamik durch die *kinetische Energie* E der Probeteilchen, zwei Zahlenwerte Z und Z' für *Vielfache einer verallgemeinerten Ladung* g und eine *dimensionslose Kopplungskonstante* α charakterisiert ist — also nicht nur Modelle der elektromagnetischen Wechselwirkung, und auch nicht nur klassische Modelle eines Streuvorgangs. Insbesondere bleibt die Dimensionsanalyse, und mit ihr der Schluß von der Skaleninvarianz der Größe $(d\sigma/d\Omega) \cdot (E/\hbar c)^2$ auf die Strukturlosigkeit der an der Streuung beteiligten Teilchen, auch für die *quantenmechanische* Beschreibung der Rutherford-Streuung gültig.

Die quantenmechanische Streutheorie exakt auf den klassischen Ausdruck (1), obwohl sie im Gegensatz zum klassischen Modell der Streuung keine Aussagen über den Verlauf des einzelnen Streuprozesses gestattet.[14] Das quantenmechanische Modell der Streuung und die theoretische Interpretation eines gemessenen Wirkungsquerschnitts in diesem Modell lassen sich darüberhinaus auch auf den *relativistischen* Fall verallgemeinern, wenn man ein geeignetes spezielles Bezugssystem wählt.[15] Die Argumentation, nach der die Skaleninvarianz des dimensionslos gemachten Wirkungsquerschnitts auf die Strukturlosigkeit der am Streuprozeß beteiligten Teilchen schließen läßt und umgekehrt, konnte darum auch auf die hochenergetischen Streuexperimente von 1968 übertragen werden, aus deren skaleninvariantem Ergebnis man auf das Vorhandensein strukturloser Bestandteile im Innern der Nukleonen Proton und Neutron schloß.[16]

Ohne Zusatzannahmen, die das Modell eines Streuvorgangs *spezifizieren*, ist jedoch *Strukturlosigkeit* nicht gleichbedeutend mit *Punktförmigkeit* — auch wenn diese Begriffe in der heutigen Teilchenphysik praktisch synonym verwendet werden. Die aus der Skaleninvarianz eines Wirkungsquerschnitts geschlossene Strukturlosigkeit eines Streuobjekts besagt zunächst nur, daß die theoretische Beschreibung eines Streuobjekts unabhängig von einer Größe der Dimension ‚Länge' ist. Wenn man dieses Streuobjekt dann als punktförmig bezeichnet, so impliziert dies darüberhinaus eine *Lokalitätsannahme*, die beinhaltet, daß die Wirkung des Streuobjekts auf die gestreuten Probeteilchen lokal ist. Mit dieser Lokalitätsannahme bekommt man spätestens im Anwendungsbereich einer renormierungsbedürftigen Quantenfeldtheorie jenseits der Bornschen Näherung Schwierigkeiten.[17] ‚Strukturlosigkeit' ist ein *allgemeinerer* Begriff als ‚Punktförmigkeit'. Sogar eine ausgedehnte homogene Ladungsverteilung, wie sie um die Jahrhundertwende in *Thomsons* Atommodell für die positive Ladung des Atoms angenommen worden war, ist in sich

---

[14]Und zwar sowohl bei der exakten Lösung der Schrödinger-Gleichung als auch in Bornscher Näherung für ein abgeschirmtes Potential; siehe Born (1926c), in: Herrmann (1962), S.78 ff., sowie Mott (1965), S.55 ff. und S.111 f. Der Grund hierfür dürfte sein, daß das Coulomb-Potential die in Mott (1965), S.4 genannte Bedingung für quasi-klassisches Verhalten eines Teilchenstrahls in einem äußeren Feld auch für inneratomare Distanzen gerade noch erfüllt.

[15]Vgl. 4.4; man wählt das Bezugssystem, in dem die Energie-Komponente des relativistischen Viererimpuls-Übertrags verschwindet (*Breit-System*).

[16]Vgl. Riordan (1987), S.156 ff.

[17]Vgl. dazu 4.4.

strukturlos, wenn man in der heutigen Physik mit ‚Strukturlosigkeit' auch üblicherweise etwas anderes meint. Es bleibt darum noch zu klären, auf welchen Voraussetzungen die räumliche Deutung der Strukturlosigkeit von Streuobjekten beruht, die sich in einer *synonymen* Verwendung der Begriffe ‚Strukturlosigkeit' und ‚Punktförmigkeit' ausspricht.

Eine dieser Voraussetzungen ist sicher das eingangs an erster Stelle genannte Charakteristikum der Rutherford-Streuung: das Auftreten von *Rückwärtsstreuung*. Die Beobachtung von Rückwärtsstreuung ist ein empirisches Indiz dafür, daß undurchdringliche Streuzentren im materiellen Streuobjekt vorhanden sein müssen. Sie stützt die Beschreibung der positiven Ladung im Atominnern durch das Coulomb-Potential einer Punktladung empirisch, und die von Marsden beobachtete Rückwärtsstreuung der α-Strahlen an dünner Goldfolie war entsprechend die empirische Grundlage für Rutherfords klassisches Modell des Streuvorgangs.

Bei der quantenmechanischen wie auch bei der relativistischen Beschreibung von Streuvorgängen gerät jedoch die räumliche Deutung der Struktur von Streuzentren in Schwierigkeiten. In beiden Fällen wird die klassische Deutung einer Größe mit der Dimension ‚Länge', die man einem Streuobjekt als räumliche Ausdehnung zuschreibt, problematisch. In der Quantenmechanik kann es sich bei einer Größe der Dimension ‚Länge' auch um die *de Broglie*-Wellenlänge oder die *Compton*-Wellenlänge handeln. In der Relativitätstheorie dagegen tritt ein *raumzeitlicher* Abstand an die Stelle der Deutung von räumlichen Längen im nichtrelativistischen Modell eines Streuvorgangs. Zudem muß eine Größe von der *Dimension* einer Länge, auf die man von experimentell vorgefundenen Skalenverletzungen aus der Äquivalenz von Skaleninvarianz und Strukturlosigkeit schließt, nicht unbedingt eine *physikalische* Länge im Ortsraum repräsentieren, sondern kann aus ganz anderen physikalischen Größen passender Dimensionen gebildet sein.

Wie wir seit der Quantenmechanik wissen, verpflichtet die metatheoretische Annahme einer Einheit der Physik, die den Dimensionsbetrachtungen der Physik zugrundeliegt, *nicht* zur Annahme einer durchgängig klassischen und mit den vor-theoretischen Prinzipien der Alltagserfahrung konformen Struktur der Realität. Man muß darum mit einer buchstäblichen Deutung des von den Teilchenphysikern gebrauchten Begriffs ‚Punktförmigkeit' vorsichtig sein. Anhand der *Formfaktoren*, durch die man nicht-punktförmige Streuzentren in der Teilchenphysik beschreibt, soll nun untersucht werden, auf welchen theoretischen Annahmen die räumliche Deutung der Struktur mikroskopischer Streuzentren beruht, und wie weit sie trägt.

4.3 Formfaktoren I: Klassische Definition der Struktur von Streuzentren

Die heutige Theorie der inneren Struktur des Atoms wurde nicht anhand der theorieübergreifenden Argumentation entwickelt, wonach die Skaleninvarianz eines Wirkungsquerschnitts mit der Strukturlosigkeit der untersuchten Streuobjekte äquivalent ist. Sie beruht vielmehr auf dem *klassischen Modell für den Atomkern*, das der *Rutherfordschen Streuformel* zugrundeliegt und dessen empirische Basis die bei der Streuung von α-Strahlung an Goldfolie beobachtete Rückwärtsstreuung ist. Rutherford konzipierte den Atomkern als eine klassische punktförmige Zentralladung, die auf positiv geladene Teilchen abstoßend wirkt und an der die α-Teilchen um mehr als 90° rückwärts gestreut werden. Er deduzierte aus seinem Atommodell eine theoretische Streuformel, die im Rahmen der Meßgenauigkeit mit den Ergebnissen des Streuexperiments übereinstimmte, und schloß aus der empirischen Adäquatheit der Streuformel auf die Adäquatheit seines Atommodells. Er hat *nicht* umgekehrt erst eine mathematische Funktion für den Wirkungsquerschnitt an die gemessene Winkelverteilung angepaßt, die Skaleninvarianz der Streuformel in Abhängigkeit von der Streuenergie überprüft und dann aus alledem auf auf ein Atommodell geschlossen, wie man es sich nach einem *induktiven* Modell der Theorienbildung vielleicht vorstellen möchte.

Das theoretische Modell des Atomkerns als einer klassischen Zentralladung, die ein Coulomb-Potential erzeugt, liegt auch der späteren Beschreibung der inneren Struktur von Atomen durch *Formfaktoren* zugrunde. Im Rahmen dieses Modells ist Strukturlosigkeit mit *Punktförmigkeit* gleichbedeutend, und die innere Struktur des Streuobjekts, für die ein nicht-skaleninvarianter dimensionsloser Wirkungsquerschnitt spricht, entspricht einer *räumlich ausgedehnten Ladungsverteilung*, die an die Stelle der punktförmigen Zentralladung tritt. Dieses klassische Modell der im Atomkern konzentrierten positiven Ladung erwies sich als gegen den Übergang zur Quantenmechanik erstaunlich stabil, insofern sich die Rutherfordsche Streuformel auch im Rahmen der nichtrelativistischen Quantenmechanik exakt herleiten läßt.[18] Das klassische Modell einer punktförmigen oder ausgedehnten Ladungsverteilung erwies sich sogar als verallgemeinerbar auf die relativistische Quantentheorie. Das klassische Modell des Streuobjekts und seine Verallgemeinerungen sollen nun im Hinblick auf die Frage vorgestellt werden, inwieweit sie die kontingente Struktur der empirischen Realität im Mikroskopischen repräsentieren.

Im klassischen Teilchenmodell folgt das Vorhandensein von Rückwärtsstreuung aus der *Undurchdringlichkeit* des Streuobjekts für gestreute Teilchen mit kleinem Stoßparameter, während die Rückwärtsstreuung nach der Quantenmechanik im Wellenbild als ein *Beugungsphänomen* gedeutet werden muß. Das Auftreten von Rückwärtsstreuung ist dabei ein experimentelles Kriterium, das nach der klassischen wie auch nach der quantenmechanischen Beschreibung eines Streuprozesses auf das Vorhandensein diskreter Streuzentren schließen läßt, die lokale Wirkungen auf die Probeteilchen ausüben.

Im klassischen wie im quantenmechanischen Modell der Streuung werden diese Streuzentren durch ein im Ortsraum starres *klassisches Potential* beschrieben. Die Annahme dieses Potentials erlegt den im Prinzip quantenmechanisch zu beschreibenden Streuzentren bereits starke Lokalitätsbedingungen auf und führt strenggenommen zu einer halbklassischen Beschreibung des Streuvorgangs. Bei der elektromagnetischen Wechselwirkung beschreibt das Potential die *Ladungsverteilung* eines räumlich ausgedehnten oder punktförmigen Ladungszentrums. Im Fall des Coulomb-Potentials, das in der klassischen Physik wie in der nicht-relativistischen Quantenmechanik auf Rutherfords Streuformel führt, handelt es sich um eine *Punktladung*. Abweichungen von der Rutherford-Streuung, die in einem Streuexperiment mit α-Strahlen oder Elektronen und schweren Atomen bei nicht-relativistischen Teilchenenergien beobachtet werden, deuten wegen der exakten Übereinstimmung des klassischen und des quantenmechanisch berechneten Wirkungsquerschnitts der Coulomb-Streuung nicht auf quantenmechanische Effekte hin, sondern auf eine nicht-punktförmige räumliche Struktur des Streuzentrums.

---

[18]Mott (1965), S. 55 ff. Das Modell des Atomkerns ist allerdings nur auf *Ensemble-Ebene* stabil bezüglich des Streuverhaltens geladener Teilchen; nach dem quantenmechanischen Modell der Streuung gibt es keine Raum-Zeit-Bahnen ‚einzelner' gestreuter Teilchen.

Erste *experimentelle Abweichungen von der Rutherford-Streuung*, die sich als ein Indiz für die *Nicht-Punktförmigkeit* des *Atomkerns* deuten lassen, wurden schon 1919 von Rutherford gefunden.[19]

Obwohl die Quantenmechanik *keine* direkte räumliche Interpretation eines Wirkungsquerschnitts erlaubt, kann anhand der klassischen Beschreibung des Streuzentrums im klassischen und im quantenmechanischen Modell der Rutherford-Streuung gleicherweise definiert werden, was man unter der *Punktförmigkeit* eines Streuzentrums versteht: ein Streuzentrum ist genau dann punktförmig, wenn es bei der Streuung nicht-relativistischer geladener Probeteilchen ein Streuverhalten zeigt, das *exakt* durch die *Rutherfordsche Streuformel* beschrieben wird.

Diese Definition ist im Gegensatz zum theoretischen Zusammenhang von Skaleninvarianz und Strukturlosigkeit *modellabhängig*. Sie setzt die Annahme eines klassisch beschriebenen Streuzentrums voraus, hängt also vom spezifischen theoretischen Modell des Streuvorgangs im Rahmen der Quantenmechanik ab. Klassische Systembeschreibungen lassen sich unter geeigneten Anwendungsbedingungen, d.h. in *quasi-klassischen Spezialfällen*, auch in nicht-klassischen Theorien benutzen. In der Quantenmechanik geschieht dies überall dort, wo man ein *Quantensystem* wie den Atomkern formal durch ein *klassisches Potential im Ortsraum* beschreiben kann, das man z.B. in die Schrödinger-Gleichung für gebundene Zustände von Elektronen einsetzen kann. In diesem Sinne beruht auch die quantenmechanische Streutheorie, die auf *Born* zurückgeht, auf einem quasi-klassischen Modell des Streuzentrums.[20]

Nach dieser modellabhängigen Definition der Punktförmigkeit gestatten es Abweichungen von der Rutherford-Streuung, im nicht-relativistischen Bereich auf eine räumliche Ladungsverteilung zu schließen, die im Rahmen der klassischen Elektrostatik durch eine *Ladungsdichte* $\rho(r)$[21] repräsentiert wird. Die so definierte elektromagnetische Struktur eines nicht-punktförmigen Streuzentrums läßt sich durch einen *Formfaktor* beschreiben, mittels dessen sich die Abweichung eines Wirkungs-

---

[19] Pais (1986), S.237 ff.

[20] Die Quantenmechanik ist insgesamt so etwas wie eine Hybrid-Theorie, die ein *Quantenobjekt* im *klassischen Potential* beschreibt. Eine ‚volle' quantentheoretische Beschreibung wechselwirkender Elementarteilchen wird erst durch die Quantenfeldtheorie geleistet.

[21] Ich unterdrücke hier und meist auch im folgenden nicht-radiale Anteile der Ortsabhängigkeit von Ladungsdichte und Potential. Wo sie *nicht* unterdrückt werden sollen, wird dies durch Fettdruck (= Vektorschreibweise) angezeigt.

querschnitts von Rutherfords Streuformel quantitativ ausdrücken läßt. Zwischen Formfaktoren, Rutherford-Streuung und einer radialsymmetrischen Ladungsverteilung $\rho(r)$ besteht bei einem klassischen Streuzentrum ein direkter theoretischer Zusammenhang, der im folgenden skizziert werden soll. Die Ladungsverteilung $\rho(r)$, die klassisch als kontinuierliche Ladungsdichte oder auch als Wahrscheinlichkeitsdichte für den Aufenthaltsort diskreter Ladungen verstanden werden kann, erzeugt das folgende elektrostatische Potential $V(r)$:

$$V(r) = C \int \frac{\rho(r')\,dr'}{\mid r - r' \mid} \tag{4}$$

Dabei ist $C = ZZ'\alpha\hbar c$ durch die Ladungszahlen Z und Z', die Kopplungskonstante α sowie die Naturkonstanten $\hbar$ und c gegeben, wobei $\alpha\hbar c$ in einer klassischen Theorie durch einen geeigneten Wechsel des Maßsystems mittels klassischer Größen ausgedrückt werden kann. In der nichtrelativistischen Quantenmechanik kann man $\rho(\mathbf{r})$ als das Betragsquadrat einer quantenmechanischen Wellenfunktion $\psi(\mathbf{r})$ interpretieren, die das Ladungszentrum beschreibt:

$$\rho(\mathbf{r}) = \mid \psi(\mathbf{r})\mid^2 \tag{5}$$

Diese Interpretation führt mit (4) zu einem halb klassischen, halb quantenmechanischen Potential $V(r)$, das aber eine konsistente quantenmechanische Beschreibung der Streuung geladener Teilchen an einem gebundenen quantenmechanischen System geladener Teilchen erlaubt. Beim klassischen Coulomb-Potential $V(r) = C/r$ reduziert sich die Ladungsdichte auf eine Deltafunktion, es gilt: $\rho(r) \equiv \delta(r)$. Wenn man das Potential (4) in die Bornsche Näherung für die Lösung der Schrödinger-Gleichung der quantenmechanischen Streutheorie einsetzt,[22] erhält man für den differentiellen Wirkungsquerschnitt den folgenden Ausdruck:

$$\frac{d\sigma}{d\Omega} = \frac{\pi^2 C^2}{E^2 \sin^4 \frac{\theta}{2}} \int \rho(r) \frac{\sin(qr)}{q} r\,dr \tag{6}$$

Dabei ist q der bei der Streuung auf das Streuzentrum übertragene Impulsbetrag, der nach der folgenden Beziehung mit dem Impuls $\mathbf{p}$ und

---

[22]Mott (1965), S.86 ff.

der kinetischen Energie E der Probeteilchen sowie mit dem Streuwinkel θ zusammenhängt:

$$q = 2\,|\mathbf{p}|\sin\frac{\theta}{2} = 2\sqrt{2Em}\,\sin\frac{\theta}{2} \tag{7}$$

Ein Vergleich von (6) mit dem Rutherfordschen Wirkungsquerschnitt (1) [im folgenden als $(d\sigma/d\Omega)_R$ bezeichnet] zeigt, daß $d\sigma/d\Omega$ bis auf einen nur vom Impulsübertrag q abhängigen Faktor, den Formfaktor $F(q)$, mit $(d\sigma/d\Omega)_R$ übereinstimmt:

$$F(q) = \frac{4\pi}{q}\int \rho(r)\,\sin(qr)\,r\,dr \tag{8}$$

$$\frac{d\sigma}{d\Omega} = \left(\frac{d\sigma}{d\Omega}\right)_R \cdot |F(q)|^2 \tag{9}$$

Nach (8) ist der Formfaktor $F(q)$ die *Fourier-Transformierte der Ladungsverteilung* $\rho(r)$; seine funktionale Abhängigkeit vom Impulsübertrag q stellt also ein direktes Maß für die räumliche Struktur eines nichtpunktförmigen klassischen Ladungszentrums dar — soweit sie durch die elektromagnetische Wechselwirkung bedingt ist. Nach (7) und (9) ist der Formfaktor $F(q)$ ein von der kinetischen Energie E der Probeteilchen und dem Streuwinkel θ abhängiger Faktor, der die Skaleninvarianz des durch Multiplikation mit $(E/\hbar c)^2$ dimensionslos gemachten Rutherfordschen Wirkungsquerschnitts $(d\sigma/d\Omega)_R$ aufhebt:

$$\frac{d\sigma}{d\Omega}\cdot\left(\frac{E}{\hbar c}\right)^2 = \frac{(ZZ'\alpha)^2}{\sin^4\frac{\theta}{2}}\cdot|F(q)|^2 \tag{10}$$

Für das Coulomb-Potential der Rutherford-Streuung mit der Ladungsverteilung $\rho(r) \equiv \delta(r)$ reduziert sich der Formfaktor auf 1, was zugleich wieder auf einen skaleninvarianten dimensionslos gemachten Wirkungsquerschnitt führt:

$$F(q)_R \equiv 1 \tag{11}$$

$$\left(\frac{d\sigma}{d\Omega}\right)_R\cdot\left(\frac{E}{\hbar c}\right)^2 = \frac{(ZZ'\alpha)^2}{16\sin^4\frac{\theta}{2}}\cdot|F(q)|^2 \tag{12}$$

Formfaktoren I

Wenn man die Struktur eines Streuzentrums durch einen Formfaktor beschreibt, findet man also, wie zu erwarten, die Äquivalenz von Strukturlosigkeit und Skaleninvarianz wieder. Dabei wird in diesem Modell — das spezifischere Annahmen über den Streuvorgang macht als die in Anhang C besprochene Dimensionsanalyse des Streuvorgangs, insofern das Streuzentrum hier durch eine (quasi-) klassische Ladungsverteilung $\rho(r)$ beschrieben wird — Strukturlosigkeit mit *Punktförmigkeit* und innere Struktur mit *räumlicher Ausdehnung* der Ladungsverteilung $\rho(r)$ äquivalent. In diesem klassischen Modell des Streuzentrums, das für die nicht-relativistische Quantenmechanik genauso brauchbar ist wie für die klassische Physik und das sich leicht auf die relativistische Quantenmechanik verallgemeinern läßt, *benötigt* man gar keinen expliziten Schluß von der Skaleninvarianz auf die Punktförmigkeit bzw. von Skalenverletzungen (10) auf eine innere Struktur des Streuzentrums, weil man die Ladungsverteilung $\rho(r)$ anhand der Beziehungen (8) und (9) *messen* kann. Der Formfaktor $F(q)$ kann nämlich nach (8) als eine *experimentelle Größe* definiert werden, die man durch die Normierung eines gemessenen Wirkungsquerschnitts $(d\sigma/d\Omega)_{Exp}$ auf den theoretischen Wirkungsquerschnitt $(d\sigma/d\Omega)_R$ eines punktförmigen Streuzentrums erhält:

$$\mid F(q)_{Exp} \mid^2 = \frac{(d\sigma/d\Omega)_{Exp}}{(d\sigma/d\Omega)_R} \tag{13}$$

Nach (7) läßt sich dann mittels einer *Fourier*-Transformation aus dem gemessenen Formfaktor $F(q)_{Exp}$ die radiale Ladungsverteilung $\rho(r)$ als experimentelle Größe bestimmen:

$$\rho(r) = \frac{1}{2\pi^2 r} \int F(q)_{Exp}\, q\, \sin(rq)\, dq \tag{14}$$

Nach (13) und (14) läßt sich in der Atomphysik die radiale Ladungsverteilung der Elektronenhülle von Atomen messen. Die Struktur des Atomkerns, die erst bei Streuexperimenten erheblich höherer Energie untersucht werden kann,[23] durch Formfaktoren zu beschreiben, erfordert dagegen den theoretischen Rahmen einer relativistischen Quantentheorie.

---

[23]Vgl. 4.5.

4.4 Formfaktoren II: Relativistische Verallgemeinerungen

Das Modell der Rutherford-Streuung, nach dem Punktförmigkeit und Strukturlosigkeit gleichbedeutend sind, läßt sich auf die relativistische Quantenmechanik verallgemeinern. Dafür beschreibt man die gestreuten Probeteilchen durch die *Dirac*-Gleichung anstelle der *Schrödinger*-Gleichung und stellt den Anschluß an die nicht-relativistische Beschreibung des Streuvorgangs dadurch her, daß man das Streuzentrum in einem geeigneten Bezugssystem wiederum durch ein quasi-klassisches Potential $V(r)$ repräsentiert, welches sich dafür eignet, eine räumliche Ladungsverteilung $\rho(r)$ darin einzufügen. Für die Streuung am starren Coulomb-Potential, das einen als punktförmig gedachten schweren Atomkern beschreibt, erhält man so in Bornscher Näherung einen einfachen Ausdruck, der sich für niedrige Teilchenenergien approximativ auf die Rutherfordsche Streuformel reduziert und der für hohe Energien der Probeteilchen wieder Skaleninvarianz zeigt — die *Mottsche Streuformel*.[24]

Für die quantenelektrodynamische Beschreibung der Streuung eines Elektrons am *Dirac-Proton* — d.h. an einem idealisierten Proton, das wie das Elektron durch die Dirac-Gleichung beschrieben wird, wobei man insbesondere vom anomalen magnetischen Moment absieht, das ein Indiz für eine innere Struktur des Protons ist — ergibt sich in Bornscher Näherung ein komplizierterer Ausdruck, der jedoch wiederum für hohe Teilchenenergien skaleninvariant gemacht werden kann und der für Streuzentren mit einer relativ zu den Probeteilchen extrem großen Masse in einer approximativen Reduktionsbeziehung zur Mottschen Streuformel steht.[25]

Wenn man solche im Rahmen der relativistischen Quantenmechanik berechneten Wirkungsquerschnitte, die *relativistische Verallgemeinerungen der Rutherfordschen Streuformel* darstellen, anstelle von $(d\sigma/d\Omega)_R$ in (13) einsetzt, so kann man auch in Streuexperimenten, die bei relativistischen Teilchenenergien durchgeführt werden, Formfaktoren messen und ihre Abhängigkeit vom relativistischen Viererimpuls-Übertrag q als ein Indiz für die Nicht-Punktförmigkeit der untersuchten Streuobjekte deuten:

---

[24]Bjorken (1964), S.117, und Nachtmann (1984), S.74.
[25]Bjorken (1964), S.127.

$$| F(q)_{Exp} |^2 = \frac{(d\sigma/d\Omega)_{Exp}}{(d\sigma/d\Omega)_{RQM}} \tag{15}$$

Dabei ist $(d\sigma/d\Omega)_{RQM}$ ein differentieller Wirkungsquerschnitt, der im Rahmen der relativistischen Quantenmechanik aus der Dirac-Gleichung berechnet wird und der die Streuung geladener Probeteilchen mit Spin $\frac{1}{2}$ an einem Streuzentrum beschreibt, das durch irgendein elektromagnetisches Potential repräsentiert wird. Die Beziehungen (14) und (15) liegen den Streuexperimenten zugrunde, mit denen *Hofstadter* und seine Mitarbeiter in Stanford während der fünfziger Jahre die Formfaktoren und die zugehörigen Ladungsverteilungen für viele Typen von Atomkernen bestimmten.[26] Berühmt wurden davon vor allem die Streuexperimente, die ein elektromagnetisches ‚Innenleben' des Protons und des Neutrons nachwiesen, indem sie zeigten, daß Proton und Neutron — wie es auch die anomalen magnetischen Momente dieser Bestandteile des Atomkerns erwarten lassen — durch zwei elektromagnetische Formfaktoren zu beschreiben sind, die Abweichungen von der Strukturlosigkeit bzw. Punktförmigkeit ausdrücken; der erste davon ist mit der Ladung und der zweite mit dem magnetischen Moment der Nukleonen verbunden.[27] Die elektromagnetischen Formfaktoren des Nukleons können zunächst rein phänomenologisch nach einer Formel vom Typus (15) aus dem Verhältnis eines gemessenen zu einem für strukturlose Streuobjekte berechneten Wirkungsquerschnitt bestimmt werden. Damit haben sie wieder die Bedeutung *quasi-klassischer Größen*, die ein experimentell gegebenes Maß für die quantitativen Abweichungen einer theoretisch nicht näher bekannten Struktur von einer klassischen Punktladung und einem klassischen magnetischen Moment darstellen und die man in einem heuristischen Modell der Nukleonen auf die elektrische Ladungsverteilung und die Dichte des magnetischen Moments im Proton bzw. Neutron beziehen kann.[28]

Es ist jedoch auch möglich, den experimentell nach (15) bestimmten Formfaktoren des Protons und Neutrons im Rahmen der relativistischen Quantentheorie eine präzise theoretische Deutung zu geben, die

---

[26] Hofstadter (1956), (1958), (1989).
[27] Rosenbluth (1950); Hofstadter (1958); siehe auch Lohrmann (1981), S.144 f., sowie Bethge (1968), S.142 ff.
[28] Der phänomenologische Zugang zu den Formfaktoren ging dem theoretischen Verständnis dieser Größen auch historisch vorher. Die physikalische Deutung der elektromagnetischen Formfaktoren des Nukleons im Kontext der relativistischen Quantentheorie wurde erst einige Jahre nach ihrer Messung geliefert, in: Ernst (1960).

nicht mehr modellabhängig ist. Wenn man sehr allgemeine Voraussetzungen über eine relativistische Quanten(feld)theorie wie Lorentz-Invarianz, Eich-Invarianz und die Gültigkeit der Dirac-Gleichung für Teilchen mit Spin $\frac{1}{2}$ macht, gelangt man im Rahmen der Quantenelektrodynamik zu einer sehr allgemeinen, nun nicht mehr auf halbklassische Spezialfälle zugeschnittenen Beschreibung des Streuvorgangs, die zwei relativistisch invariante Ausdrücke enthält, welche nur vom (Lorentz-invarianten) Quadrat des relativistischen Impulsübertrags q abhängen und sich genau mit den aus (15) gewonnenen Ausdrücken für die Formfaktoren des Nukleons identifizieren lassen. Auf diese Weise wird man die Modellabhängigkeit, die man in die Definition der Formfaktoren nach (15) zunächst hineingesteckt hat, wieder los und kann nun auch im Rahmen einer relativistischen Quanten(feld)theorie und *ohne* quasi-klassische Voraussetzungen definieren, was man unter der Punktförmigkeit und unter der elektromagnetischen Struktur von Streuobjekten versteht:[29] Die elektromagnetische Struktur eines beliebigen Streuobjekts wird durch zwei Formfaktoren $F_1(q^2)$ und $F_2(q^2)$ beschrieben, deren numerische Werte für den Impulsübertrag $q = 0$ sich der Ladung bzw. dem magnetischen Moment des Teilchens zuordnen lassen. Ein Teilchen ist *punktförmig* genau dann, wenn diese Formfaktoren konstant sind, und es besitzt *elektromagnetische Struktur* genau dann, wenn die Funktionen $F_1(q^2)$ und $F_2(q^2)$ nicht konstant sind.

Die relativistisch invariante Definition der elektromagnetischen Formfaktoren wurde in den sechziger Jahren weiter verallgemeinert, um sie auch auf die Beschreibung *inelastischer Streuprozesse* zu übertragen. Bei einem unelastischen Streuvorgang wird von den Probeteilchen auf das untersuchte Streuobjekt Anregungsenergie übertragen, die in sekundären Strahlungsprozessen wie der Abstrahlung eines γ-Quants oder der Ausbildung eines Teilchenschauers freigesetzt wird. Im Gegensatz zu elastischen Streuvorgängen, bei denen sich nur der Viererimpuls q der aneinander gestreuten Teilchen ändert, ist ein inelastischer Streuprozeß außerdem noch durch die relative Anregungsenergie ν charakterisiert, die das Probeteilchen relativ zur Streuenergie E aufs untersuchte Streuobjekt überträgt. Für die Streuung von Elektronen am Proton sehen die zugehörigen Feynman-Diagramme der störungstheoretischen Beschreibung des Streuprozesses in Bornscher Näherung folgendermaßen aus:[30]

---

[29]Siehe Drell (1961).
[30]Zur inelastischen Elektron- (allgemeiner: Lepton-) Nukleon-Streuung vgl. etwa

Absender:

Name, Vorname

_____

Straße, Hausnummer

_____

PLZ/Ort

_____

Meine Buchhandlung

_____

☐ Dozent   ☐ Praktiker   ☐ Student

☐ _____

an:
☐ Universität   ☐ Fachhochschule   ☐ PH
☐ Technikerschule   ☐ _____

Antwortkarte

Bibliographisches Institut
& F.A. Brockhaus AG
Werbeabteilung
Postfach 10 03 11
68003 Mannheim

Bitte
freimachen

LEHRBÜCHER, MONOGRAPHIEN UND B.I.-HOCHSCHULTASCHENBÜCHER AUS DEM B.I.-WISSENSCHAFTSVERLAG

Mathematik, Informatik, Ingenieurwissenschaften, Physik, Astronomie, Geowissenschaften, Philosophie, Biologie, Chemie, Ökologie, Medizin, Wirtschaftswissenschaften.

Ja, ich würde gern mehr über Ihr Programm wissen:
(Gewünschtes bitte ankreuzen)

☐ Astronomie
☐ Geowissenschaften
☐ Philosophie
☐ Biologie/Chemie/Ökologie
☐ Medizin
☐ Wirtschaftswissenschaften
☐ Deutsche Sprache/Wörterbücher
☐ Mathematik
☐ Informatik
☐ Ingenieurwissenschaften
☐ Physik

☐ Ja, ich würde gerne regelmäßig die Verzeichnisse über die allgemeine Produktion des Verlages Bibliographisches Institut & F.A. Brockhaus erhalten.

B·I
Wissenschaftsverlag
Mannheim · Leipzig · Wien · Zürich

Formfaktoren II

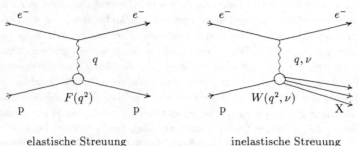

elastische Streuung inelastische Streuung

(q = Viererimpuls-Übertrag, ν = relativer Energieübertrag)

Die allgemeinste relativistisch invariante Beschreibung der elektromagnetischen Wechselwirkung zweier aneinander gestreuter Teilchen führt beim *inelastischen* Streuvorgang zur Beschreibung der Nukleonen Proton und Neutron mittels zweier Formfaktoren $W_1(q^2,\nu)$ und $W_2(q^2,\nu)$, die von den beiden relativistisch invarianten Variablen q^2 und ν abhängen und die in den sechziger Jahren experimentell bestimmt wurden. Nach den Meßergebnissen für die elektromagnetischen Formfaktoren von Proton und Neutron für die elastische Streuung erwartete man auch für die Formfaktoren der inelastischen Streuung alles, nur keine Skaleninvarianz. Man fand auch keine — bis zu dem heute berühmten Experiment von *Taylor* und Mitarbeitern am SLAC (*Stanford Linear Accelerator*), dessen Ergebnisse 1968 auf der Wiener Konferenz bekannt gemacht wurden.[31]

Dieses Experiment war in mehreren Hinsichten eine Neuauflage des Experiments von 1909, dessen überraschende Ergebnisse *Rutherford* schließlich zur Annahme des Atomkerns und zur Formulierung seiner Streuformel bewogen. Nach den Messungen der elektromagnetischen Formfaktoren von Proton und Neutron durch *Hofstadter* wurde die innere Struktur der Nukleonen seit den fünfziger Jahren für so homogen gehalten wie 1909 nach *Thomsons* Atommodell die positive Ladungsverteilung

---

Nachtmann (1986), S.214 ff. oder Bethge (1986), S.147 ff. Nach dem quantenmechanischen Modell eines Streuvorgangs zählt zu den inelastischen Streuprozessen auch die Erzeugung von Resonanzen, wobei das Streuzentrum in einen instabilen angeregten Zustand versetzt wird. Die hier besprochenen Streuvorgänge, bei denen die auf das Streuzentrum übertragene Energie sehr groß ist, werden in Unterscheidung davon als *tief-inelastisch* bezeichnet.

[31] Panofsky (1968); dazu Riordan (1987), S.136 ff.

des Atoms insgesamt. Die Annahme einer mehr oder weniger homogenen, ausgedehnten Ladungsverteilung wurde für einen vorher unerforscht gebliebenen Wertebereich der kinematischen Meßgrößen, der wiederum durch einen großen Streuwinkel gekennzeichnet war und in dem man keine gestreuten Teilchen zu registrieren erwartete, völlig überraschend *falsifiziert*. Dabei wurde auch die für undurchdringliche Streuzentren erwartete *Rückwärtsstreuung* gefunden. Anders als 1909 beruhte aber diesmal die theoretische Argumentation, mittels deren die Annahme punktförmiger Streuzentren begründet wurde, *nicht* auf einem detaillierten theoretischen Modell dieser Streuzentren. Diesmal beruhte sie auf dem in 4.1 besprochenen Schluß von der Skaleninvarianz dimensionsloser Größen, die sich aus einem gemessenen Wirkungsquerschnitt bilden lassen und die den relativistisch invarianten Formfaktoren der inelastischen Streuung am Nukleon, $W_1(q^2,\nu)$ und $W_2(q^2,\nu)$, entsprechen, auf Strukturlosigkeit der Streuzentren. Die theoretische Interpretation der gemessenen Skaleninvarianz dieser Ausdrücke lieferten *Bjorken und Feynman*, die daraus auf das Vorhandensein punktförmiger Bestandteile des Protons und des Neutrons schlossen.[32] Damit war der wichtigste Schritt zum experimentellen Nachweis der drittelzahlig geladenen *Quarks* als Nukleon-Konstituenten gemacht.

Man sieht an der hier dargestellten schrittweisen Verallgemeinerung der Definition der Größe ‚Formfaktor' sehr schön, wie sich die Physiker im Übergang von einer Theorie zur anderen an *vertrauten Spezialfällen* entlanghangeln, die durch *approximative Reduktionsbeziehungen* miteinander verknüpft sind und *semantische Brücken* zwischen ‚inkommensurablen' Theorien bauen. Dabei werden die klassischen Annahmen über den Streuprozeß zwischen Probeteilchen und untersuchtem Streuobjekt Schritt für Schritt über Bord geworfen; und es entsteht eine *Folge immer allgemeinerer Modelle des Streuvorgangs*, in der *alle* Modelle eine *modellabhängige Meßgröße*, der man eine immer allgemeinere theoretische Bedeutung zu geben versucht, *gemeinsam* haben. Diese Größe — der durch (13) bzw. (15) theorieabhängig definierte Formfaktor — ist durch den darin eingehenden theoretischen Ausdruck für den Wirkungsquerschnitt eines punktförmigen oder strukturlosen Teilchens hochgradig theoriegeladen. Aber gerade die spezifisch klassischen Voraussetzungen, die in den

---

[32]Bjorken (1969a,b) und Feynman (1969); vgl. dazu Riordan (1987), S.156 ff. Gut lesbare Lehrbuchdarstellungen sind: Bethge (1986), S.147 ff., und Nachtmann (1986), S.214 ff.,

Formfaktoren II

Wirkungsquerschnitt der Rutherford-Streuung eingehen, versucht man bei der schrittweisen Verallgemeinerung des Modells so weit wie möglich loszuwerden. Die *allgemeinste, relativistisch invariante Definition* für die Größe *‚Formfaktor'* beruht im wesentlichen auf drei Voraussetzungen:

(i) Die aneinander gestreuten Teilchen lassen sich vor der Streuung und nach der Messung unabhängig voneinander durch Größen der *relativistischen Kinematik* charakterisieren (wobei der Vierer-Impuls für den einzelnen Streuprozeß erhalten bleibt).

(ii) Die theoretische Beschreibung eines freien Teilchens, das aufgrund der experimentellen Indizien als strukturlos angenommen werden darf, erfolgt durch den üblichen Formalismus einer *relativistischen Quanten(feld)theorie*.

(iii) Die quantentheoretische Beschreibung der Wechselwirkung zweier aneinander gestreuter Teilchen läßt sich für strukturlose Teilchen *störungstheoretisch* berechnen und in Beiträge des gestreuten Probeteilchens und des untersuchten Streuobjekts *faktorisieren*.

(i) und (iii) sind *Separabilitätsannahmen*, die der Zuschreibung einer elektromagnetischen Struktur zu einzelnen Teilchentypen zugrundeliegen. Dabei hat die Annahme (i) eine *solide empirische Basis*, denn sie knüpft an den experimentellen Nachweis von Einzelereignissen in Teilchendetektoren und von Teilchenspuren an. Dagegen ist (iii) eine *Idealisierung*, die im Phänomenbereich einer Quantenfeldtheorie an die Grenzen der empirischen Adäquatheit stößt, wenn die dabei vernachlässigten Effekte auch im Prinzip durch die Hinzunahme höherer Ordnungen in der störungstheoretischen Entwicklung einer Quantenfeldtheorie quantitativ korrigierbar sind.

Wie steht es nun mit der *realistischen Deutung* von Formfaktoren? Inwieweit entspricht dem quasi-klassischen Konstrukt einer räumlichen Ladungsverteilung, die die innere Struktur von subatomaren Teilchen beschreibt, etwas in der empirischen Realität? Soweit sich die durch (i)–(iii) charakterisierte Theorie als empirisch adäquat erweist und zu einer konsistenten Zuschreibung von kontingenterweise gemessenen Werten für Formfaktoren zu Teilchentypen führt, darf die durch relativistische Formfaktoren beschriebene elektromagnetische Struktur sicher in *dem* Sinne realistisch gedeutet werden, daß sie *irgendein* Korrelat in der empirischen

Realität besitzt. Schwierig wird es allerdings bei der Frage, wie sich dieses Korrelat zur klassischen Definition der Größe ‚Formfaktor' einerseits und zu unserem vortheoretischen Verständnis der räumlichen Struktur der empirischen Realität andererseits verhält. Schwierig wird dies aus zwei verschiedenen Gründen:

(1) Aus einem Formfaktor, der von einem relativistischen Viererimpuls abhängt, kann man nur für ein ganz spezielles Bezugssystem — das *Breit-System*, in dem die Energie-Komponente des Impulsübertrags vom Probeteilchen auf das Streuobjekt verschwindet — eine räumliche Ladungsverteilung berechnen.[33] Dieses Bezugssystem ist i.a. *nicht* mit dem Bezugssystem identisch, in dem das untersuchte Streuobjekt ruht, so daß die Beziehung eines relativistischen Formfaktors und der im Breit-System daraus bestimmbaren räumlichen Ladungsverteilung zur ‚wirklichen' Gestalt eines ruhenden Protons oder Neutrons im Laborsystem höchst unklar ist. Nur wenn die Masse des Probeteilchens gegen die des Streuobjekts vernachlässigbar klein ist und das Streuobjekt als ein im Ortsraum starres Streuzentrum beschrieben werden kann (*infinite mass approximation*) — d.h. in demjenigen Spezialfall, der über die Potentialstreuung den Anschluß zur nicht-relativistischen Beschreibung des Streuvorgangs herstellt — stimmen beide Bezugssysteme überein.[34]

(2) Darüberhinaus enthält die relativistisch invariante Definition der Formfaktoren noch *eine* Voraussetzung, aufgrund deren die auf den ersten Blick abgeschüttelte Modellabhängigkeit durch die Hintertür wieder hereinkommt. Die Definition hängt nämlich von der *störungstheoretischen* Behandlung des Streuproblems ab. Der punktförmige Wirkungsquerschnitt, relativ zu dem die Formfaktoren als eine theoretische Beschreibung nicht-punktförmiger Strukturen definiert sind, ist die Bornsche Näherung der Störungsrechnung. Wo diese nicht mehr ausreicht, muß man sich entscheiden, ob man die Formfaktoren als *perturbative* Größen (d.h. bezogen auf die Bornsche Näherung) oder als *nicht-perturbative* Größen (d.h. bezogen auf die gesamte Störungsreihe,

---

[33]Zur Definition des Breit-Systems vgl. Nachtmann (1986), S.217.

[34]Die anschauliche Spezifikationsbedingung hierfür (im klassisch-relativistischen Modell eines Streuvorgangs) ist die Vernachlässigbarkeit des Rückstoßes, den das Streuzentrum durch das gestreute Probeteilchen erfährt. Für alle Streuprozesse, die diese Bedingung erfüllen — etwa für die Streuung von Elektronen an schweren Atomkernen — kann ein gemessener Formfaktor problemlos räumlich gedeutet werden, auch wenn eine relativistische Beschreibung des Probeteilchens erforderlich ist.

mit der man das Matrixelement eines Streuprozesses beliebig exakt berechnen kann) verstehen will. Bei einem Streuprozeß mit zwei durch die Dirac-Gleichung beschriebenen Teilchen, die nach heutigem Wissen fundamental (im Sinne von nicht-zusammengesetzt) sind, müssen die Beiträge höherer störungstheoretischer Ordnung zur Streuamplitude im ersten Fall durch Formfaktoren ausgedrückt werden, während im zweiten Fall alle Beiträge zusammengenommen erst den Wirkungsquerschnitt zweier punktförmiger oder strukturloser Streuobjekte ergeben.

Durch die willkürbehaftete Entscheidung zwischen beiden Möglichkeiten, die man treffen muß, sobald man den Anwendbarkeitsbereich der Quantenmechanik in Bornscher Näherung verläßt, kommt ein unerwünschtes *konventionelles* Element in die Definition der Struktur eines Streuzentrums hinein. Nach der perturbativen Auffassung der Formfaktoren zeigt ein Elektron bei hinreichend großer Streuenergie eine elektromagnetische Struktur, die nach der am klassischen Teilchenbild orientierten Folklore der Quantenelektrodynamik einer das ‚nackte' Elektron umschwirrenden ‚Wolke' virtueller Teilchen entspricht.[35] Nach der nicht-perturbativen Auffassung der Formfaktoren dagegen ist das Elektron in allen Ordnungen der Störungsrechnung ‚punktförmig', was auch immer dies bedeuten mag. Am klassisch geprägten, mit einer *Lokalitätsannahme* verknüpften Begriff der *Punktförmigkeit* gemessen,[36] hat man sich zu fragen, ob man hier nicht zwischen *räumlicher* und *dynamischer Strukturlosigkeit* unterscheiden sollte.

Man könnte dadurch *perturbativ* aufgefaßte Formfaktoren mit den *nicht-lokalen Aspekten der Wechselwirkungen einer Quantenfeldtheorie* assoziieren und *nicht-perturbativ* verstandene Formfaktoren auf die dynamische Strukturlosigkeit oder *Fundamentalität* der miteinander wechselwirkenden Entitäten einer solchen Theorie beziehen. Durch diese Unterscheidung zwischen der *räumlichen* und der *dynamischen* Struktur der in Streuexperimenten untersuchten subatomaren Teilchen wird man das konventielle Element in der Definition der Struktur eines Streuzentrums

---

[35] Perturbativ aufgefaßte Formfaktoren werden z.B. in Itzykson (1980), S.340, im Zusammenhang mit dem Renormierungsprogramm der Quantenelektrodynamik angegeben (*ohne* jede Teilchenfolklore, wie es sich für ein gutes Lehrbuch des formalen Apparats einer Quantenfeldtheorie gehört). Die perturbative Auffassung und die nicht-perturbative Auffassung des Formfaktors definieren die Struktur eines quantentheoretisch beschriebenen Teilchens *relativ* zur Struktur eines punktförmigen klassischen Streuzentrums auf *verschiedene* Weise.

[36] Vgl. 4.2.

ein Stück weit wieder los. Der informelle Sprachgebrauch der Teilchenphysiker ist indes nicht soweit ausdifferenziert, um die vorgeschlagene Unterscheidung eindeutig zu unterstützen.

Man lernt aus diesen Problemen mit der räumlichen Deutung der durch relativistische Formfaktoren beschriebenen elektromagnetischen Struktur von Streuobjekten, daß die *Spezialfälle* physikalischer Theorien in zwei Hinsichten für die Verknüpfung ‚inkommensurabler' Theorien von großer Bedeutung sind:

I Die mit der Übertragung vertrauter Meßtheorien auf neue Phänomenbereiche verknüpfte *Theorienbildung* schreitet an *theoretischen Spezialfällen* fort, die in *quantitativen Näherungsbeziehungen* stehen.

II Die *heuristische Deutung meßbarer theoretischer Größen*, die im Theorienbildungsprozeß immer abstrakter definiert werden, ist *nur noch für bestimmte vertraute Spezialfälle möglich* — jedenfalls wenn sie nicht völlig willkürlich, sondern mit unserer vor-theoretischen Erfahrung der empirischen Realität verknüpft sein soll.

Erstaunlich ist daran höchstens, daß das vor-theoretische Verständnis der Größe ‚Formfaktor' durch die Zuordnung zu einer räumlichen Ladungsverteilung an Grenzen stößt, die weniger in den spezifisch quantentheoretischen Aspekten des jeweils verwendeten Modells der Streuung begründet scheinen als im Übergang vom nicht-relativistischen Ortsraum zur relativistischen Raum-Zeit und im Versagen der ersten störungstheoretischen Näherung. Man sollte jedoch daran denken, daß die nichtrelativistische Quantenmechanik der Streuung in Bornscher Näherung noch von der quasi-klassischen Beschreibung eines vom Probeteilchen gut separierbaren Streuzentrums ausgeht. Erst im Anwendungsbereich einer relativistischen Quantentheorie bekommt man es ernstlich mit allen bei dieser Idealisierung noch vernachlässigten spezifisch quantentheoretischen Problemen zu tun — von Spin- und Austauscheffekten bis hin zur Nichtseparierbarkeit der Beiträge ‚einzelner' Teilchen zur quantenmechanischen Streuamplitude.

4.5 Die Analogie mit dem optischen Mikroskop

Die quantentheoretische Beschreibung von Streuzentren durch Formfaktoren besitzt ein *klassisches Analogon*, das es jedenfalls im *nicht-relativistischen* Fall ermöglicht, ein quantenmechanisch beschriebenes Streuobjekt ohne Probleme räumlich zu deuten. Durch einen quantenmechanischen Streuprozeß mit geladenen Probeteilchen wird die elektromagnetische Struktur des Streuzentrums ‚abgetastet' wie durch die Lichtwellen in einem Mikroskop. Dabei wird der *Gesamteffekt eines Streuzentrums auf einen Teilchenstrom* gemessen, der durch eine quantenmechanische *Wellenfunktion* beschrieben wird. Der gemessene Wirkungsquerschnitt resultiert demnach aus einem Beugungsvorgang, bei dem das Streuzentrum nicht durch separierbare Teile, sondern als ein Ganzes, d.h. als integrale räumliche Struktur, auf die gebeugte Welle wirkt.

Dieser Vergleich der Streuung quantentheoretisch beschriebener Probeteilchen an einer nicht-punktförmigen elektromagnetischen Struktur mit der Abbildung durch ein Mikroskop ist mehr als nur eine heuristische Analogie, die dann bei näherer Betrachtung stark hinken würde. Man hat mit hochenergetischen elektromagnetischen Wellen, d.h. mit einem Röntgenmikroskop, einen unabhängigen experimentellen Zugang zur Atomstruktur. Aber auch formal, auf der Ebene der Feldgleichungen, besteht eine vollständige Analogie zwischen dem quantenmechanischen Streuvorgang in Bornscher Näherung und der Beugung elektromagnetischer Wellen an einer durch diskrete oder kontinuierlich verschmierte Ladungen erzeugten Ladungsverteilung $\rho(r)$. Die Wellengleichung der klassischen Elektrodynamik für das skalare Potential ϕ lautet beim Vorhandensein von Ladungen mit der Ladungsdichte ρ:[37]

$$\Delta\phi - \frac{1}{c^2}\frac{\partial^2\phi}{\partial t^2} = 4\pi\rho \qquad (16)$$

Die Wellengleichung (16) wird durch ein retardiertes Potential gelöst. Skalares Potential und Ladungsdichte in (16) können folgendermaßen ausgedrückt werden:

$$\phi(\mathbf{r},t) = \phi_0(\mathbf{r})\,e^{-i\omega t} \qquad (17)$$

---

[37] Vgl. Pinsker (1953), S.143 ff., wo die formale Analogie in allen Einzelheiten durchgespielt wird.

$$\rho(\mathbf{r}, t) = \rho_0(\mathbf{r}) e^{-i\omega t} \tag{18}$$

Wenn man ϕ und ρ aus (17) und (18) für einen beliebigen Zeitpunkt t in (16) einsetzt, gelangt man zur folgenden Gleichung für ϕ_0 und ρ_0:

$$\Delta \phi_0 + \left(\frac{\omega}{c}\right)^2 \phi_0 = \rho_0 \tag{19}$$

Diese Gleichung hat dieselbe Gestalt, wie sie die *Schrödinger-Gleichung* annimmt, wenn die Bedingungen für die Bornsche Näherung erfüllt sind — d.h. wenn die gestreute Kugelwelle ψ^{sc} klein gegen die einlaufende ebene Welle ψ^{in} ist, das Potential $V(\mathbf{r})$ hinreichend schnell abfällt und Terme in $\psi^{in} V(\mathbf{r})$ vernachlässigbar sind:[38]

$$\Delta \psi^{sc} + k^2 \psi^{sc} = \left(\frac{2m}{\hbar}\right)^2 V(\mathbf{r}) \psi^{in} \tag{20}$$

Wegen der formalen Übereinstimmung von (19) und (20) gelangt man zur Lösung $\psi = \psi^{in} + \psi^{sc}$ der Schrödinger-Gleichung in Bornscher Näherung, wenn man in die Lösung von (19) k anstelle von ω/c und $(2m/\hbar)^2 V(\mathbf{r}) \psi^{in}$ anstelle von $-4\pi \rho_0$ einsetzt. Beim Potential (4), das von einer radialsymmetrischen Ladungsverteilung erzeugt wird, erhält man wiederum den Ausdruck (8) für den Formfaktor, der die Abweichung von der Rutherford-Streuung ausdrückt. Die Streuung elektromagnetischer Wellen an einer Ladungsverteilung $\rho(\mathbf{r})$ und die Streuung geladener Teilchen an einem Potential $V(\mathbf{r})$ werden demnach formal durch dieselbe Feldgleichung und durch dieselben Lösungen für das skalare Potential ψ_0 bzw. die gestreute Welle ψ^{sc} in Bornscher Näherung beschrieben. Zwischen beiden Typen von Streuvorgängen besteht eine vollständige formale Analogie.

Diese Analogie ist sehr weitreichend. Insbesondere läßt sich auch für die Intensität $I(\theta)$ elektromagnetischer Wellen bei der Streuung an der Ladungsverteilung $\rho(r)$ ein Formfaktor definieren, der die Abweichung von der Intensität bei der Streuung elektromagnetischer Wellen an einer Punktladung ausdrückt — d.h. die Abweichung von der Intensität $I(\theta)_T$ bei der *Thomson-Streuung* elektromagnetischer Wellen, die der Rutherford-Streuung eines Elektronenstrahls analog ist:[39]

---

[38]Ebd., S.144.
[39]Compton (1935), S.118 ff. und S.135 ff.

$$I(\theta) = I(\theta)_T \cdot |F(k)|^2 \qquad (21)$$

mit

$$I(\theta)_T = I_0 \cdot \left(\frac{e^2}{mc^2}\right)^2 \cdot \frac{1}{2}(1 + \cos^2\theta) \qquad (22)$$

und

$$F(k) = \frac{4\pi}{k} \int \rho(r) \sin(kr) \, r \, dr \qquad (23)$$

Dabei sind I_0 und $k = \omega/c$ Intensität und Wellenzahl der einlaufenden elektromagnetischen Welle; e und m sind Ladung und Masse der Punktladung. (21) beschreibt nur den *kohärenten* Anteil der Streuung, bei dem *keine Energie übertragen* wird — genau wie das Analogon (9) bei der Streuung geladener Teilchen nur den *elastischen* Anteil der Streuung beschreibt. Die Ausdrücke (21) und (22) erhält man auch bei einer quantentheoretischen Rechnung. Die Thomson-Streuung und ihre Verallgemeinerung auf eine nicht-punktförmige Ladungsverteilung sind also wie die Rutherford-Streuung Spezialfälle, in denen aus der klassischen und aus der quantentheoretischen Rechnung exakt derselbe Wirkungsquerschnitt für einen Streuvorgang resultiert.[40]

Die Formfaktoren (8) und (23) stimmen formal exakt überein — nur daß F im ersten Fall vom Impulsübertrag $q = 2\,|\mathbf{p}|\sin\frac{\theta}{2}$ der geladenen Probeteilchen und im zweiten Fall von der Wellenzahl $k = |\mathbf{k}| = \omega/c$ der einlaufenden elektromagnetischen Welle abhängt. Durch eine Fourier-Transformation wie (14) gelangt dann man von $F(q)$ bzw. $F(k)$ zum selben Ausdruck für die Ladungsverteilung $\rho(r)$. Der formale Vergleich zwischen einem quantenmechanischen Streuvorgang und der Streuung elektromagnetischer Wellen an einer Ladungsverteilung ergibt somit, daß klassisch beschriebene elektromagnetische Wellen, Photonen oder Elektronen die elektromagnetische Struktur eines radialsymmetrischen Streuzentrums nicht nur auf *analoge*, sondern — soweit die Bornsche Näherung empirisch adäquat bleibt — im Idealfall auf *exakt dieselbe* Weise abbilden. Dieser Sachverhalt liegt z.B. der Benutzung des *Elektronenmikroskops* zugrunde. Die von der Elektrodynamik und der Quantenmechanik vorhergesagte Übereinstimmung zwischen der durch elektromagnetische Wellen und der durch massive geladene Teilchen abgebildeten Struktur

---

[40] In beiden Fällen liegt also nicht nur eine approximative Reduktionsbeziehung, sondern exakte quantitative Übereinstimmung zwischen dem klassischen und dem quantentheoretischen Ergebnis vor.

eines Streuzentrums ist seit langem experimentell bestätigt, insbesondere durch die experimentellen Untersuchungen der Schalenstruktur der Atomhülle durch Elektronenstrahlen und Röntgenstrahlen.[41]

Die Analogie zwischen der Beugung elektromagnetischer Wellen und der Streuung geladener Teilchen an einem quantenmechanischen Streuzentrum hat eine wichtige Konsequenz. Für ein Streuexperiment mit geladenen Teilchen kann nach der Quantenmechanik ähnlich wie für ein optisches Mikroskop eine *räumliche Auflösung* definiert werden, die durch die *de Broglie-Wellenlänge der Probeteilchen* begrenzt wird und unterhalb deren keine räumliche Struktur mehr experimentell nachweisbar ist — wobei eine nicht-auflösbare räumliche Struktur der Messung eines Formfaktors $F(q) \equiv 1$, also einem Rutherfordschen Wirkungsquerschnitt, entspricht. Die räumliche Auflösung ΔR eines optischen Mikroskops ist der Wellenlänge λ des verwendeten Lichts proportional:

$$\Delta R = A\lambda \qquad (24)$$

Dabei gehen apparative Größen wie die Apertur des Mikroskops in die Proportionalitätskonstante A ein. Die Ortsauflösung ist der Wellenzahl $k = 2\pi/\lambda$ des Lichts umgekehrt proportional, und wegen $E = hc/\lambda$ darüberhinaus auch der Energie E der Lichtquanten. Wegen der vollständigen Korrespondenz zwischen der Beugung elektromagnetischer Wellen und der Streuung geladener Teilchen an einer räumlichen Ladungsverteilung muß die Ortsauflösung eines Elektronenmikroskops oder eines Streuexperiments mit geladenen Teilchen analog zu (24) der de Broglie-Wellenlänge λ proportional und dem Impuls $p = \hbar k$ der Probeteilchen (bzw. für relativistische Teilchen deren Energie $E = pc$) proportional sein:

$$\Delta R \sim \frac{1}{p} \qquad (25)$$

$$\Delta R \sim \frac{1}{E} \qquad (26)$$

Man kann zeigen, daß die relativistische Beziehung (26) jedenfalls für dasjenige Bezugssystem erfüllt ist, in dem keine Energie vom Probeteilchen auf das Streuzentrum übertragen wird, das schon erwähnte

---

[41]Die experimentellen Resultate bestätigen auch die theoretische Beschreibung der inneratomaren räumlichen Ladungsverteilung durch das Amplitudenquadrat der quantenmechanischen Vielteilchen-Wellenfunktion glänzend.

Breit-System.[42] Für diesen Spezialfall läßt sich die räumliche Deutung der Formfaktoren relativistisch verallgemeinern. Je größer der Impuls und die damit verknüpfte Energie der Probeteilchen eines hochenergetischen Streuexperiments sind, um so kleinere räumliche Strukturen kann man experimentell auflösen; um so tiefer kann man also in das Atom ‚hineinsehen'. Die punktförmigen Strukturen innerhalb von Proton und Neutron, die darauf hinweisen, daß die Nukleonen aus Quarks zusammengesetzt sind, wurden darum erst bei erheblich höheren Teilchenenergien ‚sichtbar', als sie *Hofstadter* bei seinen Messungen der Formfaktoren in den fünfziger Jahren zur Verfügung standen. Mit der Heisenbergschen Unschärferelation hat die nicht-relativistische Beziehung (25) von Ortsauflösung und Teilchenimpuls allerdings sowenig zu tun wie die relativistische Beziehung (26) zwischen Ortsauflösung und Teilchenenergie mit dem klassischen Umkehrpunkt der Rutherford-Streuung.[43]

Was folgt nun aus dieser Analogie zwischen der Beugung elektromagnetischer Wellen und der Streuung eines quantenmechanisch beschriebenen Teilchenstrahls? Die radiale Ladungsverteilung $\rho(r)$, die man aus einem Formfaktor bestimmt, welcher in einem Streuexperiment mit geladenen Probeteilchen gemessen wird, korrespondiert der durch elektromagnetische Strahlung in einem γ-Mikroskop ‚gesehenen' Ladungsver-

---

[42]Vgl. 4.4.

[43]Der durch die Bedingung $V = \frac{1}{2}mv^2$ bzw. $C/r = E$ definierte *Umkehrpunkt* $R = C/E$ geladener Probeteilchen bei der klassischen Rutherford-Streuung kann als *effektive Größe* des durch ein Coulomb-Potential $V = C/r$ beschriebenen Streuzentrums betrachtet werden, denn er liefert eine Grenze für meßbare Abweichungen vom Rutherfordschen Wirkungsquerschnitt, die aus Abweichungen der Ladungsverteilung von der Punktförmigkeit des Streuzentrums bzw. vom Coulomb-Potential herrühren: Wenn das Ladungszentrum sehr viel kleiner ist als die effektive Größe $R = C/E$ des Streuzentrums, wenn die Probeteilchen also nicht mehr nahe genug ans Streuzentrum ‚herankommen', sind Abweichungen von der Rutherford-Streuung nicht mehr meßbar. Rutherford leitete aus diesem Zusammenhang in seiner Arbeit von 1911 eine *obere Schranke für die Größe des Atomkerns* her. Man kann die Größe $R = C/E$ in diesem Sinne als *Ortsauflösung* der klassischen Rutherford-Streuung betrachten. Die Übereinstimmung mit (31) ist dabei rein zufällig.

Die nicht-relativistische Beziehung (30) wird manchmal als Unschärfebeziehung von Streuenergie und Ortsauflösung bezeichnet und aus der quantenmechanischen Unschärferelation für Ort und Impuls ‚hergeleitet'. Eine solche heuristische Legitimation von (30) ist jedoch stark irreführend. Zum einen wird bei einem Streuexperiment keine Ortsmessung im üblichen Sinne am Streuzentrum durchgeführt, und zum anderen ist (30) gar keine spezifisch quantenmechanische, sondern eine aus der Wellenoptik hergeleitete Beziehung, die allerdings erstaunlich robust gegen den Übergang zwischen grundverschiedenen Modellen der Streuung ist.

teilung in jeder Hinsicht; und dieses wiederum funktioniert genauso wie das optische Mikroskop. Diese Korrespondenz spricht dafür, daß die aus einem Streuexperiment mit geladenen Probeteilchen bestimmte Ladungsverteilung $\rho(\mathbf{r}) = |\psi^N(\mathbf{r})|^2$ innerhalb eines Atoms nicht weniger der Wirklichkeit entspricht als eine räumliche Struktur, die durch ein Mikroskop gesehen wird. Wenn man in das Kontinuum der Beobachtung mit ‚Sehwerkzeugen' vom bloßen Auge über das Vergrößerungsglas und das Mikroskop bis hin zum Elektronenmikroskop und zu Streuexperimenten mit γ-Strahlung oder hochenergetischen geladenen Teilchen einen Schnitt legen will, wie es ein strikter Empirist wie *van Fraassen* fordert,[44] so muß man ihn schon dorthin legen, wo die Abbildung *nicht mehr auf den Gesetzen der geometrischen Optik, sondern auf Beugungseffekten* beruht. Will man ihn *nicht* dorthin legen, weil man dann auch den durch ein normales Schulmikroskop gesehenen Strukturen keine Entsprechung in der Wirklichkeit mehr zuschreiben dürfte,[45] dann muß man der durch Streuexperimente ‚abgetasteten' Atomstruktur genausoviel Realität beilegen wie den Gegenständen und Personen, die man auf einer Fotografie erkennen kann. Auch diese liefert keine unmittelbare Sinneswahrnehmung, aber eine maßstabsgetreue Abbildung der darauf sichtbaren Strukturen.

4.6 Was sieht man mit dem Teilchenbeschleuniger?

Die *Einheit*, die man durch den Schluß von skaleninvariantem Streuverhalten auf die Strukturlosigkeit der Streuzentren und durch die theoretische Definition experimentell bestimmbarer Formfaktoren in der Teilchenphysik zwischen makroskopischen und mikroskopischen Entitäten herstellt, ist klarerweise ein *theoretisches Konstrukt*. Die Konstruktion dieser Einheit setzt neben der unspezifischen Annahme, daß es eine Einheit der Physik gibt, eine ganze Menge an spezifischen theoretischen Annahmen voraus:

(i) Die (metatheoretische) Annahme der *Dimensionsinvarianz* aller Naturgesetze. Sie ist eine notwendige Voraussetzung dafür, Meßgrößen wie Masse, Impuls und Ladung, die zunächst im Makro-

---
[44]van Fraassen (1980), S.13 ff.
[45]Vgl. die lehrreiche Diskussion des Sehens durch ein Mikroskop in Hacking (1983), S. 186 ff.

skopischen definiert sind, auch den mikroskopischen Entitäten der Teilchenphysik zuzuschreiben.[46]

(ii) Die *quantenmechanische Streutheorie*, die einen Streuprozeß zwischen Mikroobjekten als die Beugung einer Welle an einem quasiklassischen Potential beschreibt und die in Bornscher Näherung eine vollständige formale Analogie zur Beschreibung der Abbildung in einem optischen Mikroskop aufweist.

(iii) Den Schluß von der Skaleninvarianz eines dimensionslos gemachten Wirkungsquerschnitts bezüglich der Streuenergie auf die *Strukturlosigkeit* von Streuzentrum und Probeteilchen.

(iv) Die theoretische Definition der Meßgröße ‚*Formfaktor*', die vom Modell der klassischen Rutherford-Streuung ausgeht und sich an klassischen Annahmen über die räumliche Struktur eines Streuzentrums orientiert, die aber so weit verallgemeinerbar ist, daß sie auch noch dem Formalismus einer relativistischen Quantentheorie angepaßt werden kann.

Die Einheit zwischen den physikalischen Größen, mittels deren man beobachtbare makroskopische Phänomene und nicht-beobachtbare mikroskopische Entitäten charakterisiert, hat also unterschiedliche konstruktive Aspekte. Diese sprechen jedoch *nicht* dagegen, die Struktur eines Streuzentrums, wie sie im Rahmen der quantenmechanischen Streutheorie auf der Grundlage experimenteller Resultate beschrieben wird, im Sinne einer mehr oder weniger getreuen Abbildung von etwas, das in der empirischen Realität vorhanden ist, realistisch zu deuten. Die gemessenen Werte für Formfaktoren sind *kontingente Größen*. Es folgt nicht aus dem theoretischen Rahmen, in dem man die Größe ‚Formfaktor' definiert, und es liegt auch nicht bloß im Belieben der Experimentatoren, ob einem Streuobjekt ein nicht-konstanter Formfaktor zuzuschreiben ist, der auf eine nicht-punktförmige Struktur des Streuobjekts hinweist. Zur Debatte steht darum nicht die Frage, *ob* ein gemessener Formfaktor etwas in der empirischen Realität beschreibt, sondern vielmehr, *was* er beschreibt. Da ein Formfaktor nach der klassischen Definition dieser Größe mit der Fourier-Transformierten einer räumlichen Ladungsverteilung identisch ist, läuft die Frage nach der realistischen Deutung eines gemessenen Formfaktors auf die Frage nach den Grenzen der *räumlichen*

---

[46]Vgl. Krantz (1971), 10. Kapitel, und die kurzen Bemerkungen in 5.6.

Deutung dieser Größe hinaus. Diese Grenzen sind durch die verschiedenen Modelle des Streuvorgangs, in denen die Größe ‚Formfaktor' definiert wird, verschieden festgelegt.

Im *nicht-relativistischen* Fall ist die Definition von Formfaktoren modellabhängig. Das Modell des Streuvorgangs, in dessen Rahmen die Definition des Formfaktors erfolgt, ist jedoch, wie die Experimente zur Rutherford-Streuung zeigen, ganz *unabhängig* von seiner klassischen bzw. quantentheoretischen Grundlage in einem bestimmten Energiebereich empirisch adäquat. Weil die Formel für die klassische Rutherford-Streuung auch im Rahmen der nicht-relativistischen Quantenmechanik exakt hergeleitet werden kann, ist die nicht-relativistische Definition des Formfaktors *invariant* gegen den Übergang vom klassischen zum quantenmechanischen Modell der Streuung. Auch die quasi-klassische Ladungsverteilung $\rho(r)$, die man durch eine Fourier-Transformation aus einem gemessenen Formfaktor bestimmen kann, kann wegen der vollständigen *formalen Analogie* zwischen der Bornschen Näherung der quantenmechanischen Streutheorie und der Beugung elektromagnetischer Wellen räumlich interpretiert werden. In der Quantenmechanik wird $\rho(\mathbf{r})$ mit dem Amplitudenquadrat $|\psi(\mathbf{r})|^2$ der Vielteilchen-Wellenfunktion identifiziert, die ein zusammengesetztes quantenmechanisches System in der Ortsdarstellung beschreibt und die zu einem für die Beschreibung quantenmechanischer Streuvorgänge brauchbaren quasi-klassischen Potential $V(\mathbf{r})$ führt.

Damit ist die räumliche Deutung der einem Formfaktor $F(q)$ korrespondierenden Ladungsverteilung $\rho(r)$ im Rahmen der nicht-relativistischen Quantenmechanik weitgehend gerechtfertigt. Solange man höhere Ordnungen der Störungsrechnung sowie typisch quantenmechanische Beiträge zur Wechselwirkung zwischen Probeteilchen und Streuzentrum wie Spin-Bahn-Kopplung oder Austauschwechselwirkung vernachlässigen kann, liefert ein über ein hinreichend großes Impulsspektrum hinweg gemessener Formfaktor ein weitgehend getreues Bild der Ladungsverteilung im Atominnern.

Diese Ladungsverteilung ist eine *quasi-klassische Größe*, die ähnlich wie die Teilchenspur in der Blasenkammer in folgendem Sinne als ein *emergentes Phänomen* zu betrachten ist: Die Teilchenspur kommt erst durch die wiederholte Lokalisation einer durch eine quantenmechanische Wellenfunktion beschriebenen Ladung in einer makroskopischen Umgebung zustande. Ganz analog beruht die experimentelle Bestimmung des Formfaktors, aus dem man eine quasi-klassische Ladungsverteilung berechnet, auf der Beugung eines durch eine quantenmechanische Wellenfunktion beschriebenen Teilchenstrahls an einem in einer makroskopischen Umgebung lokalisierten Streuobjekt, das trotz aller Quantenmechanik durch ein quasi-klassisches, im Ortsraum starres Potential repräsentiert wird. Obwohl das Betragsquadrat der quantenmechanischen Vielteilchen-Wellenfunktion in der Ortsdarstellung nicht als klassische räumliche Ladungsverteilung, sondern nur als Wahrscheinlichkeit für die Ergebnisse von Ortsmessungen gedeutet werden darf, kann man einem Streuzentrum, das dadurch als quantenmechanisches System beschrieben wird, völlig konform mit allen vor-theoretischen Erwartungen über die räumliche Struktur von Streuzentren elektrostatische Wirkungen zuschreiben, die denen einer klassischen räumlichen Ladungsverteilung gleichen.

Die Grenzen für die räumliche Deutung eines Formfaktors sind somit die *Gültigkeitsgrenzen der nicht-relativistischen Quantenmechanik* in *Bornscher Näherung* und in bestimmten *quasi-klassischen Spezialfällen* (keine Austauscheffekte bzw. identischen Teilchen als Streupartner, Vernachlässigbarkeit von Spin-Effekten). Im Hinblick auf die Frage, inwieweit die durch einen Formfaktor repräsentierte elektromagnetische Struktur eines Streuobjekts, die ja modellabhängig definiert ist, räumlich gedeutet werden darf, bietet die relativistisch invariante Definition der Größe ‚Formfaktor' gegenüber der nicht-relativistischen Definition einen Vorteil und einen Nachteil.

Der *Vorteil* ist: Sie wird unter Voraussetzung der *vollen quantenfeldtheoretischen Beschreibung eines Zwei-Teilchen-Streuprozesses* gewonnen — was auch immer das hier als ‚Teilchen' bezeichnete hypothetische Referenzobjekt einer quantisierten Wellenfunktion sein mag, und in welchem Sinn auch immer man ihm Wechselwirkungen zuschreiben mag. Sie begründet deshalb ein *verallgemeinertes Konzept der Nicht-Punktförmigkeit*, das an die nicht-relativistische Definition des Formfaktors anknüpft, das aber deren Modellabhängigkeit und deren klassische Voraussetzungen bezüglich der Natur des Streuzentrums teilweise loswird.

Der *Nachteil* ist: Die relativistische Definition der Größe ‚Formfaktor' gestattet es *nur noch für ein ganz spezielles Bezugssystem*, das im allgemeinen relativ zum Laborsystem relativistische Geschwindigkeit aufweist, einem gemessenen Formfaktor eine *räumliche Ladungsverteilung* zuzuordnen. Mit der Abhängigkeit vom klassischen Modell des

Streuzentrums entledigt man sich auch der Möglichkeit einer generellen räumlichen Deutung dessen, was der theoretischen Größe ‚Formfaktor' in der empirischen Realität entspricht, und verliert so das vor-theoretische Verständnis dieser Größe. Wo die Bornsche Näherung der Störungstheorie nicht mehr ausreicht, wird die Definition von Formfaktoren dann sogar weitgehend zur Konvention.

Soweit die räumliche Deutung trägt, wird die inneratomare Struktur nach der quantenmechanischen Streutheorie als eine *integrale räumliche Struktur* abgebildet, der — im Gegensatz zum Ort eines ‚einzelnen' Elektrons innerhalb des Atoms — *empirische Realität* (oder: *kontingente Wirklichkeit*) zugesprochen werden darf. Wie im Doppelspalt-Experiment, das sich mit Laser und Photomultiplier auch für einzelne Photonen durchführen läßt, wirkt das Streuzentrum beim quantenmechanischen Streuprozeß als ein Ganzes. Sowenig man beim Doppelspalt sagen kann, auf welcher Seite ihn ein mit dem Photomultiplier registriertes Photon durchquert hat, sowenig kann man bei der Streuung eines Elektrons an einem Atom sagen, an welchem räumlichen Volumenelement des Atoms es abgelenkt wurde. So wirklich andererseits der Doppelspalt als eine diskrete räumliche Struktur ist, an der ein Beugungsphänomen stattfindet, von dessen Beugungsbild auf die Gestalt der Versuchsanordnung zurückgeschlossen werden kann, so wirklich ist auch die räumliche Ladungsverteilung innerhalb des Atoms, die durch das Amplitudenquadrat der quantenmechanischen Wellenfunktion beschrieben wird.

Wenn in populären Darstellungen von experimentellen Ergebnissen der Teilchenphysik die Rede davon ist, daß man mit den dank eines Teilchenbeschleunigers gewonnenen hochenergetischen Teilchenstrahlen tief ins Atominnere ‚hineinsehen' kann, so ist dies also weit mehr als nur eine Metapher. Man kann die Streuexperimente der Atom-, Kern- und Teilchenphysik als *Beobachtungen* im Sinne von *Shaperes* verallgemeinertem Konzept der Beobachtung (vgl. 2.4) betrachten. Die Information, die man aus einem Streuexperiment über das untersuchte Streuobjekt gewinnt, besteht in dem gemessenen Wirkungsquerschnitt, der durch einen Teilchendetektor als geeigneten Rezeptor registriert wird, und in dem daraus bestimmbaren Formfaktor, der die elektromagnetische Struktur des Streuobjekts beschreibt. Die im Wirkungsquerschnitt enthaltene Information wird vom Streuobjekt als der Informationsquelle direkt auf den Teilchendetektor übertragen. Durch die vollständige formale Analogie zwischen der Bornschen Näherung der quantenmechanischen Streutheorie und der elektromagnetischen Wellengleichung beim Vorhandensein von Ladungen[47] ist darüberhinaus die in 2.5 geforderte Zusatzbedingung erfüllt, nach der die Informationsübertragung der optischen Abbildung analog sein muß, wenn man sie als Beobachtung in einem verallgemeinerten Sinne auffassen können darf. Diese Analogie gilt allerdings nur für die Bornsche Näherung der quantenmechanischen Streutheorie. Bei relativistischen Streuenergien wird die Abbildung der elektromagnetischen Struktur eines Streuobjekts zunehmend durch störungstheoretisch nur unzureichend erfaßbare quantentheoretische Effekte und durch einen relativistischen *Lorentz-boost* verzerrt.

Es gibt also eine sinnvolle Antwort auf die Frage, was man — im Sinne eines verallgemeinerten Beobachtungsbegriffs à la *Shapere* — mit einem Teilchenbeschleuniger ‚sieht'. Man ‚sieht' im Innern von materiellen Streuobjekten subatomare räumliche Strukturen, die abgebildet werden wie durch ein Mikroskop, und die Abbildung ist um so getreuer, je besser für die quantenmechanische Beschreibung des Abbildungsvorgangs die quasi-klassischen Bedingungen der Rutherford-Streuung erfüllt sind. Was die Güte der Abbildung betrifft, kann man die Analogie mit dem Sehvorgang noch durch einen Vergleich mit den Sehfehlern, die kurzsichtige oder weitsichtige Menschen plagen, vervollständigen und konstatieren: Im Gültigkeitsbereich der Bornschen Näherung der quantenmechanischen Streutheorie, etwa bei der Beobachtung der Schalenstruktur der Elektronenhülle komplexer Atome durch Streuexperimente mit Elektronen nicht zu hoher Energie, ‚sieht' man mit einem Teilchenbeschleuniger recht gut. Je weiter man aber in den Anwendungsbereich der relativistischen Quantentheorie kommt, d.h. je höher die Streuenergie wird, und je weniger spezifisch quantentheoretische Effekte wie Spin-Bahn-Kopplung oder Austauschwechselwirkung vernachlässigbar sind, desto schlechter ‚sieht' man damit, d.h. desto unschärfer und verzerrter wird das Bild. Kommen dann noch störungstheoretische Effekte höherer Ordnung ins Spiel, so wird die ‚Sicht' so schlecht, daß man die Strukturen, die man durch die Abbildung erhält, nicht mehr mittels vertrauter Begriffe identifizieren kann. Dennoch bekommt man auch aus der verzerrten Abbildung von Atomkernen und Nukleonen durch relativistische Formfaktoren noch erstaunlich viel Information über deren elektromagnetische Struktur, und d.h. letztlich: über deren innere Dynamik.

---

[47]Vgl. 4.5.

5 Messung und die Einheit von Mikro- und Makrophysik

In den Kapiteln 4 und 5 wurde gezeigt, daß die Meßtheorie der heutigen Teilchenphysik ein kompliziertes Gefüge von Bruchstücken aus klassischer Physik und Quantentheorie ist. Die makroskopischen *Einzelphänomene* der Teilchenphysik — das einzelne ‚Klick' im Detektor, Teilchenspuren und ihre Zusammenfassung zu Streuereignissen — werden zur Auswertung von Streuexperimenten im Kern *klassisch* oder quasi-klassisch beschrieben, wobei die Meßgesetze z.T. durch Mittelwerte für quantentheoretische Prozesse ergänzt werden. Auf Ensemble-Ebene dagegen ist die Meßtheorie im Kern eine *Quantentheorie*: sie beruht auf Borns Quantenmechanik der Streuung und ihren relativistischen Verallgemeinerungen, die z.T. quasi-klassische Annahmen über die Struktur von Streuzentren enthalten. Was läßt sich aus dieser Meßtheorie über das Verhältnis von Mikro- und Makrophysik lernen?

Offenbar ist in der Meßtheorie der Teilchenphysik eine *Einheit von Mikro- und Makrophysik* unterstellt, die auf der Ebene der fundamentalen Theorien, aus denen die darin verknüpften Meßgesetze stammen, gar nicht vorhanden ist. Die Annahme einer Einheit von Mikro- und Makrophysik ist indes unter verschiedenen wissenschaftsphilosophischen Gesichtspunkten problematisch. Nach *Th.S.Kuhn* sind die Theorien der klassischen Physik und die Quantenmechanik *inkommensurabel*. Nach *Bohr* kann die klassische oder quasi-klassische Beschreibung der Einzelphänomene niemals auf die Quantentheorie zurückgeführt werden, weil die *Meßapparatur*, ohne die man keine experimentellen Phänomene der Mikrophysik bekommt, *klassisch* zu beschreiben ist. Wenn dies so ist, kann man der Inkommensurabilitätsthese Kuhns nicht durch Einbettung der klassischen Meßgesetze in die Quantentheorie entkommen. Wie im 4. Kapitel herausgearbeitet wurde, lassen sich dagegen die klassische und die quantenmechanische Streutheorie in bestimmten Spezialfällen *auf Ensemble-Ebene* teils exakt und teils näherungsweise miteinander *verknüpfen.*

In der Wissenschaftstheorie wird die Frage nach der Einheit der Physik meistens in bezug auf die Struktur physikalischer *Theorien* gestellt, ohne deren *experimentelle Anwendungen* eigens zu beachten. Dabei stehen zwei Typen von Fragen im Zentrum:

(i) Fragen nach der *semantischen Deutung theoretischer Größen* und nach den approximativen Reduktionsbeziehungen von fundamentalen oder speziellen Naturgesetzen, die im Gefolge von *Kuhns Inkommensurabilitätsthese* aufgeworfen werden.

(ii) Die Frage, ob die *Einheit* der Physik — wenn es sie denn gibt — ein nur aus Gründen der *Ökonomie* bewerkstelligtes theoretisches Konstrukt ist, wie etwa *Mach* meinte, oder ob ihr eine strukturelle Einheit in der Natur entspricht.

An den *Meßtheorien der Physik* wurde die Frage nach der Einheit der Physik und ihrer Entsprechung in der empirischen Realität bislang wenig untersucht, obwohl dies eigentlich nahe läge. Die *Inkommensurabilitätsthese* besagt nach *Kuhn*, daß sich strukturell verschiedene Theorien nicht auf ein gemeinsames Maß bringen lassen — sowenig wie Kathete und Hypotenuse im rechtwinkligen Dreieck. Es ist naheliegend, den Terminus ‚Maß' auf der physikalischen Seite dieser Analogie wörtlich zu nehmen und ihn auf die durch Naturgesetze festgelegte Bedeutung von Meßgrößen in strukturell verschiedenen Theorien zu beziehen. Die im Gefolge der Inkommensurabilitätsthese aufgeworfenen Fragen zur *Semantik* der Physik wurden jedoch noch *nicht* an den sehr komplexen Meßtheorien diskutiert, anhand deren die Theorien der neueren Physik überprüft wurden. Offenkundig tauchen bei der Verwendung von Meßgesetzen gar keine Probleme mit der Inkommensurabilität der ihnen zugrundeliegenden Theorien auf. Diesem Sachverhalt hat sich die Inkommensurabilitätsthese zu stellen. Zugleich scheint die Übertragung vertrauter physikalischer Größen wie Länge oder Masse vom Makroskopischen auf den mikroskopischen Bereich jedoch die instrumentalistische These zu stützen, daß die Einheitsannahmen der Physik bloß auf *Ökonomieprinzipien* zur theoretischen Organisation der empirischen Erkenntnis beruhen. Nach dieser These, die den *konstruktivistischen* Aspekt der Theorienbildung für eine anti-realistische Lesart physikalischer Theorien auswertet, wird die theoretische Einheit von mikroskopischen Erkenntnisobjekten und makroskopischen Phänomenen *durch uns* bewerkstelligt, ohne daß sie eine reale Grundlage *in der Natur* haben müssen. Die Einheit der Mikro- und Makrophysik ist auf der Ebene fundamentaler Naturgesetze beim derzeitigen Stand der Theorienbildung fern und wird nach *Bohr* per theoretischer Reduktion auch niemals zu erreichen sein. Auf der Ebene der Meßtheorien, wie heterogen auch immer diese sein mögen, wird sie dagegen längst mit großem empirischem Erfolg unterstellt. Im folgenden soll an der Meßthorie der Teilchenphysik untersucht werden, auf welchen Gründen die Verwendung heterogener Meßgesetze beruht und was man daraus über die Einheit von Mikro- und Makrophysik lernen kann.

5.1 Eine heterogene Meßtheorie

Während die Beobachtung von Teilchenspuren auf einer Fotoplatte auch für einen Laien möglich ist, macht die Analyse dieser Spuren, aus denen auf die Elementarteilchen und ihre Wechselwirkungen zurückgeschlossen wird, von einer sehr komplexen Meßtheorie Gebrauch. Die Meßtheorie, die man heute in der Teilchenphysik zur Durchführung von Streuexperimenten und zur Analyse der dabei aufgezeichneten Teilchenspuren und Streuereignisse verwendet, ist ein heterogenes Gefüge von Gesetzen aus strukturell verschiedenen Theorien. Ihr Kern ist *klassisch*. Er besteht in denjenigen Gesetzen der *klassischen Punktmechanik* und der *relativistischen Kinematik*, die der Beschreibung quasi-klassischer Teilchenbahnen dienen und die dem experimentellen Teilchenbegriff zugrundeliegen.

Dieser klassische Kern von Annahmen über die Raum-Zeit-Bahn ‚einzelner' Teilchen wird anhand der Übergangswahrscheinlichkeiten für die Streuprozesse eines Teilchens im Detektor durch *quantenelektrodynamische Korrekturen* ergänzt und durch *Erhaltungssätze* für quantisierte Größen wie Spin, Parität oder Isospin ausdifferenziert. Auf Ensemble-Ebene wird er dann in die quantenmechanische Streutheorie eingebettet und um quasi-klassisch definierte *Formfaktoren* sowie um die rein quantentheoretisch begründete Meßtheorie von *Resonanzen* erweitert. Ihm werden also etliche Spezialfälle einer mit den Grundannahmen der klassischen Physik nicht verträglichen Quantentheorie der Streuung aufgepfropft, die dann z.T. wiederum mit quasi-klassischen Annahmen über die Struktur eines Streuzentrums arbeitet.

Die exakte Übereinstimmung der klassischen Rutherford-Streuung mit dem Wirkungsquerquerschnitt der quantenmechanischen Streuung am Coulomb-Potential ist *kontingent*, insofern einzig das *Coulomb-Potential* auch im Rahmen der Quantenmechanik auf Ensemble-Ebene exakt die *klassische Lösung* für das Streuproblem ergibt. Diese zufällige Übereinstimmung stellte schon in der Frühzeit der Quantenmechanik einen nahtlosen Anschluß der quantenmechanischen Streutheorie an die vertraute klassische Meßtheorie her, die Rutherford zur Analyse der Struktur subatomarer Streuzentren benutzte. Zudem spielte *Borns* Quantenmechanik der Stoßvorgänge eine prominente Rolle bei der *semantischen Deutung* der neuen, unverstandenen Mechanik des atomaren Bereichs, insofern sie die erst bei *von Neumann* exakt ausformulierte, aber nach Born benannte *probabilistische Minimalinterpretation* der Quantentheorie in einem wichtigen Spezialfall begründete.[1] Der Wirkungsquerschnitt eines subatomaren Streuvorgangs ist danach ein Maß für die Übergangswahrscheinlichkeit eines gekoppelten quantenmechanischen Systems, dessen Bestandteile asymptotisch frei sind.

Schon bald nach der Entwicklung der Quantenmechanik konnte gezeigt werden, daß die Entstehung von Teilchenspuren in der Wilson-Kammer mit der quantenmechanischen Streutheorie im Einklang ist. Wie *Heisenberg* hervorhob, nimmt bei der mehrfachen Streuung eines α-Teilchens durch Ionisationsprozesse die Wahrscheinlichkeit für das Ergebnis einer Ortsmessung

„nur dann einen merklichen Wert an ..., wenn die Verbindungslinie der beiden Moleküle parallel läuft zur Geschwindigkeitsrichtung der α-Partikel." [2]

Für die Analyse der Wirkungen ‚einzelner' Teilchen klassische Meßgesetze zu verwenden und sie auf Ensemble-Ebene zur empirischen Basis

---

[1] Born (1926a), (1926b); von Neumann (1932), S.101 ff.
[2] Heisenberg (1930), S.53. Vgl. auch Mott (1929), wo eine entsprechende Rechnung erstmals durchgeführt ist. Heisenberg konnte weiter zeigen, daß die Unbestimmtheitsrelation für Ort und Impuls bei jedem einzelnen Ionisationsprozeß erfüllt ist, wenn man diesen Vorgang als Ortsmessung deutet; Heisenberg (1930), S.18. Die Ungenauigkeit der Ortsmessung für die einzelnen Meßpunkte einer Teilchenspur und der Meßfehler des quasi-klassischen Teilchenimpulses, der anhand des Ausdrucks für die *Lorentz*-Kraft aus einer gekrümmten Teilchenspur ermittelt wird, liegen zusammengenommen typischerweise um mehr als 12 (!) Größenordnungen über der Heisenbergschen Unschärfebeziehung.

der Quantentheorie zu rechnen, ist darum seit der Frühzeit der Quantenmechanik vom Standpunkt der quantenmechanischen Streutheorie aus nicht anstößig. Dagegen fanden die *quantenelektrodynamischen* Gesetze, mittels deren die Streuung geladener Teilchen an Atomen beschrieben wird, erst seit der Entdeckung des *Positrons* Schritt für Schritt Eingang in die Meßtheorie zur Analyse von Teilchenspuren,[3] obwohl man seit der Entwicklung der Quantenmechanik wußte, daß geladene Teilchen *nicht* den Gesetzen der klassischen Punktmechanik unterliegen. Erst in dem Maße, wie sich die qualitativen und quantitativen Vorhersagen der Quantenelektrodynamik bestätigten, wurden sie mit dieser Meßtheorie verflochten. Dabei wurde die vorher benutzte klassische Meßtheorie *weder grundlegend revidiert noch unverändert beibehalten*, sondern *durch quantentheoretische Gesetze ergänzt* — einerseits, um sie hinsichtlich der erzielbaren Meßgenauigkeit zu verfeinern, und andererseits, um neue Klassen von Phänomenen zu erschließen. Hinter diesem Vorgehen der Physiker steht die Überzeugung, daß die klassische Meßtheorie, die der Analyse einer Teilchenspur zugrundeliegt, auf Ensemble-Ebene eine vorzügliche *Approximation* darstellt, die für den Großteil der Einzelfälle bis auf Meßfehler einer bestimmten Größenordnung empirisch adäquat ist und die quantitativ verbessert werden kann, wenn man sie auf quantentheoretische Effekte *korrigiert*. Aus dieser Überzeugung heraus entstand im Laufe mehrerer Jahrzehnte ein ziemlich heterogenes Gefüge theoretischer Annahmen, das der Analyse von Teilchenspuren und Streuereignissen auch in der heutigen Hochenergiephysik noch zugrundeliegt und dessen Struktur nun skizziert werden soll.

Die Meßgrößen einer *Teilchenspur* sind Masse, relativistischer Viererimpuls, Ladung und die aus der Spurlänge ersichtliche Absorptionslänge eines stabilen bzw. die Lebensdauer eines instabilen Teilchens. Die Meßgrößen eines *Streuereignisses* sind die den einzelnen Teilchenspuren zugeordneten Meßgrößen und die Größen, die sich daraus anhand der Erhaltungssätze für Energie und Impuls sowie für quantisierte Größen wie Spin, Parität, Isospin und Strangeness berechnen lassen. Die wichtigste Meßgröße einer quantentheoretischen *Dynamik* der Elementarteilchen ist der *Wirkungsquerschnitt*, der aus der relativen Häufigkeit von Streuereignissen mit bestimmten Meßgrößen ermittelt wird und in dem sich die

---

[3] Vgl. 3 4–3.5.

quantenmechanische Streutheorie mit ihrer empirischen Basis berührt.[4] Aus gemessenen Wirkungsquerschnitten lassen sich die *Formfaktoren* ermitteln, die ein Maß für die Ausdehnung der aneinander gestreuten Teilchen sind. Die Meßgrößen einer *Resonanz*, die im energieabhängigen Wirkungsquerschnitt einer Teilchenreaktion beobachtet wird, sind Masse und Lebensdauer des instabilen Teilchens, auf dessen Zerfall die Resonanz im Rahmen der Quantentheorie zurückgeführt wird. Die Meßtheorie, die der Bestimmung all dieser Größen dient und auf der die Datenanalyse hochenergetischer Streuexperimente beruht, stellt das als gesichert geltende theoretische Hintergrundwissen der heutigen Teilchenphysik dar. Sie geht in die hochgradig theoriegeladenen experimentellen Daten ein, die heute die empirische Basis der Teilchenphysik ausmachen. Sie ist ein komplexes Geflecht von Gesetzen, die alles andere als ein streng deduktives System von Spezialfällen ein-und-derselben Theorie bilden. Ihre wesentlichen Ingredienzen sind:

(1) Das Gesetz für die *klassische Lorentz-Kraft*, $F = qE + v \times B$, das Masse, Ladung, Impuls und Geschwindigkeit eines klassischen geladenen Teilchens miteinander verknüpft;

(2) die *relativistische Kinematik*, welche die raumzeitliche Propagation eines hochenergetischen Teilchens beschreibt und seine Wechselwirkungen unter den Energie-Impuls-Erhaltungssatz stellt;

(3) eine große Anzahl *phänomenologischer Gesetze*, die — wie etwa die empirische Energie-Reichweite-Beziehung[5] — auf der Grundlage eines klassischen Teilchenmodells aus Experimenten gewonnen werden;

(4) die *quantenmechanischen Erhaltungssätze* für quantisierte Größen wie Spin, Parität oder Isospin, die nach dem *Noether-Theorem* mit den *Symmetriebedingungen* verknüpft sind, welchen eine Dynamik der Elementarteilchen unterliegt;

(5) die aus der *quantenmechanischen Streutheorie* und der *Quantenelektrodynamik* erhaltenen Gesetze für den Energieverlust sowie die Vielfachstreuung geladener Teilchen in Materie;[6]

---

[4]Vgl. Anhang A.1.
[5]Vgl. dazu Rutherford (1930), S.294, sowie 3.4.
[6]Zum Energieverlust vgl. 3.4 und 3.5 sowie Rossi (1952), S.22 f. Zu den vielfachen

(6) *statistische Annahmen* zur Berechnung der relativen Häufigkeit von Streuereignissen, die durch verschiedene Meßgrößen charakterisiert sind, und des Wirkungsquerschnitts von Teilchenreaktionen;

(7) quantenmechanische Streuquerschnitte für ‚punktförmige' oder dynamisch strukturlose Teilchen: Streuformeln für *Rutherford*-Streuung, *Mott*-Streuung, *Dirac*-Streuung am Proton usw.;[7] und schließlich

(8) die quantentheoretische *Breit-Wigner-Formel* zur Bestimmung der mittleren Energie und Halbwertsbreite einer Resonanz, die man auf Masse und Lebensdauer eines instabilen quantenmechanischen Zustands bezieht.[8]

Die statistischen Annahmen (6) stammen aus der Wahrscheinlichkeitstheorie. Sie sind im Prinzip — d.h. soweit nicht die Quantentheorie, die zur Korrektur klassisch gemessener relativer Häufigkeiten benutzt wird, spezielle, nicht-gaußförmige statistische Verteilungen von Streuereignissen erfordert[9] — mit der klassischen Physik und der Quantentheorie gleichermaßen vereinbar. Der Rest der Meßtheorie ist aus einer Vielzahl von spezifischen Gesetzen zusammengestückelt, die auf fundamentalen Theorien mit inkompatibler Struktur beruhen: auf der klassischen Punktmechanik und der relativistischen Kinematik, der nichtrelativistischen Quantenmechanik und der Quantenelektrodynamik. Wie gut sind all diese Meßgesetze heterogener Herkunft in der benutzten Meßtheorie miteinander verträglich, und wie greifen sie ineinander?

(1) und (2) machen die Meßtheorie eines *klassischen relativistischen Teilchens* aus, deren Anwendbarkeit auf viele Phänomene der Teilchenphysik den experimentellen Teilchenbegriff begründet. Das Referenzobjekt dieser klassischen Meßtheorie ist ein einzelnes, anhand seiner

---

elastischen Streuprozessen, die ein geladenes Teilchen in Materie erfährt (Vielfachstreuung), ebd. S.63 ff.

[7]Vgl. hierzu 4.4.

[8]Siehe 3.3, sowie Lohrmann (1981), S.110 ff. im Vergleich zu Goldberger (1975), Kapitel 8.

[9]Da die relativistische Quantentheorie große Fluktuationen in der räumlichen sowie energetischen Verteilung von Streuereignissen vorhersagt, ist z.B. die Abweichung des Energieverlusts eines Ensembles geladener Teilchen vom Mittelwert nicht normalverteilt, sondern zeigt Asymmetrien und Ausläufer bis hin zur Gesamtenergie, die durch spezielle statistische Verteilungsgesetze beschrieben werden müssen.

Raum-Zeit-Bahn reidentifizierbares Teilchen, das nach (1) als nichtrelativistische massive Ladung und nach (2) in einer Ausweitung des klassischen Teilchenkonzepts auf den Massenwert Null als relativistisch mit einer Ruhemasse m_0 gedacht wird. Die phänomenologischen Gesetze (3) beinhalten qualitative, komparative und quantitative Aussagen über Meßgrößen; man erhält sie unter Voraussetzung des klassischen Teilchenkonzepts direkt aus den beobachteten Teilchenspuren.

Die quantentheoretischen Meßgesetze (4)–(5) dagegen beschreiben die durch quantenmechanische Übergangswahrscheinlichkeiten charakterisierten *Wechselwirkungen von Quantenobjekten* miteinander und mit der Materie eines Teilchendetektors. Sie beziehen sich also auf theoretische Entitäten, denen keine determinierte Raum-Zeit-Bahn zugeschrieben werden kann und die durch quantenmechanische Zustandsfunktionen mit unstetiger Änderung an jedem einzelnen Meßpunkt repräsentiert werden. Dennoch können sie auf Einzelfall-Ebene als *quasi-klassische Gesetze* in die klassische Meßtheorie (1)–(3) eingefügt werden.

Die Erhaltungssätze für quantisierte Größen gelten wie der Energie-Impuls-Erhaltungssatz *im Einzelfall*, sie können wie der Ausdruck für die klassische Lorentz-Kraft auf einzelne Teilchenspuren und Streuereignisse angewandt werden. Dagegen haben die quantenelektrodynamischen Formeln (5) für den Energieverlust und die Vielfachstreuung, die Wirkungsquerschnitte (7) für die Streuung strukturloser Teilchen und die Breit-Wigner-Resonanzkurve (8) allesamt nur *probabilistische Bedeutung*, ihr empirischer Gehalt liegt in Aussagen über ein statistisches Ensemble von Streuereignissen. Dennoch sind die Formeln für den Energieverlust und die Vielfachstreuung auf einzelne Teilchenspuren immerhin in Form von Mittelwerten anwendbar. Man berechnet sie aus den Übergangswahrscheinlichkeiten für die möglichen quantentheoretischen Streuprozesse, die ein geladenes Teilchen auf seiner makroskopischen Wegstrecke in der Detektormaterie erfährt.

Die Wirkungsquerschnitte (7) für punktförmiges bzw. strukturloses Streuverhalten sind zwar auf Ensemble-Ebene definiert, können aber bei quasi-klassischer Beschreibbarkeit des Streuobjekts noch auf einzelne, innerhalb eines makroskopischen Atomverbands lokalisierte Streuzentren bezogen werden. Die Breit-Wigner-Resonanzkurve (8) dagegen bezieht sich überhaupt nicht auf einzelne Teilchen. Ihr Referenzobjekt ist kein ‚einzelnes', vielfach in Materie gestreutes und wiederholt durch eine Ortsmessung lokalisiertes Teilchen und auch kein durch ein Ensemble von Probeteilchen innerhalb eines makroskopischen Atomverbands lokalisiertes Streuzentrum — sondern ein Ensemble von Quantenobjekten, die sich in einem angeregten quantenmechanischen Zustand befinden. Trotz dieser äußerst heterogenen Bestandteile bildet die Meßtheorie jedenfalls in *quantitativer* Hinsicht ein kohärentes Ganzes, wie nun für ihren auf einzelne Teilchenspuren bezogenen Teil gezeigt werden soll.

5.2 Heterogenität, Redundanz und Kohärenz

Die von (1), (3) und (5) gebildete Meßtheorie zur *Analyse einzelner Teilchenspuren* hat bemerkenswerte Züge. Aus dem Ausdruck für die klassische Lorentz-Kraft können nicht alle Bestimmungsstücke einer Teilchenspur ermittelt werden. Darum müssen die phänomenologischen oder halbempirischen Gesetze (3) und die quantenelektrodynamischen Formeln (5) für den mittleren Energieverlust und für die mittlere Ablenkung eines Teilchens durch Vielfachstreuung hinzugenommen werden. Wie in 3.4 gezeigt wurde, setzten Experimentatoren wie *Anderson* während der Konsolidierungsphase der Quantenelektrodynamik alles daran, die Masse und Ladung von Teilchen *unabhängig* von den ungetesteten Aussagen der Quantenelektrodynamik durch Verfeinerungen ihrer halbempirischen Meßverfahren möglichst genau zu bestimmen.

Die halbempirischen Gesetze (3), die so seit Jahrzehnten zur Verfügung stehen, ermöglichen eine von aller Quantentheorie unabhängige Bestätigung der quantenelektrodynamischen Formeln für den Energieverlust und machen die Meßtheorie zur Analyse von Teilchenspuren *redundant*, soweit die experimentelle Bestimmung der Meßgrößen von Teilchen *auf zwei voneinander unabhängige Weisen* durchgeführt werden kann. Im Gegensatz zu den grundsätzlich empirisch *unter*bestimmten Naturgesetzen, die Meßgrößen miteinander verknüpfen, ist die Ermittlung von numerischen Werten für Meßgrößen mittels einer solchen Meßtheorie *über*bestimmt. Es gibt darin verschiedene Meßgesetze zur Ermittlung derselben Meßgröße, und diese Meßgesetze sind — dies ist entscheidend — unabhängig voneinander, sie stammen aus unterschiedlichen Theorien. Diese Überbestimmtheit einer hinreichend ausdifferenzierten Meßtheorie, die typisch für das Ineinandergreifen phänomenologischer Gesetze und fundamentaler Theorien bei der Durchführung von

Experimenten zur Mikrophysik ist, ist ein starkes Indiz dafür, daß man die Ergebnisse von Messungen realistisch deuten darf. Wenn zwei *verschiedene* Meßmethoden innerhalb der Fehlergrenzen beider Messungen zum *selben* kontingenten Meßwert führen, muß die Zuweisung eines numerischen Werts zu einer physikalischen Größe einen von der gewählten Meßmethode *unabhängigen* Grund in der empirischen Realität haben.

Wegen solcher Redundanzen können die einzelnen Teile der Meßtheorie bei ihren spezifischen experimentellen Anwendungen immer wieder auf ihre empirische Adäquatheit und ihre quantitative Verträglichkeit hin geprüft werden. In solche Tests, die die Physiker als *Konsistenzprüfungen* der Meßtheorie betrachten, geht allerdings der probabilistische Charakter der quantenelektrodynamischen Meßgesetze (5) wesentlich ein. Zum Beispiel ermöglicht die experimentell bestimmte *Energie-Reichweite-Beziehung*, die die Ausgangsenergie eines Teilchenstrahls mit der mittleren gemessenen Reichweite der einzelnen Teilchen in irgendeinem Material verknüpft, einen direkten Test der quantenelektrodynamischen Formeln für den *Energieverlust* von geladenen Teilchen in Materie.

Nach der Quantenelektrodynamik gibt es drei verschiedene Typen von Streuprozessen, durch die ein hochenergetisches Teilchen beim Durchgang durch Materie Energie bzw. Impuls verliert: inelastische Stoßvorgänge, bei denen Atome angeregt werden und die zur *Ionisation* des Atoms führen; *Bremsstrahlungs*-Prozesse, bei denen γ-Quanten abgestrahlt werden; und *Paarerzeugungs*-Prozesse, bei denen Elektron-Positron-Paare entstehen. Aus den Übergangswahrscheinlichkeiten für diese Prozesse kann man den mittleren Energieverlust eines geladenen Teilchens bestimmter Energie pro Wegstrecke in einem bestimmten Material berechnen, woraus man einen theoretischen Wert für die mittlere Reichweite geladener Teilchen bestimmter Energie in einem bestimmten Material erhält.[10] In den heutigen hochenergetischen Streuexperimenten an Teilchenbeschleunigern kann man diese Vorhersage der Quantenelektrodynamik für viele Teilchentypen und Detektormaterialen empirisch überprüfen, indem man einen Teilchenstrahl definierter Energie erzeugt und die Reichweite dieser Teilchen in Abhängigkeit von der Energie mit einem geeigneten Detektor mißt. Weil man dafür heute Teilchenstrahlen mit genau definierter Ausgangsenergie und großer Intensität erzeugen kann, die einem großen Ensemble gleichartig präparierter Quantenob-

---

[10]Rossi (1952), S.35 ff.

jekte entsprechen, läßt sich durch solche Messungen nicht nur der *mittlere Energieverlust*, sondern auch die *Streuung der Einzelmessungen um den Mittelwert* empirisch bestimmen.

Bemerkenswert hieran ist, daß ein auf der Grundlage eines *klassischen* Teilchenmodells gewonnenes *empirisches Gesetz*, in dessen Ermittlung nur klassische theoretische Annahmen eingehen, mit einer aus der Quantenelektrodynamik abgeleiteten, *quantentheoretischen* Beziehung im Rahmen der Meßgenauigkeit vorzüglich *übereinstimmt*. Empirisch lassen sich auch die *Fluktuationen* des Energieverlusts nachweisen, die von der Quantenelektrodynamik vorhergesagt werden und auf spezifisch quantenfeldtheoretische Effekte wie Bremsstrahlung und Paarerzeugung zurückgehen. Die relative Häufigkeit solcher Prozesse ist bei nicht-relativistischen Teilchenenergien vernachlässigbar klein, nimmt aber im relativistischen Energiebereich mit steigender Teilchenenergie stark zu.[11] Die quantentheoretischen Formeln für die *Vielfachstreuung* von Teilchen in Materie sind auf dieselbe Weise überprüfbar.

Obwohl die klassischen Voraussetzungen von (1) und (3) mit den quantentheoretischen Grundlagen von (5) unverträglich sind, erweist sich die Meßtheorie zur Analyse einzelner Teilchenspuren bei diesen experimentellen Überprüfungen immer wieder als *konsistent*. Die Meßergebnisse, die durch Meßgesetze aus strukturell so verschiedenen Theorien geliefert werden, sind quantitativ miteinander verträglich.

Die Meßtheorie zur Analyse von Teilchenspuren ist somit ein *heterogenes* Gefüge einzelner Meßgesetze, das *Redundanzen* enthält und in seinen quantitativen Aussagen *kohärent* ist. Man vergleiche dies mit *Ian Hackings* spielerischer Phantasie einer Physik, in der jede theoretische Beschreibung empirischer Phänomene so spezifisch wie möglich, keine redundant und je zwei Beschreibungen miteinander inkonsistent wären:

"God did not write a Book of Nature of the sort that the old Europeans imagined. He wrote a Borgesian library, each book of which is as brief as possible, yet each book of which is inconsistent with every other. No book is redundant. For every book, there is some humanly accessible bit of Nature such that that book, and no other, makes possible the comprehension, prediction and influencing of what is going on." [12]

---

[11] Ebd., S.29 f. und S.60.
[12] Hacking (1983), S.219.

Die Meßtheorie zur Analyse von Teilchenspuren ist hiervon himmelweit entfernt. Sie ist keineswegs in sich redundanzfrei; ihre redundanten Teile sind quantitativ verträglich, obwohl die einzelnen Meßgesetze nicht-vereinbaren Theorien entstammen; und sie überschneidet sich mit den Meßgesetzen, mittels deren man rein klassische Phänomene oder reine Quanteneffekte, nicht-relativistische oder relativistische Vorgänge erfaßt. Im Gegensatz zu *Hackings* durch den argentinischen Schriftsteller *Borges* inspirierter Imagination weist sie darauf hin, daß der Inhalt des (nach Galilei in mathematischen Lettern geschriebenen) Buchs der Natur in der Sprache einer einheitlichen Theorie formuliert sein muß — auch wenn wir dieses Buch bis heute nur unvollständig und in Bruchstücken, die auf bislang inkompatiblen theoretischen Ansätzen beruhen, entziffern können. Die *Inkommensurabilität* fundamentaler Theorien, deren Spezialfälle zu Meßtheorien zusammengefügt werden, ist vom *meßtheoretischen* Standpunkt aus *kein Problem*, solange die verschiedenen Teile des so entstehenden heterogenen Gefüges von Meßgesetzen nur, wie es hier der Fall ist, unabhängig voneinander testbar sind und sich als quantitativ miteinander verträglich erweisen; und solange es keinen Hinweis darauf gibt, daß sich die für eine Messung benutzten Theorien *nicht* durch approximative Reduktionsbeziehungen in einen einheitlichen theoretischen Rahmen einordnen lassen können.

Für das Verhältnis der in der Teilchenphysik benutzten Meßgesetze aus klassischer Physik und Quantentheorie ist diese Bedingung jedenfalls auf *Ensemble-Ebene* erfüllt. Auf der Ebene der *Einzelmessungen* dagegen steht *Bohrs* Diktum, daß *Messungen durchgängig klassisch* zu beschreiben sind, *gegen die meßtheoretische Praxis*, die klassischen Meßgesetze zur Analyse einzelner Teilchenspuren durch mittlere quantentheoretische Übergangswahrscheinlichkeiten zu korrigieren.

5.3 Quantentheoretische Gesetze in einer klassischen Meßtheorie

Die Art und Weise, wie die quantentheoretischen Meßgesetze in die zunächst klassische Meßtheorie der Teilchenphysik eingebaut werden, ist bemerkenswert und hat auch bemerkenswerte Implikationen für das

Verhältnis von *Semantik* und *Ontologie* der Quantenmechanik. Dabei verstehe ich für die Quantentheorie unter ‚Semantik' die (unstrittige) *probabilistische Minimalinterpretation*, die den experimentellen Anwendungen der Theorie zugrundeliegt und nach der die physikalische Bedeutung der quantenmechanischen Wellenfunktion, oder der empirische Gehalt der Theorie, in den *Erwartungswerten für quantenmechanische Observable* liegt. Unter ‚Ontologie' dagegen verstehe ich (umstrittene) weitergehende Aussagen über die *Referenz der quantenmechanischen Wellenfunktion*, der Basisentität der Theorie. Strittig ist z.B., ob sich die quantenmechanische Wellenfunktion, etwa diejenige eines freien Elektrons, nur auf ein *Ensemble* gleichartig präparierter Mikrosysteme oder auch auf ein *einzelnes Mikrosystem* bezieht. Der hier gemachte Unterschied zwischen ‚Semantik' und ‚Ontologie' der Quantentheorie, der der vielfach gebräuchlichen Unterscheidung zwischen probabilistischer Minimaldeutung und weitergehenden Deutungen entspricht,[13] ist dem Ontologiebegriff aus 1.6 gemäß *nicht prinzipiell* zu lesen. Er bezieht sich zunächst nur auf den *Individuenbereich*, von dem man als ‚guter' Empirist bzw. Realist anzunehmen hat, daß die Quantentheorie für ihn gilt: für eine Menge von Ensembles von Meßergebnissen — oder aber für eine Menge einzelner Mikrosysteme in Raum und Zeit.

Die Gesetze der klassischen Physik und der Quantentheorie haben eine prinzipiell verschiedene physikalische Semantik. Diese unterschiedliche Semantik schlägt sich auch formal nieder: Die Größen der klassischen Physik werden durch *reellwertige Funktionen* repräsentiert, die der Quantentheorie dagegen durch *operatorwertige Maßfunktionen*. Empirisch sind die Größen der klassischen Punktmechanik oder Feldtheorie primär auf *Einzelphänomene* bezogen, die quantentheoretischen Observable dagegen auf *Ensembles von Meßergebnissen*. Der semantische Unterschied beider Theorien überträgt sich natürlich auf den empirischen Gehalt der *Meßgesetze* aus beiden Theorien; die quantentheoretischen haben — abgesehen von den Erhaltungssätzen für quantisierte Größen wie den Spin — irreduzibel probabilistische Bedeutung, die klassischen dagegen nicht.

Umgekehrt hat aber die *Ineinanderfügung beider Arten von Gesetzen in ein-und-dieselbe Meßtheorie* Konsequenzen für die Deutung der Quantentheorie. Wie nachher gezeigt werden soll, *favorisiert* sie eine Inter-

---

[13] Diese Unterscheidung wird z.B. in Busch (1991b), S.5 ff. gemacht und mit einer Systematisierung der verschiedenen weitergehenden Deutungen verknüpft.

pretation der Theorie, wonach die quantenmechanische Wellenfunktion nicht nur auf Ensembles, sondern auch auf *individuelle Systeme* bezogen werden darf. Die Semantik und die Ontologie der Quantentheorie sind also nicht so unabhängig voneinander, wie es die Unterscheidung von probabilistischer Minimaldeutung und weitergehenden Deutungen suggeriert.[14]

Die Meßgesetze der klassischen Punktmechanik und der relativistischen Kinematik sowie die Erhaltungssätze für quantisierte Größen wie den Spin beziehen sich auf *einzelne Teilchenspuren und Streuereignisse*. Die quantenmechanische Streutheorie dagegen, auf der die quantenelektrodynamischen Gesetze für Energieverlust und Vielfachstreuung genauso wie die *Breit-Wigner*-Resonanzkurve beruhen, macht empirische Aussagen über *statistische Ensembles von Streuereignissen*. Auch die quantentheoretischen Gesetze für Einzelprozesse — insbesondere die Erhaltungssätze für quantisierte Größen wie den Spin, die einen teils in Versuchung bringen, Quantenobjekte als Teilchen in einem generalisierten Sinne zu betrachten[15] und teils gerade das Paradoxe aller solchen Versuche zeigen[16] — schmälern nicht den irreduzibel probabilistischen Charakter der Quantentheorie.

Dennoch können beide Sorten von Meßgesetzen in ein-und-derselben Meßtheorie zur Bestimmung ein-und-derselben dynamischen Größen von Teilchen und Streuprozessen benutzt werden können. Dies ist nicht nur dem Sachverhalt zu verdanken, daß die Gesetze der klassischen Physik auf Ensemble-Ebene approximative Spezialfälle der Quantentheorie sind, sondern auch wesentlich der Rolle, welche die *mathematische Statistik* bei der Datenanalyse physikalischer Experimente spielt. Die Auswertung jedes Experiments erfordert statistische Gesetze zur Auswertung von Versuchsreihen und zur Bestimmung der Meßfehler, die teils statistischer und teils systematischer Herkunft sind.[17] Da diese statistischen Gesetze

---

[14] Ein sehr wichtiges Indiz hierfür ist, daß die Ensemble-Deutung und die Einzelsystem-Deutung (numerisch) äquivalent sind; vgl. Scheibe (1971), S.82 ff.

[15] Vgl. 6.4.

[16] durch nicht-lokale Korrelationen vom Einstein-Podolsky-Rosen-Typ; vgl. 6.5.

[17] Systematische Meßfehler gehen auf bekannte Abweichungen des ‚realen' Meßgeräts vom ‚idealen' Meßgerät zurück, die bei der Messung nicht berücksichtigt wurden und die eine systematische Verzerrung der Meßergebnisse bewirken können; ihre Größe wird bei der quantitativen Fehleranalyse einer Messung auf der Grundlage der theoretischen Kenntnis des untersuchten Prozesses sowie experimenteller und theoretischer Studien zur Funktionsweise der Meßapparatur abgeschätzt. Statistische Meßfehler sind solche, deren Herkunft man *nicht* kennt und die man als zufallsver-

grundsätzlich neutral gegen den strukturellen Unterschied von klassischer Physik und Quantentheorie sind, kann man die *klassischen Aussagen* über den Verlauf einzelner Teilchenspuren sowie die klassisch daraus bestimmten statistischen Ensembles von Teilchenspuren und Streuereignissen mit den Mitteln der Statistik auf die in den klassischen Meßgesetzen zwangsläufig zunächst vernachlässigten *quantentheoretischen Effekte korrigieren.* Die Erweiterung der klassischen Meßtheorie eines ‚einzelnen' Teilchens durch quantentheoretische Annahmen, die wesentlich probabilistischer Natur sind, ändert dabei grundsätzlich nichts am *quasiklassischen Charakter der Meßtheorie.* Sie erfolgt typischerweise in zwei Stufen:

1. Die klassischen Gesetze zur Ermittlung der *Meßgrößen einzelner Teilchenspuren und Streuereignisse* werden durch quantenelektrodynamisch berechnete Formeln für das *wahrscheinlichste Verhalten* geladener Teilchen bei ihren atomaren und subatomaren Streuprozessen in der Materie eines Teilchendetektors ergänzt. Diese Formeln bekommt man jeweils aus dem Mittelwert der statistischen Verteilung, die man für den Energieverlust bzw. die Richtungsänderung eines Teilchens erhält, wenn man die mögliche Änderung von Impulsbetrag bzw. -richtung statistisch mit dem quantentheoretischen Erwartungswert gewichtet.[18] Dieser Mittelwert ist für den Einzelfall natürlich nur dann aussagekräftig, wenn der *Mittel*wert dieser statistischen Verteilungsfunktion vom *wahrscheinlichsten* Wert kaum abweicht, und wenn die *Streuung* um den Mittelwert gering ist. Daß diese Bedingung für die Ionisationsprozesse erfüllt ist, die zur Entstehung von Teilchenspuren in der Wilson-Kammer führen, wurde schon in der Frühzeit der Teilchenphysik gezeigt: die Wahrscheinlichkeit dafür, daß ein Teilchen, das ein Atom ionisiert, in Richtung der klassischen Bahn gestreut wird, ist so hoch, daß die Streuung um den klassischen Mittelwert völlig zu vernachlässigen ist.[19]

Da der Ausdruck für die klassische Lorentz-Kraft einen reibungsfreien Transport geladener Teilchen durch Materie beschreibt, muß man für die meisten Arten von Teilchendetektor den dabei vernachlässigten mittleren Energieverlust geladener Teilchen pro Wegstrecke berücksichtigen. Dies geschieht nach der *Bethe-Bloch-Formel* für Ionisationsprozesse sowie nach den Gesetzen für Bremsstrahlung und Paarerzeugung, die *kein*

---

teilt annimmt; sie werden aus der Anzahl unabhängiger Einzelmessungen ermittelt.
[18]Vgl. Rossi (1952), S.35 ff.
[19]Mott (1929) sowie Heisenberg (1930), S.53.

klassisches Analogon besitzen. Auf ähnliche Weise kann man bei der Analyse einzelner Streuereignisse weitere quantentheoretische Effekte — etwa die Ausbreitung von Teilchenschauern, d.h. von Kaskaden sekundärer Streuprozesse, die durch geeignete Detektoren aufgezeichnet werden — entweder durch berechnete quantenmechanische Übergangswahrscheinlichkeiten oder aber durch entsprechende aus Messungen gewonnene phänomenologische Gesetze berücksichtigen.

Die quantentheoretischen Formeln für den wahrscheinlichsten Verlauf einer Teilchenspur in Abhängigkeit vom Teilchenimpuls und vom Teilchentyp gehen bei der Datenanalyse von Streuexperimenten der heutigen Teilchenphysik in die Computer-Programme ein, die den Transport geladener Teilchen durch einen Teilchendetektor rekonstruieren, um den Impuls und weitere Meßgrößen der relativistischen Kinematik am Spurbeginn auszurechnen. Dabei werden klassische Gesetze, die einen makroskopischen Einzelprozeß beschreiben, durch den anhand quantentheoretischer Erwartungswerte berechneten *Mittelwert einer statistischen Verteilungsfunktion* ergänzt, die sich auf eine *Vielzahl von Ensembles mikroskopischer Einzelprozesse* bezieht. Starke Abweichungen des Verhaltens einzelner Teilchen vom Mittelwert, die etwa den von der Quantenelektrodynamik vorhergesagten Fluktuationen im Energieverlust entsprechen, bleiben bei diesem Verfahren, das *die Mittelwerte statistischer Verteilungsfunktionen für Quanteneffekte* wie *quasi-klassische Größen für Einzelprozesse* behandelt, jedoch zwangsläufig vernachlässigt.

2. Für die Analyse einzelner Teilchenspuren sind die quantenelektrodynamischen Formeln für den Energieverlust wegen der extremen *Fluktuationen*, die die Abbremsung und Ablenkung eines geladenen Teilchens gegenüber dem wahrscheinlichsten Wert aufweisen kann, nur von begrenzter Aussagekraft. Die quasi-klassische Messung der dynamischen Größen, die man einzelnen Teilchenspuren und Streuereignissen zuspricht, weist wegen der Vernachlässigung solcher quantentheoretischer Effekte systematische Meßfehler auf, die nur *für Ereignisensembles korrigiert* werden können. Bei der Analyse von Streuexperimenten der heutigen Teilchenphysik werden die quantentheoretischen Formeln darum nicht nur zur Berechnung des mittleren Verhaltens ‚einzelner' geladener Teilchen in Materie verwendet, sondern darüberhinaus auch zur *statistischen Korrektur der relativen Häufigkeitsverteilung von Meßgrößen* einzelner Teilchenspuren *in einem quantenmechanischen Ensemble* von Streuereignissen. Hierfür werden Entfaltungsverfahren der mathemati-

schen Statistik benutzt, mittels deren sich die verzerrenden Einflüsse analysieren lassen, welche die ‚Faltung' probabilistischer Größen mit probabilistischen Meßfehlern auf die relative Häufigkeitsverteilung dieser Größen hat.

Diese Korrektur der gemessenen Häufigkeitsverteilung beruht auf der Idee, daß die zur Analyse einzelner Teilchenspuren und Streuereignisse erforderliche Vernachlässigung des probabilistischen Charakters von quantentheoretischen Gesetzen durch eine probabilistische Korrektur am Ensemble wieder wettgemacht werden kann. Sie ist jedoch nicht unbedingt typisch für den Gegenstandsbereich einer Quantentheorie, sondern dient generell der Berücksichtigung probabilistisch verteilter Meßfehler im Rahmen einer beliebigen Theorie statistischer Größen.[20] Die zunächst vernachlässigten probabilistischen Effekte, die nur durch die Quantentheorie auf empirisch adäquate Weise beschrieben werden können, werden hier wie die systematischen Fehler einer klassischen Messung behandelt, die nachträglich korrigierbar sind, weil man ihre Herkunft kennt. Diese Korrektur auf Ensemble-Ebene ändert nichts am quasi-klassischen Charakter der Messung eines statistischen Ensembles einzelner Teilchenspuren und Streuereignisse.

Es ist für die Meßtheorie der Teilchenphysik charakteristisch, daß klassische Meßgesetze durch quantentheoretische Korrekturen ergänzt werden müssen, um *empirische Adäquatheit* mit *großer Meßgenauigkeit* zu verbinden. Die Grobstruktur der experimentellen Phänomene, von denen man vor-theoretisch auf Teilchen als die Ursachen lokaler Wirkungen schließt, läßt sich klassisch beschreiben. Aber die Feinstruktur von Teilchenspuren, Streuereignissen und Ensembles von Streuereignissen zeigt die Grenzen des klassischen Teilchenkonzepts und kann nur mittels quantentheoretischer Meßgesetze erfaßt werden. Dabei ist das Besondere im Verhältnis von klassischer Physik und Quantentheorie, daß man versucht, die theoretische Beschreibung der experimentellen Phänomene so weit wie nur irgend möglich *auf die Spezialfälle einer Quantentheorie zu reduzieren* (also etwa den klassischen Ausdruck für die *Lorentz-Kraft* unter bestimmten Anwendungsbedingungen aus der *Schrödinger-Gleichung* herzuleiten), während gleichzeitig die *Meßtheo-*

---

[20] Bei einer vollständig klassischen Meßtheorie, die eine Theorie probabilistisch verteilter Meßfehler beinhaltet, wäre die Korrektur der gemessenen Häufigkeitsverteilung also im Prinzip genauso, nur mit anderen statistischen Verteilungen für den Energieverlust oder die Vielfachstreuung geladener Teilchen in Materie durchzuführen.

rie im Kern immer klassisch bleibt. Wo man quantentheoretische Korrekturen zur Ergänzung eines klassischen Meßgesetzes für die Analyse einzelner Teilchenspuren benutzt, ist man formal gezwungen, sie — wie den Wert für den mittleren Energieverlust eines geladenen Teilchens pro Wegstrecke im Detektormaterial — als quasi-klassische Größen zu behandeln; und wo man die probabilistischen Vorhersagen der Quantentheorie auf Ensemble-Ebene für Korrekturen heranzieht, um die Meßgenauigkeit bei der Bestimmung des Wirkungsquerschnitts einer Teilchenreaktion zu vergrößern, behandelt man sie genauso wie die systematischen Meßfehler einer klassischen Messung.

Man versucht also, die experimentellen Phänomene ‚von unten‘, d.h. von der Ebene einer fundamentalen Theorie, *quantentheoretisch* zu erklären, während man sie gleichzeitig ‚von oben‘, d.h. auf der phänomenologischen Ebene, *klassisch oder quasi-klassisch* analysiert. Bohrs Diktum, daß Messungen immer klassisch zu beschreiben sind, wird dabei ‚von unten‘ durch die quantenelektrodynamische Beschreibung der Ionisations-, Bremsstrahlungs- und Paarerzeugungs-Prozesse geladener Teilchen in Materie aufgeweicht und bleibt zugleich ‚von oben‘ für den klassischen bzw. quasi-klassischen Charakter der Messung unverändert gültig. Die nicht-klassische Beschreibung, die man ‚von unten‘ aus der quantenmechanischen Streutheorie für die Meßapparatur und ihre Wechselwirkungen mit geladenen Teilchen erhält, und die quasi-klassische Beschreibung der Phänomene ‚von oben‘ haben dabei wohldefinierte Nahtstellen.

Eine solche Nahtstelle ist insbesondere das *im Ortsraum starre Potential*, das man in die quantenmechanische Streutheorie einfügen kann, um die Wirkung des *Teilchendetektors* auf ein geladenes Teilchen zu beschreiben. *Einerseits* erlegt dieses Potential der Anwendung der Quantenelektrodynamik auf den Durchgang geladener Teilchen durch Materie eine klassische Lokalitätsbedingung auf, die es erlaubt, die Quantenelektrodynamik in diesem Spezialfall an die nicht-relativistische Quantenmechanik anzuschließen und die Streuung als Beugung an einem quasi-klassischen Streuzentrum aufzufassen, das durch eine quasi-klassische Ladungsverteilung beschrieben wird. *Andererseits* repräsentiert diese Ladungsverteilung bzw. das daraus ermittelte Potential die Atome des Teilchendetektors, mit denen die geladenen Teilchen vielfach in quantenelektrodynamischen Prozessen wechselwirken, wobei durch Ionisation oder Bremsstrahlung sekundäre Teilchen entstehen, deren Signale der

Teilchendetektor dann zu makroskopischen Wirkungen verstärkt. In der Meßtheorie zur Analyse einzelner Teilchenspuren greift die quantentheoretische Beschreibung der wiederholten Wechselwirkungen subatomarer Teilchen mit einem Teilchendetektor ‚von unten' mit der quasi-klassischen Beschreibung der experimentellen Phänomene ‚von oben' auf eine Weise ineinander, die unmittelbare Konsequenzen für die Deutung der Quantentheorie hat. Die Pointe dieser Meßtheorie ist nämlich, daß hierbei die *Quantentheorie in probabilistischer Bedeutung auf Einzelfälle angewandt* wird. Die Anwendung der Meßtheorie beruht auf der Annahme, daß die quasi-klassische Beschreibung der Einzelphänomene ‚von oben' mit ihrer quantentheoretischen Erklärung ‚von unten' vereinbar ist. Diese Annahme ist jedoch nur dann gerechtfertigt, wenn die quasi-klassischen Meßgesetze *nicht nur auf Ensemble-Ebene, sondern auch für den Einzelfall* in einer *quantitativen Näherungsbeziehung zur quantentheoretischen Beschreibung der Streuung* eines geladenen Teilchens an den Detektoratomen stehen. Die gekrümmten Teilchenspuren, die ein Teilchendetektor registriert, werden quasi-klassisch, aber unter Zugrundelegung der Quantentheorie analysiert. Aus Lorentz-Kraft, Energieverlust und Spurkrümmung läßt sich bei bekannter Teilchenmasse und -ladung ein quasi-klassischer Teilchenimpuls bestimmen.[21] Dabei wird die *Quantentheorie auf die einzelnen Meßpunkte der Spur angewandt*, und *jeder Meßpunkt* wird zum Gegenstand von *gleich zwei probabilistischen Aussagen* gemacht:

(i) Der Ausdruck für die Lorentz-Kraft, der sich unter der Bedingung schwacher äußerer Felder auf Ensemble-Ebene näherungsweise aus der Schrödinger-Gleichung herleiten läßt,[22] wird als *quantenmechanischer Erwartungswert* für die *Richtung* interpretiert, in der das Teilchen bei der nächsten Ortsmessung lokalisiert sein wird.

(ii) Der *mittlere Energieverlust durch Ionisation, Bremsstrahlung und Paarerzeugung* sowie die *mittlere Richtungsänderung des Teilchens durch Vielfachstreuung* werden aus den Erwartungswerten für diese Streuprozesse als Mittelwerte statistischer Verteilungsfunktionen für die Impulsänderung berechnet und in Form einer quasi-klassischen Korrektur für den Teilchenimpuls berücksichtigt.

---

[21] Die Zuordnung eines Impulswertes zur Teilchenspur steht nicht im Widerspruch zur Quantenmechanik, denn die Meßfehler von Orts- und Impulsmessung liegen zusammen um etliche Zehnerpotenzen über der Heisenbergschen Unschärfebeziehung.

[22] Mott (1965), S.4.

Beide Wahrscheinlichkeitsaussagen der Quantentheorie werden bei der Analyse einer Teilchenspur *zusammengenommen* auf die Ergebnisse aufeinanderfolgender Ortsmessungen angewandt, um *einzelne Meßpunkte zu einer quasi-klassischen Raum-Zeit-Bahn zu verknüpfen.* Dabei wird *für jeden Meßpunkt* einer Teilchenspur die Quantentheorie in *probabilistischer* Bedeutung verwendet, um eine Wahrscheinlichkeitsaussage über das Ergebnis der nächsten *Einzel*messung zu bekommen. Diese Aussage stimmt im niederenergetischen Bereich im Einzelfall *und* auf Ensemble-Ebene quantitativ gut mit der klassischen Vorhersage überein. Die Wahrscheinlichkeit dafür, daß ein geladenes Teilchen im Detektor in Richtung der klassischen Flugbahn gestreut wird, ist insbesondere für die Ionisationsprozesse, die bei niedrigen Teilchenenergien dominant sind, nach der Quantentheorie extrem hoch.

Für die Deutung der Quantentheorie entscheidend ist dabei, daß die einzelnen Meßpunkte der Spur — oder in realistischer Lesart: die Zustände des geladenen Teilchens nach den einzelnen Ortsmessungen — *kein Ensemble* bilden.[23] Das Teilchen ist schon aufgrund seines Energieverlusts im Detektor vor jeder Ortsmessung immer wieder anders präpariert. Eine Ensemble-Interpretation ist somit für die meßtheoretische Anwendung der Quantentheorie auf einzelne Teilchenspuren ausgeschlossen, und wenn die Spur noch so viele Meßpunkte umfaßt. Wegen des Energieverlusts, der sich klassisch nicht empirisch adäquat berechnen läßt, ist eine Teilchenspur rein klassisch höchstens qualitativ analysierbar.[24] Nur durch die Anwendung der Quantenelektrodynamik auf die Meßpunkte der Spur läßt sich hohe quantitative Präzision erzielen.

Die Meßtheorie der heutigen Teilchenphysik setzt demnach voraus, daß sich quantenmechanische und quantenelektrodynamische *Erwartungswerte* auf die *Einzelereignisse* im Teilchendetektor beziehen. Ihre erfolgreiche Anwendung favorisiert offenbar eine *Quantentheorie der individuellen Systeme.* Der Einbau quantentheoretischer Erwartungswerte in eine quasi-klassische Meßtheorie, die dann auf Einzelfälle angewandt wird, verschafft der Quantentheorie eine *quasi-klassische Semantik*, die darauf hinweist, daß schon die probabilistische Minimalinterpretation *ontologisch stärker* ist als die Alternative Ensemble-Deutung—Einzelsystem-Deutung vermuten läßt. Die *Ontologie* der Quantentheo-

---

[23]Außerdem ist die Anzahl der Meßpunkte i.a. gering.
[24]Deswegen verzichtete z.B. *Anderson* in den frühen dreißiger Jahren bei der Analyse von Teilchenspuren auf die Berücksichtigung des Energieverlusts und nahm dafür in Kauf, daß er die Teilchenmasse nur grob abschätzen konnte; vgl. 3.4.

rie, d.h. der Bereich von Referenzobjekten, auf die sie sich bezieht, kann jedenfalls nicht schwächer sein als ihre *Semantik*, wenn man diesen Unterschied überhaupt aufrecht erhalten will. Man kommt also kaum daran vorbei, die Quantentheorie in den betrachteten Spezialfällen, die für die Analyse einzelner Teilchenspuren benötigt werden, als eine Theorie individueller Systeme aufzufassen.

5.4   Einheitsbedingungen der Messung

Ein so heterogenes Gebilde wie die Meßtheorie, die man in der Teilchenphysik zur Datenanalyse verwendet, spricht dem Ideal einer vollständigen und einheitlichen Beschreibung experimenteller Phänomene mittels einer einzigen, umfassenden physikalischen Theorie Hohn. Sie ist nicht aus einem Guß, sondern stellt ein teils aus bestimmten Spezialfällen strukturell verschiedener Theorien und teils aus phänomenologischen Gesetzen zusammengeschustertes *patchwork* dar. Sie hat dabei bemerkenswerte Züge, die für die Meßtheorien der heutigen Physik eher typisch als die Ausnahme sind: Sie enthält *Redundanzen*, d.h. sie umfaßt zum Teil mehrere empirisch gestützte Beschreibungen für dieselben Phänomene. Diese Beschreibungen erweisen sich trotz aller struktureller Verschiedenheit als *quantitativ miteinander verträglich*. Selbst die irreduzibel probabilistischen Aussagen über die quantenelektrodynamisch beschriebenen Streuprozesse geladener Teilchen in Materie können für statistische Ensembles als *probabilistische Korrekturen an eine klassische Meßtheorie* angefügt werden. Dabei gelingt der Anschluß quantentheoretischer Korrekturen an die klassischen Meßgesetze sogar für einzelne Teilchenspuren, solange der mittlere Effekt quantentheoretischer Streuprozesse als eine quasiklassische Größe behandelt werden kann, weil die Wahrscheinlichkeit für eine klassische raumzeitliche Abfolge von Einzelprozessen im Teilchendetektor extrem hoch ist.

In den Meßtheorien, die sich die Experimentalphysiker aus den Spezialfällen verschiedener fundamentaler Theorien sowie aus phänomenologischen Gesetzen zusammenstückeln, wird die systematische Einheit der Physik, deren vollständige Verwirklichung für die Theoretiker bislang ein Wunschtraum bleibt, also mit großem empirischem Erfolg antizipiert. Dieses Vorgehen zählt zur *vorläufigen Physik* im Sinne von

Audretsch.[25] Was sind nun die Einheitsbedingungen einer solchen Meßtheorie, die keine *theoretische* Einheit aufweist?

Bei aller Heterogenität der einzelnen Ingredienzen ist eine Meßtheorie normalerweise kohärent im Hinblick auf ihren quantitativen empirischen Gehalt sowie ihre im Prinzip theorieneutralen statistischen Korrekturverfahren, die der Berücksichtigung von Meßfehlern und der quantitativen Verfeinerung dienen. Diese *quantitative Kohärenz* liefert gute Gründe dafür, die aus strukturell verschiedenen Theorien stammenden Meßgesetze auf ein-und-dieselben Referenzobjekte als Bestandteile ein-und-derselben empirischen Realität zu beziehen. Die Experimentalphysiker scheuen sich darum nicht, ein-und-denselben Elektronenstrahl auf der Bahn durch die elektrischen und magnetischen Felder eines Teilchenbeschleunigers und bei der Auslenkung auf ein materielles Target *klassisch*, aber bei seiner Wechselwirkung mit den Atomen dieses Materieblocks *quantentheoretisch* zu beschreiben. Nicht nur — wie *I.Hacking* argumentiert[26] — der instrumentelle Charakter der Elektronen, die man als Probeteilchen für ein hochenergetisches Streuexperiment benutzt, sondern auch der empirische Erfolg einer quantitativ kohärenten Meßtheorie legt die Annahme nahe, daß es sich hier nicht um zwei grundverschiedene Sorten theoretischer Entitäten, sondern beidemale um dieselben Entitäten vom Typ ‚Elektron' handelt. Diese Entitäten sind durch experimentell bestimmte Werte für Masse und Ladung gekennzeichnet, und man darf getrost annehmen, daß es sie als Entitäten mit dieser Masse und Ladung gibt — auch wenn man weder eine sämtliche experimentellen Situationen umfassende einheitliche Theorie zu ihrer Beschreibung besitzt noch ohne weiteres in vor-theoretischen Termini sagen kann, was ein Elektron denn nun eigentlich ist.

Von der *quantitativen Kohärenz einer Meßtheorie* schließt man also auf die *identische Referenzobjekte der einzelnen Meßgesetze*, wie unterschiedlichen Theorien auch immer diese Gesetze entstammen mögen. Allerdings ist dieser Schluß mit der *reduktionistischen Annahme* verknüpft, es *könne* im Prinzip eine umfassende Theorie geben, deren spezifische Gesetze in den Meßgesetzen antizipiert sind und auf deren Spezialfälle sich die Meßgesetze allesamt approximativ reduzieren lassen, wenn sie einmal formuliert sein wird. Die Benutzung eines heterogenen Gefüges von Meßgesetzen erscheint den Experimentalphysikern solange als un-

---
[25]Vgl. Audretsch (1989).
[26]Hacking (1983), S.265 ff., und die Ausführungen dazu in 2.3.

problematisch, wie dieses Gefüge bestimmte *Einheitsbedingungen* erfüllt, die gewährleisten, daß die Integration der einzelnen Meßgesetze in eine umfassende Theorie für ein im Prinzip durchführbares Unternehmen gehalten werden darf. Für die Beziehung zwischen Meßgesetzen aus der *klassischen* Physik und der *Quantentheorie* ist dies indes umstritten. Angesichts der Art und Weise, wie die Spezialfälle einer Quantentheorie in eine quasiklassische Meßtheorie eingefügt und zur Analyse von Teilchenspuren selbst auf den quantentheoretisch im Prinzip nicht vorhersagbaren Einzelfall angewandt werden, muß man darum fragen, ob nicht die Einheitsbedingungen für eine Meßtheorie *schwächer* sein können als die Einheitsbedingungen für die Reduktion der heterogenen Meßgesetze auf eine umfassende Theorie.

Damit eine Meßtheorie als ein brauchbares, wenn auch vorläufig zusammengeschustertes *patchwork* von Meßgesetzen, die den Phänomenbereich einer einzigen, umfassenden Theorie überdecken, gelten darf, muß sie insgesamt drei Typen von Konsistenzforderungen oder Kohärenzbedingungen erfüllen:

(1) Jedes ihrer Meßgesetze muß innerhalb der Meßgenauigkeit in seinem Anwendungsbereich *empirisch adäquat* sein (Kohärenz mit den experimentellen Phänomenen).

(2) Je zwei Meßgesetze, die sich auf *überlappende* Anwendungsbereiche beziehen, müssen in ihren theoretischen Vorhersagen *quantitativ verträglich* sein (Konsistenz der redundanten Teile der Meßtheorie);

(3) Meßgesetze aus strukturell verschiedenen Theorien müssen als *approximativ reduzierbar* auf Spezialfälle einer fundamentalen Theorie gelten dürfen (Vereinbarkeit der Meßtheorie mit einer bruchstückweise antizipierten umfassenden Theorie).

Wenn ein Gefüge von Meßgesetzen eine der ersten beiden Bedingungen nicht erfüllt, versucht man, es durch die Elimination einzelner Meßgesetze konsistent und durch die Verringerung der beanspruchten Meßgenauigkeit empirisch adäquat zu machen, um später seine empirische Adäquatheit durch die Hinzunahme neuer empirisch gestützter Gesetze quantitativ zu verbessern. Ein gutes Beispiel hierfür liefert die in den *dreißiger Jahren* benutzte halb klassische, halb phänomenologische Meßtheorie zur Analyse von Teilchenspuren:[27] anstatt den Ener-

---

[27] Vgl. 3.4 und 3.5.

gieverlust geladener Teilchen in der Nebelkammer mit *Bohrs* klassischer Theorie von 1913 — die weder mit der Quantentheorie verträglich noch empirisch adäquat war — zu berechnen, verzichtete man vor der Entdeckung des Positrons lieber auf Genauigkeit in der Massenmessung. Die Präzision der Massenmessung konnte erst im Laufe des Konsolidierungsprozesses der Quantenelektrodynamik verbessert werden, der schließlich zur empirisch adäquaten, wenn auch heterogenen Meßtheorie mit einer immensen Meßgenauigkeit führte, die man noch heute benutzt.[28]

Auch wenn es keine umfassende Theorie gibt, die ein Gefüge von Meßgesetzen begründen könnte, müssen die Kohärenzbedingungen (2) und (3) nicht unabhängig voneinander sein. Die quantitative Verträglichkeit disparater Meßgesetze kann nämlich auch darauf beruhen, daß es *approximative Reduktionsbeziehungen* zwischen den *Spezialfällen* der in die Meßtheorie involvierten Theorien gibt, *ohne* daß sich die Fundamentalgesetze der Theorien aufeinander reduzieren lassen. Die einheitsstiftende Leistung, die eine Theorie jeweils hat, setzt dann Maßstäbe für die Beurteilung ihrer quantitativen Verträglichkeit mit Meßgesetzen aus einer *anderen* Theorie *und* zugleich für die Konstruktion einer fundamentalen Theorie des betreffenden Phänomenbereichs. In der Teilchenphysik nimmt man an, daß die gesuchte fundamentale Theorie eine *relativistische Quantentheorie* ist, die unter anderem den heute bekannten Vertauschungsregeln und Erhaltungssätzen für quantisierte dynamische Größen sowie den Gesetzen der relativistischen Kinematik Genüge leistet, und zu der die heutigen Quantenfeldtheorien in einer quantitativ explizierbaren Näherungsbeziehung stehen müssen.[29] Daß die heute in der Teilchenphysik benutzten, sehr disparaten Meßgesetze miteinander verträglich sind, wird durch quantitative Näherungsbeziehungen zwischen den relevanten Spezialfällen von nicht-relativistischen und relativistischen Theorien, von klassischer Physik und Quantentheorie gewährleistet. Um die meßtheoretisch relevanten Spezialfälle dieser Theorien zusammenzustellen:

---

[28]So stimmt beispielsweise der gemessene Wert für die Lamb-Shift im Wasserstoff-Atom mit dem quantenelektrodynamisch berechneten Wert in fünf signifikanten Dezimalstellen überein, die Übereinstimmung für das anomale magnetische Moment des Elektrons liegt bei sieben Stellen und die für dasjenige des Myons bei fünf Stellen. Vgl. Lohrmann (1981), S.99 ff.

[29]Daß die heute akzeptierten Quantenfeldtheorien nicht ihrer Struktur nach selbst mit dieser fundamentalen Theorie identifizierbar sind, hängt teils mit deren unbefriedigender formaler Gestalt (Stichwort: Renormierung) und teils mit ihrer mangelnden vereinheitlichenden Leistung zusammen (Stichwörter: Supersymmetrie und Quantengravitation).

Die Meßgesetze, die auf der nicht-relativistischen Punktmechanik beruhen, lassen sich als Näherungen der in einem bestimmten Bezugssystem gültigen Gesetze einer relativistischen Dynamik für den Fall niedriger Teilchenenergie, aber auch als quasi-klassische Grenzfälle der nicht-relativistischen Quantenmechanik für den Fall lokalisierter, hinreichend schwacher äußerer Felder betrachten. Allerdings gilt die approximative Grenzfall-Beziehung zwischen klassischer Punktmechanik und Quantenmechanik *nur auf Ensemble-Ebene* strikt. Der Ausdruck für die klassische Lorentz-Kraft, der den Kern der Meßtheorie eines klassischen geladenen Teilchens bildet, ist formal mit der relativistischen Kinematik *und* mit der Quantenmechanik kompatibel; er kann für den niederenergetischen Grenzfall in eine relativistische Dynamik und mittels der Einstein-de Broglie-Beziehung in die Quantenmechanik ‚eingebaut' werden. Der relativistische Ausdruck für die Masse eines Teilchens geht in einem spezifischen Bezugssystem für den Grenzfall niedriger Geschwindigkeiten in den nicht-relativistischen Massenwert über. Die quantenmechanische Beschreibung der wahrscheinlichsten Ablenkung eines geladenen Teilchens durch das Coulomb-Potential der Detektor-Atome verträgt sich wegen der extrem hohen Wahrscheinlichkeit für klassisches Verhalten sogar *im Einzelfall* — präziser gesagt: für die *allermeisten* Einzelfälle — approximativ mit dem klassischen Teilchenmodell, das diesen Weg als eine Raum-Zeit-Bahn mit makroskopischer Meßunschärfe deutet.[30] Ein quantentheoretisches Ensemble geladener Teilchen verhält sich in einem schwachen klassischen Feld bei der Propagation von Masse und Ladung über makroskopische Distanzen wie ein klasssischer Teilchenstrom, wie man anhand der Schrödinger-Gleichung zeigen kann.[31] Dies erklärt unter anderem, warum die Raum-Zeit-Bahn geladener Teilchen, die in einer evakuierten Röhre durch äußere elektrische und magnetische Felder beschleunigt werden, vollständig klassisch beschreibbar ist (und warum man in denjenigen Lehrbüchern der Physik, die Bau und Funktionsweise eines Teilchenbeschleunigers beschreiben, heute genausowenig über die quantentheoretische Natur von Elektronen erfährt wie aus *Thomsons e/m-Messung* an Kathodenstrahlen von 1898.[32]) Die quantenelektrodynamischen Formeln für den Energieverlust, den geladene Teilchen in einem Teilchendetektor erfahren, beruhen unter anderem auf

---

[30] Mott (1929); Heisenberg (1930), S.53.
[31] Mott (1965), S.4.
[32] Vgl. etwa Daniel (1974).

Einheitsbedingungen der Messung 203

dem nahtlosen Anschluß, den die quantenfeldtheoretische Beschreibung eines Zwei-Teilchen-Streuprozesses an die nicht-relativistische Quantenmechanik der Stoßvorgänge hat, wenn man den Spezialfall der durch ein starres Coulomb-Potential beschreibbaren Detektoratome betrachtet.[33] Die quantenmechanische Beschreibung der diesen Spezialfall betreffenden Rutherford-Streuung stimmt für ein Ensemble von Streuprozessen exakt mit der Vorhersage für einen klassischen Teilchenstrahl überein.[34]

Man sieht an dieser Zusammenstellung sofort, daß die *Messungen* der Teilchenphysik in zwei Hinsichten deutlich *schwächeren Einheitsbedingungen* unterliegt als die *theoretische Reduktion* einer klassischen Dynamik auf die Quantentheorie:

(i) Messungen, die immer auf speziellen Anwendungen von Theorien beruhen, erfordern nur Reduktionsbeziehungen für die *Spezialfälle* unverträglicher Theorien – und nicht für deren fundamentale Bewegungsgleichungen. Gerade die *Rutherford-Streuung* zeigt, daß ein fundamentales physikalisches Gesetz wie das Kraftgesetz in einem bestimmten Anwendungsbereich (innerhalb des Atoms) ungültig sein kann, während ein meßtheoretisch relevanter Spezialfall davon (die Rutherfordsche Streuformel) empirisch adäquat ist und *exakt* mit dem Spezialfall der in diesem Bereich gültigen, mit der klassischen Physik unverträglichen Quantenmechanik übereinstimmt.

(ii) Vom Standpunkt einer theoretischen Reduktionsbeziehung zwischen klassischer Physik und Quantentheorie wäre zu fordern, daß die klassische Beschreibung der experimentellen Phänomene der Mikrophysik nicht nur auf Ensemble-Ebene, sondern auch im Einzelfall näherungsweise von der Quantentheorie reproduziert werden können. Bei den meßtheoretisch relevanten Spezialfällen der Quantentheorie gilt dies zwar für die aller*meisten*, nicht aber für *alle* Einzelprozesse, die beim Transport geladener Teilchen durch die Detektormaterie geschehen.

---

[33] Møller (1931).
[34] Und zwar sowohl bei der exakten Lösung der Schrödinger-Gleichung als auch in Bornscher Näherung für ein abgeschirmtes Potential; siehe Born (1926c), in: Herrmann (1962), S.78 ff., sowie Mott (1965), S.55 ff. und S.111 f. Der Grund hierfür dürfte sein, daß das Coulomb-Potential die in Mott (1965), S.4 genannte Bedingung für quasi-klassisches Verhalten eines Teilchenstrahls in einem äußeren Feld auch für inneratomare Distanzen gerade noch erfüllt.

5.5 Iteratives Messen und semantische Konsistenz

Die empirische Adäquatheit einer Meßtheorie hängt einerseits von der Meßgenauigkeit und andererseits von den experimentellen Bedingungen ab, unter denen eine Messung stattfindet. Der Ausdruck für die klassische Lorentz-Kraft, der die Krümmung einer Teilchenspur im Magnetfeld beschreibt, ist nur dann ein gutes Meßgesetz für die Impulsbestimmung, wenn die Abbremsung des geladenen Teilchens in der Detektormaterie im Rahmen der erreichbaren Meßgenauigkeit vernachlässigt werden kann. Dies ist für die im Wasserdampf einer Nebelkammer beobachtbaren Spuren hochenergetischer Teilchen aus der kosmischen Strahlung der Fall — aber nicht für Teilchenspuren, die durch die heutigen, in ‚Sandwich'-Bauweise mit Eisenplatten bestückten Teilchendetektoren aufgezeichnet werden. Wenn man eine akzeptable Meßgenauigkeit erreichen will, muß man bei den letzteren den Energieverlust der Teilchen in Eisen mit berücksichtigen. Da alle Meßgesetze nur von begrenzter empirischer Adäquatheit sind, aber alle Meßtheorien durch die Hinzunahme neuer Meßgesetze quantitativ verfeinert werden können, setzt sich eine ausgefeilte Meßtheorie der Physik immer aus (einfachen) Meßgesetzen zur Beschreibung der Grobstruktur und (viel diffizileren) Meßgesetzen zur Erfassung der Feinstruktur der experimentellen Phänomene zusammen.

Die Meßtheorien der Physik erfassen die Phänomene also im allgemeinen *iterativ*. Der Kern einer Meßtheorie bestimmt die Werte für Meßgrößen in einer ersten Näherung, und die weiteren Meßgesetze, mit denen man zunächst vernachlässigte Effekte, die erst bei größerer Meßgenauigkeit eine Rolle spielen, berücksichtigt, führen zu einer Korrektur der Messung, die eine zweite Näherung für die Meßwerte und einen kleineren systematischen Meßfehler liefert. Dabei wird selbverständlich unterstellt, daß ein solches Näherungsverfahren Sinn macht, d.h. daß die Iteration der Meßwerte durch immer ausgefeiltere Meßgesetze einen Grenzwert (den ‚wirklichen' Wert der betreffenden Größe) besitzt, der durch die einzelnen Meßgesetze schrittweise mit immer kleinerem Meßfehler approximiert werden kann. Wenn es approximative Reduktionsbeziehungen gibt, wie man sie für die Meßgesetze und die Spezialfälle einer fundamentalen Theorie des betreffenden Phänomenbereichs fordert, ist hinreichend gewährleistet, daß dieses iterative Vorgehen zulässig ist.

Ein solches iteratives Vorgehen ist nicht nur in Meßtheorien, sondern auch generell für die Herleitung spezieller Naturgesetze aus Theorien, die mathematisch schwer handhabbar sind, üblich — und zwar auch und gerade dann, wenn *inkommensurable Theorien* im Spiel sind. Beispielsweise wird die Vorhersage der anomalen Perihel-Bewegung des Merkur, eines der Paradebeispiele für den empirischen Gehalt der Allgemeinen Relativitätstheorie, nicht etwa *ab initio* aus dieser berechnet, sondern man errechnet lediglich eine relativistische Korrektur zur störungstheoretischen Vorhersage aus der Newtonschen Mechanik, die dann gerade die beobachtete Abweichung der Planetenbahn vom nach der klassischen Gravitationstheorie erwarteten Verlauf erklärt. Auch in der Teilchenphysik ist das iterative Vorgehen gang und gäbe. So berechnet man etwa die Lamb-Shift im Wasserstoff-Atom als quantenelektrodynamische Korrektur zum quantenmechanisch ermittelten Energieniveau.

Daß sich strukturell sehr verschiedene Theorien in ihrem quantitativen empirischen Gehalt oft nur wenig unterscheiden, wie sich an den approximativen Reduktionsbeziehungen ihrer Spezialfälle zeigt, ist vom Standpunkt der Theorienkonstruktion kein Wunder. Wie schon *Th.S.Kuhn* in seiner Arbeit über die Funktion des Messens für die Entwicklung der Physik[35] hervorhebt, trachtet man bei der Konstruktion einer neuen Theorie auch und gerade dann, wenn sie zu einer wissenschaftlichen Revolution führt, den quantitativen empirischen Gehalt der bis dahin bewährten Theorien zu erhalten und zu verbessern. Die Formulierung und Ausarbeitung einer neuen Theorie unterliegt im allgemeinen der Bedingung, die bewährten Spezialfälle derjenigen Theorie, die sie ersetzt, näherungsweise zu reproduzieren. Dagegen ist es vom Standpunkt der *Messung* ein kontingentes Faktum, wenn disparate Meßgesetze, die strukturell verschiedenen Theorien entstammen, im Rahmen der Meßgenauigkeit quantitativ übereinstimmen. Die quantitative Kohärenz einer heterogenen Meßtheorie, die in solchen Meßgesetzen redundant ist, darf darum als ein starkes empirisches Indiz dafür gelten, daß die Einheit der Physik nicht *nur* ein Konstrukt der Theoretiker ist, sondern *auch* eine Grundlage in der Struktur der empirischen Realität besitzt: der *nomologischen Einheit physikalischer Theorien* entspricht eine *nichtnomologische, kontingente Einheit der physikalischen Phänomene.*

Die Konstruktion der Einheit ‚von unten' durch Ansätze zu fundamentalen Theorien trifft sich strukturell mit derjenigen ‚von oben', die durch Meßgesetze hergestellt wird,[36] wenn eine Theorie das Stadium

---

[35]Kuhn (1961); vgl. dazu die Bemerkungen am Ende von 2.6.
[36]Zur Einheit ‚von unten' bzw. ‚von oben' vgl. 5.3.

der T-Theoretizität im *Sneed*schen Sinne erreicht hat. Dann enthält sie auch die Meßgesetze für ihre theoretischen Größen als Spezialfälle in sich und ist ihre eigene Meßtheorie. Die Theorienbildungsprozesse der heutigen Physik sind von diesem (mit der Reduktion von Kontingenz in der empirischen Basis einer Theorie verknüpften) maximalen Ziel der Einheitskonstruktion weit entfernt. So etwas wie T-Theoretizität steht immer *am Ende* und niemals am Anfang des Konsolidierungsprozesses einer Theorie.[37] Darum ist jedes Kriterium der T-Theoretizität für das Verhältnis einer Theorie *in statu nascendi* zu ihrer Meßtheorie nur von akademischem Interesse.

Für das Verständnis der in der Physik üblichen Beziehung zwischen Theorienkonstruktion und Meßtheorien benötigt man ein *schwächeres Kriterium* für die gelungene Integration von Meßverfahren in eine Theorie. Ein schwächeres Kohärenzkriterium findet man etwa in *C.F. von Weizsäckers* Forderung der *semantischen Konsistenz* einer Theorie mit dem Vorverständnis der durch sie erfaßten Phänomene. Von Weizsäcker expliziert den Begriff der semantischen Konsistenz folgendermaßen:

> „Semantische Konsistenz einer Theorie soll bedeuten, daß ihr Vorverständnis, mit dessen Hilfe wir ihre mathematische Struktur deuten, selbst den Gesetzen der Theorie genügt." [38]

Dieses Vorverständnis sieht von Weizsäcker unter anderem in der *Umgangssprache* — d.h. in den vor-theoretischen Begriffen, in die man physikalische Begriffsbildungen übersetzen kann — ausgedrückt. Die *Vereinbarkeit einer Theorie mit der Beschreibung der Wirkungsweise von Meßgeräten durch klassische oder quasi-klassische Gesetze* ist eine notwendige, aber noch keine hinreichende Bedingung für semantische Konsistenz in von Weizsäckers Sinn.[39] Im folgenden will ich mir *diese* Bedingung herauspicken und unter der semantischen Konsistenz einer Theorie

---

[37]Im Stadium der Theorienbildung versucht man, theorieabhängige Meßverfahren so weit wie nur irgend möglich zu vermeiden; vgl. 3.5.
[38]Vgl. von Weizsäcker (1985), S.514.
[39]Vgl. ebd., in Fortsetzung des angeführten Zitats: „Dies ist vermutlich immer nur begrenzt erreichbar. Denn der mathematische Gehalt der Theorie muß scharf umrissen sein, das Vorverständnis aber wurzelt in der unabgrenzbaren Umgangssprache." Auch die in dieser Arbeit unternommenen Bemühungen, zu zeigen, inwieweit sich die umgangssprachlich als ‚Teilchen' bezeichneten Referenzobjekte der heutigen Teilchenphysik unter ein vor-theoretisch expliziertes Teilchenkonzept subsumieren lassen, wären demnach zum Nachweis der semantischen Konsistenz der heutigen Elementarteilchentheorien zählen.

vor allem die Vereinbarkeit mit ihrer Meßtheorie verstehen: im Hinblick auf das Verhältnis zu ihrer Meßtheorie kann eine Theorie *genau dann* als *semantisch konsistent* betrachtet werden, wenn ihre *fundamentalen Gesetze vereinbar mit den Meßverfahren* sind, auf denen die experimentelle Basis der Theorie beruht und die auch der semantischen Interpretation der Theorie durch physikalische Größen dienen. Eine Theorie ist bereits dann semantisch konsistent mit ihrer Meßtheorie, wenn zwei Bedingungen erfüllt sind:

(i) Die Meßgesetze der Theorie müssen in ihrem *quantitativen Gehalt* approximativ auf Spezialfälle der Theorie reduzierbar sein.

(ii) Die physikalischen Größen der Theorie und ihrer Meßgesetze müssen einheitlich definiert sein in *dem* Sinn, daß sie *derselben Skala* zugeordnet werden können bzw. *dieselben Dimensionen* aufweisen.

Die *erste* Bedingung, die in der Wissenschaftstheorie zunehmend erforscht wird,[40] ist *notwendig, aber nicht hinreichend* dafür, daß es *semantische Brücken zwischen inkommensurablen Theorien* geben kann. Daß der *quantitative* Aspekt des Theorienwandels in der Physik kein grundsätzliches Problem ist, hat auch *Kuhn* betont, in seiner Arbeit zur Funktion des Messens bei der Entwicklung der Physik.[41] Die *zweite* Bedingung berücksichtigt, daß es auch *qualitative* semantische Brücken zwischen konkurrierenden Theorien mit überlappenden Anwendungsbereichen geben muß — Brücken, die es rechtfertigen, daß man den Wertebereich einer physikalischen Größe wie Masse oder Länge vom *empirisch* zugänglichen Bereich unbeschränkt ins Mikroskopische sowie in den kosmologischen Bereich hinein erweitert. Es soll hier nicht diskutiert werden, ob die hier formulierte Bedingung (ii) *hinreichend* für die Existenz solcher qualitativer semantischer Brücken ist, die auf physikalischen Qualitäten in der Natur — oder auf *natürlichen Arten*[42] — beruhen. Nur durch die Existenz solcher zusätzlicher, *nicht-quantitativer* semantischer Brücken zwischen Theorien, deren fundamentale Gesetze

---

[40] Vgl. etwa Bartels (1992).
[41] Kuhn (1961)
[42] Vgl. zu diesem Problemkomplex auch den *Realismus bezüglich natürlicher Arten*, der in Carrier (1991) verteidigt wird.

unvereinbar sind, ist der Inkommensurabilitätsthese zu entkommen.[43]

Die Bedingungen (i) und (ii) sind *hinreichend für semantische Konsistenz* im hier definierten (schwachen oder pragmatischen) Sinne. Sie sind aber *nicht hinreichend für semantische Abgeschlossenheit oder Vollständigkeit* einer Theorie *im strikten Sinne* der formalen Semantik. Eine Theorie ist *semantisch abgeschlossen*, wenn ihre Wahrheitsbedingungen in der Sprache der Theorie formulierbar sind, oder wenn ihre Meßgesetze strikte Spezialfälle der Theorie darstellen. Dies entspricht exakt der Forderung der T-Theoretizität im *Sneed*schen Sinne, wie auch immer das Kriterium dafür dann genau formuliert sein mag. Parallel zu dieser syntaktisch formulierten Bedingung kann auch die semantische Bedingung der Vollständigkeit einer Theorie hinsichtlich ihrer meßtheoretisch relevanten Anwendungen gefordert werden. Eine Theorie ist *semantisch vollständig*, wenn die physikalischen Prozesse, die ihren Meßverfahren zugrundeliegen, Modelle der Theorie sind.

Für die *Quantentheorie* ist diese strikte semantische Bedingung aufgrund der Besonderheiten des quantenmechanischen Meßprozesses *nicht erfüllt*, wie insbesondere *Mittelstaedt* und seine Mitarbeiter nachgewiesen haben.[44] Die Theorienbildung ‚von oben' und die ‚von unten' treffen sich im Falle einer Quantentheorie nur punktuell, denn es gibt bislang — und vielleicht aus prinzipiellen Gründen — keine Quantentheorie der Messung, die das einzelne Meßergebnis erklären könnte.

5.6 Die konstruktive Funktion metatheoretischer Einheitsannahmen

Die Meßtheorie der Teilchenphysik nährt sich von der Hoffnung auf eine *einheitliche Theorie* der Physik, in die sowohl die heutigen Quantentheorien als auch deren quasi-klassische Meßmethoden einbettbar sind. Umgekehrt wird die *realistische Deutung* der Einheitsannahmen, die diesen Meßverfahren zugrundeliegen, durch den empirischen Erfolg ihrer Anwendung *gestützt*. Der empirische Erfolg einer so heterogenen, redundanten und kohärenten Meßtheorie rechtfertigt die Annahme, daß es

---

[43]Dies läßt die *Dimensionstheorie der Physik*, die bisher von der Wissenschaftstheorie recht stiefmütterlich behandelt wird und die etwa in Krantz (1971), 10. Kapitel behandelt wird, interessant erscheinen.

[44]Vgl. Busch (1991a), (1991b).

Die konstruktive Funktion metatheoretischer Einheitsannahmen 209

sich bei den Einheitsannahmen der Physik um *mehr* als bloß ökonomische Prinzipien handelt. Die metatheoretischen Einheitsannahmen der Physik lassen sich in fruchtbare *Heuristik* umwandeln, die der Konstruktion neuer Modelle und Theorien zugrundegelegt werden kann und die dazu dient, die Klippen der Inkommensurabilität in den Theorienbildungsprozessen zu umschiffen. Diese Heuristik hat vor allem die Funktion, *semantische Brücken zwischen im Kern unverträglichen Theorien* zu bauen, und sie leistet dabei die folgenden semantischen Verknüpfungen:

1. *Quantitative Brücken*: Es wird von neuen Theorien verlangt, daß sie über den bewährten Spezialfällen alter Theorien konstruiert sind und die *quantitativen Näherungsbeziehungen auf der Ebene der experimentell relevanten Anwendungsfälle wahren*;

2. *Extensionale Brücken‚pfeiler'*: Die Theorien müssen *überlappende empirische* bzw. *experimentelle Anwendungsbereiche* haben, was impliziert, daß ihre Anwendungsfälle *vom selben Typ, oder aus einer gleichartigen Phänomenklasse*, sein müssen;

3. *Qualitative Brücken*: Die physikalischen Größen beider Theorien müssen derselben Skala zugeordnet und in den selben Einheiten gemessen werden dürfen, d.h. sie müssen *dieselbe Dimension* aufweisen.

Die 1. Annahme ist in der Diskussion um die Semantik physikalischer Theorien wohlbekannt. - Die 2. Annahme, die eigentlich selbstverständlich ist, wurde hier mit Blick auf das Verhältnis von klassischer Physik und Quantentheorie formuliert. Zu den extensionalen Brückenpfeilern der Mikrophysik im Phänomenbereich der Makrophysik gehören die beobachtbaren *Teilchenspuren*, die mittels der in 5.1-5.3 besprochenen Meßtheorie analysiert werden und die ein Hybrid aus klassischer Physik und Quantentheorie ist. Daß die experimentell relevanten Anwendungsfälle von klassischer Physik und Quantentheorie *vom selben Typ* sind, soll angesichts der quantentheoretisch korrigierten klassischen Gesetze zur Analyse von Teilchenspuren heißen: in der *Anwendung der quasi-klassischen Meßtheorie* auf einzelne Teilchenspuren ist eine *Quantentheorie individueller Systeme* vorausgesetzt. - Die *Dimensionstheorie der Physik*, innerhalb deren die 3. Annahme unter der Voraussetzung, daß eine einheitliche Theorie der Physik möglich ist, mittels der Forderung der *Dimensionsinvarianz*[45] aller Theorien begründet werden kann, wurde in der Wissenschaftstheorie noch viel zu wenig erforscht. Solange es keine einheitliche Theorie der Physik gibt, könnte die stets vorausgesetzte Einheit der raumzeitlichen Beschreibung physikalischer Prozesse im Grossen und im Kleinen und die Einheit dynamischer Grössen wie ‚Masse' oder ‚Ladung' vom subatomaren bis zum kosmischen Bereich höchstens im Rahmen der Dimensionstheorie begründet werden.

Die Einheit der Physik ist *konstruktiv*. Sie wird nicht aus der Natur ‚herausgelesen', sondern in die Theorienbildungsprozesse der Physik *hineingesteckt*. Dies spricht *nicht* gegen die Annahme, daß ihr eine strukturelle Einheit innerhalb der Natur oder der empirischen Realität, *entspricht*, soweit die *Korrespondenz*auffassung der theoretischen Naturbeschreibung durch die Physik eben trägt. Daß sie nicht *beliebig* weit trägt, wurde in 4.4 gezeigt. Daß die konstruktiven Einheitsannahmen der Physik im Anwendungsbereich der heutigen Quantentheorien *überhaupt* noch so weit tragen, wie aus der Meßtheorie der Teilchenphysik deutlich wird, ist angesichts der semantischen Unabgeschlossenheit der Quantentheorie erstaunlich.

---

[45]Das Prinzip der Dimensionsinvarianz aller Theorien, für das bislang keine Begründung im Rahmen einer axiomatischen Theorie der Messung bekannt ist, liegt dem stringenten Verfahren der *Dimensionsanalyse* zugrunde, das die heuristischen Dimensionsbetrachtungen der Physik legitimiert; vgl. Krantz (1971), 10. Kapitel.

6 Die Metamorphosen des Teilchenkonzepts

Die Geschichte des Teilchenkonzepts in diesem Jahrhundert ist die Geschichte einer enttäuschten Erwartung, denn weder die *Atome und ihre Bestandteile* noch die *Ursachen der in der Nebelkammer beobachteten Teilchenspuren* noch die *punktförmigen oder ausgedehnten Streuzentren* innerhalb materieller Streuobjekte erwiesen sich als Teilchen im klassischen Sinne. Es gelang bisher nicht, ein *einheitliches theoretisches Konzept* der Entität ‚Teilchen' zu formulieren, das hinreichend dafür wäre, *alle* experimentellen Befunde der Atom-, Kern- und Teilchenphysik empirisch adäquat zu beschreiben. Den systematischen Ausgangspunkt für die Metrisierung der durch Geigerzähler, Kernspuremulsionen, Blasenkammern und andere Detektoren registrierten quasi-klasischen Teilchenspuren stellt auch heute noch die *klassische Meßtheorie* dar, die auf dem klassischen Kraftgesetz beruht und deren heuristischen Kern das klassische Teilchenmodell bildet. Diese Meßtheorie erfuhr im Übergang von der klassischen Physik zur Quantentheorie Erweiterungen und Korrekturen, ohne daß sich ihr klassischer Ausgangspunkt grundsätzlich änderte. Wie im 5. Kapitel gezeigt, steht sie in einer quantitativ explizierbaren Näherungsbeziehung zu den Meßgesetzen der klassischen Punktmechanik. Die Referenzobjekte dieser Meßtheorie *sind* Teilchen; diejenigen der allesumfassenden Quantentheorie, in die man sie gerne einbetten würde, sind es jedoch *nicht*, wie in diesem Kapitel gezeigt werden soll. Was bleibt, ist ein *informell* gebrauchtes Teilchenkonzept, das die Referenzobjekte quasi-klassischer Meßgesetze und die Bezugsgegenstände der hierdurch mit einer empirischen Basis versehenen Quantentheorie recht und schlecht *verbindet*.

Die theoretischen Entwicklungen von der *Quantenmechanik des Wasserstoffatoms* bis hin zu den heutigen *Quantenfeldtheorien*, in denen die Beschreibung von Materiebestandteilen und Strahlungsphänomenen vereinheitlicht ist, nötigten zu immer radikaleren *Abstrichen bezüglich der*

Prädikate, die man *den Teilchen ursprünglich auf der Grundlage der klassischen Punktmechanik zuschrieb* — auch wenn die quantentheoretische Beschreibung der Elementarteilchen bis heute nicht direkt, d.h. ohne das Dazwischenschalten einer Menge Phänomenologie, an die experimentellen Phänomene angebunden werden kann. Ausgehend vom klassischen Teilchenkonzept soll nun zusammengefaßt werden, *welche* drastischen Wandlungen der Teilchenbegriff durch die quantentheoretische Beschreibung von Materie und Strahlung erfuhr.

Dabei wird zunächst an die *kausale* Bedeutung des vor-theoretischen Teilchenbegriffs angeknüpft. Inwieweit man den informellen Teilchenbegriff der Mikrophysik über die *Teile-Ganzes-Beziehung* zwischen materiellen Dingen und ihren atomaren und subatomaren Bestandteilen in seiner *mereologischen* Bedeutung erfassen kann, soll im 7. Kapitel genauer diskutiert werden. Welchen Spielraum läßt eine Quantentheorie noch für ein verallgemeinertes Teilchenkonzept, nach dem man *subatomare Teilchen* als die *Ursache quasi-klassischer Teilchenbahnen in Blasenkammern und anderen Teilchendetektoren* betrachten darf? Nach heutigem Wissen bleibt vom kausalen Teilchenkonzept letztendlich nicht mehr viel übrig, wenn man versuchen möchte, die experimentellen Befunde der Teilchenphysik durch eine empirisch adäquate Theorie zu beschreiben, deren Entitäten die Ursache von Teilchenspuren und anderen ‚teilchenartigen' Phänomenen sind. Die *gravierendsten Einwände gegen die Annahme*, daß es *Teilchen als selbständige Bestandteile der empirischen Realität* gibt, folgen ironischerweise *nicht* aus den antirealistischen Argumenten in der Realismus-Debatte der Wissenschaftstheorie, sondern aus dem *Für-Wahr-Halten* zentraler Resultate des *Theorienbildungsprozesses in der Physik.*

6.1 Klassische Teilchen

‚Teilchen' oder ‚Partikel' bedeutet dem Wortsinn nach *‚sehr kleiner Bestandteil eines (materiellen) Ganzen'*. Die ursprüngliche Bedeutung des Teilchenbegriffs ist die *mereologische*, die auf der Annahme einer Teile-Ganzes-Beziehung zwischen materiellen Stoffen und ihren mikroskopischen Teilen beruht. In der klassischen Korpuskelmechanik, die auf

Descartes und *Newton* zurückgeht, sind die Teilchen oder Materiebestandteile als *mechanische Körper im Kleinen (Korpuskeln)* konzipiert, aus denen alle materiellen Dinge bestehen und die man erhält, wenn ein materieller Gegenstand in immer kleinere Bestandteile zerlegt wird. Von diesen Teilchen oder Korpuskeln wurde bis zum Ende des 19. Jahrhunderts angenommen, daß sie den Gesetzen der *klassischen Dynamik* unterliegen und sich als *Massenpunkte* beschreiben lassen.

Das klassische Teilchenkonzept vereinigt so die auf den antiken *Atomismus* zurückgehende Vorstellung, die Materie bestehe aus sehr kleinen, frei gegeneinander beweglichen, absolut undurchdringlichen Teilen, mit dem mathematischen Formalismus der *klassischen Punktmechanik*, die jedem Körper eine eindeutige, durch äußere Kräfte festgelegte, vollständig determinierte Trajektorie zuschreibt. Die Teile der Materie sind klassisch als eine Art Himmelskörper im Kleinen konzipiert, die sich unter dem Einfluß ihrer Wechselwirkungen auf vollständig determinierten Raum-Zeit-Bahnen bewegen.

Wie sind klassische Teilchen im einzelnen charakterisiert? Sie werden durch die *Meßgrößen und die Dynamik der klassischen Punktmechanik* beschrieben. Ihre *raumzeitlichen* Größen sind *Ort*, (nicht-relativistische) *Geschwindigkeit* und *Beschleunigung* als Funktionen des Zeitpunkts. Ihre *dynamischen* Größen sind die *träge Masse* m_i, die *elektrische Ladung* q, die *schwere Masse* m_g — die Ladung der Gravitation, die nach der klassischen Mechanik *kontingenterweise* mit der trägen Masse m_i übereinstimmt, so daß m_i durch m_i gemessen werden kann — und die unter Verwendung von Gesetzen der klassischen Dynamik daraus gewonnenen Größen wie *Impuls* und *Energie*. Die klassische Dynamik wird in ihrer primitivsten Version durch die *drei Newtonschen Gesetze* konstituiert. Aus ihnen folgen auch die wesentlichen raumzeitlichen und dynamischen Charakteristika, die für klassische Teilchen typisch sind. Klassische Teilchen weisen in informeller Darstellung vor allem folgende Merkmale auf:

(1) Sie sind idealiter *dynamisch isolierbar*, d.h. sie dürfen in erster Näherung als wechselwirkungsfrei betrachtet werden.

(2) Sie sind durch bestimmte *Einheiten dynamischer Größen* wie Masse und Ladung charakterisiert, die *punktförmig* hinsichtlich des Angriffs äußerer Kräfte gedacht werden dürfen.

(3) Sie haben eine lückenlose, durch das Kraftgesetz vollständig determinierte *Raum-Zeit-Bahn*, anhand deren sie *individuierbar* sind.

(4) Dieser Raum-Zeit-Bahn entspricht im Zustandsraum der klassischen Mechanik, dem *Phasenraum*, eine *Trajektorie*, die für gegebene Anfangswerte den Ort und den Impuls eines Teilchens zu jeder Zeit festlegt und die *Erhaltungssätzen* für dynamische Größen wie Impuls, Drehimpuls und Energie unterliegt.

(5) Unter dem Einfluß äußerer Kräfte haben Teilchen bei bestimmten Anfangsbedingungen periodische Raum-Zeit-Bahnen; sie können also *gebundene Systeme* bilden.

Die Charakteristika (3) und (4) sind die wichtigsten Merkmale, in denen sich klassische Teilchen von *Quantenobjekten* unterscheiden. Letztere haben keine vollständig determinierte Raum-Zeit-Bahn, anhand deren sie identifiziert und unterschieden werden können, und sie können — was vor allen Dingen *Bohr* hervorhob[1] — nicht gleichzeitig durch ihre Raum-Zeit-Koordinaten und durch Werte für ihre dynamischen Erhaltungsgrößen beschrieben werden.

Bemerkenswert ist, daß gerade die durch (3) und (4) charakterisierten *klassischen Teilchenbahnen* durch die experimentellen Phänomene der Teilchenphysik *empirisch unterbestimmt* bleiben. Je besser die Ortsauflösung eines Teilchendetektors ist, desto deutlicher sieht man, daß die beobachtbaren Teilchenspuren, die mittels einer klassischen Meßtheorie analysiert werden, gar keine lückenlose Raum-Zeit-Bahn darstellen, sondern aus einzelnen Meßpunkten gebildet wird, die erst durch die auf einem klassischen Teilchenmodell beruhende Meßtheorie miteinander verknüpft werden. Diese empirische Unterbestimmtheit der Teilchenbahn durch die beobachteten Phänomene ist kein vom gewählten Teilchendetektor abhängiger Zufall; sie ist durch die prinzipiellen Möglichkeiten einer Ortsmessung mit makroskopischen Meßgeräten bedingt. Schon *Born* wies in seiner grundlegenden Arbeit zur probabilistischen Deutung der Quantenmechanik darauf hin, daß es prinzipiell unmöglich ist, bei atomaren Streuprozessen die Bahn eines gestreuten Teilchens anhand von Messungen lückenlos zu verfolgen, so daß die klassische Physik Behauptungen über experimentell nicht überprüfbare Vorgänge im atomaren Bereich macht, während die Quantenmechanik auf solche empirisch nicht gestützten Aussagen verzichtet.[2] Die quasi-

---

[1] Zu Bohrs Deutung der Quantenmechanik vgl. vor allem Scheibe (1973), 1. Kapitel.
[2] Vgl. Born (1926a), in: Herrmann (1962), S.51: „Hier erhebt sich die ganze Pro-

klassische Teilchenbahn, die man bei der theoretischen Analyse der experimentellen Phänomene durch die einzelnen Meßpunkte einer durch einen Detektor registrierten Teilchenspur legt, zählt also bereits zum empirisch nicht gestützten, durch keine Meßmethode überprüfbaren und somit vom empiristischen Standpunkt aus ‚metaphysikverdächtigen' Teil des klassischen Teilchenkonzepts.

Das *Datenmodell einer Teilchenspur* auf einer Blasenkammer-Fotografie resultiert aus der *raumzeitlichen Verknüpfung aufeinanderfolgender Ortsmessungen*. Auch ein strikter Empirist wie *van Fraassen* würde es klarerweise als eine empirische Struktur betrachten, die eine Entsprechung in den Phänomenen besitzt, also realistisch interpretiert werden darf. Trotz des für jeden Beobachter evidenten Zusammenhangs der einzelnen Meßpunkte der Spur übersteigt dieses harmlose klassische Datenmodell jedoch bereits dasjenige, was man wirklich messen kann, in ganz entscheidender Hinsicht, indem es eine *kontinuierliche raumzeitliche Verknüpfung zwischen diskreten Meßpunkten* herstellt und der so hergestellten Raum-Zeit-Bahn in jedem Punkt einen definierten (wenn auch relativ zur Heisenbergschen Unschärfebeziehung mit einem drastischen Meßfehler behafteten) Wert für den Impuls zuordnet. Daß diese *empirische Unterbestimmtheit des klassischen Datenmodells einer Teilchenspur nicht harmlos* ist, wird allerdings erst vom Standpunkt der Quantentheorie aus sichtbar, die mit der Annahme vollständig determinierter Teilchenbahnen nicht vereinbar ist. Das z.B. für die Analyse von Teilchenspuren benutzte Datenmodell einer einzelnen Teilchenspur *ist* bereits eine klassische Teilchenbahn, die etwa durch den Ausdruck für die klassische Lorentz-Kraft beschrieben werden kann und deren realistische Deutung zur Existenzannahme bezüglich eines klassischen Teilchens mit einer bis auf die Meßfehler bestimmten Raum-Zeit-Bahn

---

blematik des Determinismus. vom Standpunkt unserer Quantenmechanik gibt es keine Größe, die im *Einzelfall* den Effekt eines Stoßes kausal festlegt; aber auch in der Erfahrung haben wir bisher keinen Anhaltspunkt dafür, daß es innere Eigenschaften der Atome gibt, die einen solchen Stoßerfolg bedingen. Sollen wir hoffen, später solche Eigenschaften (etwa Phasen der inneren Atombewegungen) zu entdecken und im Einzelfalle zu bestimmen? Oder sollen wir glauben, daß die Übereinstimmung von Theorie und Erfahrung in der Unfähigkeit, Bedingungen für den kausalen Ablauf anzugeben, eine prästabilierte Harmonie ist, die auf der Nichtexistenz solcher Bedingungen beruht?" — Man findet hier die Gleichsetzung von Kausalität und Determinismus, die prägend für die Diskussion um die Quantenmechanik wurde, die auch noch bei *van Fraassen* zu finden ist (vgl. 2.5) und die *Cassirer* in seiner Schrift zur Quantenmechanik angriff; vgl. Cassirer (1937).

verpflichtet.³ Heute weiß man, daß dieses klassische Datenmodell nur im Makroskopischen empirisch adäquat ist, aber als theoretisches Modell zur Beschreibung mikroskopischer Vorgänge versagt. Die Ursache einer Teilchenspur ist kein klassisches Teilchen, sondern eine Folge von Streuprozessen, die quantentheoretischen Gesetzen unterliegen.

6.2 Der Bedeutungswandel im Teilchenkonzept

Der Bruch mit dem klassischen Teilchenkonzept vollzog sich unabhängig von den experimentellen Anfängen und der Meßtheorie der Teilchenphysik an zwei Fronten: (1) In der Atomphysik erzwangen die Ergebnisse von *Rutherfords Streuexperimenten* ein Atommodell, das im Rahmen der klassischen Physik nicht konsistent formuliert werden konnte — und dies gerade zu der Zeit, als die ersten durch α-Strahlen verursachten Teilchenbahnen in der Nebelkammer beobachtet werden konnten. *Bohrs* phänomenologisches Atommodell ergänzte das klassische Modell eines gebundenen Systems geladener Teilchen um *ad hoc* gewählte, nicht mit der Elektrodynamik verträgliche Quantisierungsbedingungen; konsistent ist erst die Quantenmechanik des Wasserstoffatoms. (2) Mit *Einsteins Lichtquanten-Hypothese* wurde der Anwendungsbereich des Teilchenkonzepts auf Strahlungsphänomene und damit auf das Gebiet der Elektrodynamik ausgeweitet; die Einbettung in die relativistische Kinematik versah diese Anwendung mit einer Meßtheorie, die die Trägheitsbahnen eines masselosen relativistischen Teilchens beschreibt und deren empirische Adäquatheit sich im *Compton-Effekt* zeigt.

Beide Entwicklungen führten für den atomaren und subatomaren Bereich zur Preisgabe der klassischen Physik zugunsten der Quantentheorie, aber *nicht* zur Preisgabe der informellen Teilchensprechweise. Die Physiker bezeichnen die Referenzobjekte der Atom-, Kern- und Teilchenphysik noch heute als Teilchen. So wird in den wenigsten Darstellungen der Teilchenphysik versäumt darauf hinzuweisen, daß mit dem Übergang von der klassischen Physik zur Quantentheorie ein *Bedeutungswandel* im Teilchenbegriff stattfand, der dazu führte, daß unter einem Teilchen heute

---

³Zur im Kern klassischen Meßtheorie, mittels deren Teilchenspuren analysiert werden, vgl. 3.4; zum Problem ihrer Vereinbarkeit mit der Quantentheorie vgl. 5.3.

ein quantentheoretisches Objekt — d.h. das durch eine quantentheoretische Zustandsfunktion beschriebene Referenzobjekt einer Quantentheorie, worum auch immer es sich dabei genau handeln soll — anstelle eines klassischen Teilchens verstanden wird. So heißt es etwa in einem Lehrbuch der theoretischen Teilchenphysik:

> „Heute kennen wir eine lange Reihe von Elementarteilchen. Beispiele sind Elektronen (e), Photonen (γ), Protonen (p), Neutronen (n), Pi-Mesonen (π), K-Mesonen (K) und Hyperonen (Λ, Σ, etc.). Am längsten bekannt sind Elektronen und Photonen. Als die Elektronen entdeckt wurden (Thomson 1897), glaubte man noch an die Gültigkeit der klassischen Physik, in der Wellen und Teilchen streng voneinander getrennte Begriffe waren. Es ist eigentlich nur ein historischer Zufall, daß die Elektronen zuerst in einem Experiment beobachtet wurden, in dem sie sich wie klassische Teilchen verhielten ... Bei den Lichtquanten war es gerade umgekehrt ... Es dauerte ungefähr zwanzig Jahre, bis das γ-Teilchen als ‚Teilchen' akzeptiert wurde ... Inzwischen hatte man mit der Aufstellung der Quantenmechanik gelernt, Teilchen und Welle nicht als streng getrennte Phänomene zu betrachten, sondern als zwei Aspekte desselben Phänomens." [4]

Um den Bedeutungswandel im Teilchenbegriff zu dokumentieren, wird der Terminus ‚Teilchen' hier in (mindestens) vier verschiedenen Bedeutungen gebraucht:

(1) Elementarteilchen = Referenzobjekte der theoretischen Elementarteilchenphysik;

(2) klassische Teilchen;

(3) γ-Teilchen = elektromagnetische Strahlungsquanten;

(4) Teilchen als Aspekt eines Quantenphänomens, das daneben noch einen Wellenaspekt aufweist.

Das Teilchenkonzept, das ursprünglich mit der klassischen Punktmechanik assoziiert war, wurde also nach Auffassung der Physiker mit der Entwicklung der Quantentheorie nicht *aufgegeben*, sondern es erhielt *neue*

---
[4] Nachtmann (1986), S.1.

Bedeutung. Hinter dieser Auffassung steckt natürlich die realistische Intuition, daß die *Referenz* des Teilchenbegriffs in seiner Anwendung auf die Phänomene der Mikrophysik bei diesem Theorienwandel *einigermaßen stabil geblieben* ist. Die zwei eingangs genannten Entwicklungsstränge der Quantentheorie führten zunächst zu *unterschiedlichen Bedeutungsverschiebungen* für das Teilchenkonzept:

(1) Im Bohrschen Atommodell[5] wie in der nicht-relativistischen Quantenmechanik wird der Teilchenbegriff seiner vor-theoretischen Bedeutung gemäß weiter auf *Materiebestandteile* angewendet, die schließlich als quantenmechanische Objekte anstelle klassischer Teilchen beschrieben, aber nach wie vor als Teilchen bezeichnet wurden. Das Bohrsche Atommodell beruht noch auf einem klassischen Teilchenkonzept, das durch *ad hoc* formulierte Quantisierungsbedingungen für die nach der Maxwellschen Elektrodynamik instabilen Elektronenbahnen ergänzt ist. Die Quantenmechanik des Wasserstoffatoms ersetzt dieses willkürlich modifizierte Teilchenmodell durch die Spezialisierung der Schrödinger-Gleichung auf die durch Wellenfunktionen beschriebenen gebundenen Zustände eines Elektrons im Coulomb-Potential. *Schrödinger* betrachtete die Bohrsche *Teilchen*theorie nun als durch eine *Wellentheorie* ersetzt. Seine Deutung der Quantenmechanik setzte sich jedoch nicht durch — unter anderem, weil es der Formalismus der Quantenmechanik nicht erlaubt, die experimentell nachgewiesenen freien Teilchen in der Ortsdarstellung als stabile, nicht-auseinanderlaufende Wellenpakete zu beschreiben. Wenn man, wie heute üblich, die Elektronen *beider* Atommodelle als Teilchen bezeichnet, weil es sich beidemale um eine theoretische Beschreibung von Materiebestandteilen handelt, so beruht die beim zweiten Modell vorgenommene Identifikation des Referenzobjekts einer quantenmechanischen Wellenfunktion mit einem Teilchen auf einer *intensionalen Bedeutungsverschiebung* bei *unveränderter Extension* des Teilchenbegriffs.[6] Diese Bedeutungsverschiebung beruht darauf, daß

---

[5] Bohr (1913b).
[6] Unter ‚Extension' verstehe ich hier, dem Sprachgebrauch der heutigen Semantik gemäß, die *Referenz* eines Ausdrucks — d.h. den Objekt- bzw. Individuenbereich, auf den er angewandt wird. Unter ‚Intension' versteht man demgegenüber die *inhaltliche* Bedeutung eines Ausdrucks. Extension und Intension eines Ausdrucks verhalten sich zueinander wie Begriffs*umfang* und Begriffs*inhalt*. Die Übertragung dieser semantischen Begriffe auf die theoretischen Größen der Physik ist allerdings problematisch und nicht unumstritten — unter anderem, weil die *Referenz* physikalischer Größen in der Realismus-Debatte umstritten ist; und weil man die Extension einer physikalischen Größe auch rein *mengentheoretisch* auffassen kann, als Umfang der Größenskala

das zweite Atommodell als ein Spezialfall einer Nachfolgetheorie des klassischen Teilchenkonzepts betrachtet wird, der auf die Beschreibung der Materiebestandteile zugeschnitten ist. Darüberhinaus *bewahrt* sie gerade *diejenigen theoretischen Merkmale klassischer Teilchen*, die der erfolgreich zum *experimentellen Nachweis geladener Teilchen* verwendeten klassischen Meßtheorie zugrundeliegen und nach denen Teilchen, der zweiten vor-theoretischen Bedeutung des Teilchenbegriffs gemäß, als die *Ursache von Teilchenspuren* gelten: auch quantenmechanische Objekte sind durch die dynamischen Größen *Masse und Ladung* charakterisiert und durch Ortsmessungen einmal oder wiederholt *lokalisierbar*. Es erschien darum als unproblematisch, die quantenmechanische Beschreibung von Materiebestandteilen — seien es nun Elektronen, α-Teilchen, Protonen oder die erst 1932 nachgewiesenen Neutronen — als einen legitimen Nachfolger der klassischen Präzisierung des vor-theoretischen Teilchenbegriffs in seiner mereologischen *und* kausalen Bedeutung zu betrachten.

(2) Dagegen übergreift *Einsteins* Lichtquantenhypothese wie später die Quantenelektrodynamik den klassischen Unterschied von *Materie und Strahlung* — mit dem Resultat, daß es vor dem Hintergrund der heutigen Quantenfeldtheorien üblich ist, *alle* durch Messungen lokalisierten Ladungs- oder Energiequanten von Materie- und Strahlungsfeldern *gleicherweise* als Teilchen zu bezeichnen. Nachdem Einstein die Lichtquanten-Hypothese in die relativistische Kinematik als Teilchentypische Meßtheorie eingebettet hatte und Bothe und Geiger beim Compton-Effekt die Energieerhaltung für den einzelnen Streuprozeß nachgewiesen hatten,[7] setzte sich die Teilchenauffassung des Lichts und die Bezeichnung der Lichtteilchen als Photonen durch. — Die relativistische Kinematik bringt eine *Ausdifferenzierung des Massebegriffs* mit sich, denn nun ist zwischen der fixen Ruhmasse m_0 und der geschwindigkeitsabhängigen Masse m eines bewegten Teilchens zu unterscheiden. Im Grenzfall nicht-relativistischer Bewegungen mit einer Geschwindigkeit $v \ll c$ stimmen beide Massenwerte näherungsweise miteinander und mit dem nicht-relativistischen Massenwert überein (zwischen den empirisch relevanten Spezialfällen der relativistischen und der nicht-relativistischen Physik besteht i.a. eine approximative Reduktionsbeziehung). Durch die *Anwendung der relativistischen Kinematik auf das Photon* erfuhr

---

im Bereich der reellen Zahlen.
[7]Vgl. dazu 3.2.

der Teilchenbegriff gegenüber der klassischen, nicht-relativistischen oder relativistischen Präzisierung des vor-theoretischen Teilchenbegriffs eine doppelte *extensionale Bedeutungsänderung*:

(i) Einem Teilchen darf wie dem Photon — und später dem Neutrino — die *Ruhemasse Null* zugesprochen werden. In diesem Fall ist es, wenn man von spezifisch quantentheoretischen Größen wie dem Spin absieht, dynamisch allein durch die Energie und den damit verknüpften relativistischen Impuls charakterisiert. Hierdurch wird das Teilchenkonzept auf masselose Teilchen erweitert, die eine gegenüber allen massiven Teilchen eingeschränkte Art von Bewegungen ausführen — sie bewegen sich *nur* auf Trägheitsbahnen. Diese Extensionserweiterung des klassischen Teilchenbegriffs bezieht sich auf die *mathematische Skala* der physikalischen Größe ‚Masse', durch deren Werte Teilchen charakterisiert werden.

(ii) Nicht alle Teilchen, die als kleinste Einheit einer quantisierten dynamischen Größe lokalisierbar sind, stellen Bestandteile der Materie dar; auch die Energie der *elektromagnetischen Strahlung* wird bei ihren lokalen Wechselwirkungen mit Materie nur in Form von kleinsten Einheiten absorbiert und emittiert, wobei sie nach der relativistischen Äquivalenz von Masse und Energie mit einer trägen Masse verknüpft ist. Hierdurch wird der *physikalische Anwendungsbereich* des Teilchenbegriffs auf *Strahlungsphänomene* erweitert; diesen wird der Massenwert Null aus der erweiterten numerischen Skala des Teilchenbegriffs zugeordnet.

Die ursprüngliche vor-theoretische Bedeutung des Terminus ‚Teilchen' im Sinne von ‚Materiebestandteil' ist als Resultat beider Bedeutungsverschiebungen *erweitert* und von ihrer ersten theoretischen Präzisierung durch die klassische Punktmechanik *entkoppelt*: die Teile der Materie sind danach keine klassischen Teilchen, sondern quantentheoretische Objekte; aber nicht alle heute als Teilchen im weitesten Sinne bezeichneten quantentheoretischen Objekte zählen zu den Bestandteilen der Materie. Das *Ergebnis dieser intensionalen und extensionalen Bedeutungsverschiebung* ist, daß sich der *Teilchenbegriff ausdifferenziert hat und heute nicht mehr scharf fixiert ist,* sondern je nach dem Zusammenhang, in dem er auftaucht, *sehr unterschiedlich verwendet* wird. In der heutigen Physik wird der Terminus ‚Teilchen' vor allem als ein Ausdruck der natürlichen Sprache verwendet, um die Referenzobjekte der Atom-, Kern- und Teilchenphysik außerhalb der Formalismen der heutigen Quantentheorien zu charakterisieren. Seine Bedeutung ist *weder innerhalb dieser Formalismen eindeutig festgelegt noch auf eine ein-*

zige Theorie beschränkt. Einigkeit herrscht unter den Physikern in etwa bezüglich zweier (realistischer) Annahmen: (i) der Teilchenbegriff bezieht sich auf *diejenigen Entitäten, die lokale Wirkungen in Teilchendetektoren hervorrufen* und deren Wechselwirkungen man in den Experimenten der Atom-, Kern- und Teilchenphysik untersucht; (ii) diese Entitäten sind aber keine Teilchen im klassischen Sinne, sondern sie *unterliegen quantentheoretischen Gesetzmäßigkeiten.*

Ausgehend von diesem Grundkonsens ist der Umgang mit dem Teilchenbegriff heute sehr großzügig. Viele Physiker gebrauchen die *Ausdrücke ‚Teilchen' und ‚Feld' weitgehend synonym,* wobei sie sich darauf berufen können, daß jede Quantentheorie bestimmte formale Aspekte oder theoretische Elemente der klassischen Punktmechanik und der klassischen Feldtheorie in sich vereinigt. Quantentheoretische Objekte — deren theoretische Beschreibung ja weder diejenige von Teilchen noch diejenige von Feldern im klassischen Sinne ist — stellen lax gesprochen ‚Zwitter' zwischen klassischen Teilchen und klassischen Feldern dar, was oft unter Rekurs auf den *Welle-Teilchen-Dualismus* ausgedrückt wird. Da die Rede vom Welle-Teilchen-Dualismus letztlich auf einer *zwitterhaften empirischen Basis der Quantentheorie* beruht, lassen sich die wichtigsten heutigen Anwendungen des Teilchenbegriffs am ehesten dann auf einen gemeinsamen Nenner bringen, wenn man den Teilchenbegriff an die Anwendbarkeit der Meßtheorie eines klassischen Teilchens knüpft.

Alle Aussagen über den *Welle-Teilchen-Dualismus* haben den *empirischen Gehalt,* daß sich ein quantentheoretisch beschriebenes Objekt in bestimmten Experimenten wie ein klassisches Teilchen verhält, in anderen Experimenten dagegen wie eine klassische Welle. Der Welle-Teilchen-Dualismus läßt sich so formulieren, daß *jeweils nur eine Teilklasse der auf Quantenobjekte zurückgeführten Phänomene empirisch adäquat durch das klassische Teilchen- oder Wellenmodell beschreibbar ist.* Dieser Dualismus von ‚teilchenartigen' und ‚wellenartigen' experimentellen Phänomenen, die zusammengenommen die empirische Basis der Quantentheorie bilden und denen danach ein-und-dieselbe Ursache zugeschrieben wird, ist z.B. bei *Heisenberg* dargestellt. Heisenberg explizierte den Teilchenbegriff 1929 in der Absicht, dessen mit der Quantentheorie erfolgten Bedeutungswandel zu dokumentieren, unter Bezugnahme auf die klassische Mechanik:

„Eine in der Wilsonkammer auftretende Spur von Wassertröpfchen stellt direkt die Bahn einer einzelnen Partikel dar. Unter einer Partikel oder Korpuskel versteht man dabei stets ein Gebilde, welches sich wie ein Massenpunkt der klassischen Mechanik bewegt". [8]

Die Ursache der Teilchenspur in einer Nebelkammer wird hier als ein physikalisches Objekt aufgefaßt, das sich *wie* ein klassisches Teilchen *bewegt*, insofern es eine makroskopische Spur erzeugt, die einer klassischen Raum-Zeit-Bahn gleicht, das aber kein klassisches Teilchen *ist*. Ein Teilchen im heutigen, gegenüber der klassischen Physik veränderten Sinn ist demnach etwas, das unter bestimmten experimentellen Bedingungen Wirkungen hervorruft, wie man sie von einem klassischen Massenpunkt erwartet. Ein wichtiger Baustein der semantischen Brücke zwischen dem klassischen Teilchenbegriff und einem quantentheoretisch begründeten Teilchenkonzept, durch welche Quantentheorie auch immer es präzisiert werden mag, sind demnach diejenigen *experimentellen Phänomene* der Atom-, Kern- oder Teilchenphysik, die auch ein klassisches Teilchen hervorrufen würde, d.h. deren Vorhersage (näherungsweise) auch aus der klassischen Punktmechanik folgt. Heisenberg weist wenig später darauf hin, daß der Vergleich eines quantentheoretischen Objekts mit einem klassischen Teilchen — ebenso wie der dazu komplementäre Vergleich mit einer klassischen Welle, der unter anderen experimentellen Bedingungen, etwa in Beugungsexperimenten, angebracht ist — immer nur den Charakter einer *Analogie* und nicht denjenigen einer exakten theoretischen Beschreibung beanspruchen kann:

„Nun ist es klar, daß die Materie nicht gleichzeitig aus Wellen und Partikeln bestehen kann, die beiden Vorstellungen sind viel zu verschieden. Vielmehr muß die Lösung der Schwierigkeit darin zu suchen sein, daß beide Bilder (Partikel- und Wellenbild) nur ein Recht als Analogien beanspruchen können, die manchmal zutreffen und manchmal versagen. In der Tat ist z.B. experimentell nur nachgewiesen, daß sich die Elektronen in gewissen Experimenten wie Teilchen verhalten, aber durchaus nicht gezeigt, daß die Elektronen alle Attribute des Korpuskularbildes besitzen. Das Gleiche gilt mutatis mutandis für das Wellenbild." [9]

Das *klassische Teilchenmodell*, das Heisenberg hier (sicher teils, um die Anschaulichkeit und die qualitative Funktion dieses Modells für die

---
[8] Heisenberg (1932), S.4.
[9] Ebd., S.7.

Deutung einer bestimmten Klasse von Phänomenen hervorzuheben, und teils, um auf sein Versagen bezüglich einer getreuen Darstellung der mikroskopischen Realität hinzuweisen) als Partikel- oder Korpuskular*bild* bezeichnet, deckt demnach nicht *alle*, sondern nur eine *Teilkasse der experimentellen Wirkungen von Elektronen oder anderen Quantenobjekten* ab; die dazu *komplementäre* Teilklasse von deren experimentellen Wirkungen wird durch ein *klassisches Wellenmodell* repräsentiert.

Man kann Heisenbergs Hinweis auf den Analogiecharakter, den das Teilchenmodell in der Anwendung auf quantentheoretische Objekte nur hat, durchaus im Sinne einer *Generalisierung des Teilchenbegriffs* gegenüber seiner klassischen Präzisierung verstehen: während ein klassisches Teilchen selbst eine Raum-Zeit-Bahn *hat*, ist ein *Teilchen im generalisierten Sinne* ein physikalisches Objekt, das entweder, weil es selbst ein klassisches Teilchen ist, oder aber aus anderen Gründen eine experimentell nachweisbare Raum-Zeit-Bahn *verursacht*.[10] Ein klassisches Teilchen ist ein Referenzobjekt der klassischen Punktmechanik, während ein Teilchen im generalisierten Sinne Referenzobjekt irgendeiner Theorie ist, die eine von der klassischen Mechanik stark abweichende Struktur haben kann, aber der Bedingung unterliegt, daß sie bestimmte Spezialfälle besitzen muß, die mit denen der Punktmechanik approximativ übereinstimmen. Das charakteristische Merkmal eines Teilchens in diesem generalisierten Sinn ist dann, daß es experimentell nachweisbare lokale Wirkungen verursacht, die sich längs einer dem Trägheits- oder dem Kraftgesetz unterliegenden Raum-Zeit-Bahn ausbreiten.

Wird diese Deutung von Heisenbergs Explikation des Teilchenbegriffs dann noch auf die relativistische Kinematik und Dynamik eines Massenpunkts verallgemeinert, so lassen sich auch Photonen darunter subsumieren. Der gemeinsame Nenner, auf den man die angeführten Bedeutungsänderungen des Teilchenbgriffs auf diese Weise bringt, ist eine *Meßtheorie*, die ein *klassisches relativistisches Teilchen mit beliebiger Ruhemasse* $m \geq 0$ beschreibt: Quantentheoretische Objekte im weitesten Sinne sind Teilchen, insofern sie experimentelle Phänomene bewirken, die durch verschiedene Spezialfälle dieser Meßtheorie näherungsweise beschrieben werden können.

Das *heutige Teilchenkonzept* hat also *experimentelle Wurzeln*. Es ist

---

[10]Der generalisierte Teilchenbegriff knüpft also an die *kausale* Bedeutung des Teilchenbegriffs an. Inwieweit sie überhaupt mit der quantentheoretischen Beschreibung der Verursachung einer Teilchenspur verträglich ist, wird im Verlauf des Kapitels noch untersucht werden.

durch experimentelle Phänomene und durch die theoretischen Annahmen begründet, die in die Hervorbringung und Analyse der Teilchenphänomene vom ersten experimentellen Nachweis des Elektrons bis heute eingehen. Primär ist es an die *quasi-klassischen Meßgrößen* geknüpft, die sich aus Teilchenspuren, aus den von Geigerzählern registrierten Koinzidenzen eines Rückstoßexperiments oder aus der Flugzeitmessung eines heutigen hochenergetischen Streuexperiments an einem Teilchenbeschleuniger bestimmen lassen — und *nicht* an die fundamentalen Objekte einer Quantentheorie, auf die diese quasi-klassischen Meßgrößen bezogen werden. Wenn man versucht, die Bedeutungsverschiebung im Teilchenbegriff ausschließlich durch die Analyse derjenigen Theorien zu erfassen, deren Referenzobjekte oft als Teilchen bezeichnet werden, so wird die *experimentelle Bedeutung* des Terminus ‚Teilchen' verschleiert, die eine *Brücke zwischen dem klassischen Teilchenkonzept und den diversen heutigen theoriespezifischen Verwendungen dieses Terminus* schlägt.

6.3 Theoriespezifische Bedeutungen von ‚Teilchen'

Werden Philosophen mit dem großzügigen Sprachgebrauch der Physiker bezüglich des Terminus ‚Teilchen' konfrontiert, so entsteht leicht Begriffsverwirrung. Philosophen, die sich mit den durch die Quantentheorie aufgeworfenen Problemen bezüglich der raumzeitlichen Beschreibung und der realistischen Deutung von Mikroobjekten beschäftigen, verstehen unter Teilchen im allgemeinen *klassische Teilchen*, die raumzeitlich individuiert sind und lokale Eigenschaften haben.[11] Wenn man ein an der klassischen Mechanik orientiertes Konzept permanent lokalisierter, durch Bewegungsgleichungen vollständig determinierter Objekte zugrundelegt, werden die mit der Reduktion der quantenmechanischen Zustandsfunktion beim Meßprozeß verknüpften Deutungsprobleme der Quantentheorie in voller Schärfe sichtbar. Quantenobjekte sind zwar *unmittelbar nach Ortsmessungen in lokalisierten Zuständen*, aber nach

---

[11]Vgl. etwa die Charakterisierung einer Teilchentheorie, die Redhead seiner Diskussion von philosophischen Problemen der Quantenfeldtheorie vorausschickt: "A *particle theory* attributes to certain individuals (the particles) a variety of properties. These properties will include space-time location." Redhead (1988), S.10. Danach sind die heutigen Theorien der Elementarteilchen *keine* Teilchentheorien.

einer vorangegangenen *Impulsmessung* ist das Ergebnis einer Ortsmessung durch die Schrödinger-Gleichung *nicht* determiniert. Wenn viele Physiker auch heute noch — also mehr als sechzig Jahre nach der Entstehung der Quantentheorie — ihre ‚korpuskularphilosophische' Sprechweise beibehalten, so keineswegs, weil sie allesamt verkappte Mechanisten wären, die immer noch einer klassischen Teilchenontologie anhängen. In den experimentellen Phänomenen der Teilchenphysik, insbesondere in den durch Teilchendetektoren aufgezeichneten Teilchenspuren und Streuereignissen, liegen vielmehr gute Gründe vor, die Rede von Teilchen in einem generalisierten Sinne, der an die empirisch erfolgreiche Meßtheorie klassischer Teilchen anknüpft, beizubehalten. Lassen sich auch die bisherigen Versuche, diesen experimentell begründeten Teilchenbegriff im Rahmen einer fundamentalen physikalischen Theorie zu präzisieren, auf einen gemeinsamen Nenner bringen?

In der heutigen theoretischen Physik sind etliche *informelle Bedeutungen* des Terminus ‚Teilchen' im Umlauf, wovon *‚sehr kleiner Materiebestandteil', ‚lokalisiertes Objekt'* und *‚Referenzobjekt einer Quantentheorie'* vielleicht die drei gebräuchlichsten, aber keineswegs die einzigen sind. Sowenig es bislang eine einheitliche Theorie der Elementarteilchen und aller ihrer Wechselwirkungen gibt, aus der die quasi-klassische Beschreibung makroskopischer Teilchenspuren im einzelnen hergeleitet werden kann, sowenig gibt es in der Teilchenphysik eine verbindlich festgeschriebene Bedeutung des Terminus ‚Teilchen'. Beispielsweise beziehen sich manche Darstellungen der Quantenfeldtheorie im Zusammenhang mit der störungstheoretischen Beschreibung von Streuprozessen auf *‚virtuelle Teilchen'*, während andere diesen Terminus strikt vermeiden.[12]

[12] Als *virtuelle Teilchen* werden im Zusammenhang mit der störungstheoretischen Entwicklung einer relativistischen Quantentheorie oft die einzelnen Beiträge der im Rahmen der Theorie definierten möglichen Einheiten von quantisierten Größen wie Ladung oder Spin, die bei einem Streuprozeß zwischen Elementarteilchen übertragen werden können, zur Streuamplitude bezeichnet. Die Termini ‚virtuelles Teilchen' oder ‚virtuelles Feldquant' sowie auch ‚virtueller Streuprozeß' geht auf *Feynman* zurück; vgl. Feynman (1949a), (1949b). In Nachtmann (1986) wird der Gebrauch dieses Terminus strikt vermieden. Nachtmann weist darauf hin, daß die einzelnen Beiträge zur Streuamplitude („Elementarprozesse") fiktiv sind: „Man muß sich aber schwer hüten, in einem gegebenen Experiment danach zu fragen, wann die Elementarprozesse stattfinden oder wieviele abgelaufen sind. Das wäre eine ganz sinnlose Frage, denn die Auflösung der Reaktion in Elementarprozesse ist bloß ein theoretisches Hilfsmittel zur Berechnung der Übergangsamplituden." Nachtmann (1986), S.106. Da nur die gesamte Streuamplitude bzw. die Übergangswahrscheinlichkeit für einen

Dabei ist meist hinreichend klar, was mit dem informellen Ausdruck ‚Teilchen' gemeint wird, solange *im Kontext einer bestimmten physikalischen Theorie* von Teilchen die Rede ist: unter Teilchen werden dann die *(idealisierten) Referenzobjekte ausgezeichneter Terme dieser Theorie* verstanden. Die Teilchen der theoretischen Physik sind also das, was man in der Realismus-Debatte der Wissenschaftstheorie als *theoretische Entitäten* bezeichnet, wobei der *Typus* dieser Entitäten durch die jeweilige theoretische Beschreibung festgelegt ist und die *Existenz* dieser Entitäten zwischen Realisten und Antirealisten strittig ist. Der pragmatische Umgang der Physiker mit den sehr disparaten theoretischen Beschreibungen, die alle dem Terminus ‚Teilchen' zugeordnet sind und die dessen Bedeutung jeweils anders fixieren, ohne daß sie unbedingt miteinander vereinbar sein müssen, ist durch die Bindung des Teilchenbegriffs an einen bestimmten theoretischen Kontext jedoch im allgemeinen unproblematisch.

Einige Beispiele für solche kontextabhängige, theoriespezifische Präzisierungen des Teilchenbegriffs sollen nun angeführt werden. Während man ein Teilchen in der klassischen Mechanik als einen Massenpunkt betrachtet, der eine durch das Kraftgesetz vollständig determinierte Raum-Zeit-Bahn besitzt, versteht man im Rahmen der *nicht-relativistischen Quantenmechanik* unter einem Teilchen einen quantenmechanischen Zustand, der der *Schrödinger*-Gleichung unterliegt, *ohne* daß seine raumzeitliche und dynamische Beschreibung dadurch vollständig determiniert ist. Im vielbenutzten Lehrbuch der theoretischen Physik von *Landau* und *Lifschitz* wird der Teilchenbegriff, je nach dem theoretischen Kontext, in beiden Bedeutungen verwendet. Zunächst führt *Band I* den klassischen Teilchenbegriff in einer Fußnote zum Begriff des Massenpunkts ein:

„Statt Massenpunkt werden wir oft Teilchen sagen." [13]

In *Band III* des Lehrbuchs wird der Teilchenbegriff dann für den Gegenstandsbereich der Quantenmechanik, und zwar wieder in einer Fußnote, anders fixiert. Im Kontext einer Quantentheorie wird unter einem Teilchen nicht mehr ein klassisches Teilchen verstanden, sondern

---

quantentheoretisch beschriebenen Streuprozeß meßbar ist, haben die Termini ‚virtuelles Teilchen' und ‚virtueller Streuprozeß' keinen empirischen Gehalt — sie sind ein empirisch nicht testbares Mehr an Struktur, das an den experimentellen Phänomenen nicht identifiziert werden kann. Zur wissenschaftstheoretischen Diskussion vgl. Stöckler (1994) und Weingard (1988).

[13] Landau (1987), S.1, Fußnote 1.

ein *quantenmechanisches Objekt*, oder ein „beliebiges Quantenobjekt" — ein Referenzobjekt einer beliebigen Quantentheorie:

„Im folgenden werden wir der Kürze halber von einem Elektron sprechen und damit allgemein ein beliebiges Quantenobjekt meinen, d.h. ein Teilchen oder ein System von Teilchen, das der Quantenmechanik und nicht der klassischen Mechanik gehorcht."[14]

Handelt es sich jedoch um eine *quantisierte Theorie der Strahlung*, so wird der Teilchenbegriff üblicherweise nicht pauschal auf deren Grundobjekte — d.h. im Rahmen der heutigen Quantenfeldtheorien: auf quantisierte Felder in einem beliebigen durch die Theorie erlaubten Zustand —, sondern auf die bei deren Wechselwirkungen absorbierten und emittierten Einheiten dynamischer Größen bezogen, also etwa im Sinne der *Einsteinschen Lichtquanten-Hypothese* verstanden. Danach ist die Energie eines elektromagnetischen Strahlungsfelds nicht kontinuierlich im Raum verteilt, sondern besteht aus einer endlichen Anzahl kleinster Einheiten, deren Wert durch das Plancksche Wirkungsquantum und die Strahlungsfrequenz bestimmt ist. Diese kleinste Portion von Feldenergie, die bei einer Messung lokalisiert werden kann, wird als *Feldquant* bezeichnet; das Feldquant der elektromagnetischen Strahlung ist das heute zu den Elementarteilchen gezählte *Photon*. Gemeinsam hat diese Bedeutung von ‚Teilchen' mit der obengenannten quantenmechanischen, daß einem Teilchen im einen wie im anderen Fall eine bestimmte charakteristische Einheit einer dynamischen Größe wie Energie oder Ladung zugeordnet wird, die bei der Messung durch ein makroskopisches Meßgerät registriert werden kann.

Im Kontext einer *Quantenfeldtheorie*, die den klassischen Gegensatz von *Materie und Strahlung* übergreift, wird unter einem Teilchen dann meist in einer Generalisierung der Einsteinschen Lichtquanten-Hypothese ein *Feldquant eines beliebigen Typus* verstanden. Ein Feldquant ist durch einen Satz von Werten für quantisierte Größen charakterisiert und wird als der Träger kleinster Einheiten von Energie, Ladung oder anderen Feldgrößen betrachtet, wobei angenommen wird, daß die Meßwerte dieser Feldgrößen immer Vielfachen der den Feldquanten zugeschriebenen Einheiten entsprechen. Materie- und Strahlungsquanten werden im Kontext einer Quantenfeldtheorie nur noch durch halb- bzw. ganzzahligen Spin und die zugehörige Fermi- oder Bose-Statistik unterschieden. So knüpft das Standardwerk von *Bjorken* und *Drell* über die

---

[14]Landau (1988), S.2, Fußnote 2.

relativistische Quantenfeldtheorie den Teilchenbegriff im Zusammenhang mit der Dirac-Gleichung an die kleinste positive und negative Einheit der elektrischen Ladung Q, die z.B. das Positron und das Elektron charakterisiert:

„Allgemeiner bezeichnen wir die Quanten zu positiven Eigenwerten von Q als Teilchen und die zu negativen Eigenwerten als Antiteilchen." [15]

Die Identifikation der Ladungseinheit eines quantisierten Dirac-Felds mit einem Teilchen bedeutet natürlich nicht, daß sich dieses Feld in irgendeinem Sinne auf klassische Teilchen reduzieren ließe.[16] Unter ‚Teilchen' wird hier gerade *kein* klassisches Teilchen verstanden, wie schon die gleichzeitige analoge Einführung des Begriffs ‚Antiteilchen' zeigt; dem Teilchenbegriff werden nur ganz bestimmte Feldzustände zugeordnet, nämlich die (einfach besetzten) Eigenzustände zu positiven Eigenwerten der Ladung. Wenn die *Besetzungszahl* eines quantisierten Felds als *Teilchenanzahl* bezeichnet wird, wie man es in den Darstellungen der Quantenfeldtheorie häufig findet, wird diese theoretische Fixierung des Terminus ‚Teilchen' im Sinne von ‚Feldquant', d.h. ‚kleinste Einheit einer quantisierten Feldgröße', formal auf beliebig besetzte Feldzustände — d.h. auf Eigenzustände dieser Feldgröße zu einer Besetzungszahl $N \geq 1$

---

[15]Bjorken (1965), S.50.

[16]Vgl. etwa Becher (1983), S.31, wo es in einer Erläuterung zur theoretischen Beziehung zwischen den freien Feldern und den Erzeugungs- und Vernichtungsoperatoren einer Quantenfeldtheorie lapidar heißt: „Teilchen sind Quanten von Feldern". Wenn man den Autoren dieser Formulierung eine klassische Teilchenontologie unterstellt, so übersieht man die hier mit dem Gebrauch des Terminus ‚Teilchen' verknüpfte Bedeutungsverschiebung, die jeder Teilchenphysiker stillschweigend voraussetzt. — Eine überzeugende Kritik jedes Versuchs, die heutigen Quantenfeldtheorien (QFT) mit einer am klassischen Teilchenkonzept orientierten ‚Teilchenontologie' in Zusammenhang zu bringen, findet man bei Stöckler (1994), Kap. D III, Abschnitt *Der Teilchenaspekt in der QFT*: „Wenn man weiter solchen, aus Teilchentheorien vertrauten mathematischen Strukturen die Bedeutung von Teilcheneigenschaften zuspricht, so stellt sich die Frage nach den Trägern dieser Eigenschaften. Die fiktiven Träger der Teilcheneigenschaften nennt man Feldquanten. Was immer sonst man sich unter Feldquanten vorstellen mag: Feldquanten sind weder klassische Teilchen noch Elemente der Ontologie der QFT. Felder lassen sich nicht in einen Schwarm von Teilchen auflösen." Wenn man die ‚Ontologie' einer Theorie — d.h. den Bereich von deren Referenzobjekten, vgl. 1.6 — an die Meßgrößen dieser Theorie knüpft, wie es in dieser Arbeit versucht wird, so bleibt Stöcklers Aussage allerdings auch für ein gegenüber dem klassischen Teilchenbegriff generalisiertes Teilchenkonzept gültig. Vgl. 6.5.

— übertragen, wodurch der Anwendungsbereich der Identifikation von Teilchen mit Feldquanten auf freie Felder mit beliebig großen Werten für die Feldgrößen übertragen wird. Die Teilchenanzahl N ist dann die Vielfachheit der kleinsten Einheit dieser Feldgröße in einem ihrer Eigenzustände. Man darf jedoch aus diesem Sprachgebrauch *nicht* schließen, daß ein quantisiertes Feld in einem Zustand mit scharfer Besetzungszahl $N \geq 1$ aus N lokalisierten Teilchen im Sinne von aktuell gemessenen Einheiten einer quantisierten Größe *besteht*; eine derartige Annahme hat keinen empirischen Gehalt.[17]

Eine andere in der heutigen Teilchenphysik gebräuchliche Festlegung des Teilchenbegriffs durch eine Theorie identifiziert Teilchen mit den *irreduziblen Darstellungen der Poincaré-Gruppe*. Diese Identifikation hat den folgenden theoretischen Hintergrund: Die Poincaré-Gruppe ist diejenige Gruppe von Symmetrietransformationen, unter denen eine *relativistische Theorie* invariant ist; eine ihrer Untergruppen ist die Menge aller *Lorentz*-Transformationen. Nach dem *Noether*-Theorem der mathematischen Physik folgen aus den Invarianzeigenschaften eines Naturgesetzes, das irgendwelche physikalischen Größen miteinander verknüpft, bestimmte Erhaltungssätze, die diese Größen erfüllen, und umgekehrt. Demnach besteht ein enger Zusammenhang zwischen den *dynamischen Größen Masse, Energie, Impuls, Drehimpuls oder auch Ladung*, die physikalische Objekte charakterisieren und für die *Erhaltungssätze* gelten, und den *Invarianzeigenschaften einer Dynamik, denen diese Größen unterliegen*. 1939 gelang es *E.P.Wigner*, in einer heute berühmten mathematischen Arbeit zu zeigen, daß und wie sich die Lösungen beliebiger relativistischer Feldgleichungen — zu denen die *Dirac*-Gleichung und die *Klein-Gordon*-Gleichung der relativistischen Quantenmechanik ebenso gehören wie die *Maxwell*-Gleichungen - nach den irreduziblen Darstellungen der Poincaré-Gruppe klassifizieren lassen: sie sind durch die Größen Masse, Spin und Parität charakterisiert.[18] Diese Klassifikation ist *nicht* an eine *bestimmte* Formulierung der Quantentheorie, etwa an die Quantenfeldtheorie in ihrer heutigen Gestalt, geknüpft, sondern sie erfaßt *theorieübergreifend* alle relativistischen Theorien freier Felder, d.h.

---

[17] Der empirische Gehalt des Besetzungszahl-Operators liegt ausschließlich in den Aussagen über die Erhöhung und Erniedrigung der Besetzungszahl um den Wert 1 (Teilchenerzeugung und -vernichtung), die den bei Streuprozessen erzeugten und vernichteten sowie den durch Meßgeräte absorbierten Portionen von Feldgrößen korrespondieren.

[18] Wigner (1939).

sie erstreckt sich auf eine ganze *Klasse physikalischer Theorien*, die durch eine gewisse mathematische Struktur der theoretischen Entität ‚Feld' charakterisiert ist.[19] Wigners Klassifikation ist ganz unabhängig davon, ob man bereits eine empirisch adäquate und konsistente relativistische Elementarteilchendynamik kennt oder nicht.

Wigners Arbeit von 1939 hatte großen heuristischen Wert für die vielen in den darauffolgenden Jahrzehnten unternommenen Versuche, eine relativistische Quantenfeldtheorie der Elementarteilchen zu ‚schneidern'. Insbesondere hatte sie großen Einfluß auf *Heisenberg*, der ausgehend von vorgegebenen Symmetriebedingungen versuchte, eine einheitliche Feldtheorie der Elementarteilchen zu konstruieren. Auf der Grundlage des Zusammenhangs zwischen Erhaltungssätzen und Symmetrieannahmen auf der einen Seite und der Wignerschen Arbeit von 1939 auf der anderen Seite verknüpfte Heisenberg das Konzept eines durch bestimmte Werte quantisierter Größen charakterisierten Elementarteilchens mit der Wignerschen Klassifikation des Lösungsraums relativistischer Feldgleichungen nach Masse, Spin und Parität und charakterisierte die Elementarteilchen als physikalische Repräsentationen der Symmetrieeigenschaften seiner Feldtheorie:

„Das Naturgesetz definiert gewisse fundamentale Symmetrieoperationen, wie z.B. Verschiebung im Raum oder in der Zeit, und bestimmt damit den Rahmen, in dem alles Geschehen stattfinden kann. Die Elementarteilchen entsprechen den einfachsten Darstellungen (im Sinne der mathematischen Gruppentheorie) dieser Symmetrien." [20]

Diese Charakterisierung verträgt sich gut mit der Annahme, daß die Elementarteilchen die Referenzobjekte von Quantenfeldtheorien sind. Jede Darstellung einer Symmetriegruppe wird im Rahmen der Quantenfeldtheorie durch eine spezielle Wellengleichung charakterisiert; die einzelnen Darstellungen sind die verschiedenen Zustände eines quantisierten Felds, die dieser Gleichung unterliegen. — Andere knüpften den Teilchenbegriff später an Wigners Klassifikation der Darstellungen

---

[19]Vgl. ebd., S.151: "It may be mentioned, finally, that these developments apply not only in quantum mechanics, but also to all linear theories, e.g. the Maxwell equations in empty space. ... The increase in generality, obtained by the present calculus, as compared with the usual tensor theory, consists in that no assumptions regarding the field nature of the underlying equations are necessary."

[20]Heisenberg (1971), S.879.

der Poincaré-Gruppe, ohne so ausdrücklich wie Heisenberg zwischen den mathematischen Darstellungen einer Symmetriegruppe und den Elementarteilchen als deren physikalischen Repräsentanten zu unterscheiden. So liest man etwa bei *von Weizsäcker* die folgende saloppe, in Heisenbergs Sinne zu verstehende Formulierung:

„Die heutige Elementarteilchenphysik sucht das System der Elementarteilchen auf Symmetriegruppen zu begründen. ... Die Existenz von Teilchen folgt unmittelbar aus der speziellen Relativitätstheorie; sie sind irreduzible Darstellungen der Poincaré-Gruppe." [21]

Wigner selbst gebraucht charakteristischerweise an keiner einzigen Stelle seiner berühmten Arbeit von 1939 den Terminus ‚Teilchen', sondern spricht — wo er sich überhaupt auf eine Anwendung seiner Gruppentheorie auf physikalische Objekte eines bestimmten Typus festlegt — höchstens von quantenmechanischen Objekten oder Zuständen.[22] Die sich auf Wigners Arbeit von 1939 berufende Fassung des Teilchenbegriffs beruht mithin auf einer *impliziten, in dieser Arbeit selbst gar nicht enthaltenen Identifikation von Teilchen mit Entitäten, die durch die Lösungen einer relativistischen Feldgleichung beschrieben werden*. Die historische Bezugnahme in der folgenden Darstellung von ‚Wigners' Teilchenkonzept ist also typische Legendenbildung in der Geschichtsschreibung der Physiker:

"In 1939 Wigner was very successful in making the definition: an elementary particle *is* an irreducible projective representation of the Poincaré Group, $\mathcal{P}$, with mass ≥ 0 and energy ≥ 0, and spin $s\epsilon\{0, 1/2, 1, ...\}$. He did not merely say that a particle is well described by such a representation: this would leave the word particle still undefined. Thus a particle *is* a pair $(\mathcal{H}, U_{[m,s]})$ where $\mathcal{H}$ is a Hilbert space, and U is a unitary continuous action of $\mathcal{P}$ on $\mathcal{H}$, obeying $U(a, \Lambda)U(b, M) = \omega U(a + \Lambda b, \Lambda M)$, where $a, b \epsilon \mathbf{R}^4$ are space-time vectors, and Λ, M are Lorentz matrices, and where $[m, s]$ are the mass and spin." [23]

Diese Definition identifiziert ein *Teilchen* auf ähnliche Weise, wie man es von den modelltheoretischen Ansätzen in der Wissenschaftstheorie

---

[21]von Weizsäcker (1985), S.37 f.
[22]Vgl. Wigner (1939).
[23]Streater (1988), S.144.

her kennt, mit einer *mathematischen Struktur*, die aus einem Funktionenraum (dem Hilbert-Raum) und einer Menge relativistisch invarianter Abbildungen auf diesem Raum zu bestimmter Masse und bestimmtem Spin gebildet wird. Die Verknüpfung dieser Struktur mit dem Teilchenbegriff, die hier retrospektiv bereits in Wigners Arbeit von 1939 hineingelesen wird, führt offenbar zu einer *anderen, noch allgemeineren Bedeutung* des Terminus ‚Teilchen' als die Identifikation von Teilchen mit quantenmechanischen Objekten oder mit Feldquanten. Da diese Struktur die spezifische Gestalt der den Hilbert-Raum bildenden Funktionen gar nicht festlegt, präzisiert sie den Teilchenbegriff so, daß sie doch offen bezüglich künftiger theoretischer Entwicklungen in der Teilchenphysik bleibt: welche Gestalt auch immer eine zukünftige Theorie der Elementarteilchen haben mag — solange ihr Ansatz von nicht-wechselwirkenden Feldern ausgeht, wird sie vermutlich auf einer relativistischen Feldgleichung beruhen, deren Lösungen sich nach der Wignerschen Gruppentheorie klassifizieren lassen, auch wenn man diese Feldgleichung und ihre Lösungen gar nicht kennt. So ist die ‚Wignersche' Fassung des Teilchenbegriffs von allen bisher angeführten Neufixierungen des Terminus ‚Teilchen', die durch den Übergang von der klassischen Physik zur Quantentheorie motiviert sind, die *allgemeinste*. Sie hat mit den anderen bisher angeführten Versionen des Teilchenbegriffs nur noch gemeinsam, daß Teilchen auch hier dem theoretischen Ansatz nach als *idealiter wechselwirkungsfreie, vom ‚Rest der Welt' im Prinzip dynamisch isolierbare Entitäten* konzipiert sind — als Substanzen im traditionellen metaphysischen Sinne eines *ens per se*.

Gerade der gruppentheoretisch präzisierte Teilchenbegriff macht aber auch die Schwierigkeiten jeder Identifikation von Teilchen mit den Referenzobjekten einer Quantentheorie deutlich, die von ihrer Struktur her als *Feldtheorie* konzipiert ist: Er ist himmelweit von dem entfernt, was Experimentalphysiker, die Teilchenspuren analysieren, unter einem Elementarteilchen verstehen. Seine *experimentelle Basis* liegt in den bei Messungen lokalisierten Einheiten dynamischer Größen, die bei Wechselwirkungen mit einem makroskopischen Meßgerät aus einem hypothetisch angenommenen Feld ‚herausgelöst' werden. Dagegen liegt der empirische Gehalt des *Feldbegriffs* nicht in Einzelmessungen, sondern in den durch eine Quantentheorie vorhergesagten *Korrelationen der Messungen einzelner Teilchen*. Die Identifikation von Teilchen mit den Referenzobjekten einer Quantentheorie gibt keinerlei Aufschluß darüber, *warum* eine theoretische Entität, die entweder als Referenzobjekt der Lösung einer Feldgleichung gilt oder noch abstrakter definiert wird, überhaupt noch den Namen ‚Teilchen' trägt. Wenn der Terminus ‚Teilchen' synonym mit dem Terminus ‚Feld' für die Repräsentanten der Lösungen einer Feldgleichung gebraucht wird — *verwischt sich dann nicht der Unterschied zwischen Teilchen und Feldern,* über den man sich von der Analyse eines quantentheoretisch präzisierten Teilchenkonzepts gerade Auskunft verspricht, und wird dann nicht unter den Teppich gekehrt, daß die *Amplitude* eines freien Felds in der Quantentheorie erst über den *Erwartungswert* für das Auftreten eines Meßwerts einen empirischen Gehalt bekommt?

Der Begriffsklärung dienlicher erscheint es, die Termini ‚Teilchen' und ‚Feld' strikt zu unterscheiden, indem man den *Teilchenbegriff für die experimentellen Phänomene in Teilchendetektoren* und den *Feldbegriff für die quantentheoretische Beschreibung der mutmaßlichen Ursache dieser Phänomene* reserviert. Diese Unterscheidung nimmt jedoch in Kauf, daß der experimentell begründete Teilchenbegriff nicht so leicht auf einen mathematisch begründeten und mit den Ergebnissen von Messungen i.a. nur probabilistisch verknüpften Feldbegriff abbildbar ist. Die Einbettung der durch Teilchendetektoren registrierten Phänomene in eine als quantisierte Feldtheorie formulierte Theorie der Elementarteilchen läßt beim derzeitigen Stand der Physik — die insbesondere noch keine befriedigende Theorie des quantentheoretischen Meßprozesses besitzt — noch etliches zu wünschen übrig. Läßt sich diesem Mangel dadurch abhelfen, daß man wenigstens vor-theoretisch und in Antizipation dieser noch nicht vorhandenen Einbettung ein verallgemeinertes Teilchenkonzept fixiert, das vom experimentellen Teilchenbegriff ausgeht und die klassische Meßtheorie eines Teilchens sowie die quantentheoretische Beschreibung der Ursache von Teilchenphänomenen übergreift?

6.4 Ein theorieübergreifender Generalisierungsversuch

Alle theoriespezifischen Festlegungen des Teilchenkonzepts von *Newton* bis *Wigner* haben noch gemeinsam, daß *Teilchen* als *idealiter wechselwirkungsfreie, von ihrer Umgebung dynamisch isolierbare Entitäten* konzipiert sind — also als *entia per se* im Sinne der *traditionellen Substanzme-*

taphysik, von denen man annimmt, daß sie sich für sich genommen qua einstelliger Prädikate charakterisieren lassen.[24] Dabei wird unterstellt, daß diese Entitäten — wie indirekt und unvollständig auch immer — mit den durch Meßgeräte *lokalisierbaren Portionen dynamischer Größen wie Masse, Ladung oder Energie und Impuls* als den ihnen zukommenden Werten für Observable verknüpft sind.

Die Referenzobjekte einer Quantentheorie *sind* natürlich keine Teilchen im klassischen Sinn. Da die Messungen an mikroskopischen Objekten ihre empirische Basis letztlich immer in den Orts- und Zeitmessungen durch makroskopische Meßgeräte haben, steht bei den Experimenten der Atom-, Kern- und Teilchenphysik jedoch zwangsläufig weniger der in Interferenzphänomenen realisierte *Wellenaspekt* als der durch Ortsmessungen realisierte *Teilchenaspekt* von Quantenobjekten im Vordergrund. Die experimentellen Phänomene der Teilchenphysik — allen voran die Existenz von *Teilchenspuren* — geben Anlaß, *Teilchen als die sogar wiederholt lokalisierbaren Träger dynamischer Größen wie Masse, Ladung und Spin* zu betrachten, deren Werte einem quantenmechanischen Objekt *permanent* zukommen. Aus diesem Grund erscheint es sinnvoll zu fragen, anhand welcher Attribute klassischer Teilchen man Quantenobjekte noch charakterisieren könnte. Welchen Spielraum läßt die Quantentheorie für ein *generalisiertes Teilchenkonzept*, das wenn nicht an allen, so doch an einigen für Teilchen typischen Merkmalen festgemacht werden kann und das dem in der Teilchenphysik üblichen Sprachgebrauch gerecht wird, wonach man die Ursache der durch Detektoren aufgezeichneten Teilchenspuren und Streuereignisse als Teilchen bezeichnet?

Es gibt in der Tat Versuche, den klassischen Teilchenbegriff durch eine *Abschwächung der Prädikate, die man Teilchen zuspricht*, in diesem Sinne zu verallgemeinern. So entwickelt *Mittelstaedt* ein Konzept „*unscharfer Objekteigenschaften*", wonach ein quantenmechanisch beschriebenes Teilchen dem Typus nach durch permanente Eigenschaften wie Masse, Ladung und Spin charakterisiert ist und zumindest approximativ als ein Einzelobjekt in Raum und Zeit betrachtet werden kann.[25] Die Erwartungswerte für nicht-kommutierende Größen wie Ort und Impuls, deren Werte einem Quantenobjekt nicht gleichzeitig zugesprochen werden können, werden nach diesem verallgemeinerten Teilchenkonzept als *unscharfe Eigenschaften* betrachtet. Mit ‚unscharfer Eigenschaft' ist

---

[24] Vgl. hierzu Falkenburg (1993c).
[25] Vgl. Mittelstaedt (1985), S.229 ff.

Ein theorieübergreifender Generalisierungsversuch

dabei soviel gemeint wie ‚mit einer gewissen Wahrscheinlichkeit zugesprochener Wert für eine Observable'.[26] Der Witz an diesem verallgemeinerten Teilchenkonzept ist, daß man einem Quantenobjekt solche unscharfen Eigenschaften *für zwei nicht-kommutierende Größen zugleich* zusprechen kann: ein quantenmechanisch beschriebenes Teilchen in einem Zustand, in dem *weder* sein Ort *noch* sein Impuls scharf definiert ist, kann nach diesem Konzept wenigstens *unscharfe Werte* für Ort *und* Impuls haben. Sinnvoll ist die Zuschreibung unscharfer Eigenschaften vor allem für quantenmechanische Zustände, in denen die betreffenden Erwartungswerte nahe 1 sind. Dies gilt insbesondere für die quasi-klassische Abfolge von Ortsmessungen in einer Blasenkammer,[27] wobei der aus der Teilchenspur ermittelte Teilchenimpuls sowieso einen im Vergleich zur Heisenbergschen Unschärferelation drastischen Meßfehler aufweist.

Mittelstaedts Konzept der Zuschreibung unscharfer Eigenschaften zu einem Quantenobjekt beruht auf einer nicht unumstrittenen Interpretation der Quantenmechanik, wonach die *Zuschreibung quantenmechanischer Übergangswahrscheinlichkeiten zu Einzelsystemen* Sinn macht. Diese Deutung der Quantentheorie wird allerdings durch die quasi-klassische Meßtheorie, die im 5. Kapitel besprochen wurde, gestützt. Wenn man für die Analyse einer einzelnen Teilchenspur ein Gesetz der klassischen Punktmechanik durch einen quantentheoretischen Erwartungswert für den Energieverlust korrigiert, so setzt man in der Tat eine Quantenmechanik individueller Systeme voraus.[28] Ein verallgemeinertes Teilchenkonzept, das auf der probabilistischen Zuschreibung unscharfer Eigenschaften zu Einzelobjekten beruht und so den in der Hilbert-Raum-Quantenmechanik verlorengegangenen vollständigen Eigenschaftsraum eines klassischen Teilchens für bestimmte Zustände approximativ wiederherzustellen versucht, erscheint hierdurch gerechtfertigt. Diese approximative Wiederherstellung gelingt am ehesten für Zustände, die *weder* in Ortsdarstellung *noch* in Impulsdarstellung im Eigenzustand sind und die darum in *beiden* alternativen Darstellungen jeweils nur für einen begrenzten Skalenbereich der Größe ‚Ort' bzw. ‚Im-

---

[26]Damit ist aber *keine Ignoranzinterpretation* der Quantenmechanik verknüpft. Mittelstaedt nimmt gerade *nicht* an, daß das Quantenobjekt ‚in Wirklichkeit' scharfe Werte für Ort und Impuls zugleich hat, die man bloß nicht kennt. Diese Annahme steht, wie etwa in Busch (1991) gezeigt wird, im Widerspruch zur üblichen Hilbert-Raum-Quantenmechanik.
[27]Vgl.Mott (1929) sowie Heisenberg (1930), S.53.
[28]Vgl. 5.3.

puls' einen hohen Erwartungswert für die entsprechende quantenmechanische Observable haben. Die ‚unscharfen Eigenschaften' eines Quantenobjekts, das weder für den Ort noch für den Impuls einen scharfen Wert besitzt, sind so etwas wie *Dispositionen*, von denen man annimmt, daß sie unter geeigneten experimentellen Bedingungen *mit hoher Wahrscheinlichkeit zu scharfen Eigenschaften innerhalb eines gewissen Größenbereichs führen*. Wenn man einem Teilchen, das bei der nächsten Ortsmessung in der Blasenkammer mit einer Wahrscheinlichkeit nahe 1 in Richtung einer klassischen Trajektorie lokalisiert wird, unscharfe Werte für Ort und Impuls zuspricht, so spricht man ihm die Tendenz zu, sich bei der nächsten Messung quasi-klassisch zu verhalten.[29] Es ist darum im Sinne dieses verallgemeinerten Teilchenkonzepts, ein Teilchen *theorieübergreifend* durch die Werte für *permanente dynamische Größen* wie Masse und Ladung, die auch ein Quantenobjekt auszeichnen, zu charakterisieren und ihm die *nicht-permanenten* raumzeitlichen und dynamischen Größen, die einem Quantenobjekt *nicht zu jeder Zeit* zukommen, in Form von *Dispositionsprädikaten* zusprechen. Dabei kommt dann die folgende informelle Charakterisierung eines Teilchens nach permanenten Eigenschaften, Dispositionen und Wechselwirkungen heraus:

(1) *Permanente Eigenschaften*:

Ein Teilchen ist durch bestimmte Einheiten von *permanenten dynamischen Größen* wie Masse, Ladung und Spin charakterisiert, deren Werte sich scharf messen lassen.

(2) *Dispositionen*:

(i) Ein Teilchen ist durch Orts- und Zeitmessungen innerhalb gewisser Grenzen in Raum und Zeit *lokalisierbar*.

(ii) Für ein Teilchen lassen sich innerhalb gewisser Grenzen Meßwerte der (nach der Quantentheorie nicht-permanenten) dynamischen Größen *Impuls und Energie* bestimmen.

(iii) Die Polarisation eines Teilchens (bzw. seine Spin-Komponente in vorgegebener Richtung) ist scharf meßbar.

---

[29]Diese etwas *unscharfe Redeweise* läßt sich jedoch möglicherweise auf der Basis einer Verallgemeinerung der Spektralmaße im Hilbert-Raum auf *Effektmaße* in Zukunft präzisieren. Vgl. Busch (1994).

(3) *Wechselwirkungen*:

(i) Die Wirkung eines Teilchens auf seine makroskopische Umgebung breitet sich auf einer *Raum-Zeit-Bahn* aus, die durch quasi-klassische Gesetze phänomenologisch erfaßt wird.

(ii) Die Wechselwirkung eines Teilchens mit anderen Teilchen unterliegt strikten *Erhaltungssätzen* für Energie und Impuls, Ladung, Spin und andere dynamische Größen.

Sowohl klassische Teilchen als auch Quantenobjekte sind Teilchen in dem Sinne, daß ihnen die Prädikate zukommen, die nach (1)-(3) ein Teilchen informell kennzeichnen. Dabei entsprechen den Dispositionsprädikaten (2) unscharfe Eigenschaften à la *Mittelstaedt*, wenn der Erwartungswert für das Vorliegen einer Eigenschaft > 1/2 ist. Man sieht, daß *klassische* Teilchen im Gegensatz zu Quantenobjekten *stärkere Bedingungen* als (2)-(3) erfüllen. Sie sind nicht nur *innerhalb gewisser Grenzen* lokalisier*bar*, sondern *jederzeit scharf lokalisiert*. Die unter (2) und (3) jeweils durch (i) charakterisierte raumzeitliche Beschreibung ist bei klassischen Teilchen mit der jeweils durch (ii) charakterisierten gleichzeitigen Zuschreibung dynamischer Eigenschaften *verträglich*. Soweit man von den permanenten Eigenschaften quantenmechanischer Objekte wie Masse und Ladung absieht — für die Superauswahlregeln gelten und die das quasi-klassische *Boolesche Zentrum* des quantenmechanischen Eigenschaftsverbands bilden —, ist es dagegen nach der Quantenmechanik *nicht* möglich, einem Teilchen scharfe Werte für raumzeitliche und dynamische Größen zugleich zuzuschreiben.

Nach (1) stellt ein Teilchen einen Träger von Werten für permanente dynamische Größen wie Masse, Ladung und Spin dar, der die Merkmale einer *Substanz* à la *Locke* hat. Es ist als ein *reidentifizierbares Kollektiv permanent zusammen auftretender empirischer Eigenschaften* konzipiert, ohne daß der Träger dieser Eigenschaften mehr wäre als eben dies reidentfizierbare Kollektiv konstant zusammen auftretender empirischer Eigenschaften. Dabei sind unter empirischen Eigenschaften hier die Meßwerte für permanente dynamische Größen wie Masse, Ladung und Spin zu verstehen.

Wenn man ein Teilchen als ein reidentifizierbares Kollektiv konstant zusammen auftretender meßbarer Eigenschaften charakterisiert, so setzt man voraus, daß es *Reidentifikationskriterien* für dieses Kollektiv von Eigenschaften gibt. Will man auf die Annahme einer ‚noumenalen' Substanz, die der ‚jenseits' der experimentellen Erfahrung liegende Träger dieser meßbaren Eigenschaften ist, verzichten,[30] so muß man Reidentifikationskriterien fordern, die irgendeine *empirische Basis* haben. Sie dürfen nicht nur auf der theoretischen Annahme beruhen, daß die als Teilchen bezeichneten Entitäten einer Theorie nicht wie die Feldquanten einer Quantenfeldtheorie erzeugt und vernichtet werden.[31] Die *klassische Punktmechanik* stellt ein *hinreichendes Reidentifikationskriterium* zur Verfügung, nämlich die vollständig determinierte *Raum-Zeit-Bahn* eines Teilchens, die in jedem Bahnpunkt mit beliebiger Genauigkeit so gemessen werden kann, daß die Rückwirkung der Messung auf das Teilchen im Prinzip bestimmbar bleibt.

Wie steht es aber mit der Quantenmechanik, nach der die Teilchenspur in der Blasenkammer nur noch probabilistisch determiniert ist — wenngleich mit hoher Wahrscheinlichkeit in quasi-klassischer Abfolge der einzelnen Meßpunkte? Was berechtigt dazu, einem Elektron nach (2) das *Dispositionsprädikat der Lokalisierbarkeit* zuzusprechen, womit man unterstellt, es sei eine *über die Messung inkommensurabler Größen hinweg mit-sich-identisch-bleibende Entität,* die durch eine Ortsmessung von einem nicht-lokalen in einen lokalisierten Zustand und durch eine Impulsmessung von einem lokalisierten in einen nicht-lokalen Zustand versetzt wird? Welche *Kriterien* hat man dafür, ein quantenmechanisches Objekt nach der Ortsmessung, d.h. *nach der Lokalisation eines im Ortsraum unscharfen Zustands,* noch als *ein-und-dasselbe* zu betrachten und es durch ein-und-dieselbe Zustandsfunktion zu beschreiben? Auf diese Fragen gibt es mindestens drei Antworten, wovon die dritte auf den ersten Blick mit den beiden anderen unvereinbar scheint:

Erstens ein *Homogenitätsargument:* Gleiche Wirkungen haben gleiche Ursachen. Die wiederholte Lokalisation einer ganz bestimmten Einheit von Masse oder Ladung durch ein Meßgerät ist eine konstant wiederkehrende dynamische Wirkung, die dazu berechtigt, als gleich-

---

[30] Redhead versucht zu zeigen, daß die empirisch nicht gestützte Annahme einer nicht-empirischen *Leibnizschen* Individuierbarkeit von Quantenobjekten (*"transcendental individuality"*) mit der Quantenmechanik nicht prinzipiell unvereinbar ist; vgl. Redhead (1988), S.11 f.

[31] Redhead (1988), S.10 f., weist allerdings darauf hin, daß schon die klassische Punktmechanik hinsichtlich der Annahme, daß Teilchen nicht andauernd vernichtet und wiedererzeugt werden, empirisch unterbestimmt ist. Es handelt sich im Prinzip um dieselbe Unterbestimmtheit, die auch das klassische Datenmodell einer kontinuierlich erscheinenden Teilchenspur in der Blasenkammer aufweist.

bleibende Ursache dieser gleichbleibenden Wirkung ein physikalisches Objekt anzunehmen, dem diese Einheit von Masse oder Ladung als permanente Eigenschaft im Sinne des Teilchenmerkmals (1) zukommt. Daran ändert auch die quantenmechanische Beschreibung dieses physikalischen Objekts durch eine Wellenfunktion, die bei einer Messung auf einen Eigenzustand zur entsprechenden Observablen reduziert wird, im Prinzip nichts.

Zweitens ein *Kontinuitätsargument*: Man darf einem nach (1) durch permanente dynamische Größen gekennzeichneten Quantenobjekt auch über die Messung inkommensurabler Größen hinweg Identität zusprechen, weil für die permanenten dynamischen Größen strenge *Erhaltungssätze* gelten. Die Ladung oder die Masse eines quantenmechanischen Objekts verschwindet zwischen den einzelnen Meßpunkten genausowenig ‚aus der Welt' wie ein klassisches Teilchen, von dem wir auch nicht annehmen würden, daß es in irgendeinem Meßpunkt seiner Spur vernichtet und sofort wieder erzeugt wird.

Drittens eine *Antwort im Sinne Bohrs*:[32] Die Quantentheorie beschreibt prinzipiell kein für sich genommenes Quantenobjekt, sondern immer ein Quantenobjekt in nicht-analysierbarer Wechselwirkung mit seiner makroskopischen Umgebung. Ein Quantenobjekt hat keine von den Möglichkeiten seiner Messung losgelöste theoretische Beschreibung. Der in (1) angenommene Träger permanenter dynamischer Eigenschaften ist nach der Quantentheorie kein isoliertes physikalisches Objekt, sondern eine Wirkung, die sich in einer makroskopischen Meßapparatur ausbreitet.

Das Homogenitäts- und das Kontinuitätsargument sprechen *für* die Tragfähigkeit eines generalisierten Teilchenkonzepts, die Antwort in Bohrs Sinne spricht eher *dagegen*. Nach ihr ist das *einzige* experimentelle Kriterium, das wir für die Reidentifikation eines Quantenobjekts über mehrere Messungen hinweg zur Verfügung haben, der *raumzeitliche Zusammenhang der in der Experimentierapparatur beobachteten und mittels einer klassischen Meßtheorie metrisierten Phänomene*, die durch die Meßgesetze eines klassischen Teilchens — etwa bei der Verbindung der Meßpunkte einer Teilchenspur, oder bei einer Flugzeitmessung an einem gestreuten Teilchen — sowohl raumzeitlich als auch dynamisch miteinander verknüpft werden. Nach der Antwort à la Bohr sind die fundamentalen Entitäten einer Quantentheorie *keine* Teilchen im Sinne

---

[32]Zu Bohrs epistemologischer Position vgl. vor allem Scheibe (1973), 1.Kapitel.

isolierbarer Entitäten — so daß jeder Generalisierungsversuch des klassischen Teilchenkonzepts mit dem Ziel, auch Quantenobjekte zu erfassen, schiefgehen muß, weil er *entweder* keine Quantenobjekte *oder* keine Teilchen beschreibt. Dagegen sind die ersten beiden Antworten mit der Hoffnung verbunden, daß es irgendwann einmal eine Theorie der irreversiblen Vorgänge bei einem quantentheoretischen Meßprozeß geben wird, die uns erklärt, *was* eigentlich bei einer Messung mit der quantentheoretisch beschriebenen Ursache eines Ereignisses in einem Teilchendetektor passiert. Gestützt werden sie zudem durch die Quantentheorie der Ionisation, nach der in den *allermeisten Einzelfällen* beim Transport eines geladenen Teilchens durch den Teilchendetektor um eine quasi-klassische Abfolge von Streuprozessen handelt.[33]

Der kleinste gemeinsame Nenner aller drei Antworten ist die Aussage, daß ein *Teilchen* etwas ist, das sich *mit quasi-klassisch beschreibbaren lokalen Wirkungen in oder an einer makroskopischen Umgebung ausbreitet* — wie auch immer die quantentheoretisch beschriebene Ursache dieser lokalen Wirkungen letztlich beschaffen sein mag, und wie gut oder wie schlecht sich dieses Etwas auch von seiner makroskopischen Umgebung isoliert beschreiben lassen mag. Die Frage nach dem *Reidentifikationskriterium für Quantenobjekte* wird so durch den Hinweis darauf abgebogen, daß wir die *lokalen Wirkungen eines Teilchens trivialerweise immer in einer makroskopischen Umgebung beobachten*. Dieser Hinweis entbindet aber *nicht* von der Pflicht, nach der gleichbleibenden und auch zwischen den Meßpunkten vorhandenen Ursache dieser Wirkung zu fragen. Eine *strikt* mit sich identisch bleibende Ursache einer Teilchenspur gibt es nach der Quantentheorie nicht. *Mittelstaedt* weist im Rahmen seines Konzepts der unscharfen Objekteigenschaften darauf hin, daß nach der Quantenmechanik auch die Reidentifikation eines Teilchens probabilistisch unscharf wird. Die eindeutige Benennung eines Teilchens, dem man als ein-und-dieselbe Ursache der der Meßpunkte einer Teilchenspur Dauer in der Zeit zuspricht, hat nur eine gewisse, von 1 verschiedene Wahrscheinlichkeit.[34]

---
[33]Vgl. Mott (1929); Heisenberg (1930), S.59. Die Streuprozesse geladener Teilchen in Materie können erst im Rahmen der Quantenelektrodynamik, die um 1930 noch in den Kinderschuhen steckte, genau berechnet werden; vgl. 3.4 und 3.5. Die quantenelektrodynamische Rechnung ergibt jedoch, daß bei niedrigen Teilchenenergien die Ionisationsprozesse, die nach Mott und Heisenberg zu quasi-klassischen Teilchenspuren führen, dominant sind.

[34]Vgl. Mittelstaedt (1986), S.236 ff. — Nach der Meßtheorie der Teilchenphysik

Der Versuch, ein generalisiertes Teilchenkonzept zu formulieren, das es gestattet, quantentheoretisch beschriebene Teilchen in einer Abschwächung des klassischen Teilchenbegriffs teils durch permanente dynamische Eigenschaften und teils durch raumzeitliche und dynamische Dispositionsprädikate zu kennzeichnen, erscheint dennoch gerettet. Wenn wir *Quantenobjekte* als Referenzobjekte der quantenmechanischen Zustandsfunktion konzipieren und sie als Teilchen bezeichnen, so meinen wir in der Natur vorhandene *Entitäten mit nicht-klassischen Eigenschaften*, die nach (1)-(3) durch *Werte für permanente und nicht-permanente Größen* sowie durch das *Ausüben quasi-klassischer Wirkungen* gekennzeichnet sind. Die *realistische Deutung* eines solchen generalisierten Teilchenkonzepts ist zwar wegen der nicht-permanenten Eigenschaften eines Quantenobjekts mit allen Problemen einer Quantentheorie der Messung beladen, erscheint aber prinzipiell möglich. Den Begriff eines Quantenobjekts realistisch zu deuten, beinhaltet dabei die folgende Behauptung: Es gibt *innerhalb einer makroskopischen Umgebung* eine durch *permanente* dynamische Größen gekennzeichnete *mikroskopische Substanz*, der zu jedem Zeitpunkt nicht bezüglich aller, aber wenigstens *einiger* Eigenschaftsklassen, nämlich bezüglich der gleichzeitig meßbaren Eigenschaften, *kontingente Wirklichkeit* zukommt. Höchstens in diesem eingeschränkten Sinne, nicht mehr aber im Sinne einer in *allen* Eigenschaften durchgängig bestimmten Substanz läßt sich ein quantentheoretisch beschriebenes Teilchen als Element der empirischen Realität betrachten.

6.5 Schwierigkeiten mit der Nicht-Lokalität

Was sind Quantenobjekte eher, Wellen oder Teilchen; haben sie mehr mit einem klassischen Teilchen oder mit einer klassischen Welle gemein? Von den Physikern bekommt man auf diese müßig erscheinende Frage danach, welcher von zwei unzutreffenden Ausdrücken der natürlichen Sprache die Entitäten einer Quantentheorie immer noch besser kennzeichnet, unterschiedliche Auskünfte. Für *Schrödinger* waren Quanten-

---

kann die Fehlidentifikation von Teilchenspuren, etwa bei Meßpunkten, die sich wegen möglicher quantenelektrodynamischer Streuprozesse nicht eindeutig einer bestimmten Spur zuordnen lassen, i.a. nur auf Ensemble-Ebene korrigiert werden.

objekte Wellen, *Feynman* bezeichnete sie beharrlich als Teilchen.[35] Für *Bohr* treten Quantenphänomene je nach der Meßapparatur als Wellen *oder* als Teilchen auf, aber nach dem Prinzip der Komplementarität nicht als beides zugleich. Wenn man den Wellenaspekt eines Quantenobjekts in interferenzfähigen Eigenzuständen zu scharfen Impulswerten realisiert sieht und den Teilchenaspekt in scharf lokalisierten Ortszuständen, so ist ein Quantenobjekt in den allermeisten Zuständen — in denen beide Observablen keine scharfen Werte haben — weder Welle noch Teilchen, sondern ein *Mittelding* zwischen Welle und Teilchen — eine Entität, deren Raum-Zeit-Bahn *und* deren Interferenzbild man auf Ensemble-Ebene mit einem gewissen Grad an Wahrscheinlichkeit messen kann. [36]

Die Frage *Welle oder Teilchen?* zielt nicht nur auf die *terminologischen* Probleme, die sich bei der immer vage bleibenden, nur partiell möglichen Übersetzung von Aussagen einer Quantentheorie in die Alltagssprache stellen. Vor allem zielt sie auf das Problem, welche Art von Entsprechung die quantenmechanische Wellenfunktion in der empirischen Realität hat, und auf das Zusatzproblem, wie sich die erfolgreich anwendbare quasi-klassische Meßtheorie eines Teilchens zur quantentheoretischen Beschreibung der Referenzobjekte dieser Meßtheorie verhält. Wo liegen die Grenzen des generalisierten Teilchenkonzepts aus 6.4? Welchen Typus von Entitäten stellen die unter dieses Konzept fallenden Teilchen dar? Handelt es sich bei ihnen um fundamentale Entitäten einer Quantentheorie im ‚teilchenartigen' Zustand oder nicht?

Sammelt man die *empirischen* Gründe dafür bzw. dagegen, ein quantentheoretisches Objekt primär als ein Teilchen und nicht als eine Welle in einem gegenüber der klassischen Physik verallgemeinerten Sinn aufzufassen, so läßt sich das Problem in voller Schärfe fokussieren:

(i) Soweit sich die Meßmethoden der Atom-, Kern- und Teilchenphysik auf Messungen an freien (nicht-gebundenen) Objekten beziehen, be-

---

[35] Schrödingers Versuche, Teilchen als (leider nach der Schrödinger-Gleichung auseinanderlaufende) Wellenpakete zu konstruieren, sind berühmt. Feynman dagegen behauptet in seinem vergnüglichen Buch über die Quantenelektrodynamik, diese Theorie habe den Welle-Teilchen-Dualismus, ähnlich wie schon Newton, zugunsten der Partikel aufgelöst. Er meint damit aber nicht etwa die fundamentalen Entitäten der Theorie, sondern nur das ‚Klick' im Detektor; vgl. Feynman (1985), S.48 f.
[36] Solche Zwitter von ‚wellenartigen' und ‚teilchenartigen' Zuständen, die gegen *Bohrs* Komplementaritätsprinzip verstoßen und nach der Literatur einen *unscharfen Welle-Teilchen-Dualismus* repräsentieren, lassen sich auch experimentell realisieren. Vgl. Mittelstaedt (1987).

ruhen sie letztlich auf Ortsmessungen, die mit Teilchendetektoren durchgeführt werden. Die Referenzobjekte einer Quantentheorie sind in nicht-gebundenen Zuständen *durch Einzelmessungen lokalisierbar*, während die durch sie bewirkten *Interferenzerscheinungen auf Ensemble-Ebene*, also bei einer gewissen Anzahl von Einzelmessungen unter denselben Bedingungen, auftreten. Die bei einem Beugungsexperiment beobachtbaren geschwärzten Streifen auf einem Bildschirm oder einer Photoplatte kommen durch einzelne Ortsmessungen zustande, auch wenn sich das Ausbleiben der Schwärzung zwischen den Streifen erst nach vielen Ortsmessungen zeigt. Die Zuschreibung von Feldeigenschaften zu Quantenobjekten in nicht-gebundenen Zuständen hat ihre empirische Basis somit großteils in der Lokalisation von (vielen) Teilchen, wenn man unter einem Teilchen etwas raumzeitlich Lokalisiertes versteht.

(ii) Dennoch ‚ist' das Feld, das durch die Lösung einer Wellengleichung für nicht-gebundene Zustände von Quantenobjekten beschrieben wird, keineswegs ein Ensemble korrelierter Teilchen, denn mit geeigneten Meßverfahren läßt sich auch noch die Wellenlänge eines einzelnen Teilchens — etwa eines Photons, das ein Farbfilter passiert — messen. Darüberhinaus lassen sich die für Quantenobjekte typischen Interferenzeffekte wegen der statistischen Unabhängigkeit der Einzelereignisse auch anhand raumzeitlich separierter Messungen nachweisen. Sie treten selbst dann auf, wenn man ein *Ensemble von Experimenten* aufbaut, von denen jedes nur *ein einziges Teilchen* mißt — wenn man etwa Photonen oder Elektronen in voneinander unabhängigen Experimentierapparaturen gleichartig präpariert, jedes von ihnen durch einen anderen Doppelspalt schickt und die Ergebnisse jeder einzelnen Ortsmessung hinter dem Doppelspalt für alle Experimente in ein gemeinsames Diagramm einträgt. Der Wellenaspekt muß also auch einem einzelnen Teilchen zugesprochen werden, von dem man annimmt, daß es quantentheoretischen Gesetzen unterliegt. Er ist genauso irreduzibel wie der Teilchenaspekt eines Quantenobjekts.[37]

Die begrifflichen Schwierigkeiten, in die man beim Versuch gerät, die Referenzobjekte der quantenmechanischen Wellenfunktion als Teilchen — und sei's in einem generalisierten Sinne — zu betrachten, lassen sich in den Termini der empiristisch orientierten Wissenschaftstheorie wie folgt ausdrücken: Die *empirische Basis* der quantentheoretischen Be-

---

[37]Hierauf stützt sich diejenige Interpretation, nach der sich die Quantenmechanik nicht nur auf Ensembles, sondern auch auf individuelle Systeme bezieht.

schreibung von Mikroobjekten liegt zu einem beträchtlichen Teil in der Lokalisation einzelner Teilchen. Aber der *empirische Gehalt* der Quantentheorie liegt *nicht* in der Vorhersage einzelner Ergebnisse von Ortsmessungen, sondern höchstens in der Vorhersage von deren *nicht-lokalen Korrelationen*, die sich i.a. auf Ensemble-Ebene zeigen.

Wenn *Erhaltungssätze* gelten, zeigen sich solche Korrelationen, die unter geeigneten experimentellen Bedingungen über makroskopische Distanzen hinweg nachweisbar sind, sogar auf Einzelfall-Ebene. Dabei wird die Nicht-Lokalität von Quantenobjekten besonders drastisch demonstriert. Solche nicht-lokalen Korrelationen, wie sie im Gedankenexperiment von *Einstein, Podolsky* und *Rosen* geschildert werden (*EPR-Korrelationen*),[38] treten bei der Separation eines gekoppelten quantenmechanischen Systems auf. Dabei erweisen sich die Meßgrößen von zwei an verschiedenen Orten lokalisierten Teilchen als verknüpft, soweit Erhaltungssätze für sie gelten. Die EPR-Korrelationen schränken die Möglichkeit erheblich ein, Quantenobjekte als ‚einzelne' — und das heißt: *raumzeitlich vereinzelte*, oder *lokale* — Elemente der empirischen Realität zu betrachten, ohne in Konflikt mit den Aussagen der Quantentheorie zu geraten. Durch die Messung von Mehrfach-Korrelationen läßt sich zeigen, daß die Bellsche Ungleichung, die aus den Lokalitätsannahmen der klassischen Physik folgt, verletzt ist.[39]

In der typischen EPR-Situation sind die Bestandteile eines gekoppelten quantenmechanischen Zwei-Teilchen-Systems durch einen Erhaltungssatz für eine nicht-permanente dynamische Größe miteinander verknüpft, auch wenn sich das Zwei-Teilchen-System dem Ortsanteil seiner quantenmechanischen Wellenfunktion nach nicht in einem stationären Zustand befindet, d.h. wenn man in seine quantentheoretische Beschreibung die in der Bornschen Streutheorie gemachte Annahme hineinsteckt, daß es nicht für alle Zeiten ein gebundenes System bildet, sondern sich nach einem Streuprozeß asymptotisch in den Zustand zweier freier Teilchen entwickelt. Wenn beispielsweise bei einem inneratomaren Zerfallsprozeß ein Photonenpaar emittiert wird, so ist die Polarisation (Spin-Orientierung) beider Photonen wegen des Erhaltungssatzes für den Spin in jedem einzelnen Zerfallsprozeß gekoppelt und erweist sich bei der Messung durch zwei beliebig orientierte, weit voneinander entfernte Polarisatoren immer als korreliert — obwohl die Polarisation

---
[38] Einstein (1935).
[39] Bell (1965); Aspect (1982)

nach den quantenmechanischen Vertauschungsregeln, die für die Spin-Komponenten gelten, vor der Messung gar nicht definiert ist. Das Besondere an der EPR-Situation ist, daß sie es scheinbar erlaubt, an den Bestandteilen eines gekoppelten Systems gleichzeitig die *Raum-Zeit-Bahn beider Systembestandteile* und den *Erhaltungssatz für das Gesamtsystem* zu messen, wobei die Messung — wie es die Quantenmechanik vorhersagt - ergibt, daß die Meßwerte beider Teilchen für die nicht-permanente Größe ‚Polarisation' über makroskopische Distanzen hinweg strikt gekoppelt sind. In einem EPR-Experiment mißt man eine typische *Teilcheneigenschaft*, nämlich das Ergebnis einer durch die relativistische Kinematik beschriebenen Ausbreitung der Wirkung zweier Photonen längs einer quasi-klassischen Raum-Zeit-Bahn, zugleich mit einer typischen *Feldeigenschaft*, nämlich der Korrelation zweier Werte einer dynamischen Größe an zwei voneinander entfernten Raum-Zeit-Stellen, wobei für die Determination beider Werte eine einzige Messung notwendig und hinreichend ist.[40]

Sucht man zur Erklärung der EPR-Korrelationen bei der Annahme verborgener Parameter Zuflucht, so fällt man entweder in ein klassisches, deterministisches Konzept zurück und gerät zwangsläufig in Konflikt mit den Vorhersagen der Quantentheorie, oder man verschiebt die Nicht-Lokalität nur auf die Ebene der verborgenen Parameter, womit ebenfalls nichts gewonnen ist.[41] Angesichts der EPR-Korrelationen bleiben nur noch zwei Optionen für das in 6.4 formulierte verallgemeinerte Teilchenkonzept: *Entweder* man verzichtet auf die Forderung, einem Teilchen nur lokale Wirkungen zuzuschreiben, was einen dazu zwingt, die vor-theoretischen Termini ‚Teilchen' und ‚Feld' für Quantenobjekte synonym zu gebrauchen. *Oder* man schränkt die Rede von Teilchen auf die bei Ortsmessungen lokalisierten Portionen von Masse oder Energie, Ladung und Spin ein, die zumindest unmittelbar nach der Ortsmessung strikt lokal sind, aber nach der Schrödinger-Gleichung nicht lokal bleiben (‚Zerfließen der Wellenfunktion'). Durch die erste Option verliert man eine wichtige begriffliche Unterscheidung, die man im Zusammenhang

---

[40]Man kann darum für die theoretische Beschreibung der EPR-Situation nicht gleichzeitig die Lokalität der Resultate von Messungen und die Separabilität der Bestandteile eines gekoppelten quantenmechanischen Systems fordern. Vgl. etwa Stöckler (1984), S.137 ff.

[41]Die experimentell nachgewiesene Verletzung der Bellschen Ungleichung erzwingt nicht-lokale Kopplungen zwischen verborgener Parameter. *Bohms* Theorie von 1955 und ihre Nachfolger sind nicht-lokal.

mit den Entitäten einer *Quantenfeldtheorie* benötigt. Ein gekoppeltes System ‚freier' Teilchen, an dem EPR-Korrelationen auftreten, entsteht entweder durch einen Zwei-Teilchen-Streuprozeß oder aus dem Zerfall eines instabilen gebundenen Systems. Zur Beschreibung seiner Entstehung wird eine komplette, in beiden Teilchen symmetrische Beschreibung des Streuprozesses bzw. eine Theorie der spontanen Emission benötigt, und für beides ist strenggenommen die Quantenfeldtheorie erforderlich. Darum bleibt eigentlich nur die zweite Option.

Die EPR-Korrelationen treten nur in der vollen quantentheoretischen Beschreibung eines Zwei-Teilchen-Systems auf.[42] In der quanten*mechanischen* Streutheorie wird das Streuzentrum durch ein *klassisches Potential* beschrieben. Dabei steckt man die erst nach der Ortsmessung am gestreuten Teilchen erfüllte Annahme, daß die Teilchen nach dem Streuprozeß unkorreliert sind, von vornherein in die probabilistische Beschreibung hinein. Die von der Quantenmechanik geforderte Verschränkung der Zustandsräume beider Teilchen wird so für große Abstände der Teilchen vernachlässigt; man nimmt an, daß das gestreute Teilchen nach der Streuung wie zuvor *asymptotisch frei*, und das heißt: *vom Streuzentrum entkoppelt*, ist. Die Bedingungen, unter denen diese idealisierende Annahme auch in höheren Ordnungen der quantenmechanischen Störungsrechnung zu einer empirisch adäquaten Beschreibung von Streuprozessen führt, sind (wegen der in der relativistischen Quantenmechanik auftretenden Divergenzen, die erst in der Quantenfeldtheorie kurierbar sind) im wesentlichen mit den Bedingungen für die Anwendbarkeit einer nicht-relativistischen Kinematik deckungsgleich. Die volle quantentheoretische Beschreibung eines Zwei-Teilchen-Streuprozesses — sowie auch die Beschreibung der inneratomaren Zerfallsprozesse, an denen sich die EPR-Korrelationen am besten experimentell untersuchen lassen — erfordert den formalen Apparat der *Quantenfeldtheorie*.[43]

[42] Scheibe (1981) zeigt an einem einfachen (eindimensionalen) Beispiel, daß die (für die EPR-Situation typischen) Verschränkung der Zustandsfunktionen von Bestandteilen eines gekoppelten quantenmechanischen Systems nur von der vollen, in beiden Teilchen symmetrischen quantentheoretischen Beschreibung des Systems, nicht aber vom halb klassischen, halb quantenmechanischen Zwitter-Modell eines geladenen Teilchens im Zentralfeld erfaßt wird.

[43] Die EPR-Korrelationen werden üblicherweise an einer Meßgröße diskutiert, die überhaupt erst in der relativistischen Quantentheorie auftritt, nämlich am Spin. In die nicht-relativistische Quantenmechanik wird der Spin-Anteil der Wellenfunktion *ad hoc* eingeführt (Pauli-Gleichung). — Das ursprüngliche EPR-Gedankenexperiment wird mit den Observablen Ort und Impuls durchgespielt, unter Annahme einer deter-

Die heutigen Quantenfeldtheorien liefern indes eine ganze Reihe teils prinzipieller, teils kontingenter Einwände gegen die Identifikation von quantisierten Feldern oder ihren Feldquanten mit Teilchen in einem generalisierten Sinne:

1. Zunächst zu den Einwänden, die nicht am allgemeinen Formalismus jeder Quantenfeldtheorie, sondern an der spezifischen dynamischen Gestalt der heute akzeptierten Elementarteilchentheorien festzumachen sind. Die in 6.4 versuchte Generalisierung des Teilchenbegriffs ist *aus kontingenten Gründen* überstrapaziert, wenn man sie auf subatomare Prozesse der schwachen Wechselwirkung ausdehnen möchte. Heute ist eine ganze Reihe von experimentellen Phänomenen bekannt, die demonstrieren, daß einige der dynamischen Größen, die der experimentellen Identifikation von Teilchen dienen und die nach der Quantenmechanik permanente dynamische Eigenschaften sind, durch die *schwache Wechselwirkung* ihren Permanenzcharakter verlieren:

Wenn man die in 6.4 gegebene Liste der permanenten Eigenschaften eines Teilchens mit *Wigners* Klassifikation der Zustandsfunktionen einer relativistischen Quantentheorie vergleicht, so merkt man, daß sie unvollständig ist; es fehlt die *Parität*, die jedoch, wie man seit dem entscheidenden Experiment von 1957 weiß, *keine Erhaltungsgröße der schwachen Wechselwirkung* ist.[44] Die Paritätsverletzung ist kontingent gegenüber den Grundannahmen einer Quantentheorie. Im Rahmen des quantentheoretischen Formalismus impliziert sie, daß schwach wechselwirkende neutrale Mesonen wie das K^0 in zwei superponierenden Zuständen verschiedener Parität zu denselben Werten von Masse, Ladung und Spin auftreten. Analoges gilt für die 1963 erstmals nachgewiesene *CP-Verletzung*, die besagt, daß die Kombination von Ladung und Parität (d.h. das Produkt der Eigenwerte dieser Größen) keine permanente Eigenschaft schwach wechselwirkender geladener Teilchen sein kann.[45] Eine andere experimentell gut gestützte Annahme der heutigen Theorie der schwachen Wechselwirkung ist die *Mischung der Quark-flavors*, wonach die als *flavor* bezeichnete Quark-Ladung der schwachen Wechselwirkung in einem Eigenzustand zur Masse nicht scharf definiert ist.[46]

---

ministischen Entwicklung der quantenmechanischen Produktwellenfunktion des Zwei-Teilchen-Systems nach der Schrödinger-Gleichung; vgl. Einstein (1935).

[44] Wu (1957).

[45] Christenson (1964). — Vgl. auch die wissenschaftstheoretischen Fallstudien zur Paritätsverletzung und CP-Verletzung in Franklin (1986).

[46] Die Quark-Mischungswinkel werden mittels der *Kobayashi-Maskawa-Matrix* be-

In allen angeführten Fällen ist ein Ensemble experimentell lokalisierter Teilchen *immer*, auch bei Wiederholungsmessungen unter denselben Bedingungen, ein aus der Reduktion einer quantenmechanischen Superposition herrührendes Gemisch zweier Teilchentypen, die durch verschiedene Werte für dynamische Größen charakterisiert sind. Vom Standpunkt einer Quantentheorie individueller Systeme ‚oszillieren' unter der schwachen Wechselwirkung ‚einzelne' Teilchen zwischen *zwei* Teilchen*typen*, die durch verschiedene Werte für dynamische Meßgrößen gekennzeichnet sind.

Parität, CP, Quark-*flavor* und *auch* die (bei den genannten Fällen in den Eigenzuständen zu Parität, CP bzw. *flavor* nicht scharf definierte) *Masse* stellen somit *keine permanenten Eigenschaften* von Teilchen im Sinne des generalisierten Teilchenkonzepts aus 6.4 dar. Diese in der experimentellen Teilchenphysik zur Klassifikation von Teilchenspuren, Streuereignissen und Resonanzen (vgl. 3.3) benutzten Größen liefern also gar *keine scharfen Kriterien* zur Unterscheidung *aller Typen* von Teilchen. Schlimmer noch: wie kann man Teilchen als die Ursache von Teilchenspuren und Streuereignissen betrachten, wenn *ein-und-dieselbe Ursache*, nämlich ein Teilchen mit definierten, permanenten Werten nur noch für Ladung und Spin, *verschiedenartige Wirkungen*, nämlich Teilchenspuren zu verschiedenen Werten für Masse und der bei instabilen Teilchen damit assoziierten Lebensdauer, hervorrufen kann?

2. Auch abgesehen von den speziellen Eigenschaften, die man Prozessen der schwachen Wechselwirkung zuschreiben muß, ist das in 6.4 zur Charakterisierung von Teilchen angegebene Kollektiv dynamischer Größen zwar permanent nach der Quantenmechanik, nicht mehr aber nach den Grundsätzen einer *Quantenfeldtheorie*. Die durch Masse, Spin und Ladung gekennzeichneten Quanten, deren Besetzungszahl ein quantisiertes Feld in bestimmten Feldzuständen charakterisiert, können unter Wahrung der dynamischen Erhaltungssätze *erzeugt und vernichtet* werden. Dabei werden die nach der Quantenmechanik permanent zusammen auftretenden Werte für diese Größen zu *andersartigen Kollektiven von Eigenschaften ‚umgruppiert'*. Die Teilchen, mit denen man die durch Meßgeräte lokalisierbaren Feldquanten einer Quantenfeldtheorie identifiziert, stellen nicht die fundamentalen Entitäten dieser Theorie dar, sondern nur die unter bestimmten experimentellen Bedingungen reali-

---

schrieben, deren Matrixelemente zum Großteil experimentell bestimmt sind; vgl. Kobayashi (1973) und Kleinknecht (1987).

sierten nicht-permanenten Zustände einer theoretischen Entität, die als ein quantisiertes Feld mit fluktuierenden Besetzungszahl konzipiert ist — was immer auch man unter einer solchen Entität genau verstehen mag. Eine Quantenfeldtheorie ist darum *keine Teilchentheorie*, d.h. keine Theorie, deren Entitäten sich in irgendeinem nachvollziehbaren Sinn als lokalisierte oder lokalisierbare Teilchen auffassen lassen — obwohl ihre Entitäten laut Formalismus der Theorie für eine gewisse Zeit Zustände bilden können, die sich den Teilchen im Sinne des verallgemeinerten Teilchenkonzepts zuordnen lassen: quantenfeldtheoretisch beschriebene Teilchen haben i.a. eine endliche Lebensdauer. Jede eingehende Analyse der theoretischen Struktur einer Quantenfeldtheorie gelangt zu dem Schluß, daß sich die durch den Welle-Teilchen-Dualismus quantenmechanischer Objekte gestellten Probleme mit dem Übergang zur Quantenfeldtheorie nicht etwa auflösen, sondern verschärfen,[47] und daß die Entitäten einer Quantenfeldtheorie (also quantisierte Felder) nicht nur mit einer klassischen Teilchenontologie unverträglich, sondern auch nicht unter ein verallgemeinertes Teilchenkonzept subsumierbar sind. Während *Stöckler* hervorhebt, daß sich quantisierte Felder nicht in einen Schwarm von Teilchen auflösen lassen,[48] charakterisiert *Redhead* diese Entitäten unter Anspielung auf die Cheshire-Katze aus *Alice im Wunderland* — die verschwindet, aber ihr Lächeln noch für eine Weile zurückläßt — als "ephemerals with a particle grin".[49]

Das generalisierte Teilchenkonzept aus 6.4 ist also höchstens in der Einschränkung auf die unter ganz bestimmten experimentellen Bedingungen realisierten ‚teilchenartigen' Zustände quantisierter Felder anwendbar. Es wird durch die in Meßgeräten lokalisierten Quanten an Masse bzw. Energie oder Ladung erfüllt, aber nicht durch die ‚feldartigen', nicht-lokalen Entitäten der Theorie, was auch immer man unter diesen zu verstehen haben mag.

3. Am fatalsten für jeden Versuch, das verallgemeinerte Teilchenkonzept auf ‚einzelne' Quantenobjekte zu beziehen, ist jedoch die Tatsache, daß man die heutigen Quantenfeldtheorien gar nicht für die *störungstheoretische* Beschreibung von Wechselwirkungen benutzen kann, ohne *tiefgreifende Modifikationen an den dynamischen Grundannahmen der Theorie* vorzunehmen. Auch für einen simplen Zwei-

---

[47]Stöckler (1994); Redhead (1988).
[48]Stöckler (1994), Kap. D III, Abschnitt *Der Teilchenaspekt in der QFT*.
[49]Redhead (1983), S.89.

Teilchen-Streuprozeß lassen sich die gekoppelten Feldgleichungen einer Quantenfeldtheorie nicht exakt lösen. Bei der störungstheoretischen Entwicklung der Theorie treten dann in allen Ordnungen jenseits der Bornschen Näherung *Divergenzen* auf. Diese Divergenzen ließen die theoretischen Physiker jahrzehntelang daran zweifeln, ob es sich bei der Quantenfeldtheorie überhaupt um eine brauchbare physikalische Theorie handelt; heute können sie durch diverse *Renormierungsverfahren* auf mathematisch wohldefinierte Weise eliminiert werden.[50] Das aus der klassischen Dynamik vertraute Verfahren, in der Beschreibung physikalischer Objekte zunächst von Wechselwirkungen zu abstrahieren und diese erst nachträglich in die Theorie einzubauen, stößt hier an prinzipielle Grenzen, die nur durch die Korrektur der eingangs gemachten Abstraktion noch einmal überwunden werden können.

Die dynamischen Größen ‚Ladung' und ‚Masse' der Quantenfeldtheorie bekommen durch ein Renormierungsverfahren entweder nachträglich oder *ab initio* eine neue Bedeutung zugeschrieben.[51] Man identifiziert die dynamischen Observablen der nicht-gekoppelten Feldgleichungen für freie Teilchen nicht mehr mit den experimentell bestimmbaren Werten für Ladung und Masse, sondern schneidet umgekehrt die Theorie unter Benutzung der experimentellen Größen sowie eines komplizierten mathematischen Apparats so zurecht, daß darin keine Divergenzen mehr auftreten. Dieses Verfahren macht die Quantenfeldtheorie zur empirisch erfolgreichsten Theorie der gesamten Physik[52] — aber es zeigt zugleich, daß ihre Grundgleichungen nur begrenzten empirischen Gehalt besitzen: die Feldquanten eines ‚freien' quantisierten Felds lassen sich nicht, wie in *Diracs* Theorie von 1927 intendiert,[53] den durch Teilchendetektoren lokalisierten Einheiten dynamischer Größen zuordnen. Die numerischen Werte für die Größen Ladung und Masse repräsentieren in der renormierten Theorie zwar die experimentell bestimmten, bei Streuprozessen erzeugten und vernichteten sowie bei Messungen absorbierten Portionen dieser Größen, aber eben *nicht* die Feldquanten der ursprünglichen Theorie.

---

[50]Zur Geschichte der Renormierungsproblematik und zur wissenschaftstheoretischen Deutung vgl. Stöckler (1994). Siehe dazu auch Teller (1988).

[51]Eine vereinfachte Darstellung findet sich in Aitchison (1982), S.154 ff.

[52]Vgl. etwa die quantitative Übereinstimmung des experimentellen und des quantenelektrodynamisch berechneten Werts für das anomale magnetische Moment des Elektrons auf 7 Stellen; siehe Lohrmann (1981), S.100.

[53]Dirac (1927).

Die experimentell lokalisierten Teilchen sind darum Referenzobjekte nicht einer Quantentheorie ‚freier' Felder, sondern einer höchst komplexen theoretischen Beschreibung von Wechselwirkungen und Selbstwechselwirkungen, die unter anderem vom Konzept ‚virtueller' Feldquanten Gebrauch macht und in der die Konzepte ‚freies Feld' und ‚Feldquant' keinen empirischen Gehalt mehr besitzen. Der Formalismus einer renormierten Quantenfeldtheorie ist Wasser auf die Mühlen von *Nancy Cartwright*.[54]

Es gibt somit drei gravierende Gründe, aus denen quantisierte Felder überhaupt nicht und ihre Feldquanten nur sehr bedingt unter ein generalisiertes Teilchenkonzept subsumierbar sind. 1. Nach der speziellen dynamischen Gestalt der heute akzeptierten Quantenfeldtheorien fallen die lokalisierten Zustände von Teilchen nicht unbedingt mit den dynamischen Zuständen zusammen, in denen Teilchen durch scharf definierte Werte für quantisierte Größen wie Parität oder Ladung charakterisiert sind. Schlimmer noch: *ein* quantisiertes Feld zu definierten Werten für Masse, Parität und Spin entspricht i.a. *mehreren* Typen experimentell lokalisierbarer Teilchen. 2. Quantisierte Felder dienen der Beschreibung von Prozessen, bei denen Teilchen im generalisierten Sinne — d.h. lokalisierbare physikalische Objekte, die empirisch als Kollektive permanent zusammen auftretender dynamischer Eigenschaften charakterisiert sind und zu denen noch quantenmechanische Objekte zählen — unter Wahrung von Erhaltungssätzen erzeugt und vernichtet werden. Das Feld ist im Vakuumszustand | 0 > als eine Art Vermögen zu wirken, bzw. dynamische Wirkungen in Form von Teilchen hervorzubringen, noch ‚da' — auch wenn die Teilchen verschwunden sind. 3. Die bei den Wechselwirkungen der experimentell identifizierbaren Teilchen absorbierten und emittierten Portionen dynamischer Größen lassen sich wegen des Renormierungsapparats, den man zur störungstheoretischen Beschreibung von Wechselwirkungen in die Theorie einbauen muß, letztlich gar nicht mit den Feldquanten des ursprünglich als wechselwirkungsfrei konzipierten quantisierten Felds identifizieren.

Die *ersten beiden Gründe* lassen sich so zusammenfassen, daß in der Quantenfeldtheorie die *raumzeitliche* und die *dynamische* Beschreibung

---

[54] Nach Cartwright (1983) haben die fundamentalen Gleichungen einer physikalischen Theorie oft keinen empirischen Gehalt, sondern bekommen ihn erst durch phänomenologisch begründete Zusatzannahmen sowie Modifikationen an der Theorie. Vgl. dazu auch 2.6.

von Prozessen noch weiter auseinandertreten als schon in der nichtrelativistischen Quantenmechanik. Im Fall der K^0-Mesonen, wo sich nach Messung der Parität die Superposition zweier Zustände mit entgegengesetzter Parität regeneriert,[55] geht dies so weit, daß die diskreten dynamischen Zustände von Teilchen, die durch feste Werte für permanente quantisierte Größen wie Ladung, Spin und Parität charakterisiert sind, strenggenommen nur noch für den Zeitpunkt einer einzelnen Ortsmessung mit den diskreten raumzeitlichen Zuständen von Teilchen zusammenfallen, die lokalisierten Portionen von Masse oder Energie entsprechen. Wenn man ein Teilchen als eine phänomenale Substanz im *Lockeschen* Sinn betrachten möchte, d.h. als ein Kollektiv permanent zusammen auftretender Eigenschaften, so steht man angesichts der durch die heutigen Quantenfeldtheorien beschriebenen Phänomene vor dem Sachverhalt, daß sich Eigenschaftskollektive ‚auflösen' und zu neuen Eigenschaftskollektiven ‚umgruppieren' können — so daß man fast an die u.a. von *Russell* vertretene Bündel-Theorie der Substanzen[56] glauben möchte. Von den wenigen, nach heutigem Wissen bei allen Prozessen erhaltenen Größen wie Spin und Masse (bzw. Energie) abgesehen, die mit Superauswahlregeln verknüpft sind, gibt es nach der Quantenfeldtheorie keine permanenten Größen, anhand deren sich die phänomenalen Träger der dynamischen Eigenschaften von Teilchen charakterisieren lassen.

Der *dritte Grund* lehrt darüberhinaus, daß die *Annahme nichtwechselwirkender Entitäten*, die am Anfang jeder linearen Teilchen- und auch Feldtheorie von *Newton* bis *Wigner* steht, auf einer nur in bestimmten Phänomenbereichen funktionierenden Idealisierung beruht und im Gebiet der heutigen Quantenfeldtheorien an prinzipielle Grenzen ihrer Brauchbarkeit stößt. Diese Idealisierung, die der traditionellen Substanz-Metaphysik verhaftet bleibt, stellt so etwas wie ein (mathematisch besonders gut handhabbares) *Superparadigma* der Physik der letzten dreihundert Jahre dar. Sie ist die *metaphysische Erblast der neuzeitlichen Physik*, die auch die Quantenfeldtheorie in ihrer heutigen Gestalt noch mit sich herumschleppt und von der schwer zu sehen ist, wie sich die Physik ihrer entledigen kann — handelt es sich bei der Annahme, daß die physikalischen Untersuchungsobjekte näherungsweise *isolierbar* sind, doch um ein *methodologisches Grundprinzip der Physik*.

---

[55] Lohrmann (1981), S.205 f.
[56] Danach ist eine Substanz als Eigenschaftsträger nicht mehr als ein Bündel von Eigenschaften; vgl. Loux (1978).

Bei der vollen quantentheoretischen Beschreibung von Wechselwirkungen versagt das verallgemeinerte Teilchenkonzept, das noch für die Charakterisierung der Bewegung quantenmechanischer Objekte unter dem Einfluß klassischer Kräfte brauchbar ist, auf der ganzen Linie. (i) Die auf der klassischen Punktmechanik beruhende Annahme einer *vollständigen raumzeitlichen Determination alles dynamischen Geschehens*, (ii) die dem generalisierten Teilchenkonzept zugrundeliegende vortheoretische Annahme, daß die *Ursache einer lokalen Wirkung ein lokalisierbarer phänomenaler Träger permanenter Eigenschaften* sein muß, und (iii) die den Gegensatz von klassischer Punktmechanik und Feldtheorie übergreifende Annahme, daß *wechselwirkende Entitäten zur Beschreibung ihrer Wechselwirkung zumindest idealiter als separierbar gedacht werden können* — alle diese Annahmen sind in bezug auf die Entitäten einer relativistischen Quantentheorie nicht mehr haltbar.

Der Teilchenbegriff *kann nicht* so generalisiert werden, daß er die heutigen Quantenfeldtheorien und ihre empirische Basis, die mittels der Meßtheorie eines klassischen Teilchens näherungsweise erfaßbar ist, *zugleich* abdeckt. Er hat in der gegenwärtigen Teilchenphysik einen historisch begründeten und auf quasi-klassischen Meßtheorien beruhenden Wert. Aber er hat kaum noch systematische Bedeutung für die heute akzeptierten Quantenfeldtheorien der Elementarteilchen. Die in Teilchendetektoren registrierten lokalen Wirkungen sind nicht durch etwas verursacht, das sich seiner vollen quantentheoretischen Beschreibung nach irgendwie unter den Terminus ‚Teilchen' subsumieren ließe. Das einzige, was man mit Fug und Recht als Teilchen bezeichnen kann, sind die durch Ortsmessungen in Teilchendetektoren lokalisierten Portionen dynamischer Größen wie Ladung und Masse. Damit zeichnet sich ab, daß man ein Teilchen nicht als etwas betrachten sollte, das lokale Wirkungen *hat* — sondern vielmehr als etwas, das die lokale Wirkung von etwas ganz anderem als einem Teilchen *ist*.

6.6 Die Ursache von Teilchenspuren

Was besagen nun die Wandlungen und Einschränkungen, die das Teilchenkonzept seit den Anfängen der experimentellen Teilchenphysik durch die Entwicklung der Quantentheorie erfuhr, für die Streitfragen der in der Wissenschaftstheorie geführten *Realismus-Debatte*?

Das Erklärungsmuster, nach dem man um die Jahrhundertwende von der Beobachtung der durch *alpha*-Strahlen hervorgerufenen Lichtblitze auf einem Szintillationsschirm und später von Teilchenspuren in der Nebelkammer auf die Existenz von Teilchen schloß, gleicht dem Argument, das heute verschiedene Vertreter realistischer Positionen benutzen, um die Existenzannahme bezüglich der theoretischen Entität ‚Teilchen' zu begründen: mittels einer vor-theoretisch angenommenen Kausalbeziehung erklärt man beobachtbare Wirkungen durch ihre nichtbeobachtbaren Ursachen — im ersten Fall, weil man noch keine detaillierte theoretische Beschreibung der Entstehung dieser beobachtbaren Wirkungen besaß, und im zweiten Fall, um die heute vorhandene, wenn auch nicht lückenlose quantentheoretische Beschreibung des Entstehungsmechanismus durch eine in Begriffen der natürlichen Sprache mitteilbare Relation zu ersetzen, über deren Relate man sich auch mit Nicht-Physikern verständigen kann. Die Meßtheorie, die auf den Gesetzen einer klassischen Dynamik beruht und mit deren Referenzobjekten alle Experimentalphysiker die Teilchen seit der Entdeckung des Elektrons identifizieren, steht von ihrer theoretischen Struktur her im Einklang mit dem vor-theoretischen kausalen Schluß auf die nicht-beobachtbare Ursache lokaler Wirkungen in einem Meßgerät, aber nicht mit den fundamentalen Aussagen einer Quantentheorie.

Wie passen die Sachverhalte, daß die klassische Teilchendynamik die Entstehung von Teilchenspuren nicht adäquat beschreibt und daß die Entitäten der letztlich dafür erforderlichen relativistischen Quantentheorie auch nicht in einem generalisierten Sinne als Teilchen betrachtet werden können, zu den vor-theoretischen kausalen Argumenten, die für die Existenz von Teilchen sprechen? Folgt aus den experimentellen Befunden der Teilchenphysik und aus dem Für-wahr-halten ihrer quantentheoretischen Beschreibung, daß es so etwas wie mikroskopische Teilchen gibt, die auf einer quasi-klassischen Raum-Zeit-Bahn durch die Gegend fliegen und durch Teilchendetektoren registriert werden, oder nicht? *Wenn ja*: was ist dann — in der Sprache vor-theoretischer Begriffe ausgedrückt — ein *Teilchen*; und *wenn nein*, was die *Ursache einer Teilchenspur*?

Die Metamorphosen des Teilchenkonzepts von der klassischen Punktmechanik bis hin zu seiner ‚Auflösung' in einen nur über probabilistische Größen mit raumzeitlichen Phänomenen verknüpften Feldbegriff zeigen eindringlich, wie weit sich die Resultate der Theorienbildungsprozesse in der Teilchenphysik heute von den vor-theoretischen Intentionen *und* auch von der empirischen Basis des ursprünglichen Teilchenkonzepts entfernt haben. Die Experimentferne der heutigen, quantenfeldtheoretischen Beschreibung von Elementarteilchenreaktionen spricht jedoch *nicht gegen die realistische Deutung dieser Beschreibung*, sondern nur *für die Unzulänglichkeit der klassischen theoretischen Konzepte angesichts der Komplexität der zu beschreibenden physikalischen Prozesse*. Die antiklassische Richtung, die der Theorienbildungsprozeß nahm, war alles andere als gewollt; sie wurde durch die experimentell gegebene Wirklichkeit erzwungen. Wenn jemals etwas in der Geschichte der Physik gegen alle vor-theoretischen und theoretischen Erwartungen hieb- und stichfest falsifiziert wurde, so das klassische Teilchenkonzept in seiner Anwendung auf die experimentellen Phänomene der Atom-, Kern- und Teilchenphysik.

Die Auskunft, die heute die an seine Stelle getretenen Quantentheorien über die Ursache von lokalen Wirkungen in Teilchendetektoren geben, fällt enttäuschend für die im Rahmen eines klassischen Weltbilds gepflegte vor-theoretische Erwartung aus, es handele sich dabei um Teilchen. Sie bringt jedoch eine *Differenzierung* unserer ursprünglichen vor-theoretischen Vorstellungen bezüglich der Verursachung von Teilchenspuren mit sich. Auf die Frage, ob es Teilchen als lokale Ursachen lokaler Wirkungen gibt oder nicht, und wenn ja, was sie sind, wenn nein, was dann die Ursache einer Teilchenspur sei, sind insgesamt wenigstens vier einander ergänzende Antworten zu geben, die dem vor-theoretischen kausalen Schluß auf das Referenzobjekt des Terminus ‚Teilchen' unter Einschränkungen zu seinem Recht verhelfen: 1. Es *gibt* mikroskopische Teilchen, aber nicht als selbständige, vom ‚Rest der Welt' isolierbare Entitäten; 2. ein Teilchen ist kein Einzelobjekt oder ‚particular', sondern stellt eher den *Prozeß* einer quasi-klassischen Wirkungsausbreitung in einer makroskopischen Umgebung dar; 3. die Ursache einer Teilchenspur ist kein Teilchen, sondern eine Sequenz nur probabilistisch determinierter subatomarer *Streuvorgänge*; 4. Teilchenspuren sind *emergente Phänomene*, die mit der Quantentheorie vereinbar sind, ohne sich aber, soweit man heute weiß, darauf reduzieren zu lassen.

1. Nicht-gebundene Teilchen sind die bei Ortsmessungen in Teilchendetektoren einmal oder mehrfach lokalisierten Einheiten dynamischer Meßgrößen wie Ladung und Masse — dies ist die experimentelle Basis des heutigen Teilchenbegriffs. Eine eindeutige Bestimmung des Begriffs eines freien Teilchens, die über diese experimentelle Bedeutung hinausgeht,

erhält man weder aus einer Analyse der mit dem Theorienwandel von der klassischen Punktmechanik bis hin zur Quantenfeldtheorie verbundenen Bedeutungsverschiebung im informellen Gebrauch des Terminus ‚Teilchen' noch aus dem gescheiterten Versuch, ein all diese strukturell so verschiedenen Theorien übergreifendes, verallgemeinertes Teilchenkonzept zu formulieren (von der quantentheoretischen Explikation der vortheoretischen Teile-Ganzes-Relation, die dem Teilchenbegriff eine weitere Bedeutung verleiht, soll an dieser Stelle noch abgesehen werden). Die Referenzobjekte der quasi-klassischen Meßtheorie, die zur Analyse von Teilchenspuren benutzt wird, sind keine isolierten quasi-klassischen Objekte, sondern Quantenobjekte, die in lokaler Wechselwirkung mit ihrer makroskopischen Umgebung stehen.

Wenn man unter Teilchen in erster Linie die Referenzobjekte dieser *Meßtheorie* versteht, so *gibt* es Teilchen, aber sie sind keine von ihrer makroskopischen Umgebung isolierbaren Entitäten. Wenn man dagegen unter Teilchen die Referenzobjekte einer *Fundamentaltheorie der Physik* verstehen möchte, die sich als so etwas wie selbständige ‚Bausteine' der Wirklichkeit konzipieren lassen, so gibt es *keine* Teilchen, denn die fundamentalen Entitäten einer Quanten(feld)theorie der Elementarteilchen sind nie und nimmer Teilchen, sondern ‚Quantenfelder', die über probabilistische Größen mit raumzeitlichen Phänomenen verknüpft sind.

2. Man gelangt nur durch Spezifikationsbedingungen, die auf einer idealisierenden klassischen Beschreibung der makroskopischen Umgebung von Quantenobjekten beruhen, von der Quantentheorie zur quasiklassischen Meßtheorie eines Teilchens. Insbesondere abstrahiert man bei der quantenmechanischen Beschreibung der Stoßprozesse geladener Teilchen in Materie nach der Bornschen Streutheorie von der quantenmechanischen Beschreibung des Streuzentrums und ersetzt dieses durch ein starres, im Ortsraum lokalisiertes klassisches Potential.[57] Auch der Ausdruck für die klassische Lorentz-Kraft, der ein Kernstück der quasiklassischen Meßtheorie zur Analyse von Teilchenspuren darstellt, läßt sich nur unter der Randbedingung eines klassischen äußeren Felds mit geringer Feldstärke aus der quantenmechanischen Beschreibung eines stationären Stroms geladener Teilchen herleiten.[58]

---

[57] Born (1926b).
[58] Mott (1965), S.4, wo der Nachweis des quasi-klassischen Verhaltens stationärer Teilchenstrahlen unter dem Einfluß schwacher Felder folgendermaßen kommentiert wird: "we can show that the behaviour of a beam of electrons as predicted from Schrödinger's equation is the same as that predicted by Newtonian mechanics ...

Die Quantentheorie beschreibt die Ursache einer quasi-klassischen Teilchenbahn demnach durch eine quantenmechanische Wellenfunktion unter der Randbedingung einer lokalisierten klassischen Umgebung. Nicht darüber, was das die Spur verursachende Quantenobjekt ‚für sich genommen' ist, gibt dieser Spezialfall der Quantentheorie Auskunft, sondern nur über sein quasi-klassisches Verhalten in einer klassisch beschriebenen makroskopischen Welt. Da die Entitäten einer *vollen* quantentheoretischen Beschreibung *keine* Teilchen sind, kann man unter der theoretischen Entität ‚Teilchen', wenn sie denn *mehr* sein soll als die durch einen Teilchendetektor registrierte Portion von Masse, Ladung oder Energie, höchstens dieses Quantenobjekt *in* seiner klassischen Umgebung verstehen — oder noch besser: die quasi-klassische Propagation einer quantenmechanisch beschriebenen, über einige Zeit hinweg konstant bleibenden dynamischen Wirkung in einer makroskopischen Umgebung. Die theoretische Entität ‚Teilchen', auf deren Existenz der Realist von der beobachteten Teilchenspur nach seinen vor-theoretischen kausalen Annahmen mit Recht schließen darf, ist *nicht* vom Typus *‚in Raum und Zeit vereinzeltes (Mikro-)objekt'*, sondern vom Typus *‚an einer makroskopischen Umgebung geschehender Prozeß'*. Der Bedeutungsüberschuß, den der Begriff der theoretischen Entität ‚Teilchen' über die experimentelle Bedeutung dieses Terminus hinaus auf diese Weise bekommt, besteht vor allem in der Verknüpfung einzelner Meßpunkte zu einer Teilchenspur. Diese Verknüpfung korrespondiert der quantentheoretischen Beschreibung einer Wirkungsausbreitung in einer *klassischen Umgebung*, welche die *Reidentifikation* einer wiederholt lokalisierten Portion dynamischer Meßgrößen in den meisten Einzelfällen mit einer an Sicherheit grenzenden Wahrscheinlichkeit gestattet.

3. Die Ursache einer Teilchenspur — oder allgemeiner: einer durch wiederholte Ortsmessungen mit Teilchendetektoren aufgezeichneten quasi-klassischen Raum-Zeit-Bahn — ist somit *kein Teilchen*, sondern eine *Folge mikroskopischer Einzelprozesse*, deren raumzeitliche Verknüpfung in (oder deren Geschehen an) einer makroskopischen Umgebung erst die Entität ‚Teilchen' ergibt. Die Verursachung einer Teilchenspur wird quantentheoretisch durch eine Sequenz von nicht strikt determinierten Meßprozessen, d.h. von einer Folge von Zustandsreduk-

---

We see therefore that wave mechanics will only give different results from classical mechanics when it is used to describe the behaviour of electrons in the strong fields that exist inside an atom."

tionen, an einem Quantenobjekt — von dem man annimmt, daß es wiederholten Streuvorgängen in Materie unterliegt — expliziert. In dieser theoretischen Explikation der vor-theoretisch angenommenen Kausalbeziehung ist das Quantenobjekt als ein durch Ladung, Masse und andere permanente quantenmechanische Größen charakterisiertes ‚Etwas' konzipiert, das den Gesetzen der Quantenmechanik unterliegt und über eine gewisse Zeit hinweg an benachbarten Meßpunkten eine konstante dynamische Wirkung auf seine makroskopische Umgebung ausübt. Die raumzeitliche Ausbreitung dieser Wirkung wird erst durch die quasi-klassische Meßtheorie erfaßt, mittels deren man diesem in Materie gestreuten ‚Etwas' Werte für Meßgrößen zuordnet. Diese quasi-klassische Meßtheorie ist für die allermeisten, aber nicht für alle Einzelfälle empirisch adäquat.

Die theoretische Explikation der Verursachung von Teilchenspuren erfordert also *zwei Theorien:*

(i) eine Quantentheorie des in Materie gestreuten ‚Etwas', das man in einer eigentlich unzulässigen Abstraktion von seiner Umgebung gern als Teilchen bezeichnet und dessen Umgebung als ein näherungsweise klassisch beschreibbares gebundenes System von Quantenobjekten betrachtet wird, sowie

(ii) eine im Kern klassische Theorie, die die Ausbreitung der Wirkung dieses ‚Etwas' in einer klassischen Umgebung beschreibt und als Meßtheorie dient.

Beide Theorien sind beim derzeitigen Stand der Theorienbildung nicht deduktiv miteinander verknüpft, denn es gibt weder eine Quantentheorie makroskopischer materieller Dinge, aus der die klassische Mechanik folgt, noch eine Theorie des Meßprozesses, welche den irreversiblen Vorgang beschreibt, den man als Reduktion der quantenmechanischen Wellenfunktion bezeichnet. Beide Theorien sind allerdings im betrachteten Spezialfall näherungsweise miteinander vereinbar, und zwar in doppeltem Sinne: *erstens* besteht *auf Ensemble-Ebene eine quantitative Näherungsbeziehung* zwischen der quantentheoretischen und der klassischen Vorhersage für den wahrscheinlichsten Verlauf einer Teilchenspur; und *zweitens* ist die Wahrscheinlichkeit für einen quasi-klassischen Verlauf der Teilchenspur so hoch, daß unter der Voraussetzung einer Quantentheorie individueller Systeme die *Gültigkeit dieser Näherungsbeziehung für die allermeisten Einzelfälle* angenommen werden kann.[59]

---

[59]Vgl. 5.3.

4. Teilchenspuren entstehen also durch *quantentheoretische Streuprozesse*, deren meßbare Auswirkungen nicht deterministisch, sondern nur *probabilistisch miteinander verknüpft* sind, wobei die Indeterminiertheit auf der Natur des quantenmechanischen Meßprozesses beruht. Die *quasiklassische Gestalt der Raum-Zeit-Bahn* wiederholt lokalisierter freier Teilchen folgt aus der quantentheoretischen Beschreibung von Streuprozessen nur unter *klassischen Randbedingungen*, die das jeweilige Streuzentrum als Teil einer makroskopischen Umgebung charakterisieren. Diese klassischen Randbedingungen lassen sich nach dem heutigen Stand der Theorienbildung *nicht* aus der Quantenmechanik abgeschlossener Systeme, wie sie durch die Schrödinger-Gleichung beschrieben werden, sondern allenfalls (vielleicht) aus der quantentheoretischen Beschreibung *offener* Systeme ableiten, die permanent mit ihrer Umgebung wechselwirken und durch andauernde Streuprozesse ‚von außen' lokalisiert werden.[60] Teilchenspuren lassen sich genauso wie das klassische Verhalten der makroskopischen Umgebung, in der sie sich beobachten lassen, höchstens in einem zusammen mit seiner Umgebung zu beschreibenden Makrosystem als Spezialfälle Quantentheorie erklären.

Die klassischen Eigenschaften makroskopischer Dinge sowie die quasiklassischen Eigenschaften von Quantenobjekten unter klassischen Randbedingungen sind vom Standpunkt der Quantentheorie aus *emergente Phänomene* in folgendem Sinn: Das deterministische Verhalten klassischer Körper wie auch die quasi-klassische Raum-Zeit-Bahn von Teilchenspuren beruht auf indeterministischen Meßprozessen, die nur unter den speziellen Randbedingungen der makroskopischen Welt zu einem *quasi-determinierten Verhalten* führen. Die klassischen Eigenschaften von Planeten und die quasi-klassischen Eigenschaften von *alpha*-Teilchen oder Elektronen in der Nebelkammer unter dem Einfluß eines Magnetfelds folgen *nicht* aus ihrer theoretischen Beschreibung als dynamisch isolierte Systeme, sondern allenfalls aus der Berücksichtigung ihrer Wechselwirkungen mit ihrer Umgebung. Diese Umgebung schließt die Meßapparatur ein. Wenn man sie quantentheoretisch beschreiben will, so stellt sie ein nicht-abgeschlossenes Makrosystem von extrem vielen Quantenobjekten dar. Wenn man sie als abgeschlossenes System beschreiben möchte, so müßte sie darüberhinaus den ‚Rest der Welt' umfassen — falls die Welt im Ganzen überhaupt als abgeschlossenes System gedacht werden kann, ohne daß man sich in semantische Paradoxien verwickelt.

---

[60] Joos (1990).

Die von Teilchendetektoren registrierten mikroskopischen Teilchen sind nach alledem nichts anderes als die quasi-klassische Ausbreitung einer quantentheoretisch beschriebenen Wirkung auf eine klassische Umgebung; und Teilchenspuren stellen nichts anderes als das im eben beschriebenen Sinne emergente Phänomen der durch diese Wirkungsausbreitung verursachten Ereignisfolgen in Teilchendetektoren dar. Damit geht die in der Wissenschaftstheorie geführte Debatte für und wider die Existenz der Mikroobjekte von der Warte der Physik mit einem Patt aus. Realisten wie *N.Cartwright*, die für eine realistische Deutung kausaler Prozesse plädiert und den Relaten von Kausalbeziehungen auch dann Wirklichkeit zuspricht, wenn man sie nicht mit dem bloßen Auge sehen kann, haben nicht weniger, aber in anderer Hinsicht recht als der Empirist *van Fraassen*, der den mit dem kausalen Schluß vom Kondensstreifen am Himmel auf das Flugzeug vergleichbaren Schluß von der Teilchenspur in der Nebelkammer auf das Teilchen als seine Ursache für einen glatten Fehlschluß hält.[61] Es gibt eine *Verursachung von Teilchenspuren*, nämlich die durch Teilchendetektoren wiederholt an raumzeitlich benachbarten Stellen registrierte irreversible dynamische Wirkung eines konstanten ‚Etwas', das durch permanente quantenmechanische Größen wie Masse und Ladung charakterisiert ist, auf seine Umgebung. Insofern ist der Schluß des Realisten auf die Existenz einer Ursache dieser Wirkung — im Sinne eines physikalischen *Entstehungsmechanismus*, der diese Wirkung auf gesetzmäßige Weise hervorbringt — berechtigt. Diese Ursache ist jedoch *kein* Teilchen im Sinne eines raumzeitlich oder dynamisch isolierten Mikroobjekts, sondern eine Entität vom Typus *Prozeß*, wobei dasjenige, *woran* sich dieser Prozeß einer Wirkungsausbreitung vollzieht — nämlich die makroskopische Umgebung, zu der die Meßgeräte gehören — von der beim Prozeß übertragenen *Wirkung* unterschieden wird. Diese Wirkung wird mittels der permanenten dynamischen Größen, die Erhaltungssätzen unterliegen, charakterisiert und *ist* vielleicht nichts anderes als das ominöse Quantenobjekt, dem man die permanenten dynamischen Größen zuschreibt.

Wie man sieht, unterscheidet sich das nicht-beobachtbare Relat der Kausalbeziehung, mit dem Realisten wie *N.Cartwright* die Ursache einer Teilchenspur identifizieren müssen, von der beobachtbaren Spur selbst nur so viel oder so wenig, wie sich die quantentheoretisch beschriebene Wirkungsausbreitung von ihrer quasi-klassischen Manifestation in den

---

[61] van Fraassen (1980), S.17.

beobachtbaren Meßpunkten unterscheidet. Zu fragen ist dann jedoch, ob der vor-theoretische Ursachenbegriff der theoretischen Beschreibung dieser Wirkungsausbreitung eigentlich noch gerecht wird. *Kann* eine Entität vom Typus Prozeß überhaupt Relat einer Kausalbeziehung sein? Normalerweise betrachtet man zeitlich getrennte *Ereignisse* als Relate von Kausalbeziehungen und ihre gesetzmäßige oder regelhafte Verknüpfung in der Zeit als den phänomenalen Aspekt ihrer kausalen Relation.[62] In diesem Sinne darf man, wenn man — im Gegensatz zu van Fraassen — nicht unbedingt eine deterministische Verknüpfung zwischen den Relaten einer Kausalbeziehung fordert,[63] die einzelnen, auf raumzeitlich getrennte Ereignisse im Teilchendetektor zurückgehenden Meßpunkte einer Teilchenspur als Relate einer Kausalbeziehung betrachten.

Mit der Frage nach der *Ursache der Spur insgesamt*, im Sinne eines der Spur zugrundeliegenden und diese bewirkenden ‚Etwas', gerät man jedoch in ein Dilemma, das kaum eine Möglichkeit, ‚Ursache' und ‚Wirkung' voneinander zu unterscheiden, aber zwei verschiedene Wege, sie miteinander zu *identifizieren*, anbietet: *Entweder* man meint mit ‚Ursache' die Verursachung, d.h. den physikalisch erklärbaren, teils klassisch und teils quantentheoretisch beschriebenen Entstehungsmechanismus der Spur. Dann muß diese ‚Ursache' mit dem Prozeß der quasiklassischen Ausbreitung einer quantentheoretischen Wirkung an einer klassisch beschriebenen, makroskopischen Umgebung identifiziert werden, wobei dieser Prozeß gerade *nicht* als Relat einer Kausalbeziehung zwischen mikroskopischer Ursache und makroskopischer Wirkung fungiert, sondern selbst relational expliziert werden muß — nämlich mittels der Relation zwischen einer mikroskopischen Wirkung und der makroskopischen Umgebung, die als Träger der Wirkungsausbreitung fungiert. *Oder* man meint mit ‚Ursache' das ominöse Quantenobjekt als ein nichtbeobachtbares ‚Etwas', von dem man annimmt, daß es die Teilchenspur verursacht und durch permanente, wiederholt meßbare Werte für dynamische Größen gekennzeichnet ist, von dem man aber weiß, daß es nach der Quantentheorie nur anhand der beobachtbaren Wirkungen an seiner makroskopischen Umgebung reidentifizierbar ist. Auch dann muß man zugeben, daß dieses ‚Etwas', will man ihm nicht den Charakter einer metaphysischen, nicht-phänomenalen Substanz zusprechen, nur durch seine konstanten Wirkungen an makroskopischen Meßgeräten gekennzeichnet

---

[62] Ebd., S.122; vgl. 2.5
[63] van Fraassen, S.113, sowie 2.5.

ist und mithin phänomenal von diesen nicht unterscheidbar ist. Vom realistischen Standpunkt aus bleibt dann noch die Option, mit *Nancy Cartwright* unter einer Ursache nicht eine von ihrer Wirkung getrennte Entität zu verstehen, sondern ein (nur anhand der Phänomene analysierbares) Vermögen der Natur, unter spezifischen Bedingungen spezifische Wirkungen wie zum Beispiel Teilchenspuren in Blasenkammern hervorzubringen.[64] Dagegen liefert die Quantentheorie dem Antirealisten *van Fraassen* berechtigte Gründe für seine empiristische Skepsis gegen die Annahme nicht-beobachtbarer Relate von Kausalbeziehungen; man kann sich ja auf den Standpunkt stellen, daß — wenn der Prozeß der Wirkungsausbreitung nichts anderes als das Entstehen der beobachtbaren Meßpunkte *ist* — von einer Kausalbeziehung zwischen einer beobachtbaren Wirkung und einer davon ohne metaphysische Annahmen unterscheidbaren Ursache keine Rede mehr sein kann. Van Fraassen kann darum in diesem Fall seine epistemologische Position sogar anhand der Struktur einer physikalischen Theorie untermauern:[65] der empiristische Skeptiker kann die auf experimentelle Situationen zugeschnittenen Aussagen der Quantentheorie, die sich, soweit sie raumzeitliche Größen betreffen, nach der probabilistischen Deutung dieser Theorie auf bloße Erwartungswerte für Meßergebnisse beschränken, für bare Münze nehmen, auch wenn er eine klassische Teilchendynamik mit ihren im Mikroskopischen prinzipiell nicht lückenlos meßbaren Trajektorien wegen ihrer empirischen Unterbestimmtheit antirealistisch deuten muß.

Wenn man unter der *realistischen Deutung einer Theorie* in erster Linie versteht, für wahr zu halten, daß sie die gesetzmäßige Verknüpfung der in kontingenten Meßergebnissen bestehenden Wirklichkeit adäquat beschreibt, *ohne* in diese Beschreibung viele unüberprüfbare Aussagen ohne empirischen Gehalt hineinzuschmuggeln, so gelangt man zu einer unerwarteten Schlußfolgerung: Empiristen und Realisten sollten sich eigentlich in bezug auf die realistische Deutung quantentheoretischer Gesetze weitgehend einig sein, denn die Spezialfälle einer Quantentheorie haben keinen großen ‚metaphysischen' Überschuß über die empirische Substruktur der Theorie, die Erwartungswerte für quantenmechanische Observable. Eine Quantendynamik fingiert im Gegensatz zur klassischen Teilchendynamik keine über die einzelnen Meßpunkte hinausgehende raumzeitliche Beschreibung von Mikroobjekten.

---

[64] Cartwright (1989)
[65] Vgl. 2.5.

Erst wenn man die durch die Quantentheorie ausgeschlossene *vollständige Determination* alles Wirklichen in Raum und Zeit fordert, und wenn man im Einklang damit annimmt, daß verschiedene Wirkungen — nämlich unterschiedliche Resultate von Meßprozessen — immer auch verschiedene, von ihren Wirkungen theoretisch unterscheidbare Ursachen besitzen, gerät man mit einem Empirismus à la van Fraassen in Konflikt.[66]

Die Enttäuschung, die in der Debatte um die Interpretation der Quantentheorie über das Versagen des klassischen Teilchenkonzepts mit seinen lückenlosen und vollständig determinierten Trajektorien gepflegt wird, hat denn auch mit der Frage nach der *Sachhaltigkeit* einer im obigen Sinne realistisch gedeuteten Quantentheorie wenig zu tun. Eher drückt sie so etwas wie die endgültige Frustration einer deterministischen Realitätsauffassung aus, welche zweihundert Jahre nach *Kants* Vernunftkritik immer noch einer *unkritischen* Substanz-Metaphysik verhaftet bleibt und dabei die absolute Notwendigkeit und durchgängige Bestimmtheit allen empirischen Daseins in Raum und Zeit fordert, und sei's um den hohen metaphysischen Preis der Annahme nicht-phänomenaler Träger phänomenaler Eigenschaften. Angesichts der Quantentheorie muß diese Realitätsauffassung zu Klagen darüber führen, daß sich die in den kontingenten Phänomenen der Physik erfahrene Wirklichkeit nicht vollständig nach unseren vor-theoretischen Konzepten richten will, und daß ihre theoretische Beschreibung wesentlich kontingente Elemente enthält, die sich nicht im Einklang mit einer Quantentheorie daraus verbannen lassen und die wenn nicht prinzipielle, so doch mit klassischen Mitteln unüberschreitbare Grenzen der Theorienbildung darstellen.

Bei den quasi-klassischen Teilchenspuren, die durch die Detektoren der Teilchenphysik aufgezeichnet werden, und bei den mechanischen Bewegungen makroskopischer Körper, zu deren Beschreibung die Punktmechanik konzipiert wurde, handelt es sich vom Standpunkt der Quantentheorie aus um emergente Phänomene, in denen sich nicht primäre, sondern *sekundäre Qualitäten* der Materie manifestieren. Die Quantentheorie durch das in ihrem Gebiet versagende klassische Teilchenkonzept erklären zu wollen, wie es insbesondere in den verschiedenen Ansätzen zu

---

[66] Die Quantentheorie ist — worauf van Fraassen (1980) auf S.122 selbst hinweist — mit einer deterministischen Auffassung von Kausalbeziehungen nicht verträglich. Für van Fraassen besteht zwischen den Meßpunkten einer Teilchenspur also *keine* kausale Verknüpfung; andernfalls wäre seine empirische Position angesichts der Quantentheorie nicht mit seiner deterministischen Auffassung von Kausalität verträglich.

Theorien mit verborgenen Parametern erfolgt, heißt aus dieser Perspektive gesehen, das Pferd vom Schwanz aufzäumen zu wollen — wenn wir auch zur semantischen Deutung der Quantentheorie weiter auf klassische Meßgrößen, mittels deren die beobachtbaren experimentellen Phänomene metrisiert werden, angewiesen bleiben. Weitaus fruchtbarer als alle Versuche, der Quantentheorie ein klassisch strukturiertes Fundament zu verschaffen, ist heute das physikalische Forschungsprogramm, das es sich zum Ziel gesetzt hat, die klassischen Eigenschaften makroskopischer Dinge aus den Gesetzen der Quantentheorie zu erklären — und damit die sekundären Qualitäten der Materie aus denjenigen Qualitäten abzuleiten, die wir nach unserem derzeitigen Wissenstand für primär erachten müssen. Da es sich bei den klassischen Phänomenen der uns umgebenden materiellen Welt um emergente Phänomene handelt, die nicht in einem simplen Sinne auf die den Objekten der Quantentheorie zuzuschreibenden Eigenschaften reduzierbar sind, ist dieses Forschungsprogramm mit erheblichen Schwierigkeiten verbunden. Es steht jedoch unter demselben regulativen Prinzip einer *systematischen Einheit der Physik*, das uns auch dazu berechtigt, quantentheoretisch beschriebenen Prozessen noch klassisch oder quasi-klassisch meßbare Größen zuzuordnen.

7 Die Teile der Materie

Die *Verursachung von Teilchenspuren* läßt sich nicht durch Entitäten erklären, denen man selbst Teilchencharakter zusprechen kann. Dagegen hat sich gezeigt, daß die Streuexperimente der Atom-, Kern- und Teilchenphysik innerhalb eines materiellen Streuobjekts punktförmige oder ausgedehnte *Streuzentren* abbilden, auf die der kausal explizierte Teilchenbegriff schon besser anwendbar ist. Ein Streuzentrum wirkt nach der quantenmechanischen Streutheorie zumindest im Bereich nichtrelativistischer Streuenergien wie eine klassische räumliche Ladungsverteilung auf einen quantenmechanisch beschriebenen Teilchenstrahl. Ein Teilchenbegriff, der an die Zurückführung beobachtbarer Wirkungen auf lokale Ursachen geknüpft ist, läßt sich darum auf die Bestandteile eines empirisch gegebenen materiellen Streuobjekts, dessen innere Struktur in Streuexperimenten untersucht wird, immer noch eher anwenden als auf die ‚freien' Teilchen einer Quantentheorie, die den Mechanismus des Entstehens einer Teilchenspur beschreibt. Die mikroskopischen Bestandteile makroskopischer Dinge unterliegen *immer schon* den Lokalitätsbedingungen, die Teilchen nach den Analysen des 6. Kapitels erst zu Teilchen machen.

Nun soll noch untersucht werden, wie weit die *mereologische* Bedeutung des Teilchenbegriffs trägt. Dafür wird zunächst der Bogen von der traditionellen Atomismus-Diskussion bis hin zu *Heisenbergs* Kritik am Quark-Modell gespannt, um dann zu skizzieren, wie die formale Teile-Ganzes-Relation durch eine klassische Dynamik bzw. durch eine Quantentheorie interpretiert wird. Danach wird gezeigt, daß in der Teilchenphysik alle Kriterien für die *Wohlunterschiedenheit* oder *Disjunktheit* der Teile eines Ganzen ins Wanken geraten. Dennoch wird schließlich mit der Teile-Ganzes-Beziehung für die Existenz mikroskopischer Teilchen argumentiert, bevor ein vorläufiges Fazit zu Realismus-Debatte und Teilchenbegriff gezogen werden kann.

7.1 Zur traditionellen Atomismus-Diskussion

Traditionellerweise versteht man unter Atomismus die Annahme, daß sich alle materiellen Dinge aus kleinsten unteilbaren Bestandteilen zusammensetzen. Der antike Atomismus geht auf *Demokrit* und *Epikur* zurück, wurde über *Lukrez* an die neuzeitliche Naturphilosophie tradiert und insbesondere von *Gilbert* und *Galilei* aufgegriffen; später wurde die atomistische Materieauffassung u.a. durch *Boyle, Newton, Locke* und *Boscović* vertreten.[1] Charakteristisch war für den Atomismus bis zum Ende des 19. Jahrhunderts, daß die Atome als unhintergehbare ‚letzte' Teile der Materie gedacht wurden und damit nicht nur Gegenstand *naturwissenschaftlicher Theorienbildung*, sondern zugleich auch heftig umstrittene Gegenstände der *Metaphysik* waren. Nach der traditionellen Einteilung der Metaphysik in verschiedene Disziplinen zählten die Atome zum Gegenstandsbereich der *Kosmologie*. Nach dem Sprachgebrauch der heutigen analytischen Philosophie sind sie zur *Ontologie einer Teilchentheorie der Materie* zu rechnen.[2]

Die traditionelle Atomismushypothese beinhaltet *zwei Annahmen*, die man strikt voneinander unterscheiden sollte. Nach der ersten besteht die Materie aus diskreten mikroskopischen Bestandteilen, aus *Teilchen*. Nach der zweiten Annahme gibt es Materiebestandteile, die *fundamental* sind, also Atome oder Elementarteilchen im ursprünglichen Wortsinn. Die erste Annahme bezieht sich auf eine theoretische Beschreibung der inneren Struktur der Materie. Die zweite Annahme dagegen zielt auf die Letztbegründung der Physik durch eine atomistische Materietheorie und ist nicht mehr als ein (vielleicht unerreichbares) Ziel, oder eine regulative Leitidee, des atomistischen Forschungsprogramms.

Im Laufe dieses Jahrhunderts hat dieses Forschungsprogramm zu einer *Hierarchie verschiedener Konstituentenmodelle der Materie* geführt. Während der traditionelle Atomismus die Beschaffenheit materieller Dinge *direkt* auf Atome als die unhintergehbaren Bestandteile aller Stoffe zurückführte, gibt es nach heutiger Auffassung unterschiedliche Konstituentenebenen der Materie: Moleküle; Atome; Elektronen und Atomkerne; die Nukleonen Proton und Neutron; und deren drittelzahlig geladene Bestandteile, die Quarks. Den Konstituentenmodellen aller Ebenen

---

[1]Vgl. van Melson (1957) und die Artikel *Atomismus, Atomtheorie* in: Ritter (1971).
[2]Vgl. die Ausführungen zum Terminus ‚Ontologie' in 1.6.

ist zweierlei gemeinsam: ein *materielles Ganzes* wird als ein *dynamisch gebundenes System seiner Bestandteile* aufgefaßt; und die Dynamik des gebundenen Systems ist kein Spezialfall der klassischen Punktmechanik, sondern eine *Quantendynamik* — ob man sie nun *en detail* kennt (wie im Fall der nicht-relativistischen Quantenmechanik des Wasserstoffatoms) oder nicht (wie im Fall des Quark-Modells der Nukleonen, das trotz Quantenchromodynamik nach wie vor auf der *confinement*-Hypothese beruht).

Die *Letztbegründungsfrage* nach der Existenz und Struktur der *fundamentalen* Materiebestandteile ist heute so unbeantwortet wie in der Antike oder der frühen Neuzeit. Unklar ist auch geblieben, ob sie überhaupt beantwortbar ist — wenngleich heute eher erkenntnistheoretische als andere Gründe dafür sprechen, sie für unbeantwortbar zu halten; und wenngleich im Rahmen der heutigen Physik eine unerwartete Mischform von Atomismus und Kontinuumstheorie der Materie realisiert ist. Bis zum Ende des 19. Jahrhunderts war die Atomismushypothese mit den altbekannten Paradoxien des mathematischen Kontinuums belastet und konnte schon darum nicht definitiv akzeptiert oder verworfen werden. Noch *Kant* war der Auffassung, jeder Versuch, den Atomismus definitiv zu beweisen oder zu widerlegen, führe in eine semantische Antinomie, die auf unverträglichen Modellen der inneren Zusammensetzung der Materie beruht und die nur epistemologisch aufgelöst werden kann. Wie sich heute mit den Mitteln der formalen Logik und Semantik zeigen läßt,[3] kommt diese Antinomie allerdings nur dadurch zustande, daß Kant die (epistemische) Frage nach den Möglichkeiten der Letztbegründung einer physikalischen Theorie nicht trennt von der (ontologischen) Frage nach der Struktur eines Individuenbereichs, in dem die Aussagen der Theorie erfüllt sind. Vom Standpunkt der heutigen Physik aus ist die *ontologische* Frage, ob sich die Materie aus unteilbaren diskreten Bestandteilen zusammensetzt oder nicht, eine schlichte Alternative, deren definitive Entscheidung jedoch mit allen *erkenntnistheoretischen* Problemen der (niemals definitiven) Bewährung empirischer Theorien beladen ist und hier nicht behandelt werden kann.

Die Charakteristika, die man den ‚Bausteinen' der Materie bereits seit der Antike — also vor aller physikalischen Theorienbildung im heutigen Sinn — zuschrieb, sind *Ausdehnung* und *Undurchdringlichkeit*. Diese Prädikate lassen sich allen Körpern als hervorstechende Eigen-

---

[3]Vgl. Falkenburg (1994).

schaften zusprechen. Beide Eigenschaften zusammengenommen machen nach der traditionellen philosophischen Terminologie die *raumerfüllenden Qualitäten der Materie* aus. Die Materie ist ausgedehnt (*Descartes*), besitzt aber auch dynamische Eigenschaften, aufgrund deren nicht zwei Körper zur selben Zeit am selben Ort sein können (*Newton, Locke, Leibniz, Kant*). Ausdehnung ist ein *räumliches* und Undurchdringlichkeit ein *dynamisches* Prädikat, so daß die Teile-Ganzes-Beziehung für die Belange einer Materietheorie räumlich *und* dynamisch interpretiert werden sollte.

Die neuzeitliche Atomismus-Diskussion war jedoch lange davon beherrscht, in Anknüpfung an den antiken Atomismus *nur Ausdehnung, Gestalt und Bewegung* als die *primären Qualitäten* der Materie oder als die zentralen Erklärungsinstanzen einer Korpuskeltheorie der Materie zu betrachten, wie man es exemplarisch in der Materietheorie von *Descartes* findet. Bei Descartes verband sich diese geometrische Auffassung der Materie mit der Überzeugung, daß bereits der Substanzcharakter des Raums die Undurchdringlichkeit alles dessen, was wir üblicherweise als *im* Raum befindlich wahrnehmen, impliziert.[4] Dagegen nahmen Atomisten wie Locke oder Newton die Undurchdringlichkeit als eine gesonderte, dynamische Eigenschaft an, durch die sich die Materie vom leeren Raum unterscheidet. Sie ließen diese Eigenschaft aber unanalysiert und schrieben sie den Relaten einer räumlich interpretierten Teile-Ganzes-Beziehung als eine unveränderliche, primäre Qualität zu, die sich vom Ganzen auf seine Bestandteile überträgt und schließlich für die Atome unerklärt stehen bleibt.[5] Die *Teile-Ganzes-Beziehung* wurde in der philosophischen Tradition dementsprechend, über alle Gegensätze von Atomismus und Antiatomismus wie auch von Empirismus und Rationalismus hinweg, meist ausschließlich im Sinne eines *räumlichen Zusammensetzungsverhältnisses* interpretiert — jedenfalls soweit es um das traditionelle metaphysische Problem ging, ob die Materie teilbar bis ins Unendliche ist oder nicht. Bis hin zu *Kant* und weit über ihn hinaus verstand man unter Teilchen die dynamisch als unveränderlich gedachten räumlichen Bestandteile eines räumlichen Ganzen. Insbesondere ist die rein räum-

---

[4] Descartes (1644), S.32 ff. (Zweiter Teil, 4.-18.).

[5] Für Locke ist die Undurchdringlichkeit oder Solidität eine primäre Qualität, die zu den raumzeitlichen primären Qualitäten Größe, Gestalt und Beweglichkeit hinzukommt; vgl. Locke (1689), S.135 (Buch II, 8.9). Kant kritisierte die unanalysierte Prämisse der Solidität in seinen *Metaphysischen Anfangsgründen der Naturwissenschaft* (explizit gegen Lambert, nicht gegen Locke gerichtet); s. Kant (1786), S.33 f.

liche Deutung der Teile-Ganzes-Beziehung entscheidend für *Kants* (aus heutiger Sicht unzureichend begründete) Annahme, daß alle Behauptungen über das Bestehen einer materiellen Substanz aus ‚letzten' Teilen in eine *Antinomie* führen.[6]

Gegenüber einer ausschließlich räumlichen Interpretation der Teile-Ganzes-Beziehung bleiben die dynamischen Eigenschaften, durch die man materielle Dinge und ihre Bestandteile charakterisiert, *kontingent*. Vom Standpunkt eines *räumlichen* Zusammensetzungsverhältnisses spielt es keine Rolle, ob sich die Teile eines Ganzen räumlich im Prinzip beliebig separieren lassen, wie der Antiatomist (und Korpuskularphilosoph!) *Descartes* annahm, oder ob dies aus dynamischen Gründen nicht der Fall ist, wie der Atomist *Newton* dachte. Erst die dynamische Beschreibung der Materiebestandteile führt zu Einschränkungen bezüglich der Alternative, ob man die Bestandteile eines materiellen Ganzen als bloße Relate, also als Teile *im* Ganzen, oder aber *für sich* genommen, als räumlich getrennte Einzelobjekte, betrachten soll. Die zweite Möglichkeit ist mit einer *stärkeren* Lesart der Teile-Ganzes-Beziehung verknüpft, wonach die Teile eines räumlichen Ganzen *räumlich disjunkt* sein müssen, sich also nicht überlappen dürfen.[7] Der mereologische Teilchenbegriff der neuzeitlichen Naturphilosophie, nach dem Teilchen sehr kleine *räumliche* Materiebestandteile sind, entspricht dieser stärkeren Lesart. Für die philosophische Diskussion um den Teilchenbegriff der Physik hat dies zwei wichtige Konsequenzen:

1. Die (unveränderlich gedachten) Relate eines räumlichen Zusammensetzungsverhältnisses weisen das wesentliche Charakteristikum einer *Substanz* im Sinne der traditionellen Metaphysik auf. Sie sind etwas, wovon man annimmt, daß es unveränderlich für sich genommen besteht, oder dem eine selbständige, von anderen Entitäten unabhängige Existenz zukommt. Der traditionelle vor-theoretische Teilchenbegriff, der auf der Annahme eines räumlichen Zusammensetzungsverhältnisses beruht, entpuppt sich damit als ein *Spezialfall des Substanzbegriffs der rationalistischen Metaphysik* : Teilchen sind Entitäten, denen für sich genommen — d.h. unabhängig von den räumlichen und dynamischen Relationen, in denen sie stehen mögen — Existenz zugesprochen wird. In dieser Hinsicht sind sie als Substanzen à la *Leibniz* oder auch *Kant* konzipiert. Der Substanzcharakter von Teilchen folgt allerdings nur aus

---
[6]Vgl. Falkenburg (1994).
[7]Vgl. Anhang A.4 und 7.3.

der Annahme einer rein räumlich interpretierten Bestehensrelation, die man — wie die Analyse von *Kants* zweiter Antinomie zeigt — gerade aufgeben sollte, um überhaupt eine atomistische Materietheorie formulieren zu können, die den Problemen des mathematischen Kontinuums entrinnt. Kant benötigt für den Nachweis der Antinomie denn auch den Substanzcharakter, den die Relate eines räumlichen Zusammensetzungsverhältnisses haben, an entscheidender Stelle der Beweisführung für den Atomismus.[8]

Daß auch heute noch — etwa in der Realismus-Debatte der Wissenschaftstheorie — oft stillschweigend unterstellt wird, Teilchen seien Entitäten, denen man entweder *selbständige Existenz in Raum und Zeit* oder aber *gar keine Existenz* zusprechen darf, erweist sich vor diesem Hintergrund als ein unreflektierter Rest der traditionellen Substanz-Metaphysik. Dem heutigen Wissen der Physik über die Emergenz von Teilcheneigenschaften innerhalb eines makroskopischen Ganzen hält diese Annahme nicht mehr stand.

2. Die zweite Konsequenz, die eine nur räumliche Interpretation der Teile-Ganzes-Beziehung für den vor-theoretischen Teilchenbegriff hat, ist die Annahme, *zusammengesetzte* Systeme müßten — im Prinzip jedenfalls — immer auch *teilbar* sein. Wenn man ein räumliches Zusammensetzungsverhältnis voraussetzt und von allen dynamischen Eigenschaften abstrahiert, werden die Begriffe ‚Zusammengesetztsein' und ‚Teilbarkeit' *bedeutungsgleich*. Die Relate einer nur räumlich interpretierten Teile-Ganzes-Beziehung sind — wenn man von den gegenüber der räumlichen Zusammensetzung kontingenten dynamischen Beziehungen zwischen den Relaten absieht — genau dann räumlich zusammengesetzt, wenn sie ausgedehnt sind, und genau dann ausgedehnt, wenn sie im Prinzip (d.h. abgesehen von den Kräften, die sie zusammenhalten) teilbar sind. Man hat bei rein räumlicher Deutung der Teile-Ganzes-Beziehung einfach keine Bestimmungsgründe mehr dafür, mit ‚zusammengesetzt' und ‚teilbar' etwas Verschiedenes zu *meinen*. Materiebestandteile sind unter dieser Voraussetzung dann und nur dann unteilbar, wenn sie punktförmig sind. Von dem Argument für die unendliche Teilbarkeit der Materie, das sich hieraus gewinnen läßt, machte die gesamte naturphilosophische Tradition

---

[8]Der Beweis benutzt einmal indirekt und einmal direkt das Argument, daß sich der Substanzcharakter von einem zusammengesetzen Ganzen auf seine Teile überträgt, weil „die Zusammensetzung nur eine zufällige Relation der Substanzen ist, ohne welche diese, als für sich beharrliche Wesen, bestehen müssen"; Kant (1786), S.462.

von *Descartes* bis *Kant* Gebrauch. Die Unterstellung, Zusammengesetztsein impliziere immer auch die Teilbarkeit des Ganzen, so daß die Bestandteile eines Ganzen im Prinzip räumlich isolierbar sein müssen, hat sich jedoch als *zu speziell* erwiesen, um den Konstituentenmodellen der heutigen Physik standzuhalten. Auch *diese* Unterstellung gehört zu den bis heute nicht aus unserem Sprachgebrauch ausgerotteten Restbeständen der Substanz-Metaphysik. Eine räumliche Substanz im Sinne der rationalistischen Metaphysik hat selbständige Existenz, insofern ihre Teile für sich genommen bestehen, d.h. im Prinzip von ihrer jeweiligen kontingenten Umgebung isolierbar sind. Daß es prinzipielle dynamische Gründe geben mag, die der Teilbarkeit einer zusammengesetzten Substanz entgegenstehen könnten, kann durch eine räumlich interpretierte Bestehensrelation nicht erfaßt werden.

Wir werden gleich sehen, daß diese Restbestände der traditionellen Substanz-Metaphysik noch bis in die heutige Teilchenphysik hinein für die *innerphysikalische* Diskussion um die Konstituentenmodelle der Materie wirksam geblieben sind. Dies ist um so erstaunlicher, als *jeder Ansatz zu einer physikalischen Dynamik* die Teile-Ganzes-Beziehung nicht ausschließlich räumlich, sondern primär *dynamisch* deutet. Alle Ansätze zu einer atomistischen Materietheorie seit dem 18. Jahrhundert, angefangen mit der des *vorkritischen* Kant oder der von *Bošković*, erklären die räumliche Ausdehnung der Materie dynamisch — durch die anziehenden und abstoßenden Kräfte, die innerhalb eines gebundenen Systems von Materiebestandteilen wirken.

7.2 Heisenbergs Kritik am Quark-Modell

Die Gleichsetzung von Zusammengesetztsein und Teilbarkeit, die auf der traditionellen *räumlichen* Deutung der Teile-Ganzes-Beziehung beruht, ging noch in die physikalische Diskussion um das *Quark-Modell* der Teilchenphysik ein.[9] Quarks sind die durch drittelzahlige Ladungen charakterisierten Bestandteile der schweren Elementarteilchen (Hadronen).

---

[9] Zur verwickelten Geschichte des Quark-Modells und seiner immensen Erklärungsleistung bezüglich der Ordnung, die es in den ‚Teilchenzoo' der fünfziger und frühen sechziger Jahre brachte, seiner immensen, mit der Entwicklung einer überzeugenden

Heute identifiziert man sie mit den 1968 erstmals experimentell nachgewiesenen punktförmigen Streuzentren im Proton und Neutron. Das Quark-Modell hatte von 1964 an, als es erstmals formuliert wurde, trotz seiner großen Erklärungsleistung bezüglich der experimentell gefundenen Typen von Hadronen schlechte Karten, weil es nicht gelang, in Teilchendetektoren drittelzahlige Ladungen als ‚einzelne' freie Teilchen zu lokalisieren.

Die Quarks erfüllen nach allen bis heute bekannten experimentellen Befunden nicht das Kriterium der räumlichen Isolierbarkeit, das bis zur Durchsetzung des Quark-Modells das übliche an die Teile-Ganzes-Relation geknüpfte Teilchenkriterium war. Heute besitzt man eine empirisch gestützte Theorie, die mit der Hypothese des *Quark-confinement* erklärt, *warum* Quarks nur in dynamisch gebundenen Zuständen, aber nicht als freie Teilchen, experimentell nachweisbar sind. Diese Theorie ist immer noch nicht sehr zufriedenstellend. Sie besteht aus der Quantentheorie der starken Wechselwirkung, der Quantenchromodynamik (QCD), deren störungstheoretische Entwicklung mit gravierenden Problemen verbunden ist und deren Anbindung an die experimentellen Phänomene nur mittels phänomenologischer Modelle gelingt. Die *confinement*-Hypothese hat alle Züge einer *ad hoc*-Hypothese, denn sie postuliert die Wechselwirkungen zwischen den Quarks gerade derart, daß es keine freien Quarks geben kann. Sie ist in die QCD nicht einbettbar, aber wenigstens damit verträglich, und die auf ihr beruhenden phänomenologischen Modelle sind höchst erfolgreich hinsichtlich der Erklärung bestimmter Typen von experimentell gefundenen Teilchenreaktionen (Entstehung von *jets*). Um 1970, als aus Streuexperimenten schon die punktförmigen Strukturen innerhalb des Protons und Neutrons bekannt waren, war man jedoch von der Aufstellung einer befriedigenden Quark-Dynamik und deren Anbindung an die experimentellen Phänomene weit entfernt. Damals beruhte der entscheidende Einwand gegen das Quark-Modell auf dem fehlenden experimentellen Nachweis

---

Dynamik der starken Wechselwirkung verknüpften theoretischen Schwierigkeiten, seiner Unplausibilität wegen des ausbleibenden experimentellen Nachweises freier drittelzahliger Ladungen und seiner Durchsetzung in den Jahren von 1968 bis 1974 vgl. Pickering (1984), S.85 ff. sowie Riordan (1987), S.100 ff. Daß die Bedeutungen von ‚Zusammengesetztsein' und ‚Teilbarkeit' verschieden sind, läßt sich erst vom heutigen Standpunkt aus leichten Herzens konstatieren, wo man so eine sonderbare Dynamik wie die heutige der starken Wechselwirkung *kennt* und für theoretisch brauchbar sowie empirisch adäquat befunden hat.

drittelzahliger Ladungen, die man mit räumlich isolierten Quarks hätte identifizieren können. *Heisenberg* bekämpfte das Quark-Modell besonders hartnäckig, und zwar auch dann noch, als die Mehrzahl der Physiker aufgrund einer Fülle empirischer Indizien aus verschiedenen Bereichen der Teilchenphysik längst auf das Quark-Modell eingeschwenkt war. In seinem berühmten 1976 veröffentlichten Aufsatz mit dem Titel *Was ist ein Elementarteilchen?* benutzt er die Prädikate ‚teilbar sein', ‚zusammengesetztsein' und ‚bestehen aus' unter Anknüpfung an die Begrifflichkeit der traditionellen Philosophie als Synonyme.[10] Dabei beruft er sich insbesondere auf *Kants* zweite Antinomie, die seiner Ansicht nach dadurch zustandekommt, daß wir irrtümlich glauben, unsere räumliche Anschauung auf die Verhältnisse im Mikroskopischen übertragen zu dürfen.[11] Eine solche Übertragung führt jedoch zu einem *doppelten* Irrtum: *Zum einen* unterstellt man dabei per Analogieschluß, das Mikroskopische besitze dieselbe raumzeitlich vollständig beschreibbare Struktur wie die makroskopische Realität — an diese nicht mit der Quantentheorie verträgliche Unterstellung denkt *Heisenberg* hier vermutlich. *Zum anderen* unterstellt man damit, die Teile-Ganzes-Beziehung habe auch im Mikroskopischen die Struktur eines räumlichen Zusammensetzungsverhältnisses, und höchstens *diese* Unterstellung, die sich vielleicht noch mit einer klassischen, aber nicht mit einer nicht-klassischen Dynamik verträgt, führt in die Kantische Antinomie. Heisenberg übernimmt diese zweite Unterstellung von Kant selbst, wenn er im Anschluß an dessen Terminologie unter dem Zusammengesetztsein oder dem Bestehen aus Teilen genausoviel wie Teilbarkeit versteht. Dies hat zur Folge, daß er das Quark-Modell als eine auf dem unadäquaten Gebrauch der tradierten Begriffe von Zusammensetzung und Teilbarkeit beruhende Fehlentwicklung der theoretischen Teilchenphysik betrachtet:

„... daher will ich jetzt auf die Entwicklung in der theoretischen Teilchenphysik zu sprechen kommen, die meiner Ansicht nach von falschen Fragestellungen ausgeht. Da ist zunächst die These,

---

[10] Heisenberg (1976).
[11] Ebd., S.5: „Im Hintergrund steckt hier immer, wie ich schon sagte, die Kantsche Antinomie, daß es einerseits sehr schwer ist, sich vorzustellen, daß die Materie immer weiter geteilt werden kann, aber andererseits auch schwer ist, sich vorzustellen, daß diese Teilung einmal zwangsläufig ein Ende findet. Die Antinomie kommt, wie wir jetzt wissen, letzten Endes dadurch zustande, daß wir irrtümlich glauben, unsere Anschauung auch auf die Verhältnisse im ganz Kleinen anwenden zu können."

> daß die beobachteten Teilchen, wie Protonen, Pionen, Hyperonen
> und viele andere, aus kleineren, nicht beobachteten Teilchen, den
> Quarks, bestehen oder auch aus Partonen, Gluonen, charmed particles oder wie diese gedachten Teilchen alle heißen mögen. Hier
> ist offenbar die Frage gestellt worden: Aus was bestehen Protonen? Aber es ist dabei vergessen worden, daß das Wort ‚bestehen
> aus' nur dann einen halbwegs klaren Sinn ergibt, wenn es gelingt,
> das betreffende Teilchen mit einem kleinen Energieaufwand in Bestandteile zu zerlegen, deren Ruhemasse sehr viel größer ist als
> dieser Energieaufwand; sonst hat das Wort ‚bestehen aus' seinen
> Sinn verloren." [12]

Unter ‚beobachtet' versteht Heisenberg hier wohl soviel wie ‚einzeln durch einen Teilchendetektor lokalisiert'. Bei hochenergetischen Streuexperimenten mit Teilchen, die in diesem Sinne beobachtbar sind, werden nach der Streuung jedoch niemals isolierte Quarks nachgewiesen, sondern immer nur schwere Elementarteilchen (Hadronen), die schon aufgrund ihrer großen Ruhemasse nicht als die Bestandteile leichterer Teilchen betrachtet werden können — auch wenn ihre Erzeugung nach den Gesetzen einer relativistischen Quantentheorie möglich ist, soweit der Energieerhaltungssatz und andere Erhaltungssätze gewahrt bleiben. Wenn, wie es die relativistische Quantentheorie erlaubt und wie auch experimentell nachgewiesen ist, bei Streuexperimenten aus einem Proton genausogut Pionen erzeugt werden können wie aus einem Pion Protonen, so hat der *traditionelle Begriff der Teilbarkeit seinen Sinn verloren*: soweit ist Heisenberg recht zu geben. Die bis zur Durchsetzung des Quark-Modells übliche Gleichsetzung von Teilbarkeit und Zusammengesetztsein legte es nahe, nach theoretischen Alternativen zu den bislang üblichen Konstituentenmodellen der Materie zu suchen. Eine dieser Alternativen war der aus der S-Matrix-Theorie hervorgegangene *bootstrap*-Ansatz, der zunächst große Furore machte, aber mit den wachsenden empirischen Erfolgen des Quark-Modells in den siebziger Jahren wieder ins Abseits geriet.[13] Eine andere, weniger kurzlebige Alternative, die dennoch nicht entscheidend weiterführte, war Heisenbergs eigener Ansatz zu einer ein-

---

[12]Ebd., S.5.
[13]Vgl. dazu Riordan (1987), S.82 ff., S.98 f. — und S.324 f., wo er darauf hinweist, daß der *bootstrap*-Ansatz schon längst wieder aus dem Rennen war, als *F.Capra* ihn in *The Tao of Physics* vermarktete: "From the moment it hit the bookstores, however, it was ten years out of date."

heitlichen *Feldtheorie der Elementarteilchen*, wonach die experimentell lokalisierbaren Teilchen nichts anderes als angeregte Zustände des universellen Materiefelds darstellen.[14] Beide Modelle konnten erhebliche philosophische Attraktivität für sich verbuchen, weil sie Modelle für eine mögliche theoretische Letztbegründung der Hierarchie bekannter Materiekonstituenten boten.

Heisenbergs scharfe Kritik am Quark-Modell übersah indes, daß die *tradierten* Begriffe von *Zusammengesetztsein* und *Teilbarkeit oder Zerlegbarkeit* nicht einfach *jeden* Sinn verloren haben, sondern daß vielmehr gegenüber dem Kantischen Sprachgebrauch eine *Bedeutungsverschiebung* stattgefunden hat, aufgrund deren die Bedeutungen beider Begriffe *auseinandergetreten* sind. Der Begriff der *Teilbarkeit* hat für die Physik seine *räumliche Bedeutung* behalten und wird auch heute noch an die Bedingung der räumlichen Trennbarkeit der Bestandteile eines materiellen Ganzen geknüpft. Dagegen wird der Begriff des *Zusammengesetztseins* in einer physikalischen Dynamik — sei sie nun klassisch oder quantisiert — gerade *nicht* mehr nur räumlich, sondern in erster Linie *dynamisch* und erst in zweiter Linie räumlich gedeutet. Ein zusammengesetztes System ist für die klassische Physik genauso wie für die Quantenmechanik primär ein *dynamisch gebundenes System* und erst sekundär eine dadurch erzeugte räumliche Ladungsverteilung, deren räumliche Ausdehnung durch die Dynamik dieses Systems erklärt wird.

Nach der dynamischen Interpretation der Bestehensrelation ist die Behauptung, daß ein zusammengesetztes System *teilbar* ist, gegenüber den Aussagen über die Zusammensetzung des Systems *kontingent*. Die *Teilbarkeit* eines gebundenen Systems hängt einerseits von der *Bindungsenergie* seiner Bestandteile — und damit von der speziellen Dynamik eines Konstituentenmodells — ab und andererseits davon, ob die für eine Herauslösung der Konstituenten aus dem System benötigte Energie auch *experimentell verfügbar* ist. Wenn man wie *Heisenberg* die Begriffe von Zusammengesetztsein und Teilbarkeit als Synonyme betrachtet, so unterstellt man bereits spezielle Bedingungen, die die Dynamik eines Konstituentenmodells relativ zu den jeweiligen experimentellen Möglichkeiten der Teilchenphysik erfüllen muß. Zugute zu halten bleiben Heisenbergs Kritik am Quark-Modell allerdings die Besonderheiten der Quark-Dynamik, die nach der *confinement*-Hypothese nur ‚eingesperrte' und keine freien Quarks erlaubt, sowie der um 1975 noch recht unbefriedigende Zustand

---

[14]Heisenberg (1967).

der entsprechenden Quantenfeldtheorie, den Heisenberg denn auch als einen zweiten, nicht minder gravierenden Einwand gegen das Quark-Modell angeführt hat. An diesem dynamischen Einwand gegen das Quark-Modell zeigt sich, daß (natürlich!) auch Heisenberg die in der Physik üblichen, an die Dynamik gebundener Systeme geknüpften Interpretation der Bestehensrelation vertrat. Ihm entging lediglich, daß es zu einer *sehr speziellen Lesart der Bestehensrelation* — und damit zu einem *eingeengten Teilchenbegriff* — führt, wenn man die ausschließlich räumlich interpretierten Begriffe von Zusammengesetztsein und Teilbarkeit aus der philosophischen Tradition übernimmt.

Alle heute bekannten Materiekonstituenten, die man theoretisch als die Bestandteile eines dynamisch gebundenen Systems konzipiert, weil sie sich bei Streuexperimenten in materiellen Streuobjekten lokalisieren lassen, sind *Teilchen*, wenn man unter Teilchen *sehr kleine Bestandteile der Materie* versteht und die Bestehensrelation durch eine *Dynamik* interpretiert. Nach der heute in der Teilchenphysik üblichen Lesart des mereologischen Teilchenbegriffs ist es *hinreichend* für die Existenz eines Teilchens, daß es sich auf der Grundlage der Quantentheorie der Streuung nach den im 4.Kapitel besprochenen Kriterien als ein diskretes Streuzentrum innerhalb eines materiellen Streuobjekts lokalisieren läßt. Dabei stößt man allerdings im Anwendungsbereich der relativistischen Quantentheorie, zu dem die Streuexperimente im Größenbereich der Quarks ($10^{-15}cm$) gehören, zwangsläufig auf die Probleme einer räumlichen Deutung von relativistischen Formfaktoren, die am Ende von 4.4 diskutiert wurden. Bei der Frage, wie gut die Quarks *de facto* experimentell als diskrete Streuzentren im Nukleon identifizierbar sind, spielen *Summenregeln*, die auf Erhaltungssätzen für *quantisierte dynamische Größen* beruhen, eine zentrale Rolle, wie nachher noch gezeigt werden soll.

7.3 Dynamisch gebundene Systeme

Die *klassische Punktmechanik* präzisiert die vor-theoretischen Annahmen über die Teile der Materie folgendermaßen: Ein klassisches Teilchen ist eine Punktmasse, die dem Newtonschen Trägheits- und Kraftgesetz unterliegt, es ist also primär als *kräftefrei* konzipiert. Klassische Teilchen bilden unter bestimmten Spezifikationsbedingungen der Punktmechanik gebundene Systeme. Von materiellen Dingen wird im Rahmen der klassischen Korpuskelmechanik angenommen, daß sie gebundene Systeme einer Vielzahl klassischer Teilchen sind.

Die vor-theoretisch angenommene Teile-Ganzes-Beziehung zwischen der Materie und ihren Bestandteilen kann aber auch durch eine *andere* physikalische Theorie als die klassische Mechanik präzisiert werden. Daß es theoretische Alternativen zur klassischen Präzisierung der Teile-Ganzes-Beziehung geben könnte, wurde während der Blütezeit der klassischen Physik, also mehr als zwei Jahrhunderte lang, nicht gesehen. Die Einsicht, daß die Teile-Ganzes-Relation, in der materielle Dinge und ihre mikroskopischen Bestandteile stehen, nicht an die klassische Mechanik gebunden ist, war erst das Resultat des unfreiwilligen Ablösungsprozesses von der klassischen Physik zu Beginn dieses Jahrhunderts. Die heutigen Konstituentenmodelle der Physik, nach denen die Materie aus Atomen besteht und diese wiederum aus Elektronen, Protonen und Neutronen aufgebaut sind, beruhen auf der *Quantentheorie*.

Ein *Konstituentenmodell der Physik* beruht auf der Annahme, daß alle materiellen Dinge aus irgendwelchen sehr kleinen oder kleinsten Bestandteilen zusammengesetzt sind. Es verknüpft ein Objekt y und seine Bestandteile x mittels einer Bestehensrelation **b**:

(B) $y\mathbf{b}x \iff y$ besteht aus x

Dabei kann y irgendein materielles Objekt sein, etwa ein Tisch, und x repräsentiert dasjenige, woraus er ist — entweder das Material, aus dem er gemacht ist, etwa Holz, oder seine einzelnen Teile, etwa die Tischplatte und vier Beine. In den Konstituentenmodellen der Physik ist die Bestehensrelation im zweiten Sinne gemeint. y wird hier in einem Sinn, der mit den Mitteln einer physikalischen Dynamik präzisiert wird, mit einem System $S_x = \{x_i\}(i = 1, ..., n)$ von n Entitäten x_i identifiziert, die zu den Gegenständen einer umfassenden physikalischen Theorie T_0 gehören und außer denen es keine Bestandteile von y geben soll. Die Beziehung **b** zwischen y und den x_i, die einem Konstituentenmodell zugrundeliegt, muß ihrer formalen Struktur nach ein *Spezialfall der formalen Beziehung zwischen einem Ganzen und seinen Teilen* sein, deren Axiomatik man in der *Mereologie* untersucht. Ihr liegt der gesamte Reichtum des mathematischen Formalismus einer physikalischen Theorie zugrunde, während die Mereologie mit sehr wenig formalen Voraussetzungen auskommt.[15]

---

[15]Vgl. Anhang A.4.

Mit ‚y besteht aus x' meint man nicht immer: ‚Die Theorie, die y beschreibt, kann aus der Theorie, die x beschreibt, vollständig abgeleitet werden.' Eine physikalische Präzisierung der Bestehensrelation darf den Fall echter Emergenz von unreduzierbaren Systemeigenschaften nicht ausschließen. Den metatheoretischen Einheitsprinzipien der Physik ist unter der Voraussetzung, daß y mit S_i identifiziert wird, bereits dann hinreichend Genüge geleistet, wenn die theoretische Beschreibung von y in einer umfassenden Theorie T_1 im Prinzip näherungsweise aus der Beschreibung des Systems $S_i = \{x_i\}$ in T_0 herleitbar ist. Es genügt, wenn eine approximative Reduktionsbeziehung zwischen den zur Beschreibung von y und S_x benötigten Spezialfällen der Theorien T_1 und T_0 besteht oder zumindest denkbar ist. So verlangt man nach der heutigen Atomtheorie nur, daß die durch die physikalische Chemie beschriebenen Bindungseigenschaften der atomaren Bestandteile chemischer Stoffe im Prinzip näherungsweise auf die Vielteilchen-Quantenmechanik der Elektronenhülle zurückgeführt werden können, aber man verlangt nicht die vollständige Reduzierbarkeit der physikalischen Chemie auf die nichtrelativistische Quantenmechanik.

Die approximative Reduzierbarkeit der Beschreibung von y in einer Theorie T_1 auf die Beschreibung eines Systems S_x in der Theorie T_0 ist nur eine *notwendige*, aber *keine hinreichende* Bedingung dafür, daß eine Bestehensrelation zwischen den Gegenständen beider Theorien erfüllt ist, denn das Vorhandensein einer approximativen Reduktionsbeziehung zwischen den Spezialfällen zweier Theorien gibt noch keinen Aufschluß darüber, ob die Referenzobjekte beider theoretischer Beschreibungen miteinander identisch sind. Die Bestehensrelation, die einem Konstituentenmodell zugrundeliegt, kann mittels einer theoretischen Reduktionsbeziehung nicht vollständig expliziert werden. Die Bedingung, daß eine *Teile-Ganzes-Beziehung* vorliegt, muß als eine im Rahmen der Konstituententheorie T_0 theoretisch zu präzisierende *Zusatzannahme* hinzugefügt werden. Die theoretische Explikation der Bestehensrelation zwischen einem Ganzen y und seinen Konstituenten x mittels zweier Theorien T_1 und T_0 muß in etwa folgendermaßen aussehen:

(B') $y\mathbf{b}x \iff$ es gibt Theorien T_1 und T_0 mit:

    (1) Die x gehören zu den Gegenständen von T_0, und y gehört zu den Gegenständen von T_1;

(2) die Beschreibung von y in T_1 ist im Prinzip approximativ auf die Beschreibung der x in T_0 reduzierbar;

(3) T_0 identifiziert y mit einem Gegenstand von T_0, dessen Teile die x sind.

Die Zurückführung der Bestehensrelation auf eine Beziehung zwischen Theorien einerseits und deren Entitäten andererseits setzt die für die Theorienentwicklung in der Physik unverzichtbare Annahme voraus, daß es eine *Einheit zwischen den Naturgesetzen beider Konstituentenebenen* gibt. Im Idealfall sind die Theorien T_0 und T_1 *identisch*. Da die Konstituententheorie T_0 üblicherweise eine physikalische Dynamik ist, wird die Bestehensrelation dann wie folgt interpretiert:

(B'') $y\mathbf{b}x_1...x_n$ $\iff$ y ist ein gebundenes System $S_x = \{x_i\}$ von n Objekten x_i, die durch miteinander wechselwirkende Ladungen einer physikalischen Dynamik charakterisiert sind.

Diese Interpretation setzt bereits den gesamten mathematischen Formalismus einer Dynamik sowie dessen physikalische Interpretation in raumzeitlichen und dynamischen Größen voraus. Die Bedingungen (1) und (2) aus (B') sind dabei durch die Identifikation von T_1 mit T_0 und von y mit S_x trivialerweise erfüllt. Es bleibt die Bedingung (3), die sich auf die Forderung reduziert, daß y eine *mereologische Summe*[16] von n disjunkten x_i darstellt. Der Begriff der mereologischen Summe ist dabei natürlich viel strukturärmer als die Beschreibung eines gebundenen Systems im Rahmen einer physikalischen Dynamik. Aber man kann gerade anhand dieses *strukturarmen* Konzepts gut deutlich machen, was die Gemeinsamkeiten und was die Unterschiede zwischen einer *klassisch* und einer *quantentheoretisch* präzisierten Bestehensrelation sind.

I Klassische Teilchensysteme

Der Zustandsraum eines klassischen N-Teilchen-Systems ist das Cartesische Produkt der N Zustandsräume einzelner Teilchen, der *Phasenraum* $\mathbf{R}^{6N}$. Die Zustandsfunktion des Systems ist eine *Trajektorie* $\varphi : \mathbf{R} \to \mathbf{R}^{6N}$ im Phasenraum, die durch die Bewegungsgleichungen der N Teilchen eindeutig festgelegt ist und die jedem Zeitpunkt t

---

[16]Vgl. Anhang A.4, Definition (D4).

die $3N$ Ortskoordinaten x_k^i und die $3N$ Impulskoordinaten p_k^i zuordnet $(i = 1, ..., N; k = 1, 2, 3)$:

$$\varphi : t \mapsto (x_1^1(t), ..., p_3^N(t))$$

Ein klassischer N-Teilchen-Zustand ist in die Zustände einzelner Teilchen *zerlegbar*, durch Faktorisierung des N-Teilchen-Zustandsraums und Projektion der Trajektorie $\varphi(t)$ auf Ein-Teilchen-Räume. Die Darstellungen der Ein-Teilchen-Zustände im Ortsraum sind *raumzeitlich disjunkt*, sie schneiden sich zu keinem Zeitpunkt. Die *räumliche Ausdehnung* des Systems ist das von den Raum-Zeit-Bahnen der einzelnen Teilchen umspannte Gebiet im Ortsraum. Die Systembeschreibung beinhaltet darüberhinaus *Summenregeln* für die *dynamischen Erhaltungsgrößen* des Systems und seiner Bestandteile, insbesondere für den Impuls $\mathbf{P} = \sum_{i=1}^{N} \mathbf{p}^i$ des Gesamtsystems und die N Teilchenimpulse $\mathbf{p}^i$, sowie für diejenigen Größen, die ein klassisches Teilchen charakterisieren und seine Dynamik festlegen: Masse $M = \sum_{i=1}^{N} M^i$ und (verallgemeinerte) Ladung $Q = \sum_{i=1}^{N} Q^i$.

II Quantensysteme

Der Zustandsraum eines quantenmechanischen N-Teilchen-Systems ist der *Hilbert-Raum* $\mathcal{H}^N = \mathcal{H}^1 \otimes \mathcal{H}^2 \otimes ... \otimes \mathcal{H}^N$, das Tensor-Produkt der N Ein-Teilchen-Räume $\mathcal{H}^i$. (Dabei heißt ‚Teilchen' soviel wie ‚quantenmechanisch beschriebener Materiebestandteil', vgl. 6.3.) Die Zustandsfunktion eines *reinen* Zustands ist eine quantenmechanische *Produktwellenfunktion* Φ^N, die man durch Tensor-Produktbildung aus Ein-Teilchen-Zuständen $\phi_{k_i}^{(i)} \in \mathcal{H}^i$ erhält:

$$\Phi^N = \sum_{k_1, k_2, ..., k_N} c_{k_1, k_2, ..., k_N} \phi_{k_1}^{(1)} \otimes \phi_{k_2}^{(2)} \otimes ... \otimes \phi_{k_N}^{(N)}$$

Die räumliche Ausdehnung des Systems wird durch die Wahrscheinlichkeitsdichte erklärt, die nach der üblichen Minimaldeutung der Quantentheorie aus der Produktwellenfunktion Φ^N resultiert und die sich quasi-klassisch als räumliche Ladungsverteilung betrachten läßt. Der N-Teilchen-Zustandsraum $\mathcal{H}^N$ und die Produktwellenfunktion Φ^N sind jedoch nur dann in Zustandsräume und -funktionen der einzelnen Teilchen zerlegbar, wenn die Ein-Teilchen-Zustände nicht miteinander wechselwirken — d.h. wenn kein gekoppeltes System vorliegt.[17] Die Teilräume so-

---

[17]Vgl. etwa Beltrametti (1981), S.65 ff.

wie Ein-Teilchen-Zustände eines gebundenen quantenmechanischen Systems sind nach der Zustandsentwicklung im Hilbert-Raum gemäß der Schrödinger-Gleichung *verschränkt*: die Produktwellenfunktion Φ^N ist im allgemeinen die Superposition aller möglichen Kombinationen von Produkten dynamischer Eigenzustände von ‚einzelnen' Teilchen. Die Teilchen lassen sich damit *innerhalb des Systems* weder räumlich noch dynamisch als disjunkt betrachten. Sie sind nur noch anhand der Werte für Erhaltungsgrößen wie *Masse, Spin und Ladung*, die den Teilchentyp festlegen, unterscheidbar.

Bei *identischen Teilchen* entfällt diese Unterscheidungsmöglichkeit. Die Produktwellenfunktion Φ^N muß dann für Fermionen antisymmetrisiert bzw. für Bosonen symmetrisiert werden, wodurch sich der *Zustandsraum des Systems* gegenüber dem Tensor-Produkt der Ein-Teilchen-Räume *reduziert*. Im *Fermion-Fall* sind alle möglichen Ein-Teilchen-Zustände nach dem *Pauli-Prinzip* durch unterschiedliche Sätze von Werten für quantisierte Größen charakterisiert und können somit als dynamisch disjunkt betrachtet werden. Die Bestandteile eines gebundenen Fermion-Systems sind nicht als Einzelobjekte in Raum und Zeit, aber als Teilchen*typen* unterschieden, insofern jeder Ein-Teilchen-Zustand, der zur Wellenfunktion des Gesamtsystems beiträgt, einfach besetzt ist.

Um ‚einzelne' Teilchen aus einem gebundenen System zu identifizieren, muß man die Teilchen daraus herauslösen, d.h. das System durch Messung an einem Teilsystem *zerstören*. Wegen der Verschränkung der Teilsysteme erweisen sich dabei die Messungen an den Systembestandteilen auch über raumartige Abstände hinweg als *korreliert*. Die EPR-Korrelationen sind ein typisches Beispiel hierfür.[18] Die Korrelationen beruhen auf *strikten Erhaltungssätzen*, die auch für die *nicht-permanenten* Größen der Bestandteile eines gebundenen quantenmechanischen Systems im Einzelfall gelten und denen die Messung am *einzelnen* Quantensystem unterliegt.

Insbesondere gelten quasi-klassische Erhaltungssätze für den Impuls ($\mathbf{P} = \sum_{i=1}^{N} \mathbf{p}^i$), für Masse M und Bindungsenergie E_B ($M = \sum_{i=1}^{N} M^i - E_B/c^2$) sowie für die elektrische Ladung ($Q = \sum_{i=1}^{N} Q^i$) eines dynamisch gebundenen Systems. Auch für Drehimpuls und Spin gelten strikte Erhaltungssätze und Summenregeln; sie unterliegen den nicht-klassischen Additionsgesetzen der Algebra quantenmechanischer Drehimpulse un-

---

[18]Einstein (1935); vgl. auch die Diskussion für die Spin-Komponenten eines Zwei-Teilchen-Systems in Beltrametti (1981), S.69 ff.

terliegen und sind formal mit den Darstellungen der Symmetriegruppe $SU(2)$ verknüpft. Analoge gruppentheoretisch begründete Additionsregeln werden für quantisierte dynamische Größen wie den Isospin oder für die verallgemeinerten Ladungen einer Quantendynamik definiert, insbesondere für die Ladungen *flavor* bzw. *color* der heutigen Theorien der elektroschwachen und starken Wechselwirkung. Die Gültigkeit all dieser Erhaltungssätze und Additionsregeln wird auch den Streuexperimenten zur Erforschung der Ladungsstruktur eines gebundenen quantenmechanischen Systems (vgl. 4.3–4.4) zusammen mit der quantenmechanischen Streutheorie zugrundegelegt.

Klassische gebundene Systeme und gekoppelte Quantensysteme haben demnach *gemeinsam*, daß die Bestehensrelation einen *räumlichen* Aspekt hat, insofern die Ausdehnung eines Systems durch die Dynamik seiner Konstituenten erklärt wird. Sie haben *auch* noch den *dynamischen* Aspekt gemeinsam, daß für das System und seine Bestandteile *Summenregeln* für dynamische Größen wie Masse, Ladung, Spin und Impuls gelten, die strikten Erhaltungssätzen unterliegen und das *einzelne* gebundene System gesetzmäßig mit seinen Bestandteilen verknüpfen.

Es sind letztlich diese Summenregeln, die dem mereologischen Teilchenbegriff zugrundeliegen, denn sie schlagen die Brücke vom Anwendungsbereich einer klassischen Teilchendynamik, der in etwa bis hinab zum Größenbereich von Riesenmolekülen reicht, zum atomaren und subatomaren Bereich, für den man eine Quantendynamik benötigt. Sie überbrücken auch die deduktive Lücke zwischen einem klassischen und und einem quantentheoretisch begründeten Konstituentenmodell der Materie. Die Annahme (2) der Bestehensrelation (B″), nach der die theoretische Beschreibung eines Ganzen approximativ auf die Theorie seiner Bestandteile reduzierbar sein soll, ist ja für die klassische Physik makroskopischer Körper und die Quantentheorien der Mikrophysik nur bedingt erfüllt (vgl. 5.3 und 5.5.). Die Summenregeln für die Erhaltungsgrössen einer Dynamik, sei sie nun klassisch oder nicht, erlauben es, ein dynamisch gebundenes System als die mereologische Summe seiner Bestandteile zu betrachten — im Sinne einer *dynamisch* gedeuteten Teile-Ganzes-Beziehung, die den sehr schwachen axiomatischen Voraussetzungen der Mereologie unterliegt. Sie rechtfertigen es, ein Atom als das gebundene System von Elektronen, Protonen und Neutronen zu betrachten, die man im Prinzip aus ihm herauslösen kann; und die Protonen und Neutronen innerhalb des Atomkerns als gebundene Systeme von drittelzahlig geladenen Quarks, die man in Streuexperimenten als näherungsweise punktförmige Strukturen innerhalb der Nukleonen identifizieren, aber wegen der Besonderheiten der starken Wechselwirkung *nicht* aus ihnen herauslösen kann.

In der Quantentheorie beschreiben diese Summenregeln jedoch nicht raumzeitlich individuierte Bestandteile *innerhalb* des Systems, sondern höchstens die Beziehung zwischen dem gebundenen System und den *daraus herausgelösten* Teilen. Für die nicht-permanenten Größen eines Quantensystems, etwa die Spin-Komponenten, verknüpfen sie bloß die Werte des Systems *vor* der Messung mit Werten für seine Bestandteile *nach* der Messung. Die Bestandteile eines gebundenen Quantensystems können nur noch im *Fermion-Fall* nach dem *Pauli-Prinzip* als dynamisch disjunkt *innerhalb* des Systems betrachtet werden. Im Fall der *Quarks*, die nach heutigem Wissen *nicht* experimentell isolierbar sind und die nach der *confinement*-Hypothese als asymptotisch freie Bestandteile der Nukleonen Proton und Neutron gelten, findet das *Pauli-Prinzip* genauso Anwendung wie die *Summenregeln für Ladung und Spin*. Diese Summenregeln, die experimentell testbar sind, werden zur Beschreibung des punktförmigen Streuverhaltens des Protons und Neutrons mittels skaleninvarianter Formfaktoren und zur physikalischen Deutung dieser Formfaktoren als Impulsverteilungsfunktionen der Quarks herangezogen. Sie sind eine wesentliche Stütze des Quark-Modells.[19]

Die quantenmechanische Lesart der Bestehensrelation führt also in den heutigen Konstituentenmodellen der Materie zu einer sehr *schwachen Interpretation der Teile-Ganzes-Beziehung*, wonach die Teile eines Ganzen *nicht als Einzelobjekte in Raum und Zeit unterscheidbar* sein müssen, solange es noch *irgendwelche dynamischen Kriterien* dafür gibt, wann ein Ganzes wohlunterschiedene Teile hat. Der mereologische Teilchenbegriff, nach dem Teilchen sehr kleine disjunkte räumliche und/oder dynamische Bestandteile materieller Dinge sind, versagt erst dort, wo *sämtliche* Kriterien für die *Wohlunterschiedenheit* von Teilchen versagen. Dann kann die Grenze zwischen dem *Teilchenbegriff* und dem *Feldbegriff* der Physik auch mittels Pauli-Prinzip und Summenregeln für quantisierte Größen nicht mehr aufrechterhalten werden.

---

[19]Vgl. Nachtmann (1986), S.214 ff. Vgl. auch die Summenregeln für den Nukleon-Impuls, ebd.

7.4 Grenzen der Separierbarkeit

Der Witz an der mereologischen Explikation des Teilchenbegriffs ist, daß Teilchen danach nicht als die vom ‚Rest der Welt' isolierten Entitäten einer fundamentalen Theorie aufgefaßt werden müssen — wie weit auch immer die Grundannahmen der Theorie von den experimentellen Phänomenen entfernt sein mögen, und welche theoretischen Zusatzannahmen man auch benötigt, um die Theorie mit experimentellen Resultaten zu verbinden. Nach der Bestehensrelation sind *Teilchen* soviel wie *mikroskopische Bestandteile eines makroskopischen Ganzen* — einer Meßapparatur, einem in einem Streuexperiment untersuchten Target oder anderen materiellen Dingen. Das makroskopische Ganze, das vom Standpunkt der Quantentheorie aus ein extrem großes Teilchenkollektiv ist, welches z.B. durch ein im Laborsystem starres Potential repräsentiert wird, erlegt seinen mikroskopischen Bestandteilen, wie auch immer sie dann theoretisch näher charakterisiert sein mögen, genau diejenigen *Lokalitätsbedingungen* auf, unter denen nach den Annahmen der heutigen Physik ‚teilchenartige' Phänomene erst entstehen.

Nach der Teile-Ganzes-Beziehung, auf der der mereologische Teilchenbegriff beruht, ist ein Teilchen eines der Relate einer $N+1$-stelligen Relation zwischen einem Ganzen y und seinen N Bestandteilen $x_1, ..., x_N$. Der Teilchenbegriff wird dadurch *relational* verstanden, so daß es strenggenommen sinnlos ist, von ‚einzelnen' Teilchen zu sprechen. Teilchen sind disjunkte Teile *innerhalb* eines Ganzen und keine ‚vom Rest der Welt' getrennten Entitäten — also keine *entia per se* im Sinne der traditionellen Metaphysik. Dies gilt auch für ‚freie' (= nicht-gebundene) Teilchen, die an einer makroskopischen Meßapparatur lokale Wirkungen erzeugen. Das Ganze ist hier das System Meßapparatur-plus-Teilchen, wobei die Wohlunterschiedenheit des Teilchens von der Meßapparatur theoretisch an den Meßwerten für die dynamischen Größen des Teilchens und empirisch am Unterschied zwischen dem registrierten bzw. nicht-registrierten Ereignis im Teilchendetektor festzumachen ist. Ein Teilchenbegriff, der darauf beruht, daß man die *formale Teile-Ganzes-Beziehung* mittels der *Grundannahmen einer physikalischen Dynamik* interpretiert (ob diese Dynamik bereits als Theorie ausformuliert ist oder nicht), ist somit weniger eng gefaßt als der aus der naturphilosophischen Atomismus-Diskussion tradierte Teilchenbegriff mit seiner *räumlichen* Lesart, der in der traditionellen Substanz-Metaphysik wurzelt.

Grenzen der Separierbarkeit

Die *Dynamik* eines Konstituentenmodells legt jeweils fest, wie die formale Teile-Ganzes-Relation zu interpretieren ist. So stellt ein materielles Ganzes nach der Quantenmechanik nicht mehr im *räumlichen* Sinn die mereologische Summe seiner Bestandteile dar, sondern nur noch nach Summenregeln und Pauli-Prinzip in *dynamischer* Hinsicht. Auch in der klassischen Physik nimmt man gerade *nicht* an, daß zwischen einem Ganzen und seinen Bestandteilen ein schlichtes räumliches Zusammensetzungsverhältnis besteht. Die Dynamik eines gebundenen Systems unterliegt in der klassischen wie in der nicht-klassischen Physik nur der Bedingung, daß die räumliche Ausdehnung des Systems durch die Dynamik der Bestandteile *erklärt* wird.

Was man unter einem Teilchen genau zu verstehen hat, ist nach dem mereologischen Teilchenbegriff natürlich *modellabhängig* — in dem Sinne, daß es von den Grundannahmen einer physikalischen Dynamik abhängt, wie man die Bestehensrelation zu interpretieren hat. Diese Modellabhängigkeit ist aber *theorieübergreifend*, sie läßt sich weitgehend unabhängig von den Annahmen einer *klassischen* Dynamik formulieren. Alle Bedeutungen von ‚Teilchen', soweit sie an einer Interpretation der formalen Teile-Ganzes-Beziehung mittels der physikalischen Größen einer Dynamik festgemacht sind, haben noch zumindest drei Merkmale gemeinsam:

(T1) Es gibt in der theoretischen Beschreibung eines zusammengesetzten Systems Größen, nach deren Werten die Bestandteile des Systems *wohlunterschieden* sind.

(T2) Die Systembestandteile sind experimentell *innerhalb des Ganzen lokalisierbar*, etwa indem die Werte ihrer dynamischen Größen durch ein Streuexperiment gemessen werden.

(T3) Es gibt experimentell überprüfbare *Summenregeln* für die *dynamischen* Größen des Systems, die auf Erhaltungssätzen sowie auf Additionsregeln für die Größenwerte der einzelnen Systemkomponenten beruhen.

Die Merkmale (T1)–(T3) legen einen theorieübergreifenden Teilchenbegriff fest, dessen zentrales *theoretisches* Charakteristikum die *Wohlunterscheidbarkeit* der Teile eines gegebenen Ganzen ist. Formal wird dieses

Charakteristikum durch die Definition und Interpretation der Disjunktheit sowie durch das Axiom der Wohlunterschiedenheit ausgedrückt.[20] Als *experimentelle Kriterien* für das Vorliegen einer Bestehensrelation liefern die Teilchenmerkmale (T2) und (T3) die *empirische Basis* für ein Konstituentenmodell der Materie, das auf einer Dynamik beruht. Die Konstituentenmodelle der heutigen Physik sind anhand der Merkmale (T2) und (T3) und anhand von recht allgemeinen Annahmen über die Ladungsstruktur eines Streuzentrums experimentell überprüfbar, ohne daß man die spezielle Dynamik, die einem Konstituentenmodell zugrundeliegt, kennen muß. In den Streuexperimenten der Atom-, Kern- und Teilchenphysik untersucht man auf der Grundlage der quantenmechanischen Streutheorie, in deren Rahmen sich Formfaktoren definieren lassen, ob ein Streuobjekt y eine innere Struktur aufweist, die auf innerhalb von y lokalisierbare Konstituenten x_i zurückführbar ist.[21] Darüberhinaus kann man messen, nach welchen Summenregeln sich die dynamischen Größen der x_i zu den entsprechenden Größen von y aufaddieren. Dabei ist der empirische Gehalt der Aussage, daß ein System y echte Bestandteile x_i im Sinne von (T1)–(T3) besitzt, nicht an die Kenntnis der spezifischen physikalischen Theorie geknüpft, in die ein Konstituentenmodell eingebettet werden kann. Weil die Teilchenmerkmale (T1)–(T3) theorieübergreifend formuliert sind, kann die Hypothese, daß ein Teilchen y aus Konstituenten x_i besteht, unabhängig von der betreffenden Dynamik aufgestellt und experimentell überprüft werden. Genau dies geschah im Fall der punktförmigen Nukleon-Konstituenten, die in Streuexperimenten mit geladenen Teilchen nachgewiesen wurden und die sich später aufgrund der Summenregeln, die nach den experimentellen Resultaten für quantisierte Größen wie den Spin erfüllt waren, mit den Quarks identifizieren ließen.[22]

---

[20]Vgl. Anhang A.4, Def. (D3) und Axiom (A3).

[21]Vgl. 4.3–4.4

[22]Die Unabhängigkeit der experimentellen Ergebnisse zur tief-inelastischen Elektron-Nukleon-Streuung von der Quark-Dynamik wird in Riordan (1987) gut deutlich. Theoretische Schwierigkeiten bei der Datenanalyse der gemessenen Wirkungsquerschnitte gab es um 1968 vor allem bezüglich der elektromagnetischen Strahlungskorrekturen, d.h. der quantenelektrodynamischen Beiträge höherer störungstheoretischer Ordnung zur Streuamplitude eines punktförmigen Streuzentrums; vgl. ebd., S.142 ff. Experimentell überprüfbare Summenregeln für die quantisierten dynamischen Größen der punktförmigen Nukleon-Bestandteile, wonach sie später mit den Quarks identifiziert werden konnten, wurden u.a. in Bjorken (1970) diskutiert; zu den Summenregeln siehe Nachtmann (1986), S.218 ff.

Die diversen *theorieabhängigen Teilchenkonzepte*, die der durch (T1)–(T3) festgelegte mereologische Teilchenbegriff in sich faßt, unterscheiden sich vor allem in der *Interpretation der Disjunktheit* der Teile eines Ganzen. Die Kriterien für Disjunktheit müssen, je weiter man ins Mikroskopische ‚hinabsteigt‘, mehr und mehr *abgeschwächt* werden. Auf makroskopischer Ebene kann die Disjunktheit problemlos räumlich interpretiert werden. Nach der klassischen Punktmechanik, die für die Beschreibung der Raum-Zeit-Bahnen von Planeten, Billardkugeln, Sandkörnern bis hinab zu Teilchen der Größe von Riesenmolekülen adäquat ist, wird sie durch die *raumzeitliche Individuierbarkeit* der Teile eines Ganzen anhand einer *Trajektorie* gewährleistet. In beiden Interpretationen liegt eine Teile-Ganzes-Relation vor, die den axiomatischen Forderungen der ‚vollen‘, extensionalen Mereologie à la *Lesniewski* genügt.[23] Auf mikroskopischer Ebene ist die Disjunktheit der Teile eines gegebenen Ganzen dagegen nur noch an die *Summenregeln für die dynamischen Größen*, deren Werte bei Messungen (etwa bei den Streuexperimenten der Atom-, Kern- und Teilchenphysik) innerhalb derselben Raumgebiete lokalisierbar sind, und an das *Pauli-Prinzip*, dem die Bestandteile eines Fermion-Systems unterliegen, geknüpft.

Für eine Teile-Ganzes-Beziehung, die durch eine *Quantendynamik* interpretiert ist, scheint das *Extensionalitätsaxiom* der Mereologie, nach dem dieselben Teile nicht unterschiedliche Ganze bilden können, auf dem Prüfstand zu stehen.[24] Teilchen, die nur hinsichtlich des dynamischen Typs, nicht aber als Einzelobjekte in Raum und Zeit gekennzeichnet sind, können verschiedene Systeme (bzw. Arten von Systemen) bilden. Die Extensionalität der Teile eines Quantensystems wird jedoch mathematisch und physikalisch ‚gerettet‘: durch die mengentheoretisch begründete mathematische Beschreibung eines dynamisch gebundenen Systems, die man in den Formalismus jeder physikalischen Dynamik hineinsteckt; und durch den Ortsraum, den auch eine Quantendynamik voraussetzt und bevorzugt zur Darstellung der Zustandsfunktion eines gebundenen Systems benutzt. Dennoch sind die *dynamischen* Kriterien für die Disjunktheit, die man Quantenobjekten in den Konstituentenmodellen der Atom-, Kern- und Teilchenphysik zuspricht, erheblich *schwächer* als die *raumzeitlichen* Disjunktheitskriterien der Bestandteile eines klassischen dynamisch gebundenen Systems:

---

[23]Vgl. Anhang A.4.
[24]Vgl. die Bemerkungen zur nicht-extensionalen Mereologie in Anhang A.4.

(1) Die *einzelnen* Komponenten eines Quantensystems sind *verschränkt*:

  (a) Die Teile eines gebundenen Quantensystems sind der theoretischen Beschreibung nach *innerhalb des Systems* weder räumlich noch dynamisch als ‚einzelne' Systemkomponenten mit separaten Zustandsräumen reidentifizierbar.

  (b) Die aus einem gekoppelten Quantensystem herausgelösten Teilchen zeigen bei der Messung *nicht-lokale Korrelationen* vom EPR-Typ.

(2) Die Komponenten eines Quantensystems sind auch dem *Typ* nach *nicht immer wohlunterschieden*:

  (a) Das *Pauli-Prinzip*, das für die dynamische Disjunktheit der Ein-Teilchen-Zustände innerhalb des Atoms sorgt, gilt nur für *Fermionen*; es sind aber auch gebundene Quantensysteme denkbar, die aus *Bosonen* bestehen.[25]

  (b) Ein Fermionsystem kann *partiell aus Strahlungsfeldern bestehen* — etwa das Proton oder Neutron, das, wie die experimentelle Überprüfung der Summenregeln für die Quark-Impulse zeigt, nicht *nur* aus drei dynamisch disjunkten Quarks besteht, sondern darüberhinaus einen *Feldanteil* hat, der experimentell nicht in disjunkte Komponenten separierbar ist und der erheblich zum Nukleonimpuls beiträgt; er wird erklärt durch die Strahlungsquanten der starken Wechselwirkung, Gluonen mit Spin 1, und einen ‚See' virtueller Quark-Antiquark-Paare, wie sie im Rahmen einer Quantenfeldtheorie und ihrer störungstheoretischen Entwicklung vorhergesagt werden.[26]

Nach (1) sind Teilchen aus einem gebundenen System nur um den Preis nicht-lokaler Korrelationen herauslösbar, die über makroskopische

---

[25] So werden etwa im Rahmen der Quantendynamik der starken Wechselwirkung, der QCD, gebundene Systeme von Gluonen postuliert. — Argumente dafür und dagegen, den Unterschied von Fermionen und Bosonen als eine Verallgemeinerung des klassischen Unterschieds von Materie und Strahlung zu betrachten, findet man in Redhead (1988), S.15 f.

[26] Siehe etwa Nachtmann (1986), S.229 ff.

Grenzen der Separierbarkeit 289

Distanzen hinweg auftreten Nach (2) können Teilchensysteme neben Bestandteilen, die Teilchen im Sinne von (T1)–(T3) sind, auch *Felder*, die weder die experimentellen Kriterien für Strukturlosigkeit erfüllen noch disjunkte dynamische Bestandteile haben, als Konstituenten besitzen. (T1)–(T3) liefern also keine trennscharfe Unterscheidung zwischen Teilchen und Feldern mehr, wenn man Felder als *nicht-lokale* Entitäten begreift und *alle* Materiekonstituenten nach (T1)–(T3) mit Teilchen identifiziert.

Genau diese mangelnde Trennschärfe zwischen dem Teilchen- und dem Feldbegriff, zu der nun auch *dieser* Generalisierungsversuch des Teilchenbegriffs führt, wird dem heutigen Konstituentenmodell der Materie gerecht. Spätestens auf der Konstituentenebene des heutigen Elementarteilchenmodells, nach dem Quarks und Leptonen die fundamentalen Materiebestandteile sind, verwischt sich der traditionelle Unterschied zwischen Materie und Strahlung. Wegen der Modellabhängigkeit dessen, was man unter punktförmigem Streuverhalten versteht (vgl. 4.3–4.6), ist darüberhinaus die im heutigen Konstituentenmodell des Nukleons gemachte Unterscheidung zwischen drei ‚Valenzquarks', denen punktförmiges Streuverhalten zugeschrieben wird, und einem Feld virtueller ‚Seequarks', die kein skaleninvariantes Streuverhalten zeigen, nicht frei von Willkür. Auf der untersten heute bekannten Konstituentenebene der Materie bekommt also die Unterscheidung zwischen Teilchen und Feldern, soweit man sie überhaupt aufrechterhalten möchte und kann, konventionelle Züge.

Aus der mangelnden Trennschärfe, die der Teilchen- und der Feldbegriff der Physik auf der untersten heute bekannten Konstituentenebene der Materie bekommen, ist indes eine wichtige Lehre zu ziehen. Die Materie ist *nicht beliebig separierbar in immer kleinere Bestandteile*, weil im Mikroskopischen die aus dem makroskopischen Bereich vertrauten *Kriterien für die Wohlunterschiedenheit oder Disjunktheit* der Teile eines Ganzen zunehmend *versagen*. Dies ist eine unerwartete Antwort auf die traditionelle Frage, ob die Materie bis ins Unendliche teilbar ist in immer kleinere Bestandteile oder nicht. Die Anzahl von Ebenen disjunkter, wohlunterschiedener Materiekonstituenten ist anscheinend begrenzt, denn es gibt *Grenzen der Separierbarkeit* eines materiellen Ganzen in wohlunterschiedene Bestandteile, und sie sind *in mehreren Stufen gestaffelt*: je kleiner die experimentell identifizierten Teile der Materie, desto schwächer werden die Kriterien für ihre Disjunktheit oder Wohlunterschiedenheit — von der raumzeitlichen Individuierbarkeit hinreichend großer klassischer Partikeln über die räumliche Isolierbarkeit von Elektronen, Atomkernen und Nukleonen aus dem Atom bis zur Lokalisierbarkeit der Quarks als punktförmiger Streuzentren innerhalb des Protons und Neutrons. Auf der untersten heute bekannten Konstituentenebene der Materie gibt es keinen willkürfreien Unterschied mehr zwischen Teilchen und Feldern, und es zeichnet sich ab, daß beim Versuch, durch Streuexperimente noch einmal kleinere diskrete Strukturen innerhalb der Materie aufzulösen, womöglich sämtliche bislang denkbaren Kriterien für Disjunktheit versagen. [27]

7.5 Das mereologische Argument für die Existenz von Teilchen

Aus der *mereologischen* Explikation des Teilchenbegriffs läßt sich ein neues Argument für die Debatte um die realistische Auffassung mikroskopischer Teilchen gewinnen. Die Teile-Ganzes-Relation zwischen materiellen Dingen und ihren Bestandteilen läßt sich nämlich in einer Hinsicht nicht auf die formale Struktur und die Wahrheitsbedingungen einer Theorie, mittels deren sie in einem physikalischen Konstituentenmodell der Materie theoretisch präzisiert wird, reduzieren:

Für ein empirisch gegebenes Ganzes steht immer nur die *Disjunktheit* oder *Wohlunterschiedenheit* von Teilen des Ganzen zur Debatte, während sich die *Existenz* offenbar vom Ganzen auf seine disjunkten Teile *überträgt*. Die Teile-Ganzes-Beziehung gestattet also einen *bedingten Schluß* von der *Existenz eines Ganzen* auf die *Existenz seiner Teile*,

---

[27]Es gibt noch ein innertheoretisches Kriterium für den Teilchencharakter der Konstituenten eines gebundenen Systems, das oben nicht erwähnt wurde, nämlich das Verhältnis von Masse und Bindungsenergie. Wenn die Bindungsenergie viel größer wird als die Masse, so daß die Masse des Systems viel kleiner ist als die Summe der seinen Konstituenten *per se* zugesprochenen Massenwerte, dann ist fraglich, ob die Konstituenten innerhalb des Systems noch als Teilchen gelten dürfen. — Dennoch läßt sich nicht ausschließen, daß meiner Prognose einer begrenzten Wohlunterscheidbarkeit der Materiebestandteile ein ähnliches Schicksal beschieden ist wie Eddingtons Prognose von 1939, daß die Physiker nicht genial genug sein werden, Neutrinos herzustellen; vgl. das Eddington-Zitat in 2.3.

wobei die Bedingung, unter der der Schluß zulässig ist, eine die ‚innere' Struktur des Ganzen betreffende *Unterscheidbarkeitsbedingung* ist. Es macht darum selbst bei einer anti-realistischen Lesart der heutigen Konstituentenmodelle der Materie wenig Sinn, die Existenz mikroskopischer Materiebestandteile rundweg abzustreiten. Vom mereologischen Standpunkt aus kann auch ein strikter Empirist höchstens behaupten, daß die theoretische Alternative Kontinuumstheorie–Atomismus prinzipiell unentscheidbar ist, weil sie die Grenzen der Sinneserfahrung übersteigt. Er kann also nur eine *epistemische* Variante des Antirealismus verteidigen, wonach uns die *Existenz von Teilen* — was dann genaugenommen nur heißt: die *innere Struktur* — eines gegebenen Ganzen *unbekannt* ist. Vom Standpunkt der *Teile-Ganzes-Beziehung* aus hat die Debatte um die realistische Deutung mikroskopischer Materiebestandteile zum einzigen nicht-trivialen Gegenstand die Frage, *wie weit die empirische Realität — oder die materielle Natur — in immer kleinere wohlunterschiedene Teile separierbar* ist. Offenbar stellt die empirische Wissenschaft Physik ausgefeiltere Antworten auf diese Frage zur Verfügung als die philosophische Position des Empirismus.

Bei der wissenschaftsphilosophischen Deutung der heutigen Physik kann es sinnvollerweise nicht darum gehen, ob und wie außertheoretische Gewißheit bezüglich der Existenzannahmen der Mikrophysik zu erlangen ist. Dies hat schon *Carnap* in seiner berühmten Arbeit zum methodologischen Status theoretischer Begriffe unter Hinweis auf das Konzept ‚Elektron' hervorgehoben.[28] Versteht man unter Teilchen soviel wie wohlunterscheidbare mikroskopische Materiebestandteile, dann entpuppt sich die notorische Streitfrage der Realismus-Debatte der Wissenschaftstheorie, ob es Teilchen gibt oder nicht, als ein *Scheinproblem* — wenn auch in ganz anderem Sinne, als aus der Sicht eines hartgesottenen Empiristen zu vermuten wäre. Wenn Teilchen wohlunterschiedene Materiebestandteile sind, und wenn die Physik *schärfere* Kriterien für die Unterscheidbarkeit von Materiebestandteilen zur Verfügung stellt als die Sinneserfahrung, so gibt es auch die nicht-beobachtbaren Teilchen, die Teilchenspuren in Blasenkammern erzeugen, punktförmiges Streuverhalten bei Streuexperimenten bewirken oder Strahlenschäden im menschlichen Organismus hervorrufen. Diese Teilchen sind Bestandteile einer makroskopischen Umgebung, von der sie anhand lokaler dynamischen Wirkungen, unterschieden werden können, auch wenn sie nicht als Einzelobjekte in

---

[28]Carnap (1956).

Raum und Zeit beschreibbar sind.

Daß es sehr kleine Teilchen im Sinne einer räumlich interpretierten Bestehensrelation geben muß, etwa winzige Staubkörner, die man mit bloßem Auge kaum noch sehen kann, dürfte auch für einen strikten Empiristen wie *van Fraassen* oder einen Konstruktivisten wie *Pickering* außer Frage stehen. Die Geister scheiden sich in der Realismus-Debatte erst an der Frage, ob es auch Teilchen im Sinne der Teilchenmerkmale (T1)—(T3) aus 7.4 gibt, die *so* klein sind, daß sie der Sinneswahrnehmung entzogen sind und *nur* noch mit den experimentellen Mitteln der Physik nachgewiesen werden können. Vom Standpunkt einer mereologisch formalisierten Bestehensrelation macht diese Frage aber nur dann Sinn, wenn man sie folgendermaßen präzisiert: Wie weit läßt sich die Materie — oder: wie weit lassen sich die materiellen Dinge, die zur empirischen Realität gehören — in disjunkte Bestandteile separieren? Ist mit der räumlichen Auflösbarkeit der Materie in diskrete Strukturen Schluß, wenn das Auflösungsvermögen unserer Sinneswahrnehmung mit experimentellen Methoden unterschritten wird, oder gibt es gute Gründe anzunehmen, dies sei nicht der Fall?

Offenbar stellen die Grenzen unserer Sinneswahrnehmung für die Entscheidung über diese Fragen ein äußerst kontingentes Kriterium dar. Das räumliche Auflösungsvermögen unserer Sinneswahrnehmung wäre gegenüber der Frage nach der räumlichen und dynamischen Zusammensetzung der Materie nur dann nicht kontingent, wenn man frei nach *Hume* annähme, die *minima sensibilia* seien die kleinsten realen Einheiten von Raum, Zeit und alles darin befindlichen Realen.[29] Wenn man diese genauso metaphysische wie anthropozentrische Auffassung über Raum und Zeit nicht teilen möchte und *weitergehende Auskünfte* über die Separierbarkeit materieller Dinge in disjunkte Teile haben will, so muß man die theoretischen und experimentellen Methoden der Physik akzeptieren, die allein über die kontingenten Grenzen der Sinneserfahrung hinausführen. Im Kontext der Frage nach den Bestandteilen der materiellen Dinge, die zur empirischen Realität gehören, kann man die Physik *nicht* nur als ein Instrumentarium zur experimentellen Erzeugung künstlicher Entitäten, die es in der ‚unberührten Natur' nicht gibt, oder als ein Aussagensystem über nicht-beobachtbare, nur theoretisch postulierte Entitäten betrachten. Wenn ein materielles Ganzes, etwa ein Gesteinsbrocken, empirisch gegeben ist, so können seine experimentell unterscheidbaren

---

[29] Vgl. Hume (1739), S.27 f.

Ein vorläufiges Fazit 293

Teile, wie groß oder klein sie auch sein mögen, nicht minder real sein: dies ist das *mereologische Argument* für die Existenz mikroskopischer Materiebestandteile.

Die Physik stellt nur die Hilfsmittel bereit, mittels deren versucht werden kann, ein empirisch gegebenes Ganzes in *kleinere* disjunkte Teile zu separieren, als es *ohne* die Mittel der Physik möglich wäre — etwa Elektronenmikroskope und Teilchenbeschleuniger. Mit einer *epistemisch* verstandenen antirealistischen Lesart der Physik begibt man sich aller Hilfsmittel, die es erlauben, die kontingenten Grenzen der Sinneserfahrung auf wohldefinierte Weise zu überwinden. Bei einer *nichtepistemischen* Lesart des Antirealismus dagegen wäre man gezwungen, die *Disjunktheit* (oder Diskretheit) der mikroskopischen Materiebestandteile anstelle der Annahmen über ihre Existenz zu leugnen — also die räumliche und dynamische *Kontinuität* der Materie im Mikroskopischen zu behaupten, was unmittelbar zur Kollision mit den experimentellen Phänomenen der Atom-, Kern- und Teilchenphysik führt. Dies mögen die Gründe dafür sein, warum sich Physiker über die in der Wissenschaftstheorie geführte Realismus-Debatte wundern.

7.6 Ein vorläufiges Fazit: Realismus-Debatte und Quantentheorie

Was hat nun der Versuch erbracht, den Teilchenbegriff der Physik im Kontext der Realismus-Debatte der neueren Wissenschaftsphilosophie in mehreren, teils an seiner experimentellen Basis und teils an seinen theoretischen Grundlagen orientierten Anläufen zu klären? Welche neuen Antworte ergaben sich auf die Frage, ob es Teilchen als sehr kleine Materiebestandteile gibt, die ‚teilchenartige' Phänomene verursachen? Angesichts der fortdauernden Diskussion um die Quantentheorie und die grundsätzlichen Probleme ihrer realistischen Deutung kann hier natürlich nur ein *vorläufiges* Fazit gezogen werden. Dies soll in drei Stufen getan werden: I zu Realismus-Debatte und Teilchenbegriff; II zu Fragen von Wahrheit, Referenz und Bedeutung; III zur Deutung der Quantentheorie.

I Realismus-Debatte und Teilchenbegriff

Die Debatte, die innerhalb der Wissenschaftsphilosophie um die Existenz mikroskopischer Teilchen geführt wird, muß sich schon deshalb im Kreise drehen, weil angesichts der quantentheoretischen Grundlagen des heutigen Teilchenkonzepts und seiner lückenhaften Anbindung an die experimentellen Phänomene in der Physik selbst *kein einheitlicher Teilchenbegriff* verwendet wird. Dabei meinen die Physiker, wenn sie ‚Teilchen' sagen, im allgemeinen ‚Quantenobjekt' — ohne daß sich beim derzeitigen Forschungsstand zur Deutung der Quantentheorie Klarheit darüber schaffen ließe, was Quantenobjekte *sind* und inwieweit es zulässig ist, von Quantenobjekten zu *sprechen*. Die Wissenschaftsphilosophen dagegen verstehen unter den strittigen Teilchen oft quasi-klassische Entitäten, oder ‚gutartige' Objekte in Raum und Zeit, so daß Mißverständnisse vorprogrammiert sind. Die Analyse der *experimentellen Grundlagen* ‚des' heutigen Teilchenbegriffs und der diversen *theorierelativen Teilchenkonzepte* der Mikrophysik hat ergeben, wo die Quellen für mögliche Mißverständnisse zwischen Physikern und Philosophen liegen, aus denen es herrührt, daß Realisten bzw. Antirealisten aus beiden Lagern aneinander vorbeireden.

In die Irre führt vor allem der Versuch, den Teilchenbegriff *kausal* auszubuchstabieren. Die Ursache einer Teilchenspur läßt sich nach der Quantentheorie von der Wirkung eines Teilchens gar nicht trennen (vgl. 6.6): nach dem quantentheoretischen Entstehungs‚mechanismus' ist eine Teilchenspur nichts anderes als das Ergebnis einer Wirkungsausbreitung in einer für Ortsmessungen geeigneten makroskopischen Umgebung; das Teilchen *ist* nichts anderes als der Mechanismus der Spurentstehung — kein Einzelobjekt in Raum und Zeit, sondern ein dynamischer Prozeß. Die Erklärung, die im Rahmen der Quantentheorie für die Entstehung von Teilchenspuren gegeben wird, führt zu dem etwas kontraintuitiven Ergebnis, daß die *realistische* Deutung der Quantentheorie eine *antirealistische* Lesart des kausalen Teilchenbegriffs nahelegt. Die Quantentheorie selbst läßt vom kausalen Teilchenbegriff nicht mehr viel übrig, worüber sich Realisten und Antirealisten noch mit Fug und Recht streiten könnten. Daß dieser Sachverhalt in der Realismus-Debatte nicht thematisiert wird, trägt nicht gerade zur Klärung des außerphysikalischen Streits um die Existenz mikroskopischer Teilchen bei.

Soweit vor dem Hintergrund der Quantentheorie überhaupt noch an

Ein vorläufiges Fazit 295

einem einheitlichen Teilchenbegriff festgehalten werden kann, der den Gegensatz von klassischer und nicht-klassischer Physik übergreift, ist er nicht *kausal*, sondern *mereologisch* auszubuchstabieren: Teilchen sind sehr kleine Materiebestandteile, die man nach irgendwelchen raumzeitlichen und/oder dynamischen Kriterien voneinander unterscheiden kann, wobei die *Anwendung* dieser Kriterien *experimentell begründet* sein muß. Dieser Teilchenbegriff wird auch im Anwendungsbereich einer Quantentheorie noch erfolgreich verwendet, soweit es um *gebundene Systeme und ihre Bestandteile* innerhalb eines *makroskopischen Atomverbands* sowie um die Erforschung ihrer inneren Struktur durch *Streuexperimente* geht. Im nicht-relativistischen Bereich der quantenmechanischen Streutheorie *gibt* es also mikroskopische Teilchen im Sinne wohlunterschiedener Materiebestandteile. Auch der mereologische Teilchenbegriff wird indes unscharf, wo die Kriterien für die Wohlunterschiedenheit versagen und sich der *Teilchen*begriff nicht mehr gegen den *Feld*begriff der Physik abgrenzen läßt. Diese Kriterien geraten vor allem an zwei Fronten ins Wanken:

1. Sie versagen schon einmal angesichts der nicht-lokalen *EPR-Korrelationen* von Teilchen, die aus einem gekoppelten Quantensystem herausgelöst werden. Diese Korrelationen führen in das folgende Dilemma: *Entweder* sind die Bestandteile eines gebundenen Quantensystems *vor* der Messung wegen der Verschränkung der Teilsysteme *keine Teilchen* — was die Annahme, man könne den mereologischen Teilchenbegriff mittels einer Quantendynamik explizieren, ad absurdum führt. *Oder* aber Teilchen haben innerhalb und außerhalb gebundener Quantensysteme *nicht-lokale Eigenschaften* — was die Annahme, Teilchen seien sehr kleine, innerhalb eines mikroskopischen Raumgebiets lokalisierte Materiebestandteile, ad absurdum führt. Wenn man den mereologischen Teilchenbegriff am Vorhandensein irgendwelcher Kriterien für Wohlunterschiedenheit festmachen will, und seien sie auch noch so schwach, so muß man sich für das zweite Horn des Dilemmas entscheiden — um den Preis der Zuschreibung nicht-lokaler Wechselwirkungen zu Teilchen. Immerhin sind damit der mereologische Teilchenbegriff und seine Explikation durch eine Quantendynamik erst einmal gerettet.

2. Die Kriterien für Wohlunterschiedenheit versagen vollends auf der Konstituentenebene der *Quarks*, auf der dynamisch wohlunterscheidbare Teilchen nicht mehr die *einzigen* Arten von Materiebestandteilen sind, und auf der die Unterscheidung von Teilchen- und Feld-Beiträgen zum

gebundenen System ‚Nukleon' konventionelle Züge bekommt. Nach dem heutigen Standardmodell der Elementarteilchen tragen die (experimentell nicht weiter auflösbaren) Effekte der starken Wechselwirkung in Form von Gluonen und ‚virtuellen' Quark-Antiquark-Paaren erheblich zum Nukleonimpuls bei. Außerdem haften der Definition der Begriffe ‚Formfaktor' und ‚Punktförmigkeit' im Rahmen einer relativistischen Quantenfeldtheorie außerhalb des Gültigkeitsbereichs der Bornschen Näherung der Streutheorie willkürliche Züge an (vgl. 4.4). Auf der Konstituentenebene der Quarks gibt es unter anderem *Materiebestandteile, die keine Teilchen sind, sondern Felder*; und man kann diese Felder *nicht nach eindeutigen Kriterien vom Teilchengehalt der Nukleonen unterscheiden.* Beide Aussagen gelten dabei bereits in einem sehr schwachen, nur noch an Summenregeln für dynamische Größen geknüpften Sinn von ‚Teilchen'.

Die schrittweisen Abschwächungen des Teilchenbegriffs in der Mikrophysik weisen auf ein weiteres gravierendes Mißverständnis hin, das hinsichtlich der Existenz von Mikroobjekten im Schnittfeld von Physik und Philosophie entsteht. Zur Debatte stehen letzten Endes nicht die *Existenzannahmen* bezüglich der mikroskopischen Teile eines empirisch gegebenen makroskopischen Ganzen, sondern die *Kriterien für die Separierbarkeit* wohlunterschiedener *Teile*, und die Stichhaltigkeit und Tragweite der empirischen bzw. experimentellen Basis dieser Kriterien (vgl. 7.5). Wenn die Physik dort noch hochdifferenzierte Kriterien für die Unterscheidbarkeit der Teile eines gegebenen Ganzen liefert, wo die Sinneserfahrung zu grob wird, so spricht dies nur für die Physik — genauer: für die Verfeinerungs- und Erweiterungsfähigkeit der Möglichkeiten empirischer Erkenntnis durch die ‚entsinnlichenden' Erkenntnismittel der exakten Naturwissenschaft Physik. Wenn all diese Kriterien im Bereich einer Quantentheorie nach und nach auf der ganzen Linie *versagen*, so spricht dies *nicht gegen die Existenz mikroskopischer Teilchen*, sondern *gegen alle traditionellen naturphilosophischen Vorstellungen über die Beschaffenheit der empirischen Realität im Kleinen*. Die Grenzen der Separierbarkeit materieller Dinge in wohlunterschiedene Bestandteile, die sich im Bereich der heutigen Quantentheorien zeigen, stehen im Widerspruch zu allen Behauptungen der traditionellen Substanzmetaphysik und Naturphilosophie über die Struktur der empirischen Realität. Sie entkräften die von Atomisten wie *Newton*, *Locke* oder *Bošković* vertretene Behauptung, daß die empirische Realität letztlich aus wohlunterscheidbaren Teilchen besteht, *genauso* wie die von *Descartes*, *Leibniz* und dem (kritischen) *Kant* vertretene Behauptung, daß die Materie teilbar bis ins Unendliche ist. Nach dem heutigen Standardmodell der Elementarteilchen ist die Materie *weder* bis ins Unendliche teilbar, *noch* besteht sie aus lauter wohlunterschiedenen Teilchen, sondern es wird eine *Mischform* von Teilchen- und Feldontologie, oder von Atomismus und Kontiunuumstheorie der Materie im traditionellen Sinn, benötigt.[30]

Nach alledem ist die *Physik* die einzige Instanz, die darüber entscheiden kann, ob es Teilchen als mikroskopische Materiebestandteile gibt; inwieweit die empirische Realität in wohlunterscheidbare Bestandteile zerfällt; und inwieweit das traditionelle atomistische Forschungsprogramm an den spezifischen Zügen einer Quantentheorie im allgemeinen und der heutigen Quantenfeldtheorien im besonderen scheitert. Der Wissenschaftsphilosophie käme demnach eher die Aufgabe zu, die Inhalte der Quantentheorie und der heutigen Teilchenphysik auf die traditionellen naturphilosophischen Fragen zu beziehen, als unter Abkopplung von den sehr spezifischen Aussagen dieser Theorien um die realistische Deutung ‚des' Teilchenbegriffs der Physik zu streiten, den es als einheitliches Konzept längst nicht mehr gibt.

II Wahrheit, Referenz und Bedeutung

In dieser Arbeit wurden die Fragen nach der Wahrheit physikalischer Gesetze sowie nach der Referenz und Bedeutung physikalischer Größen einmal *nicht* auf der Ebene der fundamentalen Bewegungsgleichungen einer Dynamik studiert, sondern auf der Ebene der *speziellen Anwendungen* einer Quantentheorie. Angesichts der nach wie vor ungelösten grundsätzlichen Probleme mit der Quantentheorie hat sich dieses Vorgehen als sehr fruchtbar erwiesen. Auf der Ebene der experimentell relevanten Spezialfälle lassen sich die Probleme von Wahrheit, Referenz und Bedeutung in mehreren Hinsichten viel leichter in den Griff bekommen als auf der fundamentalen Ebene einer Theorie, die nicht semantisch abgeschlossen ist und über deren Fundament kein Konsens besteht:

---

[30]Diese Möglichkeit wurde in der traditionellen Naturphilosophie nicht gesehen, wie sich auch bei einer formalen Analyse der Kantischen Antinomie von der Teilbarkeit der Materie zeigt; vgl. Falkenburg (1994).

1. Wahrheit:

Wahrheit und Fürwahrhalten sind nicht dasselbe, aber es können hier natürlich nur Wahrheits*bedingungen* und *Gründe* für das *Fürwahrhalten* physikalischer Theorien diskutiert werden. Das Fürwahrhalten quantentheoretischer Gesetze bereitet auf der Ebene der experimentellen Phänomene und der phänomenologischen Beschreibungen weitaus weniger Schwierigkeiten als auf der Ebene der Grundgleichungen einer Quantendynamik, die *ad hoc* um die Annahme einer Zustandsreduktion bei der Messung ergänzt werden. Teilchenspuren, Streuereignisse, Wirkungsquerschnitte, Formfaktoren, Resonanzkurven und die teils klassischen, teils quantentheoretischen Gesetze und Erhaltungssätze, die man zur quantitativen Analyse dieser Phänomene benutzt, sind im Vergleich zu Ψ-Funktion, Hilbert-Raum-Formalismus und Zustandsreduktion beim Meßprozeß recht handfest. Dazu kommt, daß die Quantentheorie auf der Ebene der speziellen Anwendungen erheblich weniger an Struktur zu den Phänomenen hinzuerfindet als die klassische Physik: sie fingiert keine lückenlose Raum-Zeit-Bahn, wo man keine messen kann. Auf der nicht-fundamentalen Ebene, bei den experimentellen Anwendungen, ist die Quantentheorie also *ontologisch sparsamer* als die klassische Physik. Darüberhinaus ist sie auf Ensemble-Ebene wie auch im Einzelfall hervorragend *empirisch bewährt*. Beides sollte sie in den Augen jedes empiristisch orientierten Wissenschaftsphilosophen viel *vertrauenswürdiger* machen als den Hilbert-Raum-Formalismus und die Zustandsreduktion, aber auch als die Gesetze der klassischen Punktmechanik.

Was auch immer der nächsten wissenschaftlichen Revolution zum Opfer fallen wird: experimentelle Daten wie die Elektronenmasse und -ladung, die Formfaktoren des Nukleons oder der Massenwert der J/Ψ-Resonanz werden es bestimmt nicht sein. Die experimentell relevanten Spezialfälle einer Quantentheorie und die auf ihrer Grundlage erzielten experimentellen Resultate sind gegenüber dem formalen Apparat einer Quantendynamik in entscheidenenr Hinsicht *kontingent*; sie genügen dem *modalen Realitätskriterium*, das in 1.3 entwickelt wurde.

2. Referenz:

Auch die Gretchenfrage *Worauf bezieht sich die quantenmechanische Zustandsfunktion?* kann für die experimentell relevanten Spezialfälle einer Quantentheorie viel leichter beantwortet werden als für die Lösungen der Schrödinger- oder Dirac-Gleichung eines freien Elektrons, oder für die quantisierten Maxwell-Gleichungen. Alle experimentellen Phänomene, für die irgendeine Variante des mereologischen Teilchenbegriffs noch greift, sind genauso wie die Interferenz- und Korrelationsphänomene erfolgreiche und empirisch bewährte Anwendungen der Quantentheorie, wie gut oder schlecht auch immer die Anbindung der ‚teilchenartigen' Phänomene an die Grundgleichungen der Theorie im einzelnen Spezialfall gelingen mag. So gesehen sind die Teilchenspuren, die in den Experimenten der Atom-, Kern- und Teilchenphysik aufgezeichnet und quantitativ analysiert werden, zusammengenommen mit dem Versagen der klassischen Physik im Mikroskopischen ein Beweis — oder jedenfalls ein unbestreitbar starkes empirisches Indiz — für die Existenz der Referenzobjekte einer Quantentheorie. Auch die räumliche Deutung der inneratomaren Struktur durch das Konzept des *Formfaktors* ist zumindest im nicht-relativistischen Bereich unproblematisch (vgl. 4.3), so daß die Bezugnahme auf atomare und subatomare Streuzentren unproblematisch ist.

Möglicherweise wird es sogar überhaupt erst auf der Ebene der experimentell relevanten Spezialfälle sinnvoll, den theoretischen Größen und Gesetzen einer Quantentheorie Referenz zuzusprechen, denn Referenz ist Bezugnahme auf Entitäten in Raum und Zeit, und die experimentellen Anwendungen der Quantentheorie stehen unter den *Lokalitätsbedingungen*, unter denen die Ortsdarstellung der quantenmechanischen Zustandsfunktion ausgezeichnet ist, so daß diese in der Tat etwas in Raum und Zeit — und nicht etwas in einem abstrakten Zustandsraum — beschreibt.

3. Bedeutung und Inkommensurabilität:

Auch mit den Problem der *Bedeutung theoretischer Größen* und ihrer *Inkommensurabilität* in unverträglichen Theorien kommt man ein ganzes Stück weiter, wenn man theoretische Spezialfälle betrachtet, die durch quantitative Näherungsbeziehungen miteinander verknüpft sind. Die theoretische Bedeutung gemessener Größen wird zunächst *unabhängig* von den Aussagen und axiomatischen Grundlagen einer neuen Theorie geklärt, wie die Entdeckung des Positrons zeigt, die auf der Identifikation von Teilchenspuren mittels klassischer Gesetze und phänomenologischer Annahmen beruhte und von der Dirac-Gleichung unabhängig war (vgl. 3.4). Diese Entdeckung gab den zunächst uninterpretierten und als ‚unphysikalisch' betrachteten Lösungen der Dirac-Gleichung zu negativen Werten der Energie plötzlich einen unerwarteten empirischen Gehalt, oder eine *theorieexterne, extensionale Bedeutung*. Die Gesetze, die Anderson zur Spurenanalyse benutzte, waren strenggenommen mit der Dirac-Gleichung unverträglich, so daß Masse und Ladung im Meßverfahren einerseits und in der Dirac-Gleichung andererseits ‚inkommensurable' Größen mit *unverträglicher nicht-extensionaler Bedeutung* waren. Dies hat weder die Physiker gestört (was allerdings nur ein *pragmatisches* Argument ist) noch zu Inkonsistenzen geführt (was *mehr* als nur ein pragmatisches Argument ist). Insgesamt bauen die experimentell relevanten Spezialfälle der Quantentheorie *semantische Brücken* zur klassischen Physik, wie für die Beschreibung der inneratomaren Struktur durch Formfaktoren im einzelnen gezeigt wurde (vgl. 4.3-4.5).

Die Meßtheorie der Teilchenphysik antizipiert höchst erfolgreich die Einheit von Mikro- und Makrophysik, die herzustellen auf der fundamentalen Ebene aufgrund der Besonderheiten des quantenmechanischen Meßprozesses bislang nicht gelingt. Thomas S. Kuhns tiefe Einsichten in die Struktur wissenschaftlicher Revolutionen in allen Ehren: man fragt sich angesichts der heterogenen, redundanten und dennoch so kohärenten Struktur dieser Meßtheorie (vgl. 5.2), ob nicht die Inkommensurabilität der Größen aus unterschiedlichen Theorien ein von der Wissenschaftsphilosophie stark überbewertetes Problem ist, das für die Theorienbildungsprozesse der Physik kaum eine Rolle spielt, weil es sich auf der Ebene der Spezialfälle sowieso umgehen läßt.

Von Gewicht sind allerdings zwei Probleme, die weniger mit der Theorien*bildung* als mit der *Deutung* neuer Theorien in vertrauten Begriffen zu tun haben und die erst dann ins Blickfeld rücken, wenn man die generelle Ebene, auf der die Debatte um Realismus und Inkommensurabilität oft geführt wird, verläßt:

(i) Nach den Vorhersagen einer universell gedeuteten Quantentheorie sind die Meßergebnisse an Quantenobjekten *nicht-objektivierbar*, d.h. es kann im Rahmen einer Quantentheorie der Messung nicht erklärt werden, warum die Messung am Nicht-Eigenzustand einer Observablen ein definiertes Ergebnis ergibt. Dies kann zu der Schlußfolgerung verleiten, daß die Quantenmechanik, die wegen der Besonderheiten des Meßprozesses in ihrer gegenwärtigen Gestalt nicht semantisch abgeschlossen im Sinne der Tarski-Semantik ist, *weder semantisch vollständig noch semantisch konsistent* ist (vgl. 5.5). In welchem Zusammenhang diese Problematik mit der Inkommensurabilitätsthese der Wissenschaftstheorie steht, ist

Ein vorläufiges Fazit

alles andere als klar.

(ii) Die Bedeutung der physikalischen Größen, die man durch den Brückenschlag von der Quantentheorie zur klassischen Physik auf der Ebene der Spezialfälle erhält, ist ein *quasi-klassisches Konstrukt*. Am Beispiel der Formfaktoren wurde deutlich, daß dieses Konstrukt nicht beliebig weit trägt, sondern im Bereich einer relativistischen Quantentheorie *nicht-eliminierbare konventionelle Züge* bekommt, die es im Bereich der nicht-relativistischen Quantentheorie noch *nicht* hat. Das klassische Konstrukt der Realität bricht im Mikroskopischen nicht auf einmal zusammen, sondern Schritt für Schritt. Im Bereich nicht-relativistischer Streuexperimente kann man zwar die Bestandteile eines dynamisch gebundenen Quantensystems nicht mehr raumzeitlich individuieren, aber man kann ein Streuzentrum im Ganzen noch problemlos als räumliche Ladungsverteilung deuten (vgl. 4.3). Im Bereich relativistischer Energien der gestreuten Probeteilchen gelingt auch dies nicht mehr, und die Bedeutung der gemessenen dynamischen Struktur des Streuzentrums ist weder anschaulich räumlich interpretierbar, noch läßt sie sich eindeutig über ein nicht-relativistisches Modell an den klassischen Fall anschließen. Im nicht-relativistischen Bereich, aber erst dort, versagt darum die vertraute *Korrespondenzauffassung der Wahrheit* physikalischer Aussagen zugleich mit der *quasi-klassischen Deutung der inneratomaren Struktur*. Dies hat nun *viel* mit der Inkommensurabilität der klassischen und der relativistischen Struktur von Raum und Zeit zu tun. Offenbar wird die *Inkommensurabilität* der Größen aus unverträglichen Theorien in der Teilchenphysik *erst bei bestimmten Spezialfällen für die Deutung der experimentellen Resultate relevant* — bei Fällen, wo sich keine *eindeutigen* semantischen Brücken mehr zum klassischen Fall bauen lassen.

III Deutung der Quantentheorie

Die mit dieser Arbeit erzielten Ergebnisse zur Deutung der Quantentheorie können nicht sehr tiefgreifend sein — weil die Grundlagenprobleme der Quantentheorie hier nur ganz am Rande thematisiert werden konnten; weil die Physik derzeit gar keinen einheitlichen Teilchenbegriff hat; und weil die Lösung der ungelösten Probleme der Quantentheorie aus der *Physik* und nicht aus der Wissenschaftsphilosophie kommen muß. Dennoch sind drei generelle Konklusionen festzuhalten:

1. Die Referenzobjekte der fundamentalen Bewegungsgleichungen einer Quantendynamik sind *keine Teilchen*, wenn es auch sinnvoll ist, die Teilchensprechweise aus historischen und aus meßtheoretischen Gründen beizubehalten. Das experimentell begründete Teilchenkonzept läßt sich nicht bruchlos an die Grundannahmen einer Quantentheorie anbinden. Die Ursache einer Teilchenspur ist kein Teilchen: man kann sie eher als den Prozeß einer konstanten Wirkungsausbreitung betrachten, bei der bestimmte Werte für dynamische Größen wie Masse, Ladung und Spin für eine bestimmte Zeitspanne — bzw. über eine gewisse Folge von Meßpunkten hinweg — erhalten sind (vgl. 6.6). Wenn man die Ursache einer Teilchenspur in etwas laxer Sprechweise als Teilchen bezeichnet, so meint man also eigentlich ein *Transportphänomen*. Die Materiebestandteile sind auch nicht beliebig weit in wohlunterschiedene Teile separierbar: irgendwann versagen alle noch so schwachen Kriterien, die heute für die Disjunktheit von Materiebestandteilen bekannt sind, und dies ist spätestens auf der Ebene der Quarks der Fall (vgl. 7.4). Damit erweisen sich beide traditionellen Bedeutungen des Teilchenbegriffs, die *kausale* und die *mereologische*, letztlich als untauglich, um ein generalisiertes Teilchenkonzept zu begründen, das uneingeschränkt auf die gegenwärtigen Quantentheorien anwendbar wäre und die Rede von Quanten*objekten* legitimieren könnte.

2. Der Teilchenbegriff der neuzeitlichen Physik, der nichts anderes als eine Variante des *Substanzbegriffs* der traditionellen Metaphysik ist, erweist sich somit als ein Konzept, das letztlich *ungeeignet* ist, um die experimentellen Befunde der Teilchenphysik zu erklären. Die ‚Teilchen' der Mikrophysik sind keine materiellen Substanzen im Kleinen. Sie sind keine *entia per se*, die für sich genommen Bestand haben, sondern Entitäten, die nicht unabhängig von ihrer Wechselwirkung mit der Meßapparatur zu erfassen sind und die es *unabhängig davon auch nicht gibt*. Man sollte darum lieber von Quanten*systemen* sprechen als von Quanten*objekten*. Wenn man die konzeptuellen Probleme der Quantentheorie dadurch ausbuchstabieren will, daß man auf die Unverträglichkeit der Interferenz- und Korrelationsexperimente zur Quantentheorie mit dem klassischen Teilchenbegriff hinweist, so verstellt man sich den Blick für die *eigentlichen Paradoxa* der Quantentheorie. Diese beruhen *nicht* auf dem Welle-Teilchen-Dualismus, der eher experimentell begründet als in den konzeptuellen Grundlagen der Quantentheorie verankert ist (vgl. 6.2). Sie resultieren vielmehr aus dem *Skandalon einer Theorie,*

Ein vorläufiges Fazit 303

die mit ihren eigenen Anwendungsbedingungen strenggenommen nicht verträglich ist, insofern ihre Anwendung auf den einzelnen Meßprozeß im Rahmen einer Quantentheorie der Messung nicht zur Beschreibung einzelner Meßergebnisse führen kann.

3. Trotz der grundsätzlichen Schwierigkeiten, die Semantik der Quantentheorie auf die Beschreibung der einzelnen Meßergebnisse auszuweiten, favorisiert die Meßtheorie der heutigen Teilchenphysik eine *Quantentheorie der individuellen Systeme*, die nicht bei der ontologisch enthaltsameren, aber semantisch äquivalenten Ensemble-Deutung stehenbleibt (vgl. 5.3). Diese Quantentheorie der individuellen Systeme steht nicht nur *auf Ensemble-Ebene*, sondern auch *für die allermeisten Einzelfälle* bei den experimentell relevanten Spezialfällen in einer quantitativen Näherungsbeziehung zu den Gesetzen der klassischen Physik.

Soweit die Fragen nach den Referenzobjekten der quantentheoretischen Zustandsfunktion und nach der ‚Natur' von Quantenobjekten im Rahmen einer Studie zur experimentellen Basis des heutigen Teilchenbegriffs und seiner Einbettbarkeit in die gegenwärtigen Quantentheorien überhaupt beantwortet werden können, haben sie somit zu einer *Bohrschen Position* geführt. Die individuellen Quantensysteme, auf die sich die quasi-klassische Meßtheorie zur Analyse einzelner Teilchenspuren bezieht, lassen sich experimentell wie theoretisch nur begrenzt von der Meßapparatur separieren. Die raumzeitliche Individuation der dynamischen Wirkungen eines ‚einzelnen' Teilchens an der Meßapparatur kann bislang nicht zufriedenstellend durch eine Quantentheorie der Messung erklärt werden. Nach dem derzeitigen innerphysikalischen Forschungsstand zu den Grundlagenproblemen der Quantentheorie läßt sich nur konstatieren, daß ein Teilchen *als Teilchen*, als ein zumindest vorübergehend lokalisiertes Etwas, erst *an einer Apparatur mit den Eigenschaften eines Teilchendetektors* entsteht. Der in Raum und Zeit individuierte Träger der Werte für permanente dynamische Größen wie Masse, Ladung und Spin, anhand deren man Quanten‚objekte' nur als Objekte in Raum und Zeit identifizieren und *re*identifizieren kann, ist vermutlich letzten Endes die makroskopische Meßapparatur — oder das *Gesamtsystem Quantenobjekt-plus-Meßapparatur.*

Dieses Gesamtsystem kann auch mehr als ein halbes Jahrhundert nach *Bohrs* insgesamt etwas unbefriedigender Antwort auf das berühmte EPR-Papier[31] theoretisch nicht entscheidend besser auf seine verschränk-

---
[31] Bohr (1935)

ten Bestandteile ‚Quantenobjekt' und ‚Apparatur' hin analysiert werden, als es im Rahmen der von Neumannschen Theorie der Messung möglich ist, die für Nicht-Eigenzustände zu keinem definitiven Meßergebnis führt.[32] So mag es denn erlaubt sein, die Konklusionen, die Bohr aus seiner Analyse des EPR-Arguments zog, als immer noch aktuell — und immer noch unverstanden — an den Schluß dieses Buchs zu stellen:

> "Indeed the *finite interaction between object and measuring agencies* conditioned by the very existence of the quantum of action entails ... the necessity of a final renunciation of the classical ideal of causality and a radical revision of our attitude towards the problem of physical reality." [33]

---

[32]Vgl. von Neumann (1932), und die Nichtobjektivierbarkeits-Theoreme in Busch (1991a), (1991b).
[33]Bohr (1935), S. 397.

A Anhang

A.1 Zur Definition des Wirkungsquerschnitts

Die *klassische Physik* liefert zwei Modelle für Streuprozesse, wovon das erste (kinematische) ein Spezialfall des zweiten (dynamischen) ist: (1) elastische oder inelastische *Stöße*; (2) *Potentialstreuung* — z.B. Streuung am Kastenpotential [= Fall (1)], oder die Rutherford-Streuung am Coulomb-Potential. Am Potential werden geladene Teilchen (Punktmassen), die sich auf Trajektorien bewegen, gestreut. Der einzelne Streuvorgang ist durch den *Stoßparameter b* charakterisiert, der mit dem *Streuwinkel θ* und mit der *kinetischen Energie E* des Teilchens vor und nach der Streuung verknüpft ist. Für das Coulomb-Potential $V(\mathbf{r}) = C/R$ gilt:

$$b = \frac{C}{2E} \cot \frac{\theta}{2} \qquad (1)$$

Aus der Winkelabhängigkeit des Stoßparameters b läßt sich die charakteristische Meßgröße eines Streuvorgangs, der *Wirkungsquerschnitt* oder *Streuquerschnitt*, berechnen. Er hat die Dimension einer Fläche und wird in *Barn* gemessen ($1 Barn = 10^{-24} cm^2$). Man unterscheidet zwischen dem differentiellen und dem totalen Wirkungsquerschnitt.

Der *differentielle Wirkungsquerschnitt* $d\sigma/d\Omega$ ist ein Maß für die relative Häufigkeit der gestreuten Teilchen in Abhängigkeit vom Streuwinkel θ, dem ein infinitesimaler Raumwinkelbereich $d\Omega$ zugeordnet ist. Die Größe $d\sigma/d\Omega$ wird durch einen formalen Grenzübergang aus der Anzahl N^{sc} von Teilchen definiert, die pro Streuzentrum und pro Anzahl der in ein Flächenelement dF einlaufenden Teilchen N^{in} in einem zum Streuwinkel θ gehörigen Raumwinkelbereich $d\Omega$ gestreut werden (N^{ST} = Anzahl der Streuzentren):

$$\frac{d\sigma}{d\Omega} = \lim_{N^{sc} \to \infty} \frac{N^{sc}}{N^{in} N^{ST}} \cdot \frac{dF}{d\Omega} \qquad (2)$$

Der Grenzübergang deutet an, daß ein *gemessener* Wirkungsquerschnitt einer *relativen Häufigkeit* von Streuereignissen proportional ist. Dabei ist die Deutung der *Wahrscheinlichkeit* als *Grenzwert der relativen Häufigkeit für beliebig große Ereignisanzahlen* zugrundegelegt. Die Anzahl N^{in} der einlaufenden Teilchen pro Flächenelement dF ist eine *theoretische Größe*, genauso wie die Anzahl der Streuzentren N^{ST}. Ohne sie zu bestimmen, kennt man

$d\sigma/d\Omega$ nur bis auf die Normierung. $d\sigma/d\Omega$ hängt mit dem Stoßparameter b folgendermaßen zusammen:

$$\frac{d\sigma}{d\Omega} = \frac{b}{\sin\theta} \cdot \left|\frac{db}{d\theta}\right| \quad (3)$$

Für das Coulomb-Potential $V(\mathbf{r}) = C/r$ folgt aus (3) mit (1) sofort der *Rutherfordsche Streuquerschnitt* [Gleichung (1) aus 4.1].

Den *totalen Wirkungsquerschnitt* σ bekommt man durch Integration von $d\sigma/d\Omega$ über alle räumlichen Richtungen:

$$\sigma = \int \frac{d\sigma}{d\Omega} d\Omega \quad (4)$$

Der totale Wirkungsquerschnitt gibt an, wie häufig ein bestimmter Typ von Streuereignissen relativ zu anderen Ereignistypen vorkommt. Er stellt ein Maß für die ‚Trefferquote' einer Reaktion dar. Im simpelsten, mechanischen Modell eines Stoßvorgangs läßt sich der totale Wirkungsquerschnitt anschaulich als die *effektive Reaktionsfläche* deuten, d.h. als die Fläche eines ausgedehnten und undurchdringlichen Streuzentrums, an der vernachlässigbar kleine Probeteilchen abprallen wie Bälle an den Latten eines Gartenzauns. Z.B. ist der differentielle Wirkungsquerschnitt für die elastische Streuung punktförmiger Probeteilchen an einer harten Kugel mit dem Radius R isotrop, und der totale Streuquerschnitt σ stimmt mit dem Querschnitt der Kugel überein, d.h. er hat den Wert $\sigma = \pi R^2$. Die Bezeichnung ‚Wirkungsquerschnitt' oder ‚Streuquerschnitt' rührt von diesem einfachen mechanischen Modell her.

Bereits in der *klassischen Dynamik* hängt σ bzw. $d\sigma/d\Omega$ i.a. nicht nur von *geometrischen* Größen ab, sondern von der kinetischen Energie. Schon bei der Streuung am Coulomb-Potential versagt die simple mechanische Analogie; der Rutherfordsche Streuquerschnitt ist energieabhängig und divergiert in Vorwärtsrichtung. Dennoch legt der Umkehrpunkt eines maximal rückwärts gestreuten Teilchens, der nach $V = \frac{1}{2}mv^2$ und $C/r = E$ den Mindestabstand $R_{min} = C/E$ zwischen Teilchen und Streuzentrum definiert, eine von der kinetischen Energie E der Probeteilchen abhängige *effektive Größe* des Streuzentrums fest: je höher die Streuenergie ist, desto näher kommen die Probeteilchen an die Zentralladung heran.

In der *Quantenmechanik* versagt auch diese Veranschaulichung. Dennoch kann der Wirkungsquerschnitt anhand der Anzahl von Einzelereignissen, die man bei einem atomaren oder subatomaren Streuexperiment messen kann, als eine *probabilistische Größe* definiert werden. Anstelle der Teilchenanzahlen kennt man dann nur die Anzahl von Teilchen*spuren*, die von geeigneten

Teilchendetektoren registriert wird. Der Wirkungsquerschnitt ist die *Nahtstelle zwischen Streuexperiment und Quantentheorie.* σ bzw. $d\sigma/d\Omega$ ist ein direktes Maß für die quantenmechanische Übergangswahrscheinlichkeit eines subatomaren Streuprozesses, bei dem sich die dynamischen Größen der an der Streuung beteiligten Teilchen ändern können.

A.2 Das Π-Theorem der Dimensionsanalyse

Die Dimensionsanalyse ist ein *stringentes Verfahren*, mittels dessen die Form von Naturgesetzen, soweit sie durch die Dimension der darin enthaltenen Meßgrößen festgelegt ist, exakt hergeleitet werden kann und das die *heuristischen Dimensionsbetrachtungen* der Physik theoretisch rechtfertigt. Auf seine theoretischen und metatheoretischen Prämissen hin wurde es zuerst von *Bridgman* und *Campbell* untersucht.[1] Im Werk von *Suppes* und Mitarbeitern zur Theorie der Messung findet man die axiomatischen Grundlagen der Dimensionsanalyse und den gegenwärtigen Stand der Diskussion zur Begründbarkeit dieser Axiomatik auf kompakte Weise dargestellt.[2] Das Verfahren läßt sich aus dem Π-*Theorem* herleiten. Das Π-Theorem gilt für alle *dimensionsinvarianten* (oder ‚homogenen‘[3]) Funktionen physikalischer Größen, d.h. für alle Naturgesetze, die nicht von der Wahl der Einheiten der darin vorkommenden Größen abhängen. Jedes Naturgesetz (N) läßt sich in der folgenden Form darstellen[4]:

$$(N) \qquad f(x_1, ..., x_s) = 0$$

f ist eine Funktion, die s physikalische Größen $x_i (i = 1, ..., s)$ miteinander verknüpft. Wenn r die maximale Anzahl voneinander unabhängiger physikalischer Größen ist, aus denen sich die Dimensionen aller x_i bilden lassen — d.h. diejenigen Meßgrößen, die eine für alle Messungen zum Naturgesetz (N) hinreichende Basis liefern — so gibt es $s - r$ von dieser Basis der Messung abhängige Meßgrößen, deren Dimension irgendein aus den Dimensionen der r Basisgrößen gebildetes Produkt ist. Z.B. sind die Basisgrößen zur Formulierung aller Gesetze der klassischen Mechanik die fundamentalen Meßgrößen *Länge L, Zeit T* und *Masse M* ($r = 3$); das Kraftgesetz enthält außer der Masse die Größen *Beschleunigung* und *Kraft* ($s = 5$ und $s - r = 2$), deren Dimensionen $L \cdot T^{-2}$ bzw. $L \cdot T^{-2} \cdot M$ Produkte dieser Basisgrößen sind. Das

---
[1] Campbell (1920); Bridgman (1922).
[2] Krantz (1971), 10. Kapitel.
[3] Ebd., S.464.
[4] Der Beweis ist ebd., S.470, angegeben.

Π-*Theorem* besagt nun, daß sich das Naturgesetz (N) umformulieren läßt in ein dazu äquivalentes Gesetz (N') mit einer Funktion F, die nur noch von $s - r$ *dimensionslosen Größen* π_j ($1 \leq j \leq s - r$) abhängt:

(N') $\qquad\qquad\qquad F(\pi_1, ..., \pi_{s-r}) = 0$

Das Π-Theorem kann dazu benutzt werden, ausgehend von r Basisgrößen der Messung ein lineares Gleichungssystem aufzustellen, das die Potenzen der s Größen x_i, die zur Charakterisierung eines spezifischen physikalischen Systems benötigt werden, und die der $s - r$ voneinander unabhängigen dimensionslosen Größen π_j, die sich daraus bilden lassen, miteinander verknüpft.[5] Wenn man die x_i systemspezifisch wählt, erhält man aus der Ermittlung der dimensionslosen Größen π_j bereits die benötigte Information über ein als Funktion der π_j formuliertes spezifisches Naturgesetz (N'), welches das betrachtete System beschreibt, *ohne* daß man auch das betreffende fundamentale Naturgesetz, aus dem sich die Beschreibung des Systems im Rahmen einer umfassenden Theorie herleiten ließe, kennen müßte. Man charakterisiert also ein System durch s kontingente Bedingungen x_i, denen es unterliegt, formuliert diese Bedingungen anhand von r voneinander unabhängigen vertrauten Meßgrößen und leitet aus dem Π-Theorem, das *allgemein für Meßgrößen* gilt, ein *spezifisches Naturgesetz* zur Beschreibung des Systems her, ohne die Theorie, zu der es gehört, kennen zu müssen.

Die Dimensionsanalyse und die darauf beruhenden Dimensionsbetrachtungen werden in der Physik nicht nur zur schnellen Herleitung spezifischer Naturgesetze aus bekannten Theorien benutzt, sondern sie haben auch eine wichtige Funktion im Theorienbildungsprozeß, insofern sie es erlauben, Spezialfälle einer noch zu konstruierenden Theorie festzulegen und damit wichtige Randbedingungen für die Theorienkonstruktion zu setzen. Allerdings muß man dabei aufpassen, das Verfahren der Dimensionsanalyse nicht über Gebühr zu strapazieren, denn bei ungenügender Kenntnis eines physikalischen Problems schleichen sich gern Fehler in die Zusammenstellung der für die Dimensionsanalyse benötigten Größen ein.[6] Die korrekte Durchführung einer Dimensionsanalyse setzt erhebliches physikalisches ‚Fingerspitzengefühl' voraus; Dimensionsbetrachtungen und die dafür erforderliche Sachkenntnis gehören zu den Fertigkeiten und Kenntnissen, die integraler Bestandteil eines physikalischen Paradigmas im Sinne von *Th.S.Kuhn* sind.

---

[5] Beispiele dazu ebd., S.472 ff.
[6] Ebd., S.473.

Anhang

A.3 Dimensionsanalyse der Rutherford-Streuung

Um die Dimensionsanalyse der Rutherford-Streuung *theorieübergreifend* vorzunehmen, muß man von der nur im klassischen Modell der Streuung gegebenen Raum-Zeit-Bahn der gestreuten Teilchen absehen. Damit verzichtet man auf die Beschreibung des einzelnen Streuprozesses durch einen klassischen Stoßparameter b.

Die Rutherford-Streuung läßt sich dann durch acht Größen charakterisieren: Wirkungsquerschnitt $d\sigma/d\Omega$, Energie E der gestreuten Probeteilchen, Streuwinkel θ, Kopplungskonstante α, Ladungszahlen Z und Z', Wirkungsquantum $\hbar$ und Lichtgeschwindigkeit c. Die Größen θ, α, Z und Z' sind dimensionslos. Als Basisgrößen der Dimensionsanalyse sind die drei Größen L (Länge), M (Masse) und T (Zeit) geeignet. Nach dem Π-Theorem der Dimensionsanalyse muß es somit $8 - 3 = 5$ dimensionslose physikalische Größen π_i geben, von denen die theoretische Beschreibung des Streuvorgangs abhängt, wovon mit $\pi_1 = \theta$, $\pi_2 = \alpha$, $\pi_3 = Z$ und $\pi_4 = Z'$ vier Größen bereits bekannt sind. In den Basisgrößen der Messung ausgedrückt, hat der Wirkungsquerschnitt $d\sigma/d\Omega$ die Dimension L^2, die kinetische Energie $E = \frac{1}{2}mv^2$ der geladenen Probeteilchen die Dimension $M \cdot L^2 \cdot T^{-2}$, und die Naturkonstanten $\hbar$ und c haben die Dimensionen $M \cdot L^2 \cdot T^{-1}$ bzw. $L \cdot T^{-1}$. Eine einfache Rechnung ergibt, daß die fehlende dimensionslose Größe π_5, die sich aus diesen vier verbleibenden Größen bilden läßt, der Ausdruck $d\sigma/d\Omega \cdot (E/\hbar c)^2$ ist, der auf der linken Seite von Gleichung (3) aus 4.1 steht; es gilt also:

$$\pi_5 = d\sigma/d\Omega \cdot (E/\hbar c)^2 \tag{1}$$

Neben α, Z und Z' sind der durch Multiplikation mit $(E/\hbar c)^2$ dimensionslos gemachte Streuquerschnitt und der Streuwinkel θ nach dem Π-Theorem die *einzigen dimensionslosen Größen*, die in der theoretischen Beschreibung des Streuvorgangs vorkommmen können. Das spezifische Naturgesetz (N'), das den Streuvorgang nach Anhang B beschreibt und das eine verschwindende Funktion von fünf dimensionslosen Größen $\pi_i (1 \leq i \leq 5)$ ist, kann somit außer von α, Z, Z' und θ nur vom dimensionslos gemachten Wirkungsquerschnitt abhängen und läßt sich in der folgenden Gestalt formulieren:

$$d\sigma/d\Omega \cdot \left(\frac{E}{\hbar c}\right)^2 = \Phi(\theta) \tag{2}$$

Der Vergleich von mit Gleichung (3) aus 4.1 zeigt, daß $\Phi(\theta)$ die folgende Gestalt hat:

$$\Phi(\theta) = \frac{(ZZ'\alpha)^2}{16\sin^4\frac{\theta}{2}} \tag{3}$$

Die Dimensionsanalyse führt in diesem Fall *nicht* zu dem Ergebnis, das *Rutherford* vor allem interessierte: sie legt die funktionale Abhängigkeit des differentiellen Wirkungsquerschnitts $d\sigma/d\Omega$ vom Streuwinkel θ noch nicht fest. Dennoch zeigt sie immerhin, daß $d\sigma/d\Omega$ — abgesehen von den elektromagnetischen Größen α, Z und Z' — nur von der kinetischen Energie E der Probeteilchen sowie vom Streuwinkel θ, aber nicht von weiteren Größen abhängt.

Was mit der Skaleninvarianz der Rutherford-Streuung bewiesen ist, wird allerdings erst dann deutlich, wenn man annimmt, der Streuvorgang sei außer durch die acht Größen $d\sigma/d\Omega$, E, θ, α, Z, Z', $\hbar$ und c noch durch weitere physikalische Größen charakterisiert, die eine räumliche Ausdehnung der am Streuvorgang beteiligten Teilchen beschreiben — im einfachsten Fall durch eine Länge R, die eines der beiden aneinander gestreuten Teilchen kennzeichnet. In diesem Fall führt die Dimensionsanalyse nach dem Π-Theorem auf eine weitere dimensionslose Größe π_6, für die man den folgenden Wert errechnen kann:

$$\pi_6 = \frac{RE}{\hbar c} \qquad (4)$$

Das Naturgesetz (N'), welches den Streuvorgang beschreibt, hat dann anstelle von (2) die folgende Gestalt:

$$d\sigma/d\Omega \cdot \left(\frac{E}{\hbar c}\right)^2 = \Phi(\theta; \frac{RE}{\hbar c}) \qquad (5)$$

Der dimensionslos gemachte Wirkungsquerschnitt hängt hier nicht nur von der Variablen θ ab, sondern darüberhinaus von der kinetischen Energie E der Probeteilchen und von der Länge R, die entweder das Streuzentrum oder die Probeteilchen charakterisiert — er ist nicht mehr skaleninvariant in bezug auf Transformationen des Energiewerts, bei dem das Streuexperiment durchgeführt wird.

A.4 Mereologische Axiome

Die Mereologie ist die Logik der Relation ‚ist ein Teil von'. Ihre Axiomatik geht auf den polnischen Logiker *Lesniewski* zurück und wurde insbesondere von *Tarski* weiterentwickelt.[7] Eine andere Formalisierung liegt im Individuenkalkül von *Leonard* und *Goodman* vor.[8] Neuerdings gibt es eine vergleichende Studie von *Simons* zu den verschiedensten Axiomensystemen der Mereologie,

---
[7] Vgl. Simons (1987), S.101 ff., und die von Simons angegebenen Referenzen; insbes. Tarski (1956).
[8] Leonhard (1940); vgl. Goodman (1951), S.33 ff.

die seither entwickelt wurden;[9] auf die Notation und einige grundsätzliche Ergebnisse dieser Studie wird im folgenden zurückgegriffen.

Die Mereologie beruht auf der primitiven Relation ≪ (lies: ‚ist ein echter Teil von'), für die nach Simons — zusätzlich zu irgendeiner Axiomatik der Prädikatenlogik 1.Stufe mit Identität — im Individuenkalkül zunächst zwei grundlegende Axiome vorausgesetzt werden (*Asymmetrie* und *Transitivität*):[10]

(A1) $$x \ll y \Rightarrow \neg y \ll x$$

(A2) $$x \ll y \wedge y \ll z \Rightarrow x \ll z$$

x, y und z sind Variable, mit denen logische Individuen in einem Individuenkalkül bezeichnet werden. Im Kontext der *Mengentheorie* (den man für den Individuenkalkül aber nicht benötigt) würde ≪ eine strikte Teilordnung definieren. Mittels der Identität = und der Relation ≪ kann dann im Individuenkalkül die Relation < (lies: ‚ist ein Teil von') so definiert werden, daß x genau dann ein Teil von y ist, wenn x entweder echter Teil von y oder mit y identisch ist:

(D1) $$x < y \Leftrightarrow x \ll y \vee x = y$$

Wie Simons zeigt, sind die mereologischen Axiome (A1) und (A2) *nicht hinreichend* dafür, um eine Teile-Ganzes-Beziehung von anderen Teilordnungen zu unterscheiden, die nicht unserer Intuition von einer Beziehung zwischen einem Ganzen und seinen Teilen entsprechen. Insbesondere muß zu (A1) und (A2) ein Axiom hinzukommen, dass fordert, daß die Teile eines Ganzen in irgendeiner Hinsicht *wohlunterschieden* sind. Um ein solches Axiom aufzustellen, müssen die Relationen o (lies: ‚besitzt gemeinsame Teile mit') des *Überlappens* und *l* (lies: ‚hat keine gemeinsamen Teile mit') der *Disjunktheit* definiert werden:

(D2) $$x \circ y \Leftrightarrow \exists z: z < x \wedge z < y$$

(D3) $$x \, l \, y \Leftrightarrow \neg x \circ y$$

Ein sinnvolles, möglichst schwaches mereologisches Axiom, nach dem die Teile eines Ganzen wohlunterschieden sein müssen, fordert, daß eine Entität y

---
[9]Simons (1987).
[10]Zum folgenden vgl. ebd., S.25 ff., sowie Goodman (1951),S.34 ff.

nur dann echte Teile besitzt, wenn es *mindestens zwei davon* gibt, die *disjunkt* sind (*Wohlunterschiedenheit*):

(A3) $\quad\quad\quad x \ll y \Rightarrow \exists z: z \ll y \wedge z \wr x$

Dasjenige Ganze, das aus zwei Entitäten x und y gebildet wird, ohne weitere, von x und y disjunkte Teile zu besitzen, ist die *mereologische Summe* von x und y. Nach Simons und Goodman kann die mereologische Summe mittels des Kennzeichnungsoperators ι (,dasjenige') folgendermaßen definiert werden:[11]

(D4) $\quad\quad\quad x + y = \iota z \, \forall w: [w \circ z \Leftrightarrow w \circ x \vee w \circ y]$

Nach den Definitionen (D4) und (D2) ist die mereologische Summe $x + y$ diejenige Entität z, die mit keinen Entitäten außer x und y gemeinsame Teile besitzt und die x und y als Teile hat. Simons gibt hierfür das Beispiel an, daß ein Besen eine mereologische Summe von Stiel und Bürste ist.[12] Existenz und Eindeutigkeit der mereologischen Summe sind durch die Axiome (A1 – A3) noch nicht gewährleistet; insbesondere ist eine Entität durch ihre disjunkten Teile nicht vollständig bestimmt, weil zugelassen bleibt, daß dieselben Teile mehrere mereologische Summen haben bzw. unterschiedliche Ganze bilden können.[13] Die ,klassische', auf *Lesniewski* zurückgehende Mereologie macht darum erheblich stärkere Voraussetzungen als die Axiome (A1–A3). Zunächst schließt sie die Möglichkeit, daß verschiedene Entitäten aus denselben Teilen bestehen können, mittels eines *Extensionalitätsprinzips* aus, nach dem zwei Ganze x und y nur dann dieselben echten Teile besitzen können, wenn sie *untereinander* in einer Teile-Ganzes-Beziehung stehen. Das schwächste solche Extensionalitätsprinzip ist nach Simons:[14]

(A4) $\quad\quad\quad \exists z: z \ll x \wedge \forall z: (z \ll x \Rightarrow z \ll y) \Rightarrow x < y$

(A4) fordert, daß x echte Teile hat (nach dem Wohlunterschiedenheitsaxiom (A3) mindestens zwei, die disjunkt sind), und daß jeder echte Teil von x nur dann ein echter Teil von y sein kann, wenn auch x Teil von y ist. Eine Mereologie, die (A4) erfüllt, heißt *extensional*. Ist (A4) dagegen nicht erfüllt,

---

[11]Simons (1987), Definition SD7 auf S.32, bzw. Goodman (1951), Definition D2.047 auf S.36.
[12]Simons (1987), S.14.
[13]Ebd., S.32 ff., werden verschiedene Axiome diskutiert, mit denen die Existenz und die Eindeutigkeit der mereologischen Summe gewährleistet werden kann.
[14]Ebd., S.28.

dann ist die mereologische Summe zweier Entitäten nicht eindeutig, und die Mereologie heißt nicht-extensional. Lesniewskis ‚klassische' Mereologie enthält noch weitaus stärkere Voraussetzungen als ($A4$). Insbesondere macht sie die Annahme, daß es für je zwei Entitäten immer eine mereologische Summe gibt, und hat die Struktur einer *Booleschen Algebra* ohne Null-Element.[15]

Den Anschluß der Mereologie an den üblichen mathematischen Formalismus physikalischer Theorien erhält man mit *Mengen als Individuen*. Je nach den Annahmen über diese Mengen gelangt man dabei zu einer stärkeren oder schwächeren Axiomatik der Teile-Ganzes-Relation. Mit beliebigen Intervallen in der Menge der reellen Zahlen als Individuen und der mengentheoretischen Relation $\subset$ als Teile-Ganzes-Beziehung $\ll$ (sowie $\subseteq$ als $<$) kann man eine extensionale Mereologie konstruieren, in der die Relationen des Überlappens o und der Disjunktheit ∤ den üblichen mengentheoretischen Sinn haben: zwei Intervalle überlappen sich bzw. sind disjunkt, wenn ihr Durchschnitt nichtleer bzw. die leere Menge $\emptyset$ ist. Für diese Mereologie sind offenbar die Axiome ($A1 - A3$) erfüllt. Die mereologische Summe bezüglich der Relation $\subset$ existiert für je zwei zusammenhängende Intervalle und ist eindeutig, sie ist die Vereinigung dieser Intervalle. Für Intervalle in der Menge der reellen Zahlen gilt demnach auch das Extensionalitätsprinzip ($A4$) (trivialerweise; entsprechend dem Extensionalitätsaxiom der Mengenlehre). Die Existenz der mereologischen Summe ist bei dieser mengentheoretischen Interpretation jedoch nur dann gewährleistet, wenn man als Individuen auch nicht-zusammenhängende Teilmengen der Menge der reellen Zahlen zuläßt.

Nach einem Einwand von *Rescher* gegen Lesniewskis Axiomatik kann die Bestehensrelation, wie sie den Konstituentenmodellen der Naturwissenschaften zugrundeliegt, nur im Rahmen einer nicht-extensionalen Mereologie auf sinnvolle Weise expliziert werden.[16] Dieser Einwand zielt darauf, daß sich auf allen Konstituentenebenen der Materie gleiche Materiebestandteile zu verschiedenen Systemen mit unterschiedlichen physikalischen, chemischen oder auch biologischen Eigenschaften organisieren können. Geläufige Beispiele der heutigen Naturwissenschaften hierfür sind der Unterschied zwischen rechtsdrehenden und linksdrehenden Milchsäuremolekülen, die unterschiedlichen Aggregatzustände oder Phasen, in denen die Materie

---

[15] Ebd., S.25 und S.37 ff.
[16] Siehe Rescher (1955), S.10, und die Diskussion in Simons (1987), S.112 ff. Simons gibt Reschers Einwand recht, bemerkt aber ebd., S.116 f.: "To abandon PPP" — das von Simons als "proper parts principle" bezeichnete Extensionalitätsprinzip ($A4$) — "is to leave behind the well-charted waters of extensional mereology. ... The apparent oddity of this position, and the loss of algebraic neatness which rejection of PPP brings with it, are prima-facie reasons for looking askance at the rejection of extensionality of parts. We shall see, however, that the oddity disappears on closer acquaintance ..." Optionen, das Extensionalitätsprinzip ($A4$) aufzugeben, werden in den darauffolgenden Teilen des Buchs anhand einer *temporalen* und einer *modalen* Version der Teile-Ganzes-Relation diskutiert.

makroskopisch vorliegt (Festkörper, Flüssigkeiten und Gase), die chemischen Bindungsmöglichkeiten und energetischen Anregungszustände eines Atoms, oder — auf der Ebene der Elementarteilchen — Hadronen, die sich in Masse und Spin unterscheiden, aber aus denselben Typen von Quarks zusammengesetzt sind.

Rescher übersieht jedoch, daß die von ihm geforderte *nicht-extensionale Lesart* der Teile-Ganzes-Beziehung ihre *extensionale* Lesart bereits *voraussetzt* — denn man nimmt ja an, daß die Individuen, von denen die Rede ist, bereits *individuiert* und mithin wohlunterschieden sind. Es muß irgendeine Hinsicht geben, bezüglich deren die mereologische Summe der Teile eines Ganzen bereits eindeutig identifiziert ist, damit man überhaupt zwei Ganzen dieselben Teile zusprechen kann — andernfalls sind diese Ganzen nach dem *Leibniz*-Prinzip wegen Ununterscheidbarkeit *identisch*.(Genau dies scheint *Simons'* Ausarbeitung einer nicht-extensionalen Mereologie mittels formalisierter temporaler und modaler Prädikate zu bezwecken.) Man kann darum aus Reschers Einwand nur lernen, daß die formale Teile-Ganzes-Beziehung, wenn man sie nur mit *einer einzigen Interpretation* versieht, eine *viel zu strukturarme Theorie* ergibt, um auch nur den wichtigsten Aspekten einer Bestehensrelation, wie man sie für die Physik, Chemie oder Biologie benötigt, gerecht zu werden. Die Teile-Ganzes-Relation, die einem Konstituentenmodell der Materie zugrundeliegt, ist nicht-extensional höchstens in der Hinsicht, daß es *Materiebestandteile desselben Typs* gibt, die in irgendeiner Hinsicht, etwa durch das Lokalisiertsein in unterschiedlichen Raumgebieten, *wohlunterschieden* sind und die die gleich*artigen* Bestandteile wiederum wohlunterschiedener materieller Dinge darstellen.

B Literaturverzeichnis

Aitchison (1982): Ian J.R. Aitchison and Anthony J.G. Hey, Gauge Theory in Particle Physics, Bristol.
Anderson (1932): Carl D. Anderson, The Apparent Existence of Easily Deflectible Positives. Science **76**, S.238.
— (1933): Ds., The Positive Electron. Phys. Rev. **43**, S.491.
— (1983): Ds., with Herbert L. Anderson, Unraveling the Particle Content of Cosmic Rays. In: Brown (1983), S.131.
Aspect (1982): A. Aspect, P. Grangier and G. Roger: Experimental Realization of Einstein-Podolsky-Rosen-Bohm *Gedankenexperiment*: A New Violation of Bell's Inequalities. Phys. Rev. Lett. **48**, S.91.
Audretsch (1989): Jürgen Audretsch, Vorläufige Physik und andere pragmatische Elemente physikalischer Naturerkenntnis. In: H.Stachowiak (Hg.), Pragmatik. Band III. Hamburg.
— (1990): Ds., Eine andere Wirklichkeit. Zur Struktur der Quantenmechanik und ihrer Interpretation. In: J.Audretsch, K.Mainzer (Hrsg.): Wieviele Leben hat Schrödingers Katze? Mannheim, S.15.
Balzer (1983): Wolfgang Balzer und Michael Heidelberger (Hrsg.), Zur Logik empirischer Theorien. Berlin.
— (1987): Wolfgang Balzer, Sneeds Zirkel ist nicht wegzukriegen. Conceptus **XXI**, S.103.
Bartell (1980): Lawrence S. Bartell, Complementarity in the double-slit experiment: on simple realizable systems for observing intermediate particle-wave behaviour. Phys. Rev. **D 21**, S.1698.
Bartels (1992): Andreas Bartels, Bedeutungsketten. Habilitationsschrift, unpubliziert, Gießen.
Becher (1983): Peter Becher, Manfred Böhm und Hans Joos, Eichtheorien der starken und elektroschwachen Wechselwirkung. Stuttgart.
Bell (1965): John S. Bell, On the Einstein-Podolsky-Rosen paradox. Phhysics **1**, 195.
Beltrametti (1981): Beltrametti, Enrico G. and Cassinelli, Gianni, The Logic of Quantum Mechanics. Reading, Mass.
Bethe (1930): Hans Bethe, Zur Theorie des Durchgangs schneller Korpuskularstrahlen durch Materie. Annalen der Physik **5**, S.325.
— (1932): Ds., Bremsformel für Elektronen relativistischer Geschwindigkeit. Z. Physik **76**, S.293.
— (1934): H. Bethe und W. Heitler, Proc. Roy. Soc. **A 146**, S.83.
Bethge (1968): Klaus Bethge und Ulrich E. Schröder, Elementarteilchen. Darmstadt.
Bloch (1933): Felix Bloch, Bremsvermögen von Atomen mit mehreren Elektronen. Z. Physik **81**, S.363.
Bjorken (1964): James D. Bjorken und Sidney D. Drell, Relativistische Quantenmechanik. Mannheim. Engl.: Relativistic Quantum Mechanics, New York.
— (1965): Ds., Relativistische Quantenfeldtheorie. Mannheim. Engl.: Relativistic Quantum Fields, New York.
— (1969a): Ds., Asymptotic Sum Rules at Infinte Momentum. Phys. Rev. **179**, S.1547.

— (1969b): J.D. Bjorken and E.A. Paschos, Inelastic Electron and γ-Proton Scattering and the Structure of the Nucleon. Phys. Rev. **185**, S.1975.
— (1970): Ds., High-Energy Inelastic Neutrino-Nucleon Interactions. Phys. Rev. **D 1**, S.3151.
Bohm (1955): A suggested interpretation of the quantum theory in terms of "hidden" variables, I and II. Phys. Rev. **85**, S.166.
Bohr (1913a): Niels Bohr, Phil. Mag. **25**, S.10.
— (1913b): Ds., On the constitution of atoms and molecules (Part I). Phil. Mag. **26**, S.1; Part II. Ebd., S.476; Part III. Ebd., S.857.
— (1915): Ds., in: Phil. Mag. **30**, S.581.
Born (1926a): Max Born, Zur Quantenmechanik der Stoßvorgänge. Z. Physik **37**, S.863. In: Herrmann (1962).
— (1926b): Ds., Quantenmechanik der Stoßvorgänge. Z. Physik **38**, S.803. In: Herrmann (1962).
— (1926c): Ds., Zur Wellenmechanik der Stoßvorgänge. Nachr. Ges. Wiss. Göttingen, S.146. In: Herrmann (1962).
Bothe (1925): Walter Bothe und Hans Geiger, Über das Wesen des Comptoneffekts. Z. Physik **32**, S.639.
Breit (1934): G. Breit und J A. Wheeler, in: Phys. Rev. 46, S.1087.
Bridgman (1922): P. W. Bridgman, Dimensional Analysis. New Haven.
Brown (1983): Laurie M. Brown and Lillian Hoddeson, The Birth of Particle Physics. Cambridge.
— (1987): Harold I. Brown, Naturalizing Observation. In: Nersessian (1987), S.179.
— (1988): Harvey R. Brown and Rom Harré (eds.), Philosophical Foundations of Quantum Field Theory. Oxford.
— (1989): Laurie M. Brown, Max Dresden and Lillian Hoddeson (eds.), Pions to Quarks. Particle Physiscs in the 1950s. Cambridge.
Busch (1991a): Paul Busch and Peter Mittelstaedt, The Problem of Objectification in Quantum Mechanics. Found. Phys. **8**, S.889.
— (1991b): Paul Busch, Pekka J. Lahti und Peter Mittelstaedt, The Quantum Theory of Measurement. Berlin.
Campbell (1920): Norman R. Campbell, Foundations of Science. New York 1957. = Physics. The Elements. Cambridge.
Carnap (1931): Rudolf Carnap, Überwindung der Metaphysik durch logische Untersuchung der Sprache. Erkenntnis **2**, S.219.
— (1956): Ds., The Methodological Character of Theoretical Concepts. In: Feigl (1956), S.38.
— (1966): Ds., Einführung in die Philosophie der Naturwissenschaften. München 1969. Engl.: Philosophical Foundations of Physics. New York.
Carrier (1991): Martin Carrier, What is Wrong with the Miracle Argument? Stud. Phil. Hist. Sci **22**, S.23.
— (1993): Ds., What is Right with the Miracle Argument: Establishing a Taxonomy of Natural Kinds. Stud. Phil. Hist. Sci **24**.
Cartwright (1983): Nancy Cartwright, How the Laws of Physics Lie. Oxford.
— (1989): Ds., Nature's Capacities and their Measurement. Oxford.
Cassidy (1981): David Cassidy, Cosmic ray showers, high energy physics, and quantum field theories: Programmatic interactions in the thirties. Hist. Stud. Phys. Sci. **12**, S.1.

Cassirer (1937): Ernst Cassirer, Determinismus und Indeterminismus in der modernen Physik. Göteborg. In: Zur modernen Physik. Darmstadt 1957.
Christenson (1964): J. H. Christenson et al., Phys. Rev. Let. **13**, S.138.
Churchland (1985): Paul M. Churchland, Clifford A. Hooker (Hg.), Images of Science. Chicago.
Compton (1923): Arthur H. Compton, in: Phys. Rev. **21**, S.483.
— (1935): Arthur H. Compton and Samuel K. Allison, X-Rays in Theory and Experiment. Toronto–New York–London.
Daniel (1974): Herbert Daniel, Beschleuniger. Stuttgart.
Davidson (1974): Donald davidson, On the very Idea of a Conceptual Scheme. Proc. and Addr. of the Am. Phil. Ass. **47**. Dt. in: Wahrheit und Interpretation, Frankfurt/Main (1990), S.261.
Debye (1923): Peter Debye, in: Phys. Zeitschrift 21, S.161.
Descartes (1744): René Descartes, Die Prinzipien der Philosophie. Lat. Erstausgabe Amsterdam. Übers. von A. Buchenau, Hamburg 1922.
Dirac (1927): Paul Adrien Maurice Dirac, The quantum theory of the emission and absorption of radiation. Proc. Roy. Soc. **A 113**, S.243.
— (1928a): Ds., Proc. Roy. Soc. (London) **A 117**, S.610.
— (1928b): Ds., in: Proc. Roy. Soc. (London) **A 118**, S.351.
Drell (1961): S. D. Drell und F. Zachariasen, Electromagnetic Structure of Nucleons. Oxford.
Duhem (1908): Pierre Duhem, Ziel und Struktur der physikalischen Theorien. Nachdruck, hrsg. von L. Schäfer, Hamburg 1978.
Eddington (1939): Arthur Eddington, The Philosophy of Physical Science. Michigan 1958; Cambridge.
Einstein (1905): Albert Einstein, Über einen die Erzeugung und Verwandlung des Lichts betreffenden heuristischen Gesichtspunkt. Annalen der Physik **17**, S.132.
— (1917): Ds., Zur Quantentheorie der Strahlung. Physikal. Zeitschrift **18**, S.121.
— (1935): A. Einstein, B. Podolsky and N. Rosen, Can Quantum Mechanical Description of Reality Be Considered Complete? Phys. Rev. **47**, S.777.
Ernst (1960): F. J. Ernst, R. G. Sachs and K. C. Wali, Electromagnetic Form Factors of the Nucleon. Phys. Rev. **119**, S.1105.
Falkenburg (1988): Brigitte Falkenburg, The Unifying Role of Symmetries in Particle Physics. Ratio (New Series), **1**, S.113-134.
— (1989): Ds., Kants Einwände gegen Symmetrieargumente bei Leibniz. In: Zeit und Logik bei Leibniz. Hrsg. von C. F. von Weizsäcker und E. Rudolph. Stuttgart.
— (1993a): Ds., Der Substanzbegriff in Kants ‚Metaphysische Anfangsgründen' und die Semantik von Newtons Massenbegriff. Dialektik 1993/1, Modellfunktionen der Philosophie, hrsg. von M. Otte und D. Pätzold.
— (1993b): Ds., The Concept of Spatial Structure in Microphysics. Philosophia Naturalis **30**/2.
— (1993c): Ds., Substanzbegriff und Quantentheorie. Philosophia Naturalis **30**/2.
— (1994): Ds., Kants zweite Antinomie und die Physik. Erscheint in den Kant-Studien (vorauss. 1994).
Feigl (1956): H. Feigl and M. Scriven, Minnesota Studies in the Philosophy of Science I. Minneapolis.
— (1962): Ds., Minnesota Studies in the Philosophy of Science, III. Minneapolis.

Feynman (1949a): Richard P. Feynman, The Theory of Positrons. Phys. Rev. **76**, S.749.
— (1949b): Ds., Space-Time Approach to Quantum Electrodynamics. Phys. Rev. **76**, S.769.
— (1969): Ds., Very High-Energy Collisions of Hadrons. Phys. Rev. Lett. **23**, S.1415.
Fine (1984): Arthur Fine, The Natural Ontological Attitude. In: Leplin (1984).
van Fraassen (1980): Bas C. van Fraassen, The Scientific Image. Oxford.
— (1987): Ds., The Semantic Approach to Scientific Theories. In: Nersessian (1987), S.105.
— (1991): Quantum Mechanics. An Empiricist View. Oxford.
Franklin (1987): Allan Franklin, The Neglect of Experiment. Cambridge.
Friedman (1988): Michael Friedman, Explanation and Scientific Understanding. Journ. of Phil. **71** (1974), S.5. Dt. in: G. Schurz (Hrsg.), Erklären und Verstehen in der Wissenschaft, München.
— (1992): Ds., Kant and the Exact Sciences. Cambridge, Mass.
— (1993a): Ds., Kant, die exakten Wissenschaften und das 20. Jahrhundert. Rep. 8/1993, Semantical Aspects of Spacetime Theories, ZiF Bielefeld.
— (1993b): Ds., Carnap's Early Theory of Space and the General Theory of Relativity. Rep. 9/1993, Semantical Aspects of Spacetime Theories, ZiF Bielefeld.
Gadenne (1987): Volker Gadenne, Die These von der Zirkularität empirischer Prüfungen und der Non-Statement-View. Conceptus **XXI**, S.95.
Galison (1987): Peter Galison, How Experiments End. Chicago.
Geiger (1913): Hans Geiger und Ernst Marsden, Phil. Mag. **25**, S.604.
Goldberger (1975): Marvin L. Goldberger and Kenneth M. Watson, Collision Theory. New York.
Goodman (1951): Nelson Goodman, The Structure of Appearance. Harvard. 3. Auflage, Dordrecht 1977.
Giuntini (1991): Roberto Giuntini, Quantum Logic and Hidden Variables. Mannheim 1991.
Hacking (1983): Ian Hacking, Representing and Intervening. Cambridge.
Hanson (1982): Philip P. Hanson, Rezension von: van Fraassen (1980). Philosophy of Science **49**, S.290.
Harding (1976): Sandra G. Harding (ed.), Can Theories be Refuted? Essays on the Duhem-Quine-Thesis. Dordrecht.
Heisenberg (1930): Werner Heisenberg, Physikalische Prinzipien der Quantentheorie. Nachdruck: Mannheim 1958.
— (1967): Ds., Einführung in die einheitliche Feldtheorie der Elementarteilchen. Stuttgart.
— (1971): Ds., Der Begriff der kleinsten Teilchen in der Entwicklung der Naturwissenschaft. In: Meyers Enzyklopädisches Lexikon, Band 2, S.870. Auch in: Heisenberg (1985), S.395.
— (1976): Ds., Was ist ein Elementarteilchen? Die Naturwissenschaften **63**, S.1. Auch in: Heisenberg (1985), S.507.
— (1985): Ds., Gesammelte Werke C III. Hrsg. von W. Blum, H.-P. Dürr und H. Rechenberg. München und Zürich.
Herrmann (1962): Armin Herrman (Hrsg.), Zur statistischen Deutung der Quantenmechanik. Stuttgart.

Höfling (1988): Oskar Höfling und Pedro Waloschek, Die Welt der kleinsten Teilchen. Hamburg.
Hofstadter (1956): Robert Hofstadter, Electron Scattering and Nuclear Structure. Rev. Mod. Phys. **28**, S.214.
— (1958): R. Hofstadter, F. Bumiller and M. R. Yearian, Electromagnetic Structure of the Proton and Neutron. Rev. Mod. Phys. **30**, S.482.
— (1989): Robert Hofstadter, A personal view of nucleon structure as revealed by electron scattering. Brown (1989), S.126.
Hones (1991): Michael J. Hones: Scientific Realism and Experimental Practice in High-Energy Physics. Synthese **86**, S.29.
Hooker (1973): Clifford A. Hooker, Metaphysics and Modern Physics, in: Hooker (ed.), Contemporary Research in the Foundations and Philosophy of Quantum Theory. Dordrecht, S.174.
Hume (1739): David Hume, A Treatise of Human Nature. London 1739. Ed. by L. A. Selby-Bigge, Oxford 1988.
Itzykson (1985): Claude Itzykson and Jean-Bernard Zuber, Quantum Field Theory. Singapore.
Jammer (1966): Max Jammer, The Conceptual Development of Quantum Mechanics. New York.
Jochmann (1900): E. Jochmann, O. Hermes und P. Spies, Grundriß der Experimentalphysik. 14. Auflage, Berlin.
Joos (1990): Erich Joos, Die Begründung klassischer Eigenschaften aus der Quantentheorie. Philosophia Naturalis **27**, S.31.
Kant (1756): Immanuel Kant, Physische Monadologie. Königsberg. In: Kant, Werke in sechs Bänden, hrsg. von W.Weischedel, Wiesbaden 1960, Bd.I, 516 ff.
— (1766): Ds., Träume eines Geistersehers. Königsberg, Auflage A. Ebd., S.923 ff.
— (1786): Ds., Metaphysische Anfangsgründe der Naturwissenschaft. Königsberg, Auflage A. Ebd., Bd. V, S.1 ff.
— (1787): Ds., Kritik der reinen Vernunft, Riga, Auflage B. Riga. Ebd., Bd. II.
Kleinknecht (1987): Konrad Kleinknecht und Burkhard Renk, Z. Phys. **C 34**, S.209.
Kobayashi (1973): Makoto Kobayashi and Toshihide Maskawa, CP-Violation in the Renormalizable Theory of Weak Interaction. Progr. Theor. Phys. **49**, S.652.
Krantz (1971): David H. Krantz, R. Duncan Luce, Patrick Suppes, Amos Tversky, Foundations of Measurement. Vol. 1, San Diego.
Krüger (1970): Lorenz Krüger (Hg.), Erkenntnisprobleme der Naturwissenschaften. Mönchengladbach.
Kuhn (1961): Thomas S. Kuhn, The Function of Measurement in Modern Physical Science. Isis **52**, S.161. Seitenangaben beziehen sich auf die dt. Übersetzung in: Kuhn (1977), S.254.
— (1962): Ds., Die Struktur wissenschaftlicher Revolutionen. Frankfurt am Main 1987. Erstausgabe Chicago.
— (1977) Ds., Die Entstehung des Neuen. Hrsg. und übers. von Lorenz Krüger. Frankfurt am Main.
Lambert (1991): Karel Lambert und Gordon G. Brittan, Eine Einführung in die Wissenschaftsphilosophie. Berlin.
Landau (1987): L. D. Landau, E. M. Lifschitz, Lehrbuch der theoretischen Physik I. Mechanik. 12. Auflage, Berlin.

— (1988): Ds., Lehrbuch der theoretischen Physik III. Quantenmechanik. 8. Auflage, Berlin.
Lattes (1983): Cesare M. G. Lattes, My work in meson physics with nuclear emulsions. In: Brown (1983), S.307.
Leonhard (1940): H. S. Leonhard and N. Goodman, The Calculus of Individuals and its Use. Journal of Symbolic Logic **5**, S.45.
Leplin (1984): Jerret Leplin (ed.), Scientific Realism. Berkeley.
Locke (1689): John Locke, An Essay concerning Human Understanding. Ed. by P. H. Nidditch, Oxford (1975).
Lohrmann (1981): Erich Lohrmann, Hochenergiephysik. Stuttgart.
Lorentz (1895): H. A. Lorentz, Versuch einer Theorie der electrischen und optischen Erscheinungen in bewegten Körpern. Section 12. Brill, Leiden 1895; in: Collected Papers, Vol. 5, 1. Nyhoff, The Hague 1936.
 bf Loux (1979): Michael J. Loux (ed.), The Possible and the Actual. Ithaca 1979.
Ludwig (1990): Günther Ludwig, Die Grundstrukturen einer physikalischen Theorie. 2. Auflage, Berlin–Heidelberg–New York.
MacKinnon (1982): Edward M. MacKinnon. Scientific Explanation and Atomic Physics. Chicago.
Mayer-Kuckuck (1974): Theo Mayer-Kuckuck, Physik der Atomkerne. Stuttgart.
Maxwell (1962): Grover Maxwell, The ontological status of theoretical entities. In: Feigl (1962), S.3.
Mehra (1982): Jagdish Mehra und Helmut Rechenberg, The Historical Development of Quantum Theory. 5 Bände. New York, Heidelberg, Berlin 1982 ff.
van Melson (1957): A. G. M. van Melson, Atom gestern und heute. Freiburg und München.
Millikan (1911): Robert A. Millikan, Phys. Rev. **32**, S.349. Auszugsweise in: Shamos (1959), S.240.
— (1917): Ds., The Electron. Chicago.
Mittelstaedt (1972): Philosophische Probleme der modernen Physik. 4. Auflage. Mannheim.
— (1986): Ds., Sprache und Realität in der modernen Physik. Mannheim.
— (1987): P. Mittelstaedt, A. Prieur and R. Schieder, Unsharp Particle-Wave Duality in a Photon Split-Beam Experiment. Found. Phys. **17**, S.891.
Møller (1931): Christian Møller, Z. Physik **70**, S.786.
Mott (1965): N. F. Mott and H. S. Massey, The Theory of Atomic Collisions. Oxford.
Nachtmann (1986): Otto Nachtmann, Phänomene und Konzepte der Elementarteilchenphysik. Braunschweig.
Nagel (1931): Ernest Nagel, Measurement. Erkenntnis **2**, S.313.
Nersessian (1987): Nancy J. Nersessian (ed.), The Process of Science. Dordrecht.
von Neumann (1932): Johann von Neumann, Mathematische Grundlagen der Quantenmechanik. Berlin.
Newton (1730): Isaac Newton, Opticks. Fourth Edition, London. With a Preface by I. B. Cohen, Dover 1979.
Pais (1986): Abraham Pais, Inward Bound. Oxford.
Panofsky (1968): W. K. H. Panofsky, Proc. of the Fourteenth Int. Conf. on High-Energy Physics, Vienna, S.23.
Peres (1982): A. Peres and W. H. Zurek, Is quantum theory universally valid? Am. J. Phys. **50**, S.807.

Pickering (1984): Andrew Pickering, Constructing Quarks. Edinburgh.
Pinsker (1953): Z. G. Pinsker, Electron Diffraction. London.
Poser (1981): Hans Poser, Gottfried Wilhelm Leibniz. In: O. Höffe (Hrsg.), Klassiker der Philosophie I. München.
Primas (1985): Hans Primas, Kann Chemie auf Physik reduziert werden? Chemie in unserer Zeit **19**, S.109 und S.160.
Putnam (1976): Hilary Putnam, Realism and Reason. In: Meaning and the Moral Sciences, London 1978.
Quine (1953): Willard van Orman Quine, From a Logical Point of View. Harvard.
— (1969) Ds., Ontological Relativity and Other Essays. New York and London.
Redhead (1983): Michael Redhead, Quantum Field Theory for Philosophers. P. D. Asquith and T. Nickles (eds.), PSA 2, S.57.
— (1988): Ds., A Philosopher Looks at Quantum Field Theory. In: Brown (1988), S.9.
Riordan (1987): Michael Riordan, The Hunting of the Quark. New York.
Ritter (1971): Historisches Wörterbuch der Philosophie. Hrsg. von Joachim Ritter. Darmstadt 1971 ff.
Rosenbluth (1950): M. N. Rosenbluth, Phys. Rev. **79**, S.615.
Rossi (1952): Bruno Rossi, High-Energy Particles. Englewood Cliffs, N.J.
— (1983): The decay of "mesotrons" (1939-1943): experimental particle physics in the age of innocence. In: Brown (1983), S.183.
Russell (1912-13): Bertrand Russell, On the notion of cause. Proc. Arist. Soc. **13** S.1.
Rutherford (1930): Ernest Rutherford, James Chadwick and C. D. Ellis, Radiations from Radioactive Substances. Cambridge 1951 (Nachdruck).
Salmon (1978): Wesley C. Salmon, Why ask "Why"? Proceedings and Addresses of the American Philosophical Association **51**, S.683.
Sambursky (1975): Shmuel Sambursky (Hrsg.): Der Weg der Physik. Texte von Anaximander bis Pauli. Zürich und München.
Scheibe (1970): Erhard Scheibe, Ursache und Erklärung. In: Krüger (1970), S.253.
— (1973): Ds., The Logical Analysis of Quantum Mechanics. Oxford.
— (1986): Ds., What kind of variables are excluded by Bell's inequality? In: Foundations of Physics, P. Weingartner and G. Dorn (eds.), Wien, S.251.
— (1989): Ds., Das Reduktionsproblem und die Einheit der Naturwissenschaften. Akten des 13. Internationalen Wittgenstein Symposiums 14. bis 21. August 1988, Wien, S.305.
— (1991): Ds., Von Neumanns und Bells Theorem. Ein Vergleich. Philosophia Naturalis **28**, S.35.
Schurz (1987): Gerhard Schurz, Der Sneed-Stegmüller-Zirkel. Bemerkungen zur Kontroverse Gadenne-Balzer. Conceptus **XXI**, S.107.
Shamos (1959): Morris H. Shamos (Hrsg.), Great Experiments in Physics. New York.
Shapere (1982): Dudley Shapere, The Concept of Observation in Science and Philosophy. Phil. of Sci. **49**, S.485.
Simons (1987): Peter Simons, Parts. A Study in Ontology. Oxford.
Sneed (1971): Joseph D. Sneed, The Logical Structure of Mathematical Physics. Dordrecht.
— (1983): Ds., Structuralism and Scientific Realism. Erkenntnis **19**, S.345-370.

Stegmüller (1970): Wolfgang Stegmüller, Probleme und Resultate der Wissenschaftstheorie und Analytischen Philosophie. Band II. Theorie und Erfahrung. Berlin, Heidelberg, New York.
Stöckler (1984): Manfred Stöckler, Philosophische Probleme der relativistischen Quantenmechanik. Berlin.
— (1994): Ds., Philosophische Probleme der Elementarteilchenphysik. Mnchen 1994.
— (1990): Ds., Artikel "Reduktionismus" in: Ritter (1971).
Stoney (1891): G. Johnstone Stoney, Scientific Transactions of the Royal Dublin Society, **IV**, 563.
Straumann (1987): N. Straumann, Zum Ursprung der Eichtheorien bei Herrmann Weyl. Phys. Bl. **43**, S.414.
Streater (1988): Ray F. Streater: Why should Anyone Want to Axiomatize Quantum Field Theory? In: Brown (1988), S.137.
Suppes (1961): Patrick Suppes, Models of Data. Dt. in: Balzer (1983), S.191.
— (1969): Ds., Studies in the Methodology and Foundations of Science. Dordrecht.
— (1980): Ds., Artikel Messung" in: J. Speck (Hrsg.), Handbuch wissenschaftstheoretischer Begriffe Bd. 2. Göttingen.
Tarski (1956): Alfred Tarski, Logic, Semantics, Metamathematics. Übers.: J. H. Woodger. Oxford.
Teller (1988): Paul Teller, Three Problems of Renormalization. In: Brown (1988), S.73.
Tetens (1987): Holm Tetens, Experimentelle Erfahrung. Hamburg.
— (1993): Ds., „Weisen der Welterzeugung" oder: werden wir die Wirklichkeit wirklich los? Typoskript, unpubliziert.
Thomson (1897): J.J.Thomson, Phil. Mag. **44**, S.311.
— (1899): Ds., Phil. Mag. **48**, S.547.
Townsend (1897): Townsend, Proceedings of the Cambridge Philosophical Society **IX**, S.244; zitiert bei: Millikan (1917), S.43.
Trigg (1984): George L. Trigg, Experimente der modernen Physik. Berlin. Übers. von: Crucial Experiments in Modern Physics, New York 1971.
Weingard (1988): Robert Weingard, Virtual Particles and the Interpretation of Quantum Field Theory. In: Brown (1988), S.43.
von Weizsäcker (1985): Carl Friedrich von Weizsäcker, Der Aufbau der Physik. München und Wien.
Wheaton (1983): Bruce R. Wheaton, The Tiger and the Shark. Cambridge.
Wigner (1939): Eugene P. Wigner, On Unitary Representations of the Inhomogeneous Lorentz Group. Annals of Mathematics **40**, S.149.
— (1964): Ds., Symmetry and Conservation Laws. Proceedings of the National Academy of Sciences, **LI** 5. Abgedruckt in: Symmetries and Reflections, Woodbridge 1969, S.14.
Wooters (1979): William K. Wooters and Wojciech H. Zurek, Complementarity in the double-slit experiment: quantum nonseparability and a quantitative statement of Bohr's principle. Phys. Rev. D **19**, S.473.
von Wright (1974): Georg Henrik von Wright, Erklären und Verstehen. Frankfurt am Main 1974.
Wu (1957): C.S. Wu et al., Phys. Rev. **105**, S.1413.

C Namensregister

Aitchison, I. J. R. 250
Anderson, I. J. R. 77, 123 ff., 127, 129, 130, 186, 197
Aspect, A. 244
Aston, F. W. 120
Audretsch, J. 87, 199

Balzer, W. 16, 79, 80, 85
Bartels, A. 207
Becher, P. 228
Bell, J. S. 244
Beltrametti, E. G. 280, 281
Berkeley, G. 36
Bethe, H. 122, 127, 128
Bethge, H. 161, 162
Bjorken, J. D. 145, 158, 162, 227, 228, 286
Blackett, P. M. S. 126, 128
Bloch, F. 122, 128
Bohm, D. 37, 245
Bohr, N. 35, 121, 178, 180, 189, 195, 201, 214, 216, 218, 239, 242, 303, 304
Borges, J. L. 189
Born, M. 34, 35, 39, 75, 113, 122, 150, 178, 181, 203, 214, 256
Bosković, R. 266, 271, 296
Bothe, W. 102, 105, 113, 219
Boyle, R. 266
Bridgman, P. 307
Broglie, L. de 102
Brown, H. I. 124
Busch, P. 190, 209, 235, 236, 304

Campbell, N. R. 75 53, 57, 75, 307
Capra, F. 274
Carnap, R. 11, 12, 13, 15, 19 f., 25, 41, 53, 80, 81, 84, 85, 116, 138, 291
Carrier, M. 33, 64, 207
Cartwright, N. 24, 33, 34, 48, 64 f., 72, 73, 74, 75, 80, 86 ff., 251, 260 ff.
Cassidy, D. 128, 129
Cassirer, E. 37, 215
Chadwick, J. 107, 110, 114
Christenson, J. H. 247
Churchland, P. M. 10
Clarke, S. 11, 13
Compton, A. H. 104, 168
Crookes, W. 107

Daniel, H. 202
Davidson, D. 31
Debye, P. 104
Demokrit 266
Descartes, R. 11, 13, 29, 36, 43, 93, 213, 268, 269, 271, 296
Dingler, H. 10, 26, 53, 54, 56
Dirac, P. A. M. 122, 126, 251
Drell, S. D. 160, 227

Eddington, A. 63, 290
Ehrenhaft 101 f.
Einstein, A. 12, 35, 102, 103, 121, 216, 219, 227, 244, 247, 281
Ellis, C. D. 107, 110
Epikur 266
Ernst, F. J. 159
Euler, L. 29

Falkenburg, B. 36, 37, 51, 234, 267, 269, 296
Feynman, R. D. 145, 162, 225, 242
Fine, A. 17
Fraassen, B. C. van 10, 16, 21, 25, 32, 34, 35, 48, 57, 61, 70 ff., 80, 81 ff., 86, 87, 88, 89, 90, 92, 112, 132, 133 ff., 172, 215, 260 ff., 292
Franklin, A. W. 41, 53, 247
Fresnel, A. J. 102
Friedman, M. 12, 36, 41

Gadenne, V. 85
Galilei, G. 266
Galison, P. 50, 53, 121, 125, 128, 129, 137
Gassendi, P. 13
Geiger, H. 102, 105, 108, 113, 143, 219
Glaser, H. 131
Goldberger, M. L. 117, 184
Goodman, N. 310, 311, 312

Hacking, I. 24, 48, 53, 60, 62 ff., 68, 72, 73, 74, 76, 86, 87, 172, 188, 189, 199
Hanson, P. P. 88
Harding, S. 20
Heisenberg, W. 37, 181, 192, 202, 221 ff., 230, 231, 235, 240, 265, 265, 271, 273 ff.
Hempel, C. G. 88

Herrmann, A. 150, 214, 203
Hertz, H. 84
Hofstadter, R. 159, 161, 171
Hooker, C. A. 44
Hume, D. 11, 13, 15, 36, 64, 292

Itzykson, C. 165

Jochmann, E. 97
Joos, E. 259

Kant, I. 5, 13, 14, 15, 29, 30, 35, 38, 40, 44, 45, 46, 60, 263, 267, 268, 269 f., 271, 273, 296
Kleinknecht, K. 248
Kobayashi, M. 248
Krantz, D. H. 25, 80, 81, 147, 173, 208, 210, 307
Kopernikus, N. 10
Kuhn, T. S. 10, 48, 59, 83, 87, 89 ff., 178 f., 205, 207, 300, 308

Landau, L. D. 226 f.
Lambert, J. H. 86, 268
Lambert, K. 41
Laplace, P. S. de 75
Lattes, C. M. G. 130
Leibniz, G. W. 13, 29, 30, 36, 43, 238, 268, 269, 296, 314
Leonhard, H. S. 310
Leplin, J. 10
Lesniewski 287, 310, 312, 313
Lifschitz, E. M. 226
Locke, J. 11, 19, 36, 237, 252, 266, 268, 296
Lohrmann, E. 117, 159, 184, 201, 251, 252
Lorentz, H. A. 97
Loux, M. J. 252
Ludwig, G. 16, 25, 26
Lukrez 266

Mach, E. 12, 19, 35, 84, 179
MacKinnon, E. M. 107
Marsden, E. 143, 151
Maxwell, G. 57, 70, 71, 72, 218
Mayer-Kuckuck, T. 143
Mehra, J. 104
Melson, A. G. van 266
Mill, J. S. 64

Millikan, R. A. 31, 32, 98, 100, 101, 103, 105, 107, 126
Mittelstaedt, P. 208, 234 ff., 237, 240, 242
Møller, C. 127, 203
Mott, N. F. 150, 153, 155, 181, 192, 196, 202, 203, 235, 240, 256
Moulines, C. U. 83

Nachtmann, O. 145, 158, 161, 162, 164, 217, 225, 283, 286, 288
Nagel, E. 21
Neumann, J. von 37, 39, 304
Newton, I. 24, 36, 43, 74, 93, 102, 234, 266, 268, 269, 296

Occhialini, G. P. S. 126, 128
Osiander, A. 10
Ostwald, F. W. 107

Pais, A. 97, 98, 100, 101, 114, 123, 126, 128, 129, 154
Panofsky, W. K. H. 145, 161
Pauli, W. 9, 63, 114
Perrin, J. B. 107
Pickering, A. 26, 48, 49 ff., 60, 85, 117, 125, 132, 136, 137, 272, 292
Pinsker, Z. G. 167
Planck, M. 12
Podolsky, B. 244
Poincaré, H. 26
Poser, H. 29, 30
Putnam, H. 18

Quine, W. O. v. 12, 44, 45, 46, 85

Redhead, M. 224, 238, 249, 288
Reichenbach, H. 12, 13, 73
Rescher, N. 313 f.
Riordan, M. 117, 145, 150, 161, 162, 272, 274, 286
Rosen, N. 244
Rosenbluth, M. N. 159
Rossi, B. 110, 130, 183, 187, 192
Russell, B. 75, 252
Rutherford, E. 12, 107, 108, 110, 121, 124, 140, 143, 146, 151, 152, 154, 183, 216, 310
Salmon, W. C. 73

Namensregister

Sambursky, S. 11
Scheibe, E. 41, 75, 191, 214, 239, 246
Schrödinger, E. 37, 218, 241, 242
Shamos, M. H. 101, 114
Shapere, D. 24, 48, 66 ff., 72, 73, 74, 76, 77, 124, 176, 177
Simons, P. 310 ff.
Sneed, J. D. 16, 25, 80, 83 ff., 87, 131, 132, 136, 206, 208
Stegmüller, W. 15, 20, 83, 84
Stöckler, M. 126, 226, 228, 245, 249, 250
Stoney, G. J. 98
Streater, R. F. 231
Suppes, P. 16, 25, 79, 80 f., 82, 84, 85, 88, 307

Taylor, R. 161
Tarski, A. 16, 310

Teller, P. 250
Tetens, H. 10, 26, 48, 52 ff., 58, 59, 60, 62, 132, 133
Thomson, J. J. 12, 104, 105, 107, 108, 118, 119, 150, 161, 202, 217
Townsend, 100, 101
Trigg, G. L. 103, 107, 108, 143

Weingard, R. 226
Weizsäcker, C. F. von 206, 231
Wheaton, B. R. 102, 103, 104
Wigner, E. P. 229, 231 f., 233, 247, 252
Wilson, C. T. R. 100, 101
Wolff, C. 44,45
Wright, G. H. von 54

Young, T. 102
Yukawa, H. 130

Zum Thema Philosophie im B.I.-Wissenschaftsverlag

Gatzemeier, M. (Hrsg.)
Verantwortung in Wissenschaft und Technik
Theoretische Aspekte philosophischer Ethik und Wissenschaftstheorie und praktische Gesichtspunkte der Wissenschafts- und Technikentwicklung.
449 S. 1989. Gebunden.

Gatzemeier, M.
Einführung in die Ethik
Ethisches Handeln wird verstanden als eine Praxis, die durch eine Argumentation über Normen (Maximen) legitimiert ist. Die hierfür erforderliche Argumentationstheorie wird auf sprachphilosophischer Grundlage als in sich geschlossenes System der Verantwortungsethik entwickelt.
Etwa 150 S. 1991. Kartoniert.

Hartmann, D.
Konstruktive Fragelogik
Vom Elementarsatz zur Logik von Frage und Antwort. Ein umfassender Entwurf einer möglichen Grammatik wissenschaftlicher Orthosprache.
236 S. 1990. Kartoniert.

Henning, K./A. Bitzer (Hrsg.)
Ethische Aspekte von Wirtschaft und Arbeit
Interdisziplinäre Beiträge zu handlungsleitenden Aussagen zu Wirtschaft und Arbeit und damit zu zentralen, konstitutiven Bereichen des menschlichen Lebens.
184 S. 1991. Kartoniert.

Weiß, U.
Hugo Dinglers methodische Philosophie
Eine kritische Rekonstruktion ihres voluntaristisch-pragmatischen Begründungszusammenhangs. Dinglers Begründungsstrategie wird auf ihre philosophischen Voraussetzungen und Konsequenzen hin untersucht.
524 S. 1991. Gebunden.

Wissenschaftsverlag
Mannheim · Leipzig · Wien · Zürich

Is Quantum Mechanics a complete physical theory?

In other words, does Quantum Mechanics admit a hidden-variable reconstruction which eliminates its statistical character? These problems started with the formulation of the theory and were debated by Bohr, Einstein, Heisenberg at the very beginning. It was only with von Neumann though that these questions were formulated in a rigorous mathematical way. The "proof" given by von Neumann that Quantum Mechanics is complete was commonly accepted up to the sixties, when the problem began to be reconsidered in the framework of the logico-algebraic approach to Quantum Mechanics. This approach centers around the extraction of some algebraic structures from the Hilbert-space formulation of Quantum Mechanics. One of the aims of this book is that of showing, in a purely algebraic way, that proposition-state systems do not admit, under suitable conditions, a hidden-variable reconstruction.

These results rest mainly upon measure theory on orthomodular lattices.

Giuntini, R.
Quantum Logic and hidden Variables
Reihe Grundlagen der exakten Naturwissenschaften,
Volume 8
194 pages. 1991. Softcover.
ISBN 3-411-14831-4

Wissenschaftsverlag
Mannheim · Leipzig · Wien · Zürich

Zum Thema Physik im B.I.-Wissenschaftsverlag

Fließbach, T.
Mechanik
Inhalt einer einsemestrigen Kursvorlesung im Zyklus Theoretische Physik.
382 Seiten. 1992. Kartoniert.

Fließbach, T.
Allgemeine Relativitätstheorie
Eine anschauliche Einführung in die Allgemeine Relativitätstheorie.
365 Seiten. 1990. Gebunden.

Fließbach, T.
Quantenmechanik
Das Besondere an dieser gut lesbaren und übersichtlichen Einführung liegt in ihrem nicht streng deduktiven Zugang zur Materie. Prof. Dr. Torsten Fließbach, Universität Siegen.
384 Seiten. 1991. Kartoniert.

Fließbach, T.
Statistische Physik
Eine Einführung in die Statistische Mechanik und Thermodynamik. Inhalt und Darstellung entsprechen einer einsemestrigen Kursvorlesung zur Theoretischen Physik.
440 S. 1993. Kartoniert.

Neuert, H.
Physik für Naturwissenschaftler
Band I: Mechanik und Wärmelehre
173 Seiten. 2., überarbeitete Auflage 1989. (HTB 727). Kartoniert.
Band II: Elektrizität, Magnetismus, Optik, Atomphysik und Verfahren der chemischen Analyse.
344 Seiten. 1991. Kartoniert.

Schmutzer, E.
Grundlagen der Theoretischen Physik
Mit einem Grundriß der Mathematik für Physiker in zwei Bänden
Band I: 1008 S. 1989.
Band II: 1008 S. 1989.
Eine Lehrbuch-Gesamtdarstellung, die an den heutigen Forschungsstand der Theoretischen Physik heranführt.

Wissenschaftsverlag
Mannheim · Leipzig · Wien · Zürich

Zum Thema Physik im B.I.-Wissenschaftsverlag

Audretsch, J./K. Mainzer
Wieviele Leben hat Schrödingers Katze?
Physikalische und philosophische Aspekte der Quantenmechanik.
320 Seiten. 1990.

Kunick, A./W.-H. Steeb
Chaos in dynamischen Systemen
Eine Einführung in diskrete und kontinuierliche dynamische Systeme mit chaotischem Verhalten.
2., völlig überarbeitete und erweiterte Auflage 1989.
240 Seiten. Kartoniert.

Lucha, W./F. F. Schöberl
Die starke Wechselwirkung
Eine Einführung in nichtrelativistische Potentialmodelle
Verständliche Einführung in den Problemkomplex der starken Wechselwirkung mit einer umfassenden Formelsammlung.
184 Seiten. 1989. Kartoniert.

Mittelstaedt, P.
Der Zeitbegriff in der Physik
Philosophische Konsequenzen aus der modernen physikalischen Definition des Zeitbegriffs.
Reihe Grundlagen der exakten Naturwissenschaften, Band 3.
3., überarbeitete Auflage 1989.
192 Seiten. Gebunden.

Mitter, H.
Mechanik
Vorlesungen über theoretische Physik I
Einführung in dieses Teilgebiet der theoretischen Physik mit PC-gestützten Beispielen.
240 Seiten. 1989. HTB 698. Kartoniert.

Mitter, H.
Elektrodynamik
Vorlesungen über theoretische Physik II
Einführung mit zahlreichen Übungsaufgaben.
272 Seiten, 2., vollständig überarbeitete Auflage 1990. HTB 707. Kartoniert.

Wissenschaftsverlag
Mannheim · Leipzig · Wien · Zürich